LE LIVRE
DE LA
FEMME D'INTÉRIEUR
TABLE — COUTURE — MÉNAGE — HYGIÈNE

PAR

RIS-PAQUOT

Ouvrage orné de 291 gravures

PARIS

HENRI LAURENS, ÉDITEUR

6, RUE DE TOURNON, 6

H. LAURENS, Éditeur, 6, rue de Tournon, PARIS.

LE LIVRE DU PROPRIÉTAIRE ET DU LOCATAIRE

L'ART DE BATIR
Meubler et Entretenir
SA MAISON
OU MANIÈRE DE SURVEILLER ET D'ÊTRE SOI-MÊME ARCHITECTE, ENTREPRENEUR, OUVRIER

Par RIS-PAQUOT

Un fort volume in-8 avec 243 gravures. — Prix. 6 fr. — Toile. 7 fr.

Nous avons cherché à faire pour la *Maison* un livre faisant en quelque sorte pendant à ceux qui existent pour la *cuisine*. Nous avons poussé l'imitation jusqu'à enseigner l'*Art de restaurer*; n'est-ce pas un peu l'art d'accommoder les restes? En dehors des trois grandes divisions : **Construction, Ameublement, Réparation**, l'ouvrage comprend une quatrième partie où, sous la rubrique de **Recettes diverses**, le lecteur trouvera une foule de renseignements et de formules utiles, avec force gravures explicatives.

ENSEIGNEMENT PRATIQUE DES BEAUX-ARTS

OUVRAGES DE KARL-ROBERT

AQUARELLE-PAYSAGE (Traité pratique complet et illustré sur l'étude de l'). Leçons illustrées et écrites d'après ALLONGÉ, CICÉRI, etc. 4º édition, revue et augmentée. 1 vol. in-8, avec nombreuses planches en noir et chromo. Prix. 6 fr.

AQUARELLE - FIGURE (L'). Portrait et genre. 1 volume in-8, avec 40 gravures... 6 fr.

AQUARELLE-PAYSAGE (L'). Abrégé. 1 fr. 50

ENLUMINURE DES LIVRES D'HEURES (TRAITÉ PRATIQUE DE L'). Missels, canons d'autels, images pieuses et gravures. 1 vol. in-4º avec gravures... 6 fr.

FUSAIN SANS MAITRE (LE). Traité pratique et complet sur l'étude du paysage au fusain, d'après ALLONGÉ, APPIAN, LALANNE, LHERMITTE, etc. 1 in-8º. Édition nouvelle ornée de 25 planches hors texte et de nombreux dessins ou croquis à interpréter au fusain... 6 fr.

FUSAIN SUR FAIENCE (LE). Petit guide de peintures vitrifiables en grisaille. 1 vol. in-8 avec grav... 2 fr.

GRAVURE A L'EAU-FORTE (TRAITÉ PRATIQUE DE LA). In-8 avec nombreuses gravures... 6 fr.

MODELAGE ET SCULPTURE (TRAITÉ PRATIQUE DU) avec renseignements sur le moulage, l'exécution en terre, marbre, terre cuite. 1 vol. in-8 avec 50 grav. 6 fr.

PASTEL (LE). Traité pratique et complet, comprenant la figure et le portrait, le paysage et la nature morte. 1 vol. in-8 avec grav. explicat. dans le texte.. 6 fr.

PEINTURE A L'HUILE. Paysage (TRAITÉ PRATIQUE DE LA). Nouvelle édition revue et augmentée. 1 vol. in-8 avec nombreuses planches... 6 fr.

PEINTURE A L'HUILE. Portrait et genre (TRAITÉ PRATIQUE DE LA). 1 vol. in-8 avec nombreuses planches... 6 fr.

PHOTOGRAPHIE (LA). Aide du paysagiste ou photographie des peintres; résumé pratique des connaissances nécessaires pour exécuter la photographie artistique, paysage, portrait. 1 vol. in-8 avec grav. et reproductions directes... 6 fr.

ENVOI FRANCO CONTRE MANDAT-POSTE.

CORBEIL. IMPRIMERIE É. CRÉTÉ.

LE LIVRE
DE LA
FEMME D'INTÉRIEUR

A LA MÊME LIBRAIRIE

OUVRAGES DE RIS-PAQUOT

L'Art de bâtir, meubler et entretenir sa maison. 1 vol. in-8 avec 243 gravures. Broché : 6 fr. ; relié : 7 fr.

Histoire des faïences de Rouen. 1 vol. in-4, 60 planches en couleur. Prix : 45 fr.

Guide du restaurateur de tableaux, gravures, dessins, pastels, miniatures, reliures et livres. 2e édition. 1 v. in-8 avec planches hors texte et dans le texte. Prix : 10 fr.

Le Peintre céramiste amateur, ou l'art d'imiter les faïences anciennes ; 70 sujets en couleur ; 134 figures et modèles servant d'exemples. Prix : 25 fr.

Traité pratique de peinture sur faïence et porcelaine, 4 planches en couleur et 11 vignettes. 3e édition. 1 vol. in-8. Prix : 2 fr.

La Céramique enseignée par la reproduction et la vue de ses différents produits. 46 planches en couleur, 353 vignettes, 1 vol. in-8. Prix : 30 fr.

Guide pratique du peintre-émailleur amateur, ou l'art d'imiter les émaux anciens et d'exécuter les émaux modernes, 22 planches en couleur et nombreuses figures dans le texte. 1 vol. in-12. Prix : 12 fr.

Étude sur les émaux anciens. In-18. 6 planches en couleur. Prix : 7 fr.

Dictionnaire des marques et monogrammes des faïences, poteries, porcelaines, etc., anciennes et modernes. 6,000 marques. 5e édition. 1 vol. Prix : 9 fr.

Documents inédits sur les faïences charentaises : 15 sujets en couleur. 1 vol. in-12. Prix : 9 fr.

Origine et privilèges de la manufacture royale de porcelaines de Vincennes et de Sèvres, 345 marques et monogrammes en couleurs. 1 vol. in-12. Prix : 6 fr.

Dictionnaire des poinçons, symboles, signes figuratifs, marques et monogrammes des orfèvres français et étrangers, fermiers généraux, maîtres des monnaies, contrôleurs, vérificateurs, etc., etc., 1557 marques. 1 vol. in-8. Prix : 15 fr.

La Céramique musicale et instrumentale. — Histoire et recueil d'assiettes avec ariettes, couplets grivois, airs notés, etc., instruments de musique d'après les anciennes poteries et faïences, précédée d'un aperçu historique sur le chant et son origine. 48 planches en couleur, vignettes dans le texte. Prix : 60 fr.

Manière de restaurer soi-même les faïences, porcelaines, cristaux, marbres, etc. 3e édition. 1 vol. in-12, 2 planches en couleur. Prix : 7 fr.

Histoire générale de la faïence, 200 planches en couleur, 1,400 marques. 2 vol. in-4. Prix : 300 fr.

0170-91. — Corbeil. Imprimerie Crété.

LE LIVRE
DE LA
FEMME D'INTÉRIEUR

TABLE — COUTURE — MÉNAGE — HYGIÈNE

PAR

RIS-PAQUOT

Ouvrage orné de 291 gravures

PARIS
HENRI LAURENS, ÉDITEUR
6, RUE DE TOURNON, 6

INTRODUCTION

En consentant, il y a environ un an, sur la demande de mon éditeur, à écrire un livre sur L'ART DE BATIR, MEUBLER ET ENTRETENIR SA MAISON, etc., j'étais loin de me douter du succès réservé à cette publication :

... C'est que mon éditeur, plus pratique que moi, avait pensé juste et su prévoir que cet ouvrage comblait une lacune et répondait à un besoin.

L'ART DE BATIR terminé, là, dans ma pensée, devait se borner ce premier pas fait en dehors de mes études sur la céramique et les beaux-arts : mais le hasard voulut que ce volume s'égarât entre les mains de lectrices bienveillantes qui résolurent — ce qui me flatte — de s'unir pour me demander un ouvrage tout particulier, ne traitant que de matières et de travaux essentiellement féminins; en un mot, un véritable livre concernant la femme, dont elles me donnèrent le titre :

Le livre de la femme d'intérieur.

Longtemps j'ai hésité, mais comment se soustraire au désir de gracieuses solliciteuses... Un refus... c'était une disgrâce.

Timidement je hasardai une réflexion.

Quoi! m'écriai-je, un homme écrire pour les dames sur un pareil sujet!... Y pensez-vous?... N'est-ce point imiter Gros-Jean voulant en remontrer à son curé?... Hélas!... cet argument ne put prévaloir. Vaincu par de belles paroles, je cédai à mes interlocutrices, sous la condition formelle que puisqu'elles me poussaient dans cette nouvelle voie, elles m'aideraient à leur tour de leurs conseils et de leur expérience.

Le pacte fut conclu et tenu de telle façon qu'il m'est permis de dire que ce livre compte pour collaboratrices plus de vingt femmes d'intérieur appartenant à toutes les classes de la société. Immédiatement nous nous mîmes au travail, établissant d'une manière exacte le but de l'ouvrage et arrêtant de même son plan.

BUT DE L'OUVRAGE.

Pour ce livre, comme pour celui que nous avons précédemment publié, nous n'avons eu nullement l'intention d'apprendre à nos lectrices à tout faire; ni de les transformer en cuisinières, couturières, femmes de chambre, etc... Non! Telle n'a pas été notre pensée.

Notre but, plus modeste, a été seulement d'apprendre aux dames la manière de choisir, diriger et surveiller le nombreux et difficile personnel attaché au service d'une maison, et de pouvoir au besoin, le cas échéant, se passer de lui pendant quelques jours.

Nous voulons qu'une femme d'intérieur soit à même de commander et de diriger, en toute connaissance de cause, le service d'une cuisine : qu'elle sache les ustensiles qui y sont nécessaires et comment on les entretient; qu'elle n'ignore point la manière de préparer les aliments, les desserts, les liqueurs de ménage, le service de la table. Nous voulons aussi qu'une femme économe puisse elle-même arranger ou faire retoucher par sa femme de chambre une toilette n'allant pas ou qui aura changé de mode d'une saison à l'autre; qu'une mère soit en état de tailler elle-même la petite robe que son bébé mettra pour assister à une fête d'enfants, et qu'elle seule, mieux qu'une couturière, saura arranger en véritable artiste, à la taille et à la figure de son bébé.

L'hygiène, le savoir-vivre, qui rendent la femme séduisante, les voyages mêmes, n'échapperont point au sujet de nos études.

Pour le ménage, n'est-il pas utile à une femme d'intérieur de savoir comment se font les choses afin de pouvoir indiquer à un valet de chambre ce qu'il doit faire et la façon dont il faut s'y prendre pour brosser un meuble, encaustiquer un parquet, passer au tripoli ou au blanc telle ou telle garniture, etc.?

Enfin, les principes élémentaires de la médecine ne rentrent-ils pas aussi dans le complément de l'éducation féminine?

A la femme appartient le soin de la pharmacie provisoire dont les précieux remèdes donnent la tranquillité morale en attendant la venue du médecin et procurent quelquefois un grand soulagement physique au blessé. Qui mieux qu'une femme, si son enfant est malade, son mari blessé à la chasse, sa cuisinière brûlée à son fourneau, etc., peut panser adroitement une plaie?

Nos lectrices savent que dans n'importe quelle condition où elle se trouve, une *femme d'intérieur* doit connaître tout, avoir l'œil à tout, car si un jour de gala la table est mal dressée, le salon mal éclairé, les feux éteints, les tables de jeux introuvables, etc., ce sera à la maîtresse de maison que l'on jettera la pierre. Chacun en soi-même l'accusera d'incurie ou d'un manque de surveillance sur son personnel; que ce personnel se compose d'une bonne à tout faire ou d'une armée de domestiques commandés par un intendant.

Tel a été notre but, voici maintenant notre plan :

PLAN DE L'OUVRAGE.

Ire partie. ALIMENTATION, ENTRETIEN. — Cuisine et table. — Domestiques. — Alimentation. — Hygiène.

IIe partie. HABILLEMENT ET COUTURE. — Habillements féminins. — Accessoires. — Voyages.

IIIe partie. MÉNAGE ET INTÉRIEUR DE LA MAISON. — Mobilier. — Entretien. — Tentures. — Travaux divers.

IV° partie. MÉDECINE DOMESTIQUE. — Santé de l'enfance. — Médecine. — Pharmacie. — Décès et deuils. — Hygiène.

Si, dans le cours de ce travail, et malgré vos précieux conseils, mesdames, ma plume a fait faire quelque léger accroc à vos séduisantes toilettes, ah! de grâce! veuillez tenir compte de ma bonne volonté : l'aiguille, dans vos mains habiles et délicates, saura sans peine réparer mes bévues. Soyez indulgentes pour l'instrument docile de votre volonté qui n'aurait su, en quelques points, exprimer entièrement votre pensée.

Solidaires les uns des autres, assurez par la vulgarisation du livre que vous avez en quelque sorte créé, le succès de son auteur : là sera ma récompense.

Je me fais un devoir et un plaisir, en terminant cette introduction, d'adresser ici l'expression de ma sincère reconnaissance aux aimables et sympathiques collaboratrices qui ont bien voulu s'associer à cette œuvre par leurs précieux et utiles conseils.

A vous toutes, mesdames, qui m'avez aidé, à vous toutes qui me lisez et me lirez, merci !... du fond du cœur.

RIS-PAQUOT.

PREMIÈRE PARTIE

ALIMENTATION, ENTRETIEN

CUISINE ET TABLE — DOMESTIQUES

ALIMENTATION — HYGIÈNE

CHAPITRE PREMIER

ÉCONOMIE.

Voilà un mot qui depuis votre enfance a dû retentir bien des fois à vos oreilles.

Ah!... c'est que l'économie est une qualité de premier ordre chez la femme, aussi l'économie étant le trésor d'un ménage, ma première pensée, en commençant ce livre, a-t-elle été d'en chercher les principes, d'en vanter les mérites, d'en propager les bienfaits.

Pouvait-il en être autrement dans un livre consacré tout spécialement à l'éducation de la femme d'intérieur.

C'est dès l'enfance, pour ainsi dire, avec le lait maternel, que s'infuse, que se développe peu à peu cette qualité maîtresse appelée à jouer plus tard un si grand rôle dans notre destinée.

Ce n'est point à la pension, sur les bancs des écoles, que l'on acquiert les premiers éléments de cette science, mais bien au sein même de la famille par la vue, les exemples et les conseils réitérés de la mère à sa fille, ce qui fait qu'un jour, devenue femme, elle peut elle-même, en se mariant, prendre les rênes de ce véritable gouvernement intérieur et particulier dont elle devient l'organe principal.

A tous les degrés de l'échelle sociale, du souverain à

l'ouvrier, du millionnaire au pauvre, l'économie s'impose.

L'économie, dans sa plus simple acception, est l'art de régler les dépenses sur le revenu, autrement dit, de baser ses achats sur ce que l'on reçoit ou ce que l'on gagne afin de pourvoir à toutes les exigences matérielles et physiques de la vie.

C'est par l'économie que, se donnant le nécessaire, on arrive à posséder le superflu, à satisfaire ses goûts et ses penchants.

Aux privilégiés de la fortune, après avoir assuré le fonctionnement et l'entretien de leur maison, elle procure la jouissance de faire autour d'eux une foule d'heureux et de soulager bien des infortunes.

A l'ouvrier laborieux, avec le pain quotidien, elle apporte la régularité de l'existence ; le bien-être qui fait aimer la vie, les joies de la famille.

Le riche, tout aussi bien que le pauvre, a besoin d'être économe. C'est une bien grande erreur de croire qu'il lui suffit de puiser sans compter dans son coffre-fort pour satisfaire toutes ses fantaisies. Plus le revenu est considérable, plus considérables aussi sont les dépenses, car tout est relatif.

Si l'humble travailleur est obligé de s'imposer à chaque instant une foule de privations, l'homme fortuné n'en est pas exempt; et elles sont souvent d'autant plus pénibles à faire qu'il a à combattre contre lui-même, contre ses goûts et ses penchants, contre sa propre volonté enfin, pour n'écouter que la voix de la raison.

Plus on possède, plus il faut ménager ; car du triomphe à la chute, il n'est souvent qu'un pas.

Il est simple et facile à la femme de l'ouvrier, qui tient et délie seule les cordons de la bourse, de s'apercevoir à la fin de la semaine que les deux toiles commencent à se toucher, et de modérer ses dépenses, tandis que celui qui possède, dont les capitaux sont engagés ou sont placés la plupart du temps dans de multiples entreprises, souvent hasardeuses, ne voit, hélas! que trop tard, l'abîme creusé à son insu sous ses pas et dont il lui a été impossible, faute d'ordre et d'économie, de constater l'existence et de mesurer l'étendue. Plus on est élevé, plus la chute est terrible !

Si nous prêchons économie à la classe aisée de la société, ce n'est assurément point pour lui conseiller d'employer cette surabondance de capital à grossir un revenu déjà plus que suffisant, mais au contraire pour lui demander de l'employer uniquement au soulagement et au bien-être de cette classe si nombreuse et si intéressante des déshérités de la fortune que l'on appelle l'ouvrier, le serviteur, qui prodiguent si largement à leur profit leurs labeurs et leurs peines.

Il faut, et cela s'impose, avec ces économies, que la maîtresse de la maison devienne la mère des pauvres, la providence des malheureux qui, en retour, la béniront pour ses bienfaits.

Il nous a paru inutile de parler des petits ménages bourgeois; les morceaux étant comptés : économes ils ont été, ils le sont, ils le seront toujours, par besoin d'abord, par tempérament ensuite ; car ils ne sont devenus ce qu'ils sont que par une sage et laborieuse gestion.

A la femme de l'honnête commerçant, parlerons-nous économie? La crainte de la faillite ne doit-elle pas lui imposer certains sacrifices; les échéances elle-mêmes ne sont-elles pas là pour mettre un frein à tout écart de prodigalité.

Si vous voulez l'aisance, soyez économes !...

Si vous possédez l'aisance, soyez encore économes !...

Rappelez-vous que le produit de l'économie procure seul

le plaisir de faire autour de soi des heureux en soulageant bien des infortunes.

L'économie que nous prêchons, c'est celle que la femme d'intérieur, dans n'importe quelle classe de la société, doit apporter dans la direction de sa maison, de son ménage; économie qui se traduit sous mille formes différentes, et qui consiste dans une foule de riens insignifiants qui, réunis, finissent par faire la pelote.

Chez les uns l'économie réside dans la précision des ordres, la prévoyance du jour, assurant le lendemain, dans les désirs réfléchis, sages et raisonnés; chez les autres dans l'approvisionnement de la maison dans de bonnes conditions, dans le soin apporté à prévenir le gaspillage, l'entretien intelligent des appartements, du mobilier, des toilettes et du linge, etc. Chez l'ouvrier, dans la dépense inutile des sous quotidiens employés en café, liqueurs, friandises, jouets, etc., enfin, dans cette foule de dépenses ruineuses dont nous aurons à signaler les abus et le remède dans les chapitres qui vont suivre, sans rien retrancher, rassurez-vous, mesdames, au luxe artistique de vos appartements, à la richesse de vos toilettes, à tout ce qui fait la gloire et la prospérité commerciale de notre belle France.

Si nous avons prêché si longuement l'économie, loin de nous la pensée d'éveiller en vous la moindre idée d'égoïsme, d'avarice ou de parcimonie. Non! nous nous en défendons hautement, car ce serait tomber dans un excès contraire dont le ridicule vous couvrirait de confusion et de honte.

CHAPITRE II

CUISINES. — CE QU'ELLES ÉTAIENT AUTREFOIS. — CE QU'ELLES SONT AUJOURD'HUI.

Il ne sera pas sans intérêt, pour nos lectrices, d'établir ici un parallèle entre les anciennes cuisines et nos cuisines modernes. Rien du reste n'offre plus d'attrait et n'est plus instructif que ces voyages retrospectifs à travers les usages, les coutumes et les mœurs des sociétés passées qui souvent, sur plus d'un point, nous charment et nous surprennent tout à la fois.

Au moyen âge, la société, partagée en deux classes, se composait exclusivement de seigneurs et de vassaux, c'est-à-dire de riches et de pauvres.

Ces derniers ne possédaient que ce que le seigneur voulait bien leur abandonner.

Dans les châteaux et dans les demeures seigneuriales, la cuisine dépendait de l'habitation : elle en était même une des parties les plus importantes et avait ses nombreuses annexes telles que le cellier, le garde-manger, la « saulcerie », le four, la paneterie, l' « eschançonnerie », la fruiterie, etc., sans compter les chambres pour loger le personnel.

Ses grandes voûtes, aux arcades ogivales, reposaient sur de massives colonnes qui les faisaient ressembler à de véritables chapelles, ce qui les fit prendre plusieurs fois de nos jours pour d'anciennes salles d'inquisition et de torture, tant leur aspect était sinistre à première vue. Il n'y a là rien d'étonnant, en présence de l'exiguïté de leur nef par rapport à leur élévation. Une immense cheminée, dont le bandeau, privé de montant, faisait partie du corps même de la maçonnerie, tenait toute la largeur de la pièce, ne rappelant sa destination que par la vaste hotte dont elle était surmontée, et qui, se rétrécissant à mesure qu'elle s'élevait, allait se perdre dans les nervures et les arceaux de la voûte.

Fig. 1.

C'est dans cette véritable gueule béante, dans cette fournaise ardente, qui semblait avoir été faite exprès pour dévorer des arbres entiers, que se cuisaient, supportés par de gigantesques landiers, les aliments destinés à tout le personnel de l'habitation. C'est également de cet antre que s'échappaient, le soir, les vacillantes lueurs éclairant de leurs reflets fantastiques les recoins de ces cloîtres témoins muets de tant de drames intéressants (fig. 1).

Son modeste mobilier consistait en ustensiles en bronze de toutes sortes, en tables, bancs, escabeaux, huches, armoires, pilons et mortiers, chauffours en cuivre pour laver les mains, etc.

A partir du xiiie siècle, un revirement se fait dans la manière de construire les cuisines : on l'éloigne du corps principal de logis pour la reléguer au loin, avec la valetaille, dans les dépendances attenant au château.

A la majestueuse cheminée du moyen âge viennent se substituer plusieurs cheminées de moindre importance, dont le nombre, s'élevant quelquefois jusqu'à quatre, est calculé suivant l'importance du personnel, maîtres, étrangers, et domestiques.

La richesse du mobilier, mise en rapport avec la somptuosité et l'élégance des objets précieux qu'il renfermait ou qui l'ornait alors, faisait de la cuisine un séjour aussi agréable que curieux.

Aux ustensiles de bronze, venait s'ajouter toute une série de vases et de plats en argent d'un travail exquis et de la plus grande valeur.

Le luxe, dans l'argenterie de cuisine, était considérable et poussé si loin que Louis XII, pour parer aux misères de la dernière moitié du xvie siècle, dut rendre un arrêt, *en date du 22 décembre 1506*, ordonnant aux orfèvres de ne plus fabriquer, dorénavant, *aucune vaisselle de cuisine en argent*.

Sous le coup de cette fatale mesure, le cuivre et l'étain prirent momentanément la place des ustensiles d'argent dans les cuisines, et leurs possesseurs, de peur de surprise, les reléguèrent dans les mystérieuses cachettes des garde-robes, de crainte de s'en voir déposséder.

Au xviie siècle, l'éclat somptueux des époques précédentes reparaît, et l'argenterie, un moment condamnée par l'ordonnance de Louis XII, fait sa réapparition sur le dressoir des cuisines avec une fougue d'autant plus grande qu'elle avait été plus longtemps retenue.

Il nous suffira, pour faire voir combien ce luxe était grand, de rappeler ici que, *dans l'inventaire du maréchal de La Meilleraye*, elle figurait pour le chiffre respectable de 5804 livres 12 sols 6 deniers.

Les ordonnances de Louis XIV, rééditant celles de Louis XII, furent impuissantes à réprimer ce luxe effréné.

Il n'en pouvait être autrement lorsque l'on songe que les rois eux-mêmes, à l'instar du soldat laboureur, ne dédaignèrent pas de quitter momentanément la pourpre et l'hermine pour revêtir le modeste tablier de toile blanche, et de transformer leur sceptre en cuiller à pot pour se livrer aux douceurs du grand art culinaire.

Louis XIII, affirme Tallemant des Réaux, ne se faisait pas scrupule de mettre la main à la pâte, comme on dit vulgairement, pour confectionner quelques desserts de sa composition.

Il passait du reste, dit la chronique, pour un pâtissier émérite. Nous pourrions ajouter que presque tous les monarques possédaient le même talent.

Le Régent, nous apprennent les *Mémoires secrets* (1), avait hérité de son grand-père cette passion culinaire. Louis XIV, lui aussi, trouva dans cet art une diversion récréative aux honneurs fatigants du trône.

A l'imitation de leurs monarques, certains seigneurs et grands personnages, parés du costume de leur officier de bouche, trempèrent plus d'une fois le doigt dans les sauces.

Esprit d'imitation! me direz-vous... Soit! malheureusement cette servitude existe encore trop de nos jours.

Quant aux gens de robe et d'épée, à la bourgeoisie, qui n'avaient pas le droit de se payer ce luxe princier, ils en étaient réduits à tenir cuisine un peu partout : soit dans leur chambre à coucher, soit dans leur pièce de travail,

---

(1) *Mémoires secrets*, t. VIII, p. 2.

comme cela se passe encore de nos jours chez bien des campagnards et dans presque tous les ménages d'ouvriers. Il n'était donc pas rare de rencontrer, accrochés sur les murs des appartements, parmi une foule d'objets disparates, toute une série d'instruments culinaires, dont le miroitement rutilant des cuivres faisait l'office de glaces, témoignant par leur rayonnement étincelant l'amour-propre et l'orgueil de la ménagère du céans : c'était alors le véritable règne du cuivre!

On éprouvera une certaine surprise lorsque l'on saura que François de Montholon, garde des sceaux de François Ier, n'avait pour tout salon et cabinet de travail que sa cuisine : que c'est dans cette unique pièce qu'il donnait ses audiences, et que, par conséquent, c'est devant sa batterie de cuisine que défilèrent les plus grands personnages de l'époque; car de salon et de cabinet de travail, il n'en existait que pour le roi et les dignitaires de la cour.

Quant à l'artisan, il ne possédait pas de cuisine et ce n'est qu'avec maintes ruses et maintes précautions qu'il pouvait se régaler en cachette d'un succulent morceau.

A partir du XVIIIe siècle la cuisine tend à se généraliser et devient partout une pièce entièrement distincte des autres appartements. Par contre, elle perd le luxe princier dans lequel elle s'était complu pendant tant de siècles au milieu du faste de la cour.

Si, dans les maisons confortables, elle conserve ses dimensions vastes et spacieuses, bien éclairée et aérée, abondamment pourvue d'ustensiles en cuivre et en étain; chez le bourgeois et l'artisan elle occupe le réduit le plus obscur et le plus malsain de l'habitation; ne prenant jour et ne recevant d'air que par d'étroites ouvertures, souvent pourvues de barreaux ou grilles en fer. Leur mobilier, répondant à la pauvreté de cet intérieur, ne se composait que d'un misérable fourneau en terre ou en brique, rarement en fonte, le tout complété par de grossiers meubles en fer (fig. 2).

Le commencement du XIX⁰ siècle, en complétant le progrès qui venait de se manifester, devait laisser aux constructeurs de sa dernière moitié l'honneur de s'enorgueillir d'avoir délivré la société moderne de ces trous infects, tombeaux anticipés, dans lesquels se succédèrent tant de générations et où languissait et s'étiolait la fleur de notre belle jeunesse campagnarde. Aujourd'hui, grâce au progrès, on donne dans toutes les habitations nouvelles une place relativement grande à la cuisine; on l'inonde d'air et de lumière;

Fig. 2.

on la blanchit et on la pave de carreaux en grès, à dessins géométriques, communiquant à tout cet ensemble un aspect de gaieté, de propreté, qui, en rendant l'entretien facile, stimule le zèle et l'amour-propre de l'hôte du céans (fig. 3).

Ce n'est assurément pas par amour exagéré du luxe que l'on donne à la cuisine ce confortable inusité jusqu'alors, mais bien parce que l'on a reconnu combien la modification apportée est plus conforme aux lois de la véritable économie et de l'hygiène.

En effet, outre les maladies qu'occasionnait l'ancien état de choses, combien de denrées entassées dans ces obscurs réduits pourrissaient dans des coins humides, échappant au contrôle actif et vigilant de la maîtresse de la maison pour aller un jour, à son insu, grossir en pure perte le tas d'ordures placé devant la porte! Tout cela a disparu maintenant avec nos constructions modernes : air et lumière circulent à profusion dans les plus petits coins de nos cuisines, et rien désormais ne peut échapper à l'œil scrutateur de la maîtresse.

Fig. 3.

Au fourneau de terre ont succédé les cuisinières en tôle et en fonte dont les cuivres se mirent dans la noirceur de leur vernis. Le fer-blanc, le fer battu, la fonte émaillée ont remplacé le fer ; et si, dans quelques maisons, la batterie de cuisine en cuivre s'étale encore avec orgueil sur les murs, elle n'y figure plus que comme objet de parade et par un reste de vanité.

Chez les petits bourgeois et les employés, la cuisine est maintenant transformée en succursale de la salle à manger : à cet effet, on renferme dans les placards ou dans l'arrière-cuisine tous les ustensiles inutiles, qui se trouvent ainsi à l'abri de la poussière, pour les remplacer, sur les murs, par toute une collection d'assiettes à fleurs et à coqs. En procédant ainsi, on obtient une économie réelle de chauffage et d'éclairage fort sensible à la fin d'une année ou d'un hiver long et rigoureux ; en outre, on ménage aussi le mobilier de la salle qui, conservant sa fraîcheur, se trouve toujours propre sans nécessiter un grand entretien.

La plus grande propreté doit régner dans la cuisine (1) : il ne doit y avoir aucun désordre, aucune confusion. Ce qu'il faut éviter, ce sont les lavages à grande eau, entretenant l'humidité et pourrissant les peintures. Avec les nouveaux carrelages en grès, il suffit après chaque repas de passer un coup de balai et ensuite une serpillière légèrement mouillée. S'il est bien de nettoyer, il est encore préférable d'éviter de salir, car les nettoyages réitérés deviennent une cause de dépenses supplémentaires, tant par l'usure que par les ingrédients qu'ils nécessitent.

Avec les facilités actuelles il est préférable, pour la propreté, d'enfermer les épices, farine, pâtes alimentaires dans des boîtes en fer-blanc ; elles s'y conservent mieux qu'en sac, y étant à l'abri de l'air, de l'humidité et de la poussière.

Si, dans les grandes maisons, où il y a un nombreux personnel de domestiques, il est d'usage que la maîtresse de la maison ne mette jamais les pieds à la cuisine, dans les petits ménages, au contraire, où les bonnes sont généralement peu expérimentées, l'œil de la maîtresse doit toujours,

---

(1) Consulter pour la cuisine et son entretien notre précédent volume : *L'art de bâtir, meubler et entretenir sa maison*, 1 vol. Paris, 1890, H. Laurens, édit., 6, rue de Tournon.

sans en avoir l'air, faire sentir sa présence. Elle doit scruter minutieusement tous les coins et recoins, et sous prétexte de prendre quelque chose dans un placard, s'assurer s'il n'y existe point de désordre, s'il n'y a pas quelques restes qui se perdent, quelque bouteille égarée de sa véritable route, une négligence dissimulée derrière une pile d'assiettes, etc.; mais tout cela avec la plus grande prudence et la plus entière discrétion pour ne point froisser l'amour-propre des gens de service.

Choix d'une cuisine. — Lorsque l'on peut choisir une maison il est préférable d'en prendre une dont la cuisine donne sur la cour ou sur le jardin plutôt que sur la rue; car cette situation, pour une cuisine, occasionne une foule de désagréments, surtout lorsqu'on n'est pas sûr de la probité de ses domestiques. Que d'objets cassés et autres, prennent, à l'insu de la maîtresse, le chemin de la fenêtre; que d'aumônes obligatoires ou ignorées se font par ce chemin donnant sur la rue; combien de temps perdu en babillages et en cancans, toujours nuisibles à la maison; enfin, j'en passe de plus sérieux.

On peut, lorsqu'on s'aperçoit d'un tel manège, faire placer un grillage de fer ou des barreaux aux fenêtres de service placées sur la rue, de façon que les domestiques ne puissent sortir en cachette la nuit ou recevoir du monde dans la maison.

Il est prudent, pour éviter tout désagrément, de faire exécuter ces grillages avant l'arrivée d'un nouveau domestique.

Lorsqu'il plane un soupçon sur un serviteur, il est bon de profiter d'une de ses absences pour faire une perquisition dans la cuisine, dans l'office ou autre lieu confié à ses soins, pour s'assurer s'il n'y a rien d'équivoque, car le moindre indice peut mettre sur la trace d'une faute grave. On ne doit jamais, à moins d'un cas de force majeure, et seulement assisté d'une autre personne, pénétrer dans la chambre d'un domestique ; c'est son domicile, il est inviolable d'ailleurs, et l'on serait répréhensible devant la loi.

CHAPITRE III

DOMESTIQUES. — PERSONNEL DOMESTIQUE DANS LES ANCIENS CHATEAUX. — DOMESTIQUES ACTUELS DANS LES DIFFÉRENTES MAISONS. — LEURS FONCTIONS, LEURS GAGES.

Avant d'entreprendre la nomenclature du personnel domestique employé de nos jours pour le service des différentes maisons, il ne nous paraît pas hors de propos de dire quelques mots de tous les rouages de cette importante partie du service constituant le corps des officiers de bouche des maisons royales et princières d'autrefois.

En première ligne venait le *queux*, le roi de la cuisine, maître absolu de son département. Lui seul donnait des ordres et commandait à toute une légion de serviteurs qu'il avait sous sa domination. Son département se composait de vingt-cinq à trente serviteurs, non compris les enfants ou aides. Tout ce monde avait ses attributions particulières ; il y avait : les potagiers, affectés spécialement à la confection des potages et à la préparation des légumes ; puis venaient les *hasteurs*, surveillant la cuisson des rôtis ; les *happellapins*, qui tournaient la broche ; les *souffleurs*, occupés à la conduite et l'entretien du feu ainsi qu'à la surveillance des chaudières ; les *portiers* qui, tout en faisant le service des portes de la cuisine, avaient aussi à leur charge la police intérieure et celle de tous les ustensiles ; puis le bussier, espèce de surveillant ayant pour mission l'installation des fourneaux. Après le maître *queux* venait le *maître d'hôtel*, qui comptait également sous ses ordres tout un nombreux personnel. Il était secondé par deux *escuyers de cuisine*, dont la mission était de contrôler les dépenses, surveiller et prévenir le gaspillage, distribuer les viandes et autres provisions de bouche.

Les autres départements tels que : la *saucerie*, la *fruiterie*, la *panetterie*, l'*échansonnerie*, possédaient chacun leur administration particulière. Que l'on juge, par le menu que nous venons de donner, ce que devait être le service d'une ancienne maison princière. Nous ne parlons ici que des gens affectés au service des cuisines : mais, indépendamment de tout ce monde, il y avait encore toute une légion de serviteurs non moins importante attachée à l'entretien intérieur des appartements; au service particulier des princes et des seigneurs, des étrangers. Le service des chasses, des écuries, chevaux, voitures, avait lui aussi toute sa valetaille particulière dont la nomenclature prolongerait outre mesure cet important chapitre.

DOMESTIQUES ACTUELS.

Dans notre société moderne il n'est plus une maison qui puisse soutenir ce luxe ruineux de serviteurs, à moins que ce soit chez les têtes couronnées. Le journal anglais *the World*, parlant du service actuel de Sa Majesté la reine d'Angleterre, nous apprend qu'elle possède un brillant et imposant état-major culinaire : le chef de ses services de bouche, dit-il, touche sept cents livres sterling, soit dix-sept mille cinq cents francs, plus le logement et la nourriture. Il a sous ses ordres cinq aides français qui sont eux-mêmes des chefs de première valeur. Puis viennent deux boulangers pâtissiers; deux aides rôtisseurs, etc., et enfin tout une équipe de filles de cuisine et de marmitons.

En France, les fortunes ont diminué : les temps sont changés, ce qui était quelque chose autrefois n'est plus rien maintenant en présence des prétentions de notre siècle, aussi le personnel est-il bien restreint en comparaison d'autrefois.

SERVICE DE L'ÉCURIE

COMPOSITION DU PERSONNEL DANS UNE GRANDE MAISON.

Bien que le service de l'écurie semble ne regarder directement que le maître de la maison, il ne s'en rattache pas moins d'une manière indirecte à la surveillance de la maîtresse de maison, par ses exigences et ses besoins particuliers. En effet, n'est-ce point elle qui s'occupe du choix de la livrée, du linge à fournir aux domestiques, des réparations et de l'entretien; elle qui décide du costume à revêtir suivant les circonstances; qui donne ou fait transmettre ses ordres au cocher pour les promenades et les visites, en un mot tout le service?

Écurie. — Le service de l'écurie comprend plusieurs domestiques; il y a d'abord : le premier cocher, nommé *piqueur*; ses fonctions consistent dans la surveillance de l'écurie. C'est lui qui conduit les chevaux de luxe, qui les essaye, les promène, fait appliquer les remèdes prescrits par le vétérinaire, en surveille les effets. Il ne touche jamais aux chevaux et ne monte sur le siège que lorsque les palefreniers ont tout préparé.

Il lui est alloué environ 2000 francs, mais il n'est pas nourri.

En outre de ses gages il reçoit deux livrées et un costume du matin, il a de plus une tenue de gala, composée d'une culotte, bas de soie, tricorne, perruque à marteau et habit galonné, dit habit à la française. Sa tenue ou livrée ordinaire comprend : un pardessus ou tunique, un chapeau noir sans galon, des gants rouges en peau de chien, des cravates et faux-cols. Le costume du matin consiste en un gros gilet d'écurie.

Le *second cocher*, affecté au service des maîtres de la maison, conduit, lave et entretient lui-même ses voitures.

Ses gages sont ordinairement de 1200 à 1500 francs.

Il n'a pas de tenue de gala, mais il reçoit, comme le premier cocher, la tenue ordinaire et celle d'écurie (voir ci-dessus) ; on lui fournit également les faux-cols et cravates.

Le *troisième cocher*, ou cocher de nuit, ne conduit souvent qu'à un cheval. Ses appointements sont moins élevés que ceux du deuxième cocher, mais, pour l'habillement, il jouit des mêmes prérogatives.

Les palefreniers, dont le nombre varie suivant l'importance de l'écurie, sont spécialement attachés au service des chevaux. Ils leur donnent la nourriture, les pansent, font la litière, en un mot le service de l'écurie.

Ils confectionnent les nattes de bordure, font les chiffres en sable dans les allées ; nettoient et entretiennent les harnais.

Il faut compter en moyenne un homme pour panser deux chevaux, trois au plus.

Ils sont généralement choisis par le premier cocher qui en est responsable.

On lui alloue pour cela environ 1000 francs par homme, mais ces aides ne sont pas nourris à la maison. Lorsque c'est le maître qui les loue directement, s'il leur donne la table, les gages sont alors moins élevés.

Il est d'usage de leur allouer en plus 10 francs pour leur blanchissage et 15 francs pour leur boisson.

Ils ne portent aucune livrée.

Le chasseur. — Ce type de domestique spécialement attaché au maître a complètement disparu des grandes maisons pour ne plus être employé que dans certains cafés et cercles.

Si la livrée est restée la même, le chapeau claque, garni de plumes de coq, a été remplacé par la casquette, ce qui dénature complètement cette livrée. Les deux derniers qui restaient à Paris, étaient : l'un chez le duc de Laval, mort en 1850, l'autre chez le prince Orlow, ambassadeur de Russie, pendant le gouvernement de M. Thiers.

BONNE MAISON ORDINAIRE.

Dans ces maisons il n'existe pas de service de gala.

Le *premier cocher* lave lui-même ses voitures, s'occupe de ses chevaux et surveille les autres.

Il lui est alloué environ 1200 francs ; on lui doit en outre la nourriture, le vin, le blanchissage, ce qui représente une somme d'environ 300 francs en plus.

On lui fournit aussi une livrée, un habillement du matin, des bottes à revers, des faux-cols et des cravates, des tabliers et des torchons d'écurie.

Le *deuxième cocher*, chargé du service de nuit, conduit à un cheval le jour.

Un peu moins payé que le premier cocher, il reçoit le même habillement.

Le *palefrenier* soigne les chevaux, comme nous l'avons dit ci-dessus ; il accompagne quelquefois la voiture, et dans ce cas on lui donne une livrée s'il doit monter sur le siège.

Si la maîtresse de la maison monte à cheval, il la suit également à cheval, revêtu d'une livrée spéciale composée d'une tunique avec ceinturon, une culotte, des bottes à revers, et un chapeau haut de forme.

C'est un cachet d'élégance d'avoir au service de ses écuries des palefreniers anglais. Leurs gages varient entre 1000 et 1200 francs, suivant ce que l'on exige d'eux.

SERVICE D'INTÉRIEUR

Domestiques hommes. — Après le service de l'écurie vient celui de l'intérieur de la maison.

En première ligne se trouve :

Le *maître d'hôtel*; ses attributions consistent à découper et servir les mets ; lui seul a le droit de toucher aux plats qui sont sur la table et de les donner au premier servant pour les passer aux convives.

Un bon maître d'hôtel doit savoir faire les bonbons, les petits fours, les confitures et les sirops.

Il a en outre la charge de l'argenterie et son entretien. Ses appointements sont de 1500 à 2000 francs plus la nourriture et l'habillement.

Valets de chambre. — Leur nombre varie suivant l'importance de la maison. Ils sont affectés au service des appartements : ils les entretiennent, les cirent, les balayent, les essuyent ; ils battent et brossent les meubles. Ils battent et brossent également les habits des maîtres ; les leur préparent et les habillent. En cas de voyage, ils font les malles : en un mot ce sont de véritables femmes de chambre hommes.

Le service de la table entre également dans leurs attributions.

Leurs gages s'élèvent à 1000 francs environ ; on leur donne en outre la nourriture.

Ils portent une livrée ou plus souvent l'habit noir, qui leur est fourni par la maison, et ont de plus un costume du matin qu'ils mettent pour faire les commissions ou pour accompagner leur maître en voyage.

Valets de pied. — Ces serviteurs aident le valet de chambre dans l'entretien des appartements.

Lorsque l'on sort en voiture, ils montent sur le siège à côté du cocher, annoncent la visite de leurs maîtres en présentant la carte et demandant si l'on reçoit.

Ils ouvrent et ferment la portière, aident leurs maîtres à descendre de voiture, maintiennent la queue des robes, portent les pardessus et manteaux sur le bras et pénètrent en même temps qu'eux dans l'antichambre, où ils attendent leur sortie. Dans l'intérieur de l'habitation, c'est encore dans l'antichambre qu'ils se tiennent en permanence pour répondre au premier appel de la sonnette du salon ou pour annoncer ou introduire les visiteurs. Leurs gages se traitent de gré à gré, suivant les aptitudes.

Ils sont toujours blanchis, et portent la livrée de la maison.

Les jours de réception, ils sont en culotte et habit à la française.

Suisses. — Ce genre de domestiques commence à se perdre, cependant il est encore quelques maisons qui, les jours de grande réception, en ont conservé l'usage. Ce sont des domestiques de parade, dont le costume a beaucoup d'analogie avec celui des suisses de nos églises : ils portent perruque à marteau, chapeau tricorne garni de plumes, l'habit galonné, et le baudrier aux armes ou au chiffre de la maison. La hallebarde à la main, ils se tiennent toujours debout, sur deux rangs, formant la haie. Lorsque les invités passent devant eux ils donnent le salut en inclinant légèrement leur hallebarde.

L'argentier. — Dans les maisons où on fait usage de

vaisselle plate, il y a tout avantage à avoir une personne chargée spécialement du lavage et de l'entretien de l'argenterie ; car ce genre de vaisselle ne saurait être confié au premier domestique venu. C'est un véritable métier que de savoir laver, frotter, polir et brunir l'argent sans le rayer, surtout lorsqu'il s'agit d'enlever les coups de couteau et les raies ou points que la fourchette a laissés sur le métal.

Domestiques femmes. — Le service particulier des femmes n'est pas moins important que celui des hommes dans une maison bien tenue.

Il faut compter une femme de chambre par dame à habiller.

La *première femme de chambre*, la plus en titre, est exclusivement attachée au service de la maîtresse de la maison : ses attributions sont aussi multiples que variées. Elle doit d'abord savoir parfaitement coiffer, habiller, déchiffonner les robes ; puis, pouvoir confectionner les costumes du matin et une foule de choses accessoires et de circonstance dont l'énumération serait trop longue.

Une femme de chambre capable gagne de 8 à 900 francs, elle est nourrie, couchée et blanchie, a droit à certaines dévêtures de madame. En les arrêtant on doit les prévenir, que l'on se réserve les robes de soie, de velours, et toutes les choses qu'elles ne peuvent pas porter et qu'elles ont l'habitude de vendre. Il va sans dire que les vraies dentelles et les fourrures ne leur sont jamais données.

Les autres femmes de chambre ont les mêmes attributions que la première auprès des dames qu'elles servent, mais elles sont un peu moins rétribuées.

Femme de charge. — Cet emploi est un des rouages importants d'une maison.

La femme de charge est en quelque sorte une surveillante générale, dont les fonctions bien remplies sont toujours une source de profits, car elle a sous sa garde certaines provisions qu'elle seule doit distribuer aux uns et aux autres avec la même économie que le ferait la maîtresse elle-même.

C'est elle qui prépare les chambres destinées aux étrangers, en assure la propreté, veille à la conservation et à l'entretien de la literie ; y place, lorsqu'elles sont habitées, le sucre, l'eau de fleur d'oranger, le savon, les odeurs, le papier à lettres, les timbres, les allumettes, etc.,

Elle fait également les lits et le service des étrangers.

Elle tient la maîtresse au courant des abus lorsqu'il s'en produit, et lui sert souvent d'intermédiaire entre les domestiques (1).

La femme de charge reçoit en échange de ses services une somme de 600 francs ; elle est nourrie, couchée et blanchie.

Lingère. — Cette femme, comme sa fonction l'indique, est chargée du rangement et de l'entretien du linge de toute nature appartenant à la maison : elle le repasse, le compte, le range, le distribue à chacun, depuis le service de l'écurie, des domestiques, de la cuisine, jusqu'à celui de la salle à manger et des chambres, etc. Elle reprend le linge sale, le vérifie, et le compte, avant de le livrer à la blanchisseuse. Le service du linge de cuisine, torchons et tabliers, distribué par elle, est réglé par la maîtresse de maison.

---

1. En Angleterre, le rôle de la femme de charge est beaucoup plus important que chez nous. Elle seule transmet les ordres aux autres domestiques, à qui les maîtres ne parlent jamais directement. On la nomme *House Keper* : c'est elle qui est responsable de tout. Depuis quelques années, dans les grandes maisons, on tend à introduire cet usage.

Elle gagne environ 600 francs, elle est nourrie, couchée et blanchie.

Nourrice. — Ce genre de serviteur n'étant qu'accidentel dans une maison, nous renvoyons nos lectrices à la quatrième partie de cet ouvrage, au chapitre concernant les soins à donner à l'enfance.

CUISINE.

Cuisinier chef. — Ce personnage est le plus important de la cuisine : il a la haute responsabilité de tout le personnel qu'il emploie. Ce n'est pas un domestique ordinaire, les autres domestiques lui parlent avec respect, il jouit d'un certain prestige.

Maîtres et personnel, ne le désignent et ne s'adressent à lui qu'en l'appelant... *Chef!* Son art le met hors la loi, et le substantif monsieur ne lui est jamais appliqué.

Il ne reçoit d'ordres que de madame dont il relève directement, elle les lui donne de vive voix ou les lui fait transmettre.

Il a en sous-ordre toute une série de domestiques lui servant d'aides.

Il nous semble inutile d'entrer dans les menus détails de ses attributions : elles sont trop connues pour que nous nous y arrêtions.

Un bon chef est payé de 1200 à 2000 francs, selon l'importance des maisons.

Ce traitement est souvent la moindre partie de ses appointements, car ses profits les dépassent, et quelquefois de beaucoup, par les remises qu'il se fait donner par les fournisseurs sur les achats. Il a aussi en plus la vente des graisses, des jus et des os, etc., mais un bon chef, pour des gastronomes, n'est jamais trop payé.

Pâtissier. — Au chef est quelquefois adjoint un pâtissier. On lui donne 600 francs, de même qu'au saucier.

Marmitons. — Lorsque le chef emploie des marmitons, c'est lui qui les paye,... et souvent, hélas! de quelle monnaie!

MAISONS BOURGEOISES.

Chef. — Dans certaines maisons il y a un chef qui gagne 1200 francs.

Il lui est accordé, en qualité d'aide, une fille de cuisine qui reçoit comme gage de 400 à 500 francs.

Dans les familles aisées on a, soit deux domestiques femmes, soit deux femmes avec un valet de chambre, l'une remplit les fonctions de cuisinière, la seconde celle de femme de chambre.

La **cuisinière** tient lieu de chef et en touche les gages. C'est elle qui fait les marchés... et s'en acquitte souvent fort bien... à son avantage.

Femme de chambre. — Lorsqu'il y a une femme de chambre, elle remplit auprès de madame les mêmes fonctions que celles des grandes maisons (voir page 24); de plus elle repasse et raccommode le linge, fait le lit et la chambre de madame.

Cocher. — Lorsqu'il y a un cocher, il fait souvent, en même temps que son service d'écurie, l'office de valet de chambre. Au besoin il aide la bonne pour les travaux les plus rudes. C'est en un mot un homme à toute main, que l'on paye en raison de ses aptitudes et des services qu'il rend à la maison. On ne peut donner à un domestique homme moins de 600 à 800 francs, la nourriture, le logement compris, ainsi que quelques vêtements si l'on exige une mise décente.

PETITS MÉNAGES.

Bonne. — Le personnel des petits ménages se réduit à une seule bonne, que l'on peut appeler une bonne à tout faire, car on l'occupe aussi bien à la cuisine qu'aux appartements.

Du grenier à la cave, de la cour au bûcher, c'est elle, toujours elle : habillant les enfants, lavant et repassant quelquefois le linge : elle est la première levée et la dernière couchée. Elle reçoit en échange de si laborieux et de si pénibles travaux une somme variant suivant les maisons entre 300 et 500 francs, soit qu'elle débute dans le service, soit qu'elle y soit déjà faite.

Il est d'usage, à certaines époques de l'année, de lui faire une petite gratification ; au jour de l'an, par exemple, puis à l'époque de la foire dans certaines villes. On lui fait aussi quelquefois cadeau d'une robe ou de quelque bibelot lorsqu'on revient de voyage.

Nous ne pouvons entrer dans toutes les combinaisons du personnel qu'on peut avoir ; c'est aux maîtres qu'incombe le soin de partager entre deux ou trois personnes, la besogne que comportent toutes les nécessités du ménage.

CHAPITRE IV

DU CHOIX DES DOMESTIQUES. — LEURS GAGES.

Au nombre des multiples attributions d'une maîtresse de maison il faut mettre le choix des domestiques. Ce n'est certes point la mission la moins délicate qui lui soit dévolue.

Il est également de toute justice qu'elle choisisse elle-même ceux qu'elle est appelée à gouverner, j'ajouterai même souvent à combattre.

Du choix des domestiques dépend la bonne administration d'une maison, et ce n'est pas chose facile de réunir sous son toit tant de personnes ayant à peu près le même caractère, les mêmes goûts, le même sentiment; une loyauté à toute épreuve et une ardeur pareille au travail. Il faut, pour mener à bien une telle entreprise, que la maîtresse de la maison possède un tact tout particulier, une expérience prolongée et une attention toujours en éveil.

Pour faciliter ce choix, mûrir avant l'âge nos aimables lectrices, leur faire acquérir promptement cette sûreté de coup d'œil permettant de lire sur les visages, nous ne saurions trop nous appesantir sur la nécessité, pour la femme, d'une étude approfondie des traits, sujet non moins attrayant que scientifique.

La qualité première que l'on doive rechercher en un domestique, car ils ne sauraient être parfaits, c'est la probité; puis viennent l'activité, la bonne volonté, l'ordre et la propreté.

Pour l'œil fin et scrutateur de la femme une partie de ces qualités sont peintes sur la figure de l'homme, et, avec un peu d'attention et d'observation, il lui est facile de les y découvrir. On dit que la figure est le miroir de l'âme; eh bien! pourquoi, dans le choix des domestiques, ne mettrions-nous pas à profit cette science des traits du visage que des physionomistes célèbres ont acceptée et établie.

En aucun cas il ne faut prendre à son service une personne dont la figure soit antipathique, car on ne revient que rarement ou plutôt jamais sur sa première impression, et c'est se créer des ennuis inutiles, n'ayant que l'embarras du choix.

Il n'est rien de plus facile, de plus récréatif et intéressant, pour une maîtresse de maison, que cette étude du personnel qui l'entoure.

Quelques personnes seront peut-être tentées de nous objecter que les renseignements sont là pour parer à tout: j'avouerai franchement que je ne suis guère de cet avis.

Ces renseignements sont parfois assez naïfs. Tel serviteur qui ne fait pas mon affaire, peut parfaitement faire celle d'un autre. Si j'en suis mécontent, que je m'en débarrasse à la suite d'une indélicatesse, en un mot, comme on dit trivialement, *que je l'envoie se faire pendre ailleurs*, la loi, à moins de preuves en main, m'interdit de le desservir et de l'empêcher de se placer... De là chicane, assignation, peut-être même condamnation à des dommages, pour diffamation, cela s'est vu. On se tait donc sur ce chapitre important : on est du reste trop heureux de se débarrasser d'un tel domestique pour le desservir.

Quant aux personnes qui vous demandent si le serviteur que vous renvoyez sait faire ceci, cela, etc., en un mot s'il est parfait, elles doivent bien penser que si vous le renvoyez c'est qu'il a un défaut capital, et que si vous vous en séparez, c'est parce qu'il ne possède pas cette perfection que vous désiriez trouver en lui. Du reste bien souvent, chez un domestique, ce qui semble défaut pour un maître, est quelquefois qualité pour un autre. Les renseignements pris chez les anciens maîtres me semblent donc peu sérieux.

Si vous voulez des renseignements exacts sur un domestique, présentez-vous chez les fournisseurs de la maison, lorsqu'il est sorti de place, plaidez le faux pour savoir le vrai : vantez ses qualités si vous lui supposez des vices, faites l'inverse si vous le croyez bon ; mais cela sans paraître en avoir envie et *d'après des on-dit*, etc., de suite, on vous énumérera ses qualités ou ses défauts : — *Nous ne comprenons pas qu'il soit resté si longtemps dans cette place : où, il était trop bien pour les exigences d'une telle maison*, vous dira-t-on, et une foule d'autres phrases semblables, qui vous fixeront mieux que tous les renseignements que vous pourriez prendre directement dans la maison même, car on ne sait jamais mieux ce que valent les domestiques que par ce qu'en disent les fournisseurs de la maison dès qu'ils sont partis.

Renseignez-vous aussi sur les maîtres souvent durs, exigeants, désagréables et auxquels on pourrait adresser ces paroles de Beaumarchais :

« Aux qualités qu'on exige d'un valet, connaissez-vous beaucoup de maîtres qui fussent dignes d'être valets ? »

Rappelez-vous, mesdames, que pour accorder un serviteur, il ne suffit pas de lui dire : « Vous me plaisez, je vous accorde... » il faut que, de son côté, vous lui plaisiez.

C'est ainsi qu'il s'établit entre les parties un mutuel respect affermissant l'autorité, établissant la force du commandement et en rendant l'exécution facile.

GAGES DES DOMESTIQUES.

Les gages des domestiques ne sont pas la rémunération de leur travail, mais bien le prix dû et payé en échange de ce travail : ils varient suivant la hiérarchie du serviteur, la nature de ses services et le degré de ses aptitudes.

Les gages seront donc différents pour chaque domestique.

Ils se débattent entre la partie prenante et celle qui s'engage.

Lorsque le serviteur qui se présente n'est pas majeur, les conditions doivent s'établir et se traiter soit avec le père, soit avec la mère ou à leur défaut avec le tuteur de la personne, en se conformant le plus possible aux usage du pays.

Bien que pour les domestiques les gages soient fixés à tant par an, les engagements et les payements n'en sont pas moins mensuels pour cela ; la somme due est exigible par fraction.

Les conditions accessoires, tels que le logement, la nourriture, le blanchissage, le vin, le café, le sucre, etc., formulées, débattues et acceptées par le prenant, font partie des gages, qu'elles soient données en nature ou en argent. Il est certains engagements d'après lesquels le serviteur est tenu soit de se loger au dehors, soit de s'habiller, de se nourrir ou se blanchir à ses frais, alors les gages sont établis en conséquence. La plus élémentaire prudence exige, lorsqu'on a plusieurs domestiques, de transcrire sur papier libre, une fois le marché conclu, toutes les conditions de l'engagement, et de faire signer cette pièce par la partie acceptante. On s'affranchit par là de toute contestation pouvant survenir par la suite.

En faisant ses conditions, il ne faut pas oublier de prévenir que nul domestique ne peut s'absenter de la maison, même les jours de fête, sans la permission des maîtres, et de bien stipuler qu'il n'y a pas de sorties le soir, à moins d'une autorisation spéciale.

Avant de prendre définitivement un domestique à son service, et de débattre avec lui le montant de son salaire, nous engageons fortement une maîtresse de maison à ne contracter cet engagement qu'après essai préalable, pour se rendre compte de ce qu'il sait faire; pour voir si oui ou non il est susceptible et capable de tenir l'emploi. Proposez-lui alors de le prendre pour un mois à l'essai et voir si lui-même trouvera votre maison et votre service à son gré.

Offrez-lui une certaine somme pour ce mois, vous engageant, si vous êtes mutuellement satisfaits, à fixer les gages pour l'avenir.

Il faut, bien entendu, dans le travail de ce premier mois, faire la part de ce qu'on appelle vulgairement le *balai neuf*, et diminuer d'un bon quart la somme de travail et d'activité qu'on est en droit d'attendre de lui par la suite.

Il est de sage prévoyance de ne donner au nouveau domestique que de très faibles gages pour commencer, se réservant de l'augmenter suivant que l'on sera content de lui. Cette manière d'agir stimule son zèle; mais il ne faut pas trop lui faire attendre la première augmentation. On doit éviter surtout qu'il ne vous la demande lui-même, ce qui le porterait à renouveler trop fréquemment de semblables réclamations.

Lorsque l'on choisit un domestique, il faut autant que possible le prendre jeune, mais déjà au courant du service. Il sera plus souple à contracter vos habitudes, se pliera mieux aux exigences de sa position, à celles de la maison, et finira par s'y plaire, tandis que les serviteurs âgés ont leurs manies, leur manière de faire, dont ils se départissent difficilement et non sans maugréer.

3.

Il est d'usage dans certains pays de donner des arrhes pour conclure le marché, qui sans cela est toujours résiliable. Cela s'appelle *le denier à Dieu*. Il constitue un engagement définitif et la partie manquante doit dommages et intérêts à l'autre.

Le denier à Dieu varie de 5 à 20 francs suivant l'importance de la place. Il ne peut être retenu sur les gages et devient en quelque sorte une gratification.

Les arrhes n'empêchent pas les parties de se désister, mais alors le maître qui rompt le marché les perd : si c'est le domestique qui se dédit, il doit les restituer.

Chacune des parties peut donc se démettre de la convention verbale, mais dans les vingt-quatre heures, en reprenant ou rendant le denier à Dieu. La personne qui l'abandonne au domestique qu'elle avait engagé peut refuser de recevoir ce domestique, pourvu que ce refus ait lieu dans les vingt-quatre heures ; plus tard, le domestique employé aurait droit, non seulement de garder ce qu'il aurait reçu, mais d'exiger un premier terme de ses gages.

Cette coutume existe également à Paris pour la location des appartements ; le denier à Dieu se donne aussi aux concierges.

CHAPITRE V

SERVICES QUE L'ON PEUT EXIGER DES DOMESTIQUES. — DES ÉGARDS QU'ON LEUR DOIT. — DE LA MISE DES DOMESTIQUES.

On ne peut guère exiger d'un domestique que du respect, de la probité, de l'obéissance, de l'activité, de la propreté et de la bonne volonté. Quant aux autres qualités, si elles existent en lui, il faut les développer; si elles font défaut, on doit chercher à les faire naître.

Lorsqu'un domestique entre dans une maison, il est du devoir de la maîtresse, dans n'importe quelle position, d'indiquer au nouveau serviteur ce qu'elle attend de lui, ce qu'elle veut qui soit fait, en lui déterminant les heures et le moment, puis ensuite elle le livre au domestique chargé de lui enseigner ce qu'il a à faire et les usages et coutumes particuliers de la maison.

Dans les maisons bourgeoises, la maîtresse indique elle-même où se place chaque chose, où elle entend qu'on les range immédiatement après s'en être servi; en un mot, elle fait toutes les observations qu'elle juge nécessaires pour les besoins du service.

Toutes ces recommandations faites, il est bon de laisser le serviteur vaquer à l'aise à son travail, en donnant de temps en temps, et sans en avoir l'air, un coup d'œil sur ce qu'il fait pour s'assurer qu'il exécute ponctuellement toutes les recommandations.

On a le droit d'exiger d'un domestique un travail assidu et régulier, mais on ne peut, en aucun cas, le surmener. Il faut lui accorder le temps nécessaire et raisonnable pour exécuter convenablement chaque chose, ne pas trop le presser pour éviter la casse, qui, même retenue sur ses gages, est toujours préjudiciable à vos intérêts. On doit exiger que les domestiques se tiennent avec une grande propreté, qu'ils ne se présentent jamais devant soi les mains sales, à moins que l'on ne les interrompe dans leur travail.

Un homme doit se raser au moins deux fois par semaine et plus si besoin est.

Une chose sur laquelle une maîtresse de maison doit apporter toute sa vigilance, et sur laquelle elle en saurait transiger, c'est la bonne conduite. Elle doit rappeler à l'ordre le serviteur qui y manquerait et au besoin le congédier impitoyablement s'il venait de nouveau à enfreindre ses ordres à ce sujet.

DES ÉGARDS QU'ON LEUR DOIT.

Si les serviteurs doivent le respect et l'obéissance à leurs maîtres, les maîtres de leur côté doivent s'efforcer de les traiter avec douceur, mais sans faiblesse.

Il ne doit y avoir rien d'arrogant ni d'humiliant dans le ton du commandement : un *voudriez-vous*, moins impératif que *faites ceci, vous ferez cela*, est cent fois préférable.

Donné avec douceur l'ordre s'exécute avec plaisir; le domestique finit par s'attacher à vous : et de l'attachement à la confiance il n'y a qu'un pas... il est vite franchi.

Lorsqu'on a plusieurs domestiques il faut s'appliquer à ne pas faire de jaloux en ayant des préférences; c'est le seul moyen de maintenir entre eux la bonne harmonie.

Une maîtresse de maison ne doit rien ignorer de ce qui se passe chez elle, mais il faut qu'elle sache ne voir que ce qui peut lui porter préjudice, sans entrer dans toutes les petites tracasseries des domestiques entre eux, qui ne dépassent pas les bornes de la simple plaisanterie ; c'est le seul moyen de rester juge impartial si l'on vient à en appeler à votre justice. Dans ce cas, il faut entendre l'exposé des griefs, ne se prononcer qu'après avoir fait une enquête particulière, puis appeler chacun d'eux séparément. A celui qui est coupable, on montre ses torts, on l'engage à revenir ; à l'autre, tout en lui donnant raison, on l'exhorte par des paroles persuasives à pardonner et faire un premier pas.

On doit éviter que le séjour de la maison ne se transforme en cloître ou en prison pour les serviteurs, pour cela il faut, autant que faire se peut, le leur rendre agréable et savoir à propos sourire à l'expansion de leur gaieté sans jamais y prendre une part directe.

Lorsque l'occasion se présente, d'une fête, d'un heureux événement ou d'une attention bienveillante de leur part, il faut savoir la saisir pour leur donner un moment de récréation et ajouter un extra à leur ordinaire : un verre de vin, une tasse de café, donné à propos, les délasse d'un surcroît de travail et fait plus sur eux quelquefois qu'une gratification en argent.

Un mot aimable, un encouragement, sont un stimulant pour le zèle qui se ralentit et font plus qu'un reproche même mérité.

Lorsque l'on fait une remontrance ou une observation à un serviteur il faut la lui faire en particulier, avec calme, modération et dignité, évitant toute contestation, toute discussion avec lui.

De familiarité il ne saurait y en avoir, elle engendre le mépris.

On ne doit jamais parler d'affaires de famille devant eux, et il faut toujours les tenir étrangers aux haines et aux rancunes particulières.

La maîtresse de la maison entre-t-elle dans la cuisine lorsque les serviteurs sont à table, ce qu'elle ne doit faire que dans un cas urgent, si ces derniers se lèvent, elle les invitera de suite à se rasseoir.

C'est une excellente habitude de payer régulièrement les gages de ses serviteurs: on évite ainsi toute contestation; la vue de l'argent augmente leur ardeur au travail et leur donne une excellente idée de l'ordre qui règne dans la maison.

On aurait mauvaise grâce à ne pas accorder de temps en temps quelques heures de sortie; on se rendrait ridicule en leur refusant la permission d'assister aux offices les dimanches et fêtes; on doit même, en cas d'indifférence de leur part, les exciter à remplir leurs devoirs religieux.

En dehors de la maison, il y aurait tyrannie à priver un domestique de fumer à moins que l'odeur du tabac ne vous incommode réellement.

Ce serait une cruauté d'exiger du travail d'une personne souffrante; si elle devient réellement malade, on ne doit l'envoyer à l'hôpital que lorsque la maladie prend un caractère contagieux ou épidémique, ou exige des soins particuliers qu'il est impossible de lui prodiguer à la maison sans en troubler l'ordre.

En avons nous trop dit?... Oui et non! car il y aurait encore bien des pages à écrire sur cet intéressant chapitre.

DE LA MISE DES DOMESTIQUES.

Une mise simple et propre est de rigueur pour tous les domestiques.

On ne doit, en aucun cas, souffrir chez les femmes ces excentricités, ce luxe de coiffure et de toilette qu'affectent certaines femmes de chambre, ayant un penchant à se travestir volontiers en véritables soubrettes d'opérette, et qui provoquent le rire et les propos malveillants sur le compte de la maison.

Donc, pas de bijoux, pas de dentelles, point de robes aux couleurs criardes, à façon extravagante, cherchant à attirer les regards; mais une mise décente, sombre et sévère.

Les femmes de chambre de bonne maison portent le chapeau. Une femme ne doit jamais sortir en cheveux. Le tablier blanc au dehors est particulier pour la bonne d'enfant.

Chez les domestiques hommes ces inconvénients ne sont pas à craindre, et s'il en était autrement le ridicule retomberait sur eux car leurs semblables, comme dans la fable *du Corbeau qui se pare des plumes du Paon*, le leur feraient bien voir.

Il ne m'a jamais déplu, je l'avoue ici, toute vanité à part, de voir mon domestique sortir avec sa livrée, même lorsque c'était pour son agrément personnel.

La livrée est pour lui l'uniforme de la maison, et l'homme qui en est revêtu ne saurait volontiers s'exposer aux regards du public par des excentricités de mauvais aloi. A un pantalon, à un gilet près, je préfère le voir dans la tenue de son emploi.

Il est rare, lorsque les domestiques sont convenables, que

les maîtres ne leur fassent pas de temps à autre quelques petits cadeaux.

Quand même on se serait engagé à habiller un domestique, la livrée proprement dite reste toujours la propriété de la maison et en cas de départ le domestique n'a aucun droit sur elle : la petite livrée et les effets de fantaisie seuls lui appartiennent.

Il est d'usage de fournir aux domestiques des deux sexes les tabliers, les torchons et les linges nécessaires à l'entretien du ménage et au service de la maison.

Nous terminons ce chapitre en signalant et en demandant la répression de deux abus qui tendent à se généraliser : le premier consiste à laisser ses domestiques se transformer en de véritables mendiants, et attendre le visiteur ou l'invité de leur maître à la porte ou dans le corridor, pour en obtenir quelque gratification : c'est véritablement une défaveur pour les personnes qui les laissent agir ainsi. L'invité qui désire laisser quelque chose aux domestiques a une foule d'occasions pour le leur remettre sans attendre le dernier moment, et sans le faire ostensiblement au départ.

Le second abus est une réprimande que nous adressons aux personnes qui, invitées à déjeuner ou à dîner, versent entre les mains du serviteur une gratification telle qu'elles ont l'air de payer les dépenses qu'elles ont occasionnées. Cet usage s'est du reste perdu à Paris ; mais dans certaines villes de province cet abus existe encore. Le domestique n'est-il pas en effet payé pour son service ?... Vous servir convenablement, quand vous êtes invité, rentre donc dans ses attributions quotidiennes.

Il était d'usage dans le temps, et cela se fait encore quelquefois, dans les maisons où l'on joue le soir, de laisser sous le flambeau l'argent que l'on destinait au domestique :

celui-ci le trouvait le soir ou le lendemain et n'avait pas à rougir en tendant la main.

Les observations ci-dessus s'adressent plus spécialement aux petites maisons bourgeoises qu'aux grandes maisons où l'on n'a presque jamais affaire au même domestique, et où l'on n'a pas cette fâcheuse manie du pourboire, puisqu'il faut dire le mot.

CHAPITRE VI

LOIS CONCERNANT LES MAÎTRES ET LES DOMESTIQUES.

Le code civil, parlant du louage des domestiques et des ouvriers s'exprime ainsi :

Art. 1780. — *On ne peut engager ses services qu'à temps, ou pour une entreprise déterminée.*

Puis un autre article assigne comme domicile du serviteur celui de ses maîtres.

Art. 109. — *Les majeurs qui servent ou travaillent habituellement chez autrui, auront le même domicile que la personne qu'ils servent ou chez laquelle ils travaillent, lorsqu'ils demeureront avec elle dans la même maison.*

Sous le rapport de la responsabilité des maîtres, il est dit :

Art. 1384. — *Les maîtres sont responsables du dommage causé par leurs domestiques et préposés dans les fonctions auxquelles ils les ont employés.*

Le même article dit encore :

On est responsable, non seulement du dommage que l'on cause par son propre fait, moins encore de celui qui est causé par le fait dont on doit répondre.

L'engagement d'un domestique à son service constitue ce que l'on appelle un contrat de louage.

Art. 1710. — *Le louage d'ouvrage est un contrat par*

lequel l'une des parties s'engage à faire quelque chose pour l'autre moyennant un prix convenu entre elles.

Il y a donc obligation réciproque entre les deux parties, maître et serviteur.

Art. 1142. — *Toute obligation de faire ou de ne pas faire se résout en dommages et intérêts, en cas d'inexécution de la part du débiteur.*

Puis l'article 1147 dit ceci :

Art. 1147. — *Le débiteur est condamné, s'il y a lieu, au payement de dommages et intérêts, soit à raison de l'inexécution de l'obligation, soit au retard dans l'exécution, toutes les fois qu'il ne justifie pas que l'inexécution provient d'une cause étrangère qui ne peut lui être imputée, encore qu'il n'y ait aucune mauvaise foi de sa part.*

Art. 1148. — *Il n'y a lieu à aucuns dommages et intérêts, lorsque, par suite de force majeure ou d'un cas fortuit, le débiteur a été empêché de faire ce à quoi il était obligé.*

Dans les grandes villes les usages font loi. Bien qu'il n'existe pas de texte au sujet des huit jours, le juge de paix cependant rend son jugement en se conformant à l'usage.

Parmi les cas de force majeure pour les domestiques, il faut citer : l'appel sous les drapeaux, le mariage, les soins réclamés par des parents malades ou infirmes, par une mère devenue veuve et ayant des enfants en bas âge.

Pour toutes les autres causes provenant de sa volonté, le domestique est tenu à des dommages-intérêts envers son maître. Il ne le serait pas cependant si le forfait venait à se rompre soit par suite de mauvais traitements ou le refus de nourriture de la part du maître ; bien plus, dans les différents cas énoncés ci-dessus, le ou la domestique aurait le droit de réclamer des dommages-intérêts, puisque la cause première proviendrait du fait même du maître qui lui empêcherait de remplir ses engagements.

L'indemnité doit alors consister dans le payement des gages jusqu'au moment où cesse de plein droit l'engagement.

Il ne s'ensuit pas pour cela qu'il soit interdit au maître, sous peine de dommages-intérêts, de renvoyer son domestique si son service ne lui plaît pas : non ! Il a au contraire tout droit de le faire si celui-ci s'acquitte mal du travail qui lui est confié, s'il n'obéit pas aux ordres qu'on lui donne, s'il est grossier, insolent, ou s'il manque de respect. On peut encore se débarrasser de lui s'il porte le trouble parmi les autres domestiques, s'il s'enivre ; si, par l'état de sa santé ou toute autre cause, il est impropre à remplir le travail pour lequel il s'est engagé.

En cas de contestation, le juge seul est appelé à trancher la question.

Lorsqu'un domestique a mérité d'être renvoyé, on doit le prévenir huit jours à l'avance ; il vous doit pendant ce laps de temps les mêmes services qu'il rendait auparavant. Les huit jours expirés, on ne lui doit absolument rien que les gages ordinaires.

Il est d'usage cependant de lui accorder quelques heures par jour pour se procurer une nouvelle place.

Si l'on renvoie un domestique séance tenante on ne lui doit que le prix de ses huit jours, rien que cela, vous entendez, quand bien même il aurait été engagé y compris la nourriture, le coucher, le blanchissage, le café et le vin.

La prétention contraire est quelquefois soutenue par le domestique, renvoyé immédiatement, mais elle n'a aucun fondement.

Lorsqu'on s'aperçoit dans la première huitaine qu'un domestique engagé n'est pas apte à remplir la place pour laquelle il a été choisi, on peut le renvoyer tout de suite, sans lui donner ses huit jours, on ne lui doit que les journées qu'il est resté à votre service, mais il ne faut pas dépasser ce délai, le neuvième jour il serait trop tard.

Lorsqu'un domestique fait ses huit jours il faut oublier tous ses torts : il est de bonne politique de le traiter avec la plus grande douceur, les plus grands ménagements, pour lui laisser croire jusqu'au dernier moment que toute cause de désaccord est entièrement oubliée. On le congédie avec politesse ; si par hasard il met un peu de lenteur à partir il faut bien éviter d'en paraître contrarié : on doit au contraire conserver tout son calme et son sang-froid, car il faut faire la part de tout, penser qu'un serviteur, quelque défaut qu'il ait, s'il est resté quelque temps chez vous, n'a pas été sans s'attacher à la maison. Si son mauvais penchant l'a mis en état de se faire renvoyer, il ne quitte pas moins à regret. Tout en lambinant pour partir, il espère encore obtenir son pardon.

On ne peut lui refuser un certificat mais on est libre de le libeller aussi brièvement que possible, ce qui en dit plus que de longues phrases et n'est en rien compromettant.

Je, soussigné, reconnais avoir eu à mon service du... au... le sieur... natif de...

Signature.

CHAPITRE VII

DE LA DÉPENSE ET DES COMPTES.

Pour qu'une maison, occupant un certain nombre de domestiques, soit bien dirigée, il est nécessaire que la maîtresse de maison tienne un compte exact et régulier de toutes les opérations qui s'y font, soit comme dépense soit comme recette. On ne peut arriver à ce résultat qu'en établissant une sorte de comptabilité que nous qualifierons du nom de *comptabilité de ménage*.

Elle se composera d'un grand livre, sur lequel figureront toutes les recettes et toutes les dépenses, puis, de toute une série de petits livres ou carnets particuliers, consacrés spécialement l'un à la cuisine, les autres au blanchissage, au boucher, à l'épicier, au boulanger, etc., suivant que l'on réglera à la semaine ou au mois ces différents fournisseurs.

Sur le livre de cuisine, s'inscriront toutes les dépenses journalières réglées au comptant pour les achats servant à la nourriture. Sur les autres carnets toutes les dépenses faites au jour le jour et ne se soldant qu'à des époques déterminées. L'usage de ces livres particuliers présente une foule d'avantages : d'abord il évite toute contestation avec les fournisseurs, fait disparaître l'ennui d'être dérangé à chaque instant pour donner de l'argent par-ci, de l'argent par-là, pour telle ou telle chose : puis il permet de se

DE LA DÉPENSE ET DES COMPTES.

rendre compte à tout moment de l'année, sans aucun travail préalable, de la dépense partielle de la maison sur tel ou tel point. Les écritures se trouvent encore simplifiées puisqu'il n'y a qu'à porter en bloc, sur le livre de caisse, ces dépenses diverses.

Le grand livre n'est autre chose que le relevé et la récapitulation de toutes les dépenses auxquelles viennent s'ajouter les produits ou les encaisses, c'est-à-dire les sommes d'argent reçues par la caisse pour subvenir aux dépenses.

Ce grand livre, pour être pratique, doit présenter la plus extrême simplicité : aussi, donnons-nous ci-dessous pour exemple un modèle de disposition permettant de se rendre compte, *de visu*, par semaine ou par mois, de la vraie situation de la caisse de ménage.

DATES.		NATURE DES DÉPENSES ET DES RECETTES.	ENTRÉE.	SORTIE.	D A	SITUATION
1801.			fr. c.	fr. c.		fr. c.
Janv.	1er	En caisse...............	» »	» »		500 »
»	»	Dépenses pour le ménage....	» »	10 »		440.50
»	»	Au boucher...............	» »	25 »		
»	»	Blanchissage.............	» »	15.50		940.50
»	»	Imposition...............	» »	50 »		....
»	»	Loyer (acompte)..........	» »	200 »		....
»	»	Au cocher (gages).........	» »	50 »		....
»	»	Reçu diverses sommes.......	350 »	» »		....
»	»	Dépenses diverses (fil, pommade), etc................	» »	5 »		....
»	6	Ménage..................	» »	20 »		....
»	»	Reçu pour la caisse.........	90.50	» »		....
»	»	Étrennes diverses..........	» »	30 »		....
»	»	Réglé l'épicier............	» »	50 »		....
»	»	À la modiste..............	» »	30 »		....
»	»	À une femme de ménage....	» »	3 »		....
»	»	Divers...................	» »	6 »		494.50
			440.50	494.50	A	446 »

Dans la première colonne s'inscrivent le mois et la date; dans la seconde la nature des dépenses et des recettes. A la colonne « Entrée » se placent les recettes, c'est-à-dire les sommes reçues; à la deuxième colonne, « Sortie », le total des dépenses. En supposant que l'on fasse sa caisse chaque semaine, comme dans l'exemple ci-dessus (voir le tableau), il n'y a qu'à additionner les recettes de la première colonne entrée, soit ici un total 440^f,50 et les reporter à la quatrième colonne « Situation », au-dessous du chiffre 500 francs, représentant l'actif de la caisse au 1er janvier. Ces deux sommes, additionnées, forment le total de l'avoir de la caisse, soit 940^f,50. Additionnant ensuite le montant des sorties représentant les dépenses, on obtient le total des dépenses soit 494^f,50, que l'on reporte encore à la quatrième colonne « Situation; » puis on retranche cette somme du total général de l'encaisse, (940^f,50). Après ce calcul, il ne reste plus que 446 francs net, d'argent en caisse, somme que l'on porte en regard de l'addition des recettes et des dépenses ne la faisant précéder dans la troisième colonne de la lettre A voulant dire avoir ou avance.

Si c'est le contraire qui se présente, que les dépenses aient excédé les recettes, au lieu d'un A, on met un D, ce qui indique le déficit de la caisse.

Rien de plus simple et de plus pratique que cette comptabilité au jour le jour, permettant sans beaucoup d'efforts de connaître l'état de la gestion de sa maison.

Nous le répétons et nous ne saurons jamais trop le redire, de la tenue régulière des dépenses domestiques dépend l'économie, le bien-être et la prospérité de la famille.

Les serviteurs sont les premiers à s'apercevoir de l'ordre qui règne dans une maison; et quand le soir il leur faut venir justifier de leurs acquisitions, par la présentation de de leur livre, ils y regardent à deux fois avant de faire une dépense inutile, car la maîtresse de la maison ne manque pas de faire ses observations.

Pourquoi, dit-elle, par exemple, a-t-on pris deux fois du sucre cette semaine ? Comment se fait-il que l'on n'ait pris que trois fois du café le mois dernier, tandis que ce mois-ci il en a été pris quatre ou cinq fois, bien que le nombre de personnes n'ait pas varié ?

Nous pourrions multiplier à l'infini les exemples, mais cela est parfaitement inutile ; il nous suffit d'avoir attiré l'attention sur ce point pour en montrer toute l'importance.

CHAPITRE VIII

DE L'APPROVISIONNEMENT EN VILLE ET A LA CAMPAGNE.

Provision. — *Provision, Destruction! Provision, profusion! Provision, ruine maison!* et bien d'autres on-dit, que nous pourrions citer, retentissent chaque jour à nos oreilles; mais ils n'ont certainement de raison d'être que pour ceux dont la négligence et l'incurie l'emportent sur l'activité et la surveillance dans l'administration de leur maison.

La provision est, au contraire, pour la ville comme pour la campagne, la ressource de chaque instant, de chaque jour. Elle est l'assurance du lendemain, de plusieurs mois, de toute une année même; lorsqu'elle est établie sur les bases du bon marché, elle donne l'économie dans l'entretien et l'alimentation du ménage.

Pourquoi, en regard du mot provision, faire figurer plutôt celui de gaspillage, que celui d'économie et d'ordre? L'un et l'autre sont justes, le tout dépend de l'usage que l'on fait des provisions.

Il est du reste presque matériellement impossible, dans un intérieur bien administré, où il y a un nombreux personnel, de vivre au jour le jour, de ne point s'approvisionner à l'avance : nous dirons plus, ce serait une faute de faire autrement, car il y a une économie sensible à acheter en gros ou demi-gros chez le producteur même, plutôt que d'aller sou à sou chercher au regrat ce que l'on paye trois fois plus cher en le prenant de deuxième ou troisième main.

Dans les grandes maisons, les provisions sont placées sous clef, à la garde de domestiques spéciaux jouissant de la confiance souvent méritée de leurs maîtres : de plus, le contrôle s'établit de lui-même, par la rivalité des serviteurs entre eux. Celui à qui est confiée la garde d'une chose, est souvent, pour ses semblables, plus dur à la détente que ne le serait le maître lui-même; ce qui fait souvent dire *qu'il vaut mieux s'adresser à Dieu qu'à ses saints*. Loin de moi la pensée de faire passer les domestiques pour des saints, tant s'en faut, mais... ils connaissent à point nommé les besoins de la consommation et ne se gênent point avec leurs égaux pour leur refuser l'inutile... C'est ce qu'il faut dans l'intérêt de la maison.

Au nombre des provisions qu'il convient de faire à la ville on peut ranger en première ligne le chauffage, bois et charbon, la boisson, le vin, le cidre, la bière, puis viennent les pommes de terre, récoltées souvent dans la propriété; les huiles, le vinaigre; le savon, qui lui acquiert, en vieillissant, dans un endroit sec, certaines qualités, et s'use moins vite étant séché par l'air; le bleu pour le linge, l'eau de Javel; le café gagne également avec le temps, à l'abri de l'humidité; le thé, le chocolat, dont il faut cependant se garder de faire une trop grande provision, car ils perdent de leurs qualités et deviennent rances; le sucre, le riz, les pâtes alimentaires qu'il convient de renouveler assez souvent, car elles prennent à la longue un mauvais goût; les confitures de toutes espèces, rendant de si grands services lorsque l'on manque de dessert. On doit tenir ces dernières à l'abri de la chaleur pour éviter leur cristallisation.

Les liqueurs (1) gagnent en qualité avec le temps, mais il faut les placer dans un endroit plutôt chaud que frais.

Les cornichons confits, les graisses, le lard, le porc salé, le beurre salé, les fruits secs, la bougie, font encore partie des provisions. Pour la campagne il est bon également d'ajouter à toute cette nomenclature une provision de conserves, tels que petits pois, haricots, sardines, anchois, homard, thon, saumon, tête de veau, viandes de différentes espèces, champignons, etc., se vendant en boîtes et se conservant parfaitement.

Il ne faut pas oublier aussi les différents produits pharmaceutiques dont on fait le plus souvent usage à la campagne en cas d'indisposition ou d'accidents.

---

(1) Nous croyons devoir rappeler à nos lectrices que pour la circulation des alcools et liqueurs elle ne peut se faire sans une déclaration et qu'elles s'exposent à une foule de désagréments et même à un procès si elles négligent de se mettre en règle vis-à-vis la régie.

CHAPITRE IX

DES APPAREILS DE CHAUFFAGE. — DE LEUR ENTRETIEN. — DU COMBUSTIBLE. — DE LA BATTERIE DE CUISINE. — SON ENTRETIEN.

Il n'y a pas bien longtemps encore que l'on ne connaissait, pour tout mode de chauffage que celui au bois et à la tourbe, qui se brûlaient dans de hautes et spacieuses cheminées.

Les temps sont changés, et

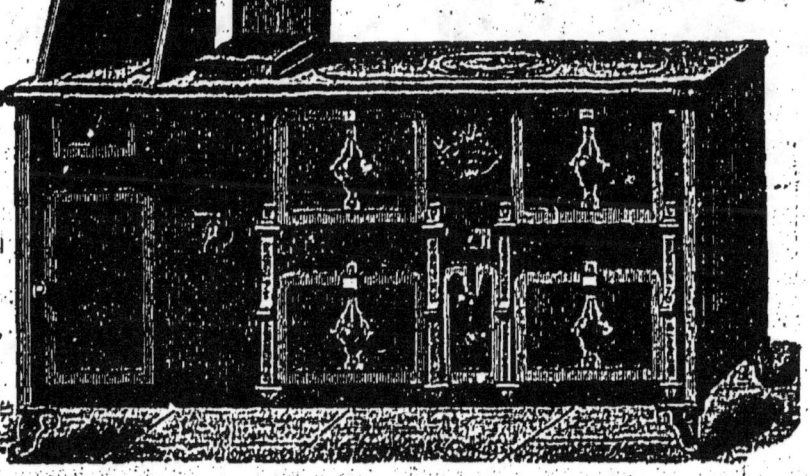

Fig. 4.

grâce aux précieuses découvertes de la science moderne,

le charbon, vu son prix relativement peu élevé, par rapport à celui du bois, est venu remplacer ce dernier, pour la cuisson des aliments, aussi bien à la ville que dans les campagnes.

Son emploi a fait surgir une foule d'appareils spéciaux, plus ingénieux les uns que les autres, qui sont venus se substituer aux anciennes cheminées.

Parmi ces appareils il faut ranger le *fourneau de cuisine*, dit aussi *cuisinière*, et le poêle *cuisinière*.

Fig. 5.

Cuisinière. — Il n'est guère aisé, dans ce dédale d'appareils, dont les formes et la fabrication vont toujours en se perfectionnant, de fixer son choix sur un système réunissant toutes les propriétés nécessaires pour obtenir un chauffage régulier, prompt, commode et économique tout à la fois.

Le fourneau de cuisine, tel qu'on le fabrique de nos jours, présente une forme oblongue, avec façade en tôle et encadrement des portes en fer poli. Les fermetures sont à clenches, et la chaudière en fonte émaillée avec couvercle en cuivre rouge.

Dans les grandes maisons, où l'on reçoit constamment du monde, il faut un grand fourneau permettant de cuire plusieurs plats à la fois, en même temps que les rôtis : on ne peut donc faire autrement que de se procurer un fourneau composé de deux fours, de deux étuves, un chauffe-assiettes, et un réservoir à eau chaude.

L'appareil dont nous donnons le dessin (fig. 4) convient parfaitement à cette destination; son prix d'acquisition, suivant les grandeurs, varie de 260 à 350 francs et au-dessus.

Pour les maisons bourgeoises nous recommanderons le même système de cuisinière, mais dans des dimensions beaucoup moins grandes et moins compliquées, c'est-à-dire n'ayant qu'un seul four et une seule étuve. Pour ce qui est de sa fabrication, elle reste la même.

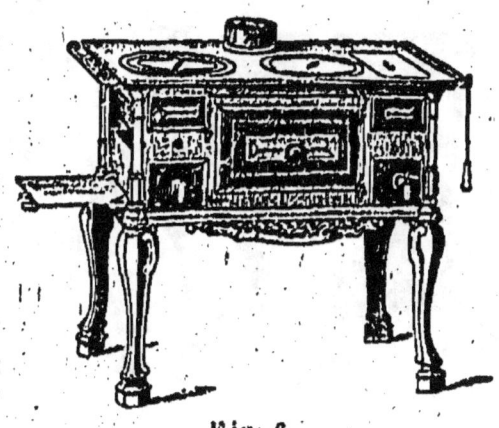

Fig. 6.

Le prix du modèle que nous représentons (fig. 5) varie entre 120 à 180 francs, suivant la grandeur. La différence dans les prix provient seulement de la longueur et de la largeur du fourneau qui peut varier de $0^m,90$ sur $0^m,50$ à $1^m,70$ sur $0^m,75$, de la contenance de la chaudière qui de 7 litres peut aller à 45 litres d'eau, et enfin de la largeur et de la profondeur du four, qui de $0^m,27$ sur $0^m,43$, peut mesurer $0^m,55$ sur $0^m,65$.

Fig. 7.

Fourneaux en fonte. — Dans les petits ménages on se sert généralement de fourneaux en fonte pour remplacer les cuisinières en tôle. Ces appareils, fabriqués avec art, remplissent à peu près le même office que la cuisinière dont ils sont des diminutifs (fig. 6 et 7). Leur prix est relativement minime par rapport à ces dernières.

Pour la forme et la disposition du foyer, du four et de la chaudière, il n'y a que l'embarras du choix.

Poêle cuisinière. — Chez l'ouvrier et dans les campagnes, le poêle flamand en fonte, avec chaudière et four (fig. 8),

Fig. 8.

tient lieu de fourneau. En même temps qu'il chauffe l'appartement il sert à faire la cuisine et à préparer le breuvage des bestiaux; son prix de revient est encore bien inférieur à celui du fourneau en fonte, ce qui ne l'empêche pas de rendre les mêmes services.

A Paris, dans quelques cuisines, on se sert également d'un fourneau à charbon de bois, dit fourneau portatif (fig. 9). Dans les grandes cuisines, et surtout à la campagne, ce fourneau, entièrement en maçonnerie, se trouve fixé à demeure contre un mur (fig. 10).

Fig. 9.

Ces deux fourneaux sont trop connus de tout le monde pour que nous entrions dans des détails particuliers sur leur fabrication, la vue seule de nos deux figures 9 et 10 suffira pour en rappeler les formes.

Ils sont d'un grand secours le matin pour éviter d'allumer la cuisinière de trop bonne heure. On s'en sert pour préparer le café au lait, le thé et l'eau chaude dont on peut avoir besoin. Dans les cas de presse, lorsqu'on a un surcroît de monde à traiter, c'est encore à ces fourneaux que l'on a recours, soit pour cuire le poisson, soit pour préparer des entremets ou autres plats.

L'été, dans les fortes chaleurs, ils offrent encore un immense service en dispensant d'allumer la cuisinière qui rend souvent si pénible le séjour à la cuisine.

Le *fourneau à gaz*, d'une commodité incontestable dans

Fig. 10.

les petits ménages, ne serait nullement pratique pour faire la cuisine dans une grande maison. Il y en a de deux formes : les uns sont oblongs (fig. 11), les autres ronds

Fig. 11.

Fig. 12.

(fig. 12). Le foyer carré est sans contredit le plus commode pour faire la cuisine. Sur une des ouvertures se place le pot-au-feu, sur l'autre la casserole en terre, en fer ou en cuivre, servant à la cuisson des aliments.

Ce genre de fourneau s'allume instantanément comme le gaz, sa flamme se modère à l'aide de robinets réglant l'entrée du gaz sur l'un ou l'autre brûleur ou sur tous les deux à la fois. Le fourneau rond, exactement du même genre, sert plus spécialement pour les tisanes, l'eau chaude, le café, le lait, le chocolat. Il est moins pratique pour la cuisine, ne permettant de cuire qu'une seule chose à la fois, mais il rend de grands services placé dans le cabinet de toilette.

La propreté de ces appareils, leur allumage instantané, la facilité de leur entretien, les a fait adopter par une foule de ménagères possédant déjà le gaz dans leur appartement. Ils sont d'une économie incontestable, dont on peut se rendre compte aisément par le tableau ci-dessous.

ÉBULLITIONS DU POT-AU-FEU		
AVEC APPAREIL A DEUX BRULEURS, PRESSION 25 MILLIMÈTRES.		
Dépense d'argent pour l'ébullition par litre d'eau calculée à 0f,30 le mètre cube de gaz....................		0f,04
Quantité maximum du pot-au-feu mis en ébullition à l'heure sur chaque brûlant.....................		0f,04
Dépense d'argent pour la première ébullition calculée............		0f,14
Dépense d'argent pour l'entretien et l'ébullition à l'heure.........	à 0f,30 le mètre cube.	0f,02
Dépense totale pour le pot-au-feu pour 4 heures d'ébullition......		0f,21

Cependant, malgré l'économie notable que nous signalons, nous engageons vivement les personnes qui ont des domestiques à ne pas se servir des appareils à gaz pour leur cuisine, car les bonnes négligent la plupart du temps de baisser la flamme lorsqu'elles n'ont plus besoin de calorique, et même le laissent souvent brûler de longues heures sans fermer le robinet, perdant ainsi inutilement une énorme quantité de gaz, sans aucun profit pour la maison; ce qui finit par faire revenir ce genre de chauffage à un prix aussi onéreux que celui du charbon sans offrir le même avantage.

Les fuites de gaz occasionnées par leur étourderie et les accidents qui s'ensuivent sont également à craindre.

Le prix de ces appareils est peu dispendieux ; ceux rectangulaires, à deux foyers et trois robinets, valent environ 20 francs et les ronds, à un ou à deux robinets, de 5 à 9 francs.

Réchaud au pétrole. — Les personnes ne possédant pas le gaz peuvent le remplacer par le réchaud au pétrole à une ou à plusieurs mèches (fig. 13).

Fig. 13.

Parmi les appareils à plusieurs mèches, nous conseillons ceux dont toutes les mèches convergeant vers le centre de l'appareil sont mises en mouvement au moyen d'un seul bouton, ce qui fait que toutes montent ou descendent en même temps et qu'elles produisent une chaleur égale sur toute la surface à chauffer.

Ce précieux appareil rend de bien grands services, surtout en été, en supprimant la chaleur du fourneau qu'il remplace ; puis, lorsque l'on a peu de cuisine à faire, un simple pot-au-feu par exemple, il permet, une fois qu'il est en train, de s'absenter trois ou quatre heures sans qu'il cesse de bouillir pour cela, et toujours avec la même régularité, ce qu'il est impossible d'obtenir avec une cuisinière. Il n'y a qu'un petit désagrément à ces sortes de réchauds, c'est l'odeur de pétrole se répandant dans l'appartement, chose à laquelle on obvie facilement, en laissant une porte ou une fenêtre ouverte.

CHAUFFAGE.

Le combustible dont on se sert pour alimenter le fourneau de cuisine est la houille ou charbon de terre.

La manière la plus avantageuse de l'acheter est, suivant nous, au poids, bien que le marchand puisse encore le mouiller. Au mesurage il y a un autre inconvénient, c'est que le bris des blocs en petits morceaux laisse toujours des vides entre eux dans la mesure.

Quoi qu'il en soit, nous préférons de beaucoup l'achat au poids, aux 100 kilos par exemple.

Tous les charbons ne sont pas également bons pour le chauffage des cuisinières; il faut à tout prix éviter l'emploi des charbons gras, car leur fumée épaisse et bitumineuse encrasse trop vite les tuyaux, remplit de suie les conduits par lesquels passe l'air chaud, ce qui rend en peu de temps le tirage impossible, et occasionne en allumant beaucoup de fumée.

Le meilleur charbon à employer pour les cuisinières est le *charleroi*; comme grosseur celui que l'on appelle de la *gailleterie*.

Charbon de bois. — Ce genre de charbon sert pour le petit fourneau portatif, on reconnaît sa bonne qualité à sa dureté, au son presque métallique qu'il rend en le remuant et lorsqu'il ne s'effrite pas en poussière. On le vend par sac ou à la mesure, de 7 à 9 francs. Comme pour le charbon de terre, nous préférons l'acheter au poids, car, à la mesure, les morceaux en s'enchevêtrant les uns dans les autres forment des vides préjudiciables à l'acquéreur.

A Paris, ce charbon se vend sur les quais de la Seine, rive droite et rive gauche; puis sur le canal Saint-Martin, c'est ce qu'on appelle les marchés flottants.

DES APPAREILS DE CHAUFFAGE.

Ce charbon doit être tenu à l'abri de toute humidité : pour présenter une certaine économie il faut l'employer tel qu'on le prend à la pelle, c'est-à-dire petits et gros morceaux aussi bien que poussière, le tout mêlé ensemble.

DE L'ENTRETIEN.

Le *fourneau* étant le meuble principal d'une cuisine, on ne saurait apporter trop de soin à son entretien.

De sa propreté du reste dépend la bonne tenue de la cuisine.

Généralement les cuisinières sont très fières de leur fourneau et il est rarement besoin de leur faire un reproche à ce sujet.

Le nettoyage doit se faire le matin avant de préparer le feu dans le foyer.

On commence par le vider, puis, enlevant les plaques du dessus, on retire au moyen d'un petit balai, fait avec des plumes de poulet, toutes les cendres qui se sont déposées sur la voûte des fours, ensuite on remet les plaques à leur place. On garnit alors de charbon l'intérieur du foyer prêt à allumer, pour procéder ensuite au nettoyage des cuivres, avec du tripoli ou de l'eau de cuivre ; nous préférons ce dernier mode qui ne laisse aucune trace de poussière.

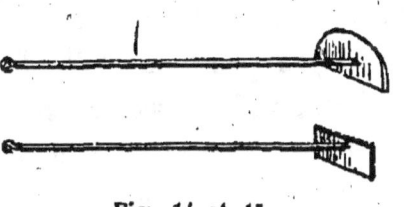

Fig. 14 et 15.

Les parties de fer poli se frottent soit avec du papier de verre n° 0, soit avec de la toile d'émeri, ce qui vaut mieux. On termine cette toilette en passant sur les plaques de tôle, lorsqu'elles ne sont pas vernies, un chiffon un peu gras, ce qui les empêche de se rouiller.

Il est urgent, toutes les semaines ou au moins tous les

quinze jours, d'entreprendre un nettoyage général de toutes les parties du fourneau pouvant se démonter pour enlever, avec une raclette en fer (fig. 14 et 15), les cendres accumulées dans les conduits livrant passage à la flamme et à la fumée.

Fourneaux et poêles en fonte. — Ces appareils s'entretiennent avec la mine de plomb lorsqu'ils n'ont pas reçu une couche de vernis noir, dit émaillé. Pour ce faire on prépare la mine de plomb de la façon suivante : mine de plomb 150 grammes environ; essence de térébenthine 50 grammes, eau 50 grammes, sucre 20 grammes. On l'étend avec une brosse comme à l'ordinaire, puis on frotte avec une autre pour faire reluire. Ceux qui sont vernis se nettoient à froid à l'aide d'un chiffon de flanelle enduit de quelques gouttes de pétrole. On passe ensuite, après l'avoir essuyé, une autre flanelle sur laquelle on a étendu un peu de cire molle et on essuie bien le tout : le vernis reprend aussitôt son premier brillant.

Les réchauds à gaz s'entretiennent de la même manière, suivant que la fonte est brute ou qu'elle a été émaillée.

Le réchaud à pétrole exige un grand soin, car le charbonnage des mèches le noircit beaucoup. Pour le nettoyer, il faut le frotter avec un chiffon sec; le suintement du pétrole suffit à lui seul pour aider à enlever toute la saleté. S'il y a une enveloppe de tôle on peut, par précaution, la passer au chiffon gras, bien que cela puisse laisser un peu de mauvaise odeur en s'échauffant; mais elle se confond avec celle du pétrole.

CHAPITRE X

DE LA BATTERIE DE CUISINE. — SON ENTRETIEN. — SON INFLUENCE SUR L'HYGIÈNE.

Sur ce chapitre, rassurez-vous, chères lectrices, nous serons bref, car nous n'avons nullement l'intention d'abuser de vos précieux moments pour vous parler de choses que vous connaissez tout aussi bien que nous ; c'est-à-dire de la forme d'une casserole, d'une marmite, d'une cuiller à pot, etc. Non ! là n'est pas notre but.

Il est cependant certains ustensiles nouveaux qui, par les avantages particuliers qu'ils présentent, par l'économie que l'on peut en tirer, méritent que nous nous arrêtions un moment pour vous les présenter.

A tout seigneur tout honneur !... Commençons donc par le tourne-broche.

Fig. 10.

Avant l'invention du tourne-broche, ce service important de la cuisine était fait à la main par des gens tout spécialement attachés à cette besogne.

Ce n'est qu'au xvii° siècle qu'apparut le tourne-broche,

mis en mouvement par un contrepoids (fig. 16), qui, au fur et à mesure qu'il descendait, faisait tourner la broche. Ce fut une révolution complète dans la gent attachée à ce service, qui, dès lors, fut condamnée à disparaître des cuisines comme bouches inutiles.

Grand et encombrant par lui-même, ce nouvel appareil ne trouvait sa place que dans les vastes et spacieuses cuisines des châteaux et des hôtels ; mais il servit de point de départ à d'autres inventions.

Un horloger de Paris, du nom de Wagner ou Vagner, qui avait résolu de rendre cet instrument plus pratique en le vulgarisant dans les petits ménages inventa le *tourne-broche à ressort*, avec système d'horlogerie, se remontant toutes les deux heures et

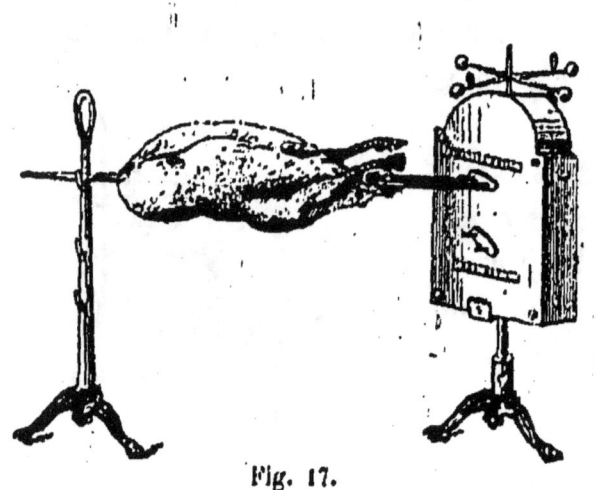

Fig. 17.

possédant un timbre avertisseur (fig. 17). Son but fut atteint en partie seulement, car, par son manque de force, il ne put détrôner, dans les grandes cuisines, l'appareil séculaire qu'on y rencontre encore quelquefois de nos jours.

Rôtissoire automatique. — Aujourd'hui, grâce à une autre invention toute récente, le tourne-broche Wagner se trouve à son tour remplacé par la cuisinière automatique marchant seule (fig. 18).

Nous avons consulté plusieurs personnes se servant de cet appareil et qui en font de chaleureux éloges : mais... car il y a toujours un mais, ce système ne nous semble pas pra-

DES APPAREILS DE CUISINE.

tique pour les grandes maisons où il y a plusieurs rôtis à préparer pour un même repas; il n'est donc bon également que pour les petits ménages.

Rôtissoires. — De même que le tourne-broche s'est modifié, de même aussi la forme des rôtissoires s'est métamorphosée.

S'il nous était donné de revoir celles en argent ou en fer du xv° siècle, quelle ne serait pas notre surprise, en constatant, par la transformation de leurs formes, le chemin parcouru : qu'il y a loin, en effet, des rôtissoires du xv° siècle avec celles du commencement du xix° siècle (fig. 19),

Fig. 18.

déjà démodées elles-mêmes par l'apparition de la rôtissoire sphérique (fig. 20).

Le gaz, avec ses nouvelles applications dans l'art culi-

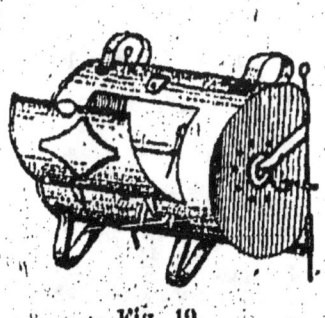
Fig. 19.

Fig. 20.

naire, a exigé également une nouvelle forme de rôtissoire qui n'est pas sans présenter un certain intérêt au point de vue de la commodité et de l'économie (fig. 21).

De son côté, le fourneau-cuisinière a supplanté les rôtissoires par un système des plus simples, dont le principe, très primitif (fig. 22), consiste seulement en deux montants plantés dans une lèchefrite et supportant la broche. De cette manière le jus du rôti tombe forcément dans ce réservoir.

Certains fourneaux-cuisinières possèdent aussi à la place

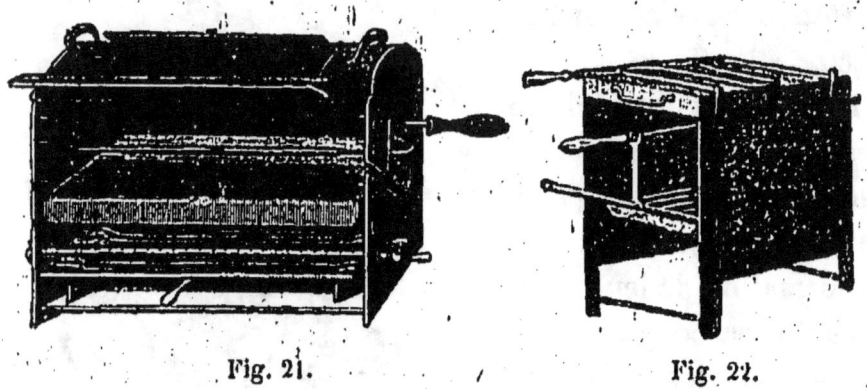

Fig. 21.　　　　　　　　Fig. 22.

d'un des fours, un nouveau genre de grillarde avec bassine (fig. 23,) qui, en remplaçant les rôtissoires, sert également aux viandes rôties que l'on place soit sur le gril, soit dans la bassine du dessous. Le feu, dans ces grillardes, se fait au-dessus de la pièce ou du morceau à rôtir.

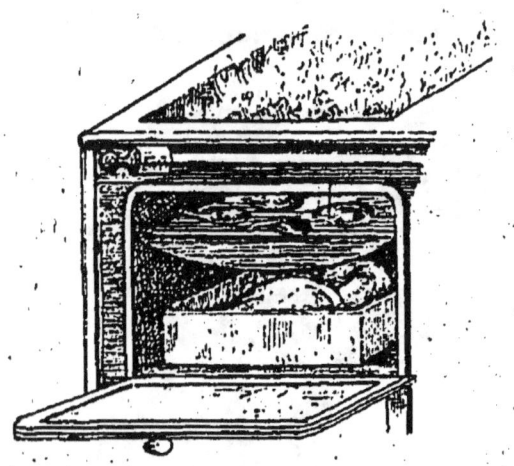

Fig. 23.

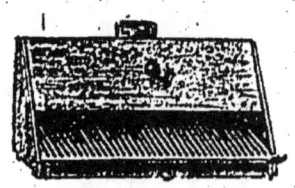

Fig. 24.

En fait de grillarde nous préférons de beaucoup l'ancien système à tablier, placé sur la table des fourneaux, tantôt à droite, tantôt à gauche (fig. 4, 5 et 24).

Pour en terminer avec les rôtissoires, citons encore celle à griller (fig. 25) composée d'un bâtis en fer-blanc et d'un fond B. Les viandes à griller se suspendent aux crocs des

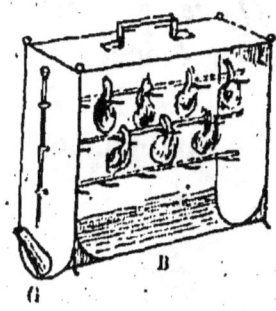

Fig. 25.

fiches transversales et leur jus tombe dans le réservoir B pour être recueilli et versé en G, dans le saucier.

Avec les fourneaux actuels la rôtissoire nous paraît un ustensile aussi encombrant qu'inutile, exigeant beaucoup d'entretien.

Grils. — Nous ne dirons rien des grils ordinaires; il y en a une telle variété que l'on n'a que l'embarras du choix. Les meilleurs sont ceux dont les supports sont les moins larges et dont les canaux intérieurs conduisent mieux le jus soit dans la gouttière princi-pale, soit dans le bol placé pour le recevoir.

Fig. 26.

Parlons maintenant des acces-soires pouvant se placer sur le fourneau à l'aide de rondelles mobiles.

Il y a d'abord le gril à côtelettes avec couvercle (fig. 26), qui n'est autre qu'un espèce de couvercle à jour avec queue.

Puis viennent les gaufriers ronds, ovales ou rectangulaires (fig. 27), dont la forme extérieure

Fig. 27.

est invariable, mais dont l'intérieur s'agrémente de toute

espèce de combinaisons de lignes telles que : losanges, carrés et mosaïques, voire même de dessins d'attributs ou de personnages.

Après les gaufriers viennent les *torréfacteurs* ou brûloirs pour le café. Nous nous trouvons ici en présence de deux systèmes brevetés.

Le brûloir sphérique (fig. 28) s'adaptant indistinctement

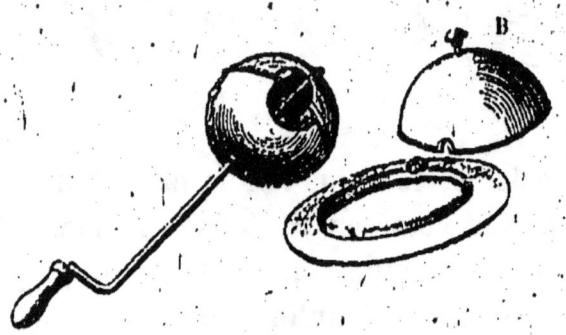

Fig. 28.   Fig. 29.

sur toutes les rondelles des fourneaux et des poêles : il ne laisse échapper aucune odeur dans les appartements, vu sa fermeture hermétique et sa double enveloppe B (1).

Le diamètre de la sphère varie suivant la contenance ;

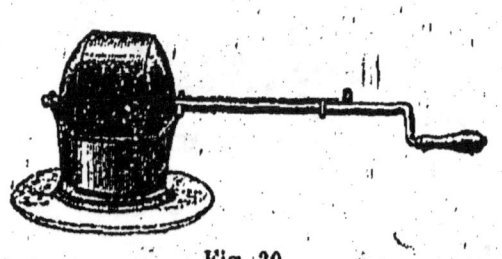

Fig. 30.

un diamètre de 0^m,16 permet de griller 0^k,500 de café. Le modèle au-dessus (0^m,18) est établi pour 1 kilogramme.

Le second modèle (2) se compose d'un cylindre rond (fig. 30); il a la forme d'une véritable meule à repasser, et n'est à proprement parler qu'un diminutif de l'ancien système un peu rétréci, ce qui n'en est pas plus

---

(1) Maison Sougland, dont le dépôt se trouve à Paris, 88 rue Amelot.
(2) Il est la propriété de la maison Godin, à Guise (Aisne).

DES APPAREILS DE CUISINE.

mauvais pour cela. A l'aide d'un manchon spécial qui l'enveloppe, on peut s'en servir sur les réchauds à gaz, et obtenir, en peu de temps, un café parfaitement bien grillé ayant conservé tout son arome.

Nous arrivons maintenant aux appareils servant à préparer le café : ils sont nombreux, tellement nombreux, que l'on a véritablement besoin d'être renseigné d'une manière précise sur le meilleur système à adopter.

Le café joue un grand rôle dans la fin d'un repas, aussi entend-on presque toujours le même refrain du maître à la cuisinière dans toutes les maisons : *Du bon café, surtout du bon café!* et madame, pour satisfaire le désir de son époux, complète sa recommandation en ajoutant : *Versez votre eau bien bouillante!* Hélas! les soins de votre cuisinière, son eau bouillante, rien n'y fera, si vous n'avez pas mis à sa disposition du bon café d'abord et ensuite un bon appareil pour le préparer, car le café, même excellent, peut ne pas posséder, étant fait, toutes les qualités que l'on est en droit d'en attendre par le fait même de l'appareil servant à sa préparation.

Fig. 31.

L'ancien alambic ou filtre à café (fig. 31) est maintenant démodé, bien qu'on le trouve encore dans tous les ménages; mais il ne sert plus que lorsque l'on a beaucoup de monde. Son plus grand inconvénient consiste en ce que l'eau, même *archibouillante*, en traversant le cylindre de fer-blanc dans lequel se trouve le café en poudre, pour se rendre dans la partie inférieur, n'a pas le temps de détremper suffisamment la poudre de café pour s'assimiler ses principes aromatiques; il faut alors une seconde ébullition, un second filtrage, ce qui entraîne une perte de saveur par l'évaporation.

On a obvié aux défauts de l'ancien alambic, en créant

un autre genre de filtre, supprimant une partie des inconvénients ci-dessus désignés, sans pour cela remédier à celui de l'évaporation. Dans ce modèle (fig. 32 et 39), le café se place dans le tube supérieur, dont la plus grande partie, A, descend en contre-bas dans la cafetière proprement dite.

Fig. 32.

Une fois l'eau en ébullition dans la casserole on la verse sur le café, comme on fait dans l'ancien filtre ; de là, elle se rend dans la partie basse où, lorsqu'elle est remplie, le marc lui-même demeure plongé dans le liquide. Ce système est bon, mais pour nous, gourmet de café, nous lui préférons de beaucoup la cafetière (fig. 33) dont l'avantage est complet sur tous les points :

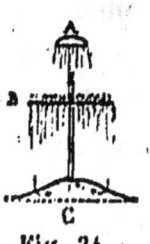

Fig. 33.   Fig. 34.

1° Il supprime la casserole à eau chaude, l'eau se plaçant froide dans la partie basse E ;

2° Aucune évaporation, l'appareil étant hermétiquement fermé ;

3° Désagrégation et pénétration constante de la poudre de café par la vapeur d'eau se formant pendant le chauffage ; la vapeur traversant le café pour s'échapper dans la partie haute.

4° Enfin l'arrosement constant du café par une pluie fine lors de l'ébullition, par l'extrémité du tube A formant siphon continuel (fig. 34).

Tout est prévu dans ce genre de filtre, et le peu de marc qui serait tenté de s'échapper par la partie haute, retombant dans la partie basse, va se loger dans un réservoir C, entraîné qu'il est par la force ascensionnelle du siphon.

DES APPAREILS DE CUISINE. 71

Grâce à cet appareil, il est encore de beaux jours pour le bon café ; de vous seules dépend maintenant le moyen de l'obtenir.

Un autre appareil reposant sur le même système est celui que représentent les figures 35 et 36. Au cylindre en fer-blanc de l'appareil indiqué plus haut se substitue une cloche en verre ; l'eau se chauffe dans la cafetière du bas à l'aide d'une lampe à esprit-de-vin, et, une fois en ébullition, elle monte par le tube central dans la cloche de verre où s'infuse le café, pour retomber ensuite dans la partie basse. C'est ce que l'on peut appeler un appareil de garçon ; il est peu pratique dans un ménage par les précautions minutieuses et les soins d'entretien qu'il exige.

Fig. 36.   Fig. 35.

Quant à la qualité du café que l'on obtient, elle est aussi bonne qu'avec l'appareil qui précède.

Il y a encore un autre système réunissant en lui les mêmes conditions que les deux ci-dessus, mais d'un maniement plus compliqué, c'est ce qu'on appelle l'appareil Russe (fig. 37). Nous n'entrerons dans aucun détail à son sujet, ce serait nous répéter. Si vous achetez cet appareil, la notice qui l'accompagne vous donnera toutes les indications sur la manière de s'en servir.

Fig. 37.

Pour les personnes qui aiment le café à la manière arabe ; car il faut prévoir tous les goûts, il y a un filtre à pression dont le système est absolument identique à celui d'une *seringue* (fig. 38) ; pardonnez-nous la comparaison, mais elle ne peut mieux s'appliquer.

Eau et café sont mêlés ensemble dans le cylindre A, on fait bouillir le tout environ dix minutes, puis on laisse reposer un moment; ensuite en appuyant sur la tige C on la force à pénétrer dans l'appareil comme on fait pour la tige d'une seringue. Le liquide, refoulé par la rondelle B, percée de trous et recouverte d'une flanelle, s'échappe par les pores de celles-ci et les trous de la rondelle, pour prendre place dans le vide du dessus au fur et à mesure de la descente. Une fois arrivé en bas il ne reste plus, entre le fond et la rondelle que le marc du café, car tout le liquide à peu près clair est passé au-dessus. C'est encore un excellent café. Il faut avoir une très grande propreté pour la flanelle, la laver chaque fois à grande eau pour que rien ne vienne obstruer les intervalles du tissu et lui permettre de remplir une autre fois ses fonctions de filtre par pression.

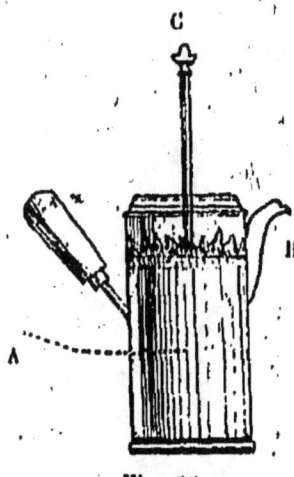

Fig. 38.

Fig. 39.

Si cet appareil est d'invention récente, ce que je ne crois pas, en ayant possédé un du même genre il y a une trentaine d'années, le principe sur lequel il repose en est fort ancien. Je me rappelle avoir vu, dans un de mes voyages, à une époque où le filtre à café était un objet de luxe, faire du café par une brave paysanne dans une chaussette de laine... J'étais jeune alors!... j'ai bu de ce café!... et ma foi, s'il m'en souvient, le goût n'en était point désagréable. Quoique le procédé soit simple et économique, je suis loin de vous le recommander.

Le lait! en voilà un malin qui fait le désespoir des cui-

DES APPAREILS DE CUISINE.

sinières!... Leur en joue-t-il des tours, ce sournois!... Pas moyen, avec lui, lorsqu'il est sur le feu, de causer même cinq minutes sur le pas de la porte...

Que d'imprécations il suscite contre lui, lorsqu'il fait des siennes, et il le mérite justement... *Votre lait se sauve!... Votre lait s'est sauvé!* s'exclame la maîtresse de maison : le mari, moins parlementaire, ajoute : *C'est une peste ici! On ne peut y tenir!* Il profite naturellement de cette circonstance pour prendre son chapeau et filer. De là mauvaise humeur

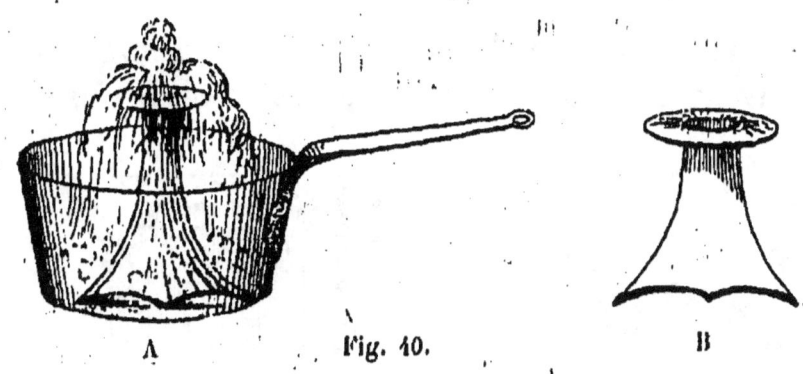

A.   Fig. 40.   B

chez tout le monde : je vous fais grâce du reste... Il est un moyen bien simple d'éviter tous ces désagréments et de mettre un frein aux escapades de ce dormeur, aussi turbulent qu'odorant, c'est de se servir du garde-lait (fig. 40) faisant l'office d'un déversoir continuel, s'alimentant par la force ascensionnelle du lait en ébullition, et le faisant retomber en cascade, un peu refroidi, dans la casserole, pour recommencer quelques instants après une nouvelle ascension. C'est un accessoire plus qu'utile, je dirai même indispensable, pour une maison dans laquelle tout le monde ne mange pas en même temps et où la bonne est obligée de vaquer à d'autres occupations.

Pressoir pour purées. — Il ne reste plus à parler maintenant que d'un ingénieux appareil, de fabrication récente, le *pressoir parisien* (fig. 41), excessivement commode pour la préparation des purées et l'extraction du jus de viande. Son emploi est simple et facile, sa construction rudimen-

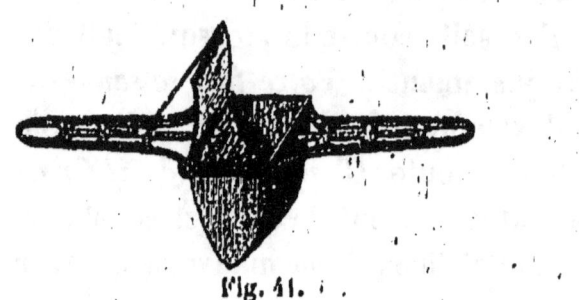

Fig. 41.

Fig. 42.

taire, son mécanisme solide, basé sur la force de pression. Nous avons encore à parler d'une foule d'autres ustensiles

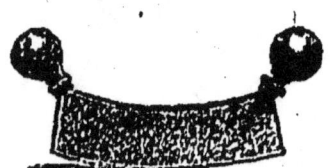

Fig. 43.

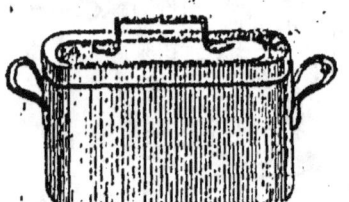

Fig. 44.

de cuisine, dont la connaissance très répandue nous permet de citer simplement les noms pour ne point abuser de nos

Fig. 45.

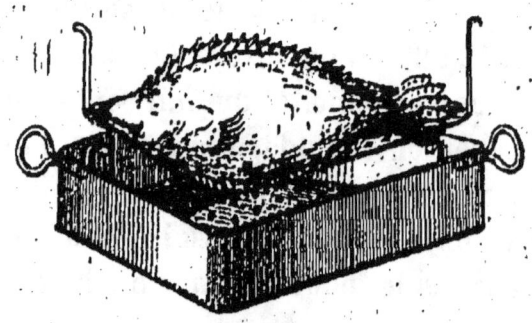

Fig. 46.

lecteurs, ce sont : les *presses à jus* (fig. 42), les *hachoirs* (fig. 43), les *daubières* à oreilles ou à queue (fig. 44), la la *boîte à asperges* avec couvercle (fig. 45), la *turbotière* et la *poissonnière* (fig. 46 et 47), le *passe-bouillon* (fig. 48), le *passe-sauce* (fig. 49), etc.; sans compter tous les instru-

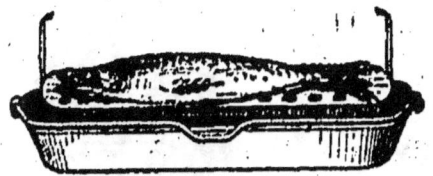
Fig. 47.

Fig. 48.

ments particuliers servant à couper, tailler et façonner les racines (fig. 50, 51, 52, 53, 54, 55), outils que l'on rencontre aujourd'hui dans tous les bazars, sur les places publiques, chez les marchands ambulants.

Entretien de la batterie de cuisine et de l'argenterie. —

Fig. 49.

Il ne suffit pas de posséder tous les ustensiles que nous venons d'énumérer, il faut aussi songer à leur entretien; ce

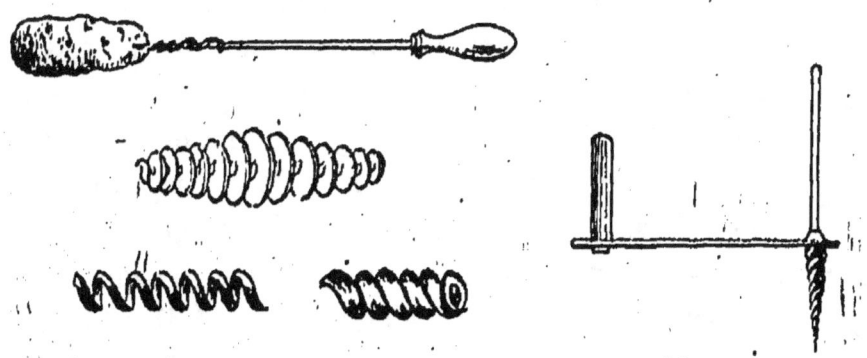
Fig. 50.   Fig. 51.

qui n'est pas la moindre besogne d'une cuisine bien tenue. Ces objets forment trois groupes bien distincts : 1° les ustensiles en cuivre; 2° ceux en fer-blanc ou en fer battu; 3° ceux en fer ou en fonte.

Les ustensiles de cuivre, pour les parties noircies par le

contact du charbon, se nettoient à l'aide d'un bouchon de paille ou d'un chiffon enduit de cendre de bois mouillée. La suie une fois enlevée, on les passe au tripoli, délayé dans

Fig. 52.

Fig. 53.

Fig. 54.

un peu d'eau, de manière à former pâte, et l'on opère comme on le fait pour les autres objets en cuivre ayant perdu leur brillant, soit par le service, soit par la buée ou la fumée.

Au tripoli nous préférons l'eau de cuivre, qui, après son passage sur le métal, ne laisse aucune trace. Il est inutile d'ajouter qu'il est nécessaire de frotter assez vigoureusement, car la jeunesse et la force de ceux qui s'occupent de cette besogne est là pour suppléer à notre recommandation.

Fig. 55.

A la campagne, où il est souvent assez rare de pouvoir se procurer de l'eau de cuivre, on est quelquefois forcé de la faire soi-même en incorporant dans un litre d'eau environ 25 à 30 grammes de sel d'oseille et environ un demi-verre à bière de cendre de bois, un petit verre à liqueur d'esprit-de-vin, puis trois quarts du même verre d'essence de térébenthine.

Pour se servir de cette eau, on frotte l'objet avec un chiffon de laine enduit de cette solution, puis on attend quelques secondes avant de le frotter de nouveau avec un morceau de laine sèche ou de peau.

Ceci n'est bon que pour l'extérieur; passons maintenant au nettoyage intérieur. Lorsque la casserole est sale en dedans, qu'il s'y est attaché quelque aliment, il faut bien se garder de la frotter avec du sable, ou de la gratter avec un couteau, ce qui enlèverait l'étamage, il n'y a qu'à jeter dedans une pincée de cristaux dans une goutte d'eau et faire chauffer le tout. Après quelques secondes d'ébullition la partie gratinée s'enlève facilement avec la lavette; on rince alors à l'eau chaude et le brillant de l'étamage reparaît.

Pour le nettoyage des objets en fer-blanc on procède autrement. On se sert d'une pâte formée de cendre de bois et d'huile de noix, avec laquelle on frotte l'objet, puis on le rince à l'eau, et on le passe ensuite au blanc d'Espagne pour le rendre brillant.

L'étain se nettoie en le frottant avec un chiffon de laine enduit d'un peu de pétrole, il devient ensuite très brillant.

Les casseroles en fonte, lorsqu'elles sont trop sales, se récurent intérieurement avec un peu de cendres et un peu de cristaux; à l'extérieur, il suffit de passer un chiffon sec.

Si cependant on devait rester longtemps sans se servir d'un objet en fonte, que l'on craigne la rouille, par suite d'un séjour prolongé dans un endroit humide, on y passerait un chiffon un peu gras à l'extérieur.

ARGENTERIE

Nettoyage de l'argenterie. — L'argenterie se distingue du ruolz par les poinçons qu'elle porte et qui en garantissent le titre (1). Le ruolz ou les métaux similaires portent toujours en toutes lettres l'indication de leur composition.

Bien que l'argenterie soit confiée aux soins d'un domes-

---

(1) Consulter à ce sujet le *Dictionnaire des poinçons, marques et monogrammes des orfèvres français et étrangers, fermiers généraux, maîtres des monnaies, contrôleurs, vérificateurs*, etc., 1557 poinçons. Prix 15 fr. Librairie H. LAURENS, éditeur, 6, rue de Tournon, Paris.

tique spécial (p. 24), le devoir d'une maîtresse de maison est de veiller à sa conservation ; aussi ne doit-elle laisser en service que le strict nécessaire, et s'assurer, de temps en temps, en la comptant elle-même, si rien ne manque.

Lorsqu'il survient des invités en plus de l'ordinaire prévu, elle donne ce qui manque pour ce service exceptionnel ; puis le reprend lorsqu'il n'en est plus besoin.

Laisser une trop grande quantité d'argenterie sous la main des serviteurs, c'est exposer ceux qui sont susceptibles de se laisser tenter, et, rappelez-vous-le, il ne faut jamais tenter personne.

L'argenterie se nettoie avec une poudre composée de 30 grammes de blanc d'Espagne et 15 grammes d'alun ; on la frotte ensuite avec un chiffon légèrement mouillé et enduit de cette poudre, puis on lave à l'eau de savon, en essuyant et séchant avec un linge doux.

En frottant l'argenterie avec un mélange de poudre de corne de cerf calcinée et d'alcool ; elle reprend tout de suite le brillant du neuf.

Il ne reste plus qu'à essuyer avec un linge doux et passer à la peau de daim.

Chaque fois que l'on mange des œufs, soit à la coque, soit en omelette ou autrement, l'argenterie se couvre d'une espèce d'oxydation irisée qu'il importe de faire disparaître au plus tôt en la frottant avec de la suie délayée dans un peu d'eau-de-vie, ou en la mettant à bouillir quelques instants dans une lessive de cendre : alors on l'essuie seulement sans lui faire subir aucun frottement qui ne ferait que la rayer plus ou moins profondément ; si vous agissez autrement, le remède serait pire que le mal. Dans certaines maisons on se sert maintenant pour manger les œufs de cuillers en os ou en ivoire.

Nous ne parlerons pas de l'entretien des couverts, en

ruolz, ayant décrit tout au long la manière de les entretenir et de les réargenter dans la IVᵉ partie de notre livre du propriétaire et du locataire, *l'Art de meubler, bâtir et entretenir sa maison* (1), auquel nous renvoyons de nouveau nos lecteurs.

De la batterie de cuisine au point de vue de l'hygiène. — Nous terminons ce chapitre par quelques mots d'hygiène ayant ici leur véritable utilité.

L'emploi des fourneaux au charbon de bois exige de grandes précautions et présente certains dangers occasionnés par l'émanation des gaz qui s'en échappent. Il est donc de la plus haute importance de ne jamais tenir les portes ou les fenêtres hermétiquement fermées lorsqu'on s'en sert, surtout s'ils ne sont pas placés au-dessus du manteau d'une cheminée ayant un bon tirage; à plus forte raison lorsqu'ils sont exposés à l'air libre dans l'intérieur d'une cuisine.

On ne peut donc, sous aucun prétexte, même par les froids les plus rigoureux, se dispenser, comme nous venons de le dire, de laisser la porte ou la fenêtre toute grande ouverte, de crainte de maux de tête, d'étourdissements et même d'asphyxie.

Il serait également très malsain de se tenir longtemps la tête au-dessus du charbon incandescent, car il ne tarderait pas à occasionner également des éblouissements, symptômes précurseurs de l'empoisonnement par les gaz délétères.

Au sujet des casseroles, il est encore certaines recommandations à faire aux ménagères : un ustensile de cuisine revient-il de chez l'étameur ou est-il neuf, il est prudent, avant de s'en servir, d'y faire bouillir un peu d'eau mêlée de cendres, afin d'enlever les sels de plomb qui pourraient s'y être formés.

(1) 1 vol. in-8°, 243 grav., 376 p. Prix : 6 fr. Librairie H. LAURENS, 6, rue de Tournon, Paris.

Il serait également fort dangereux de laisser séjourner du vinaigre, ou quelque corps devenu acide, dans des casseroles étamées, car les acides et le vinaigre attaquant le plomb, forment avec lui des sels blancs qui ne sont autres que des sels de plomb.

L'usage des casseroles en cuivre demande également une grande surveillance et une minutieuse propreté (1). Rien n'est plus sujet à caution que le cuivre; il s'oxyde au moindre contact de l'humidité ou des acides, se couvre alors d'une couche de vert-de-gris très dangereuse pour la santé.

Il ne faut jamais laisser séjourner d'aliments cuits dans une casserole en cuivre : on doit s'empresser de les retirer avant leur refroidissement. Si par mégarde on oubliait d'en ôter tout ou partie, il vaut mieux les perdre que de s'en resservir le lendemain, de crainte de quelque grave accident.

On ne saurait trop prévenir sa cuisinière sur ce point. S'il lui arrivait d'oublier de transvaser ces restes et qu'elle les jette, il faudrait bien se garder de la gronder, pour qu'une autre fois, si pareille chose se renouvelait, elle ne soit pas tentée de vous servir de ce mets empoisonné pour éviter un reproche.

Nous n'en avons pas fini avec les recommandations : Toutes les casseroles, marmites, plats, pots à soupe (en terre vernissée), en un mot toutes les poteries de couleur, affectées aux usages de la cuisine et servant à la cuisson des aliments doivent, avant d'être mis en usage, comme les casseroles étamées, séjourner plusieurs heures sur le feu, avec une lessive de cendres que l'on y fait bouillir

---

(1) Consulter notre *Art de bâtir, meubler et entretenir sa maison*, p. 203, HYGIÈNE, etc.

pour enlever au vernis plombique dont elles sont recouvertes tous les éléments nuisibles à la santé.

Tous les ustensiles en fonte émaillée, mis également en usage pour la cuisson des aliments, doivent à leur début subir le même traitement.

Il faut, lorsque l'émail commence à s'en détacher, les mettre impitoyablement au rebut, car l'absorption de cette poudre d'émail peut occasionner de graves désordres internes.

Lorsqu'il se produit une fente dans le foyer d'une cuisinière ou d'un poêle, et que cette fente se trouve du côté du four, il est prudent de le faire remplacer au plus vite, car les gaz s'échappant dans le four, saturant de leurs émanations les aliments qui y cuisent, deviendraient une cause de désordres internes pouvant amener un commencement d'empoisonnement.

CHAPITRE XI

PRÉPARATION ET CONSERVATION DES ALIMENTS. — DÉCORATION.

Dans les maisons où il y a un chef ou une cuisinière, ce sont eux qui généralement s'occupent de la préparation et de la conservation de toutes les denrées destinées à l'alimentation.

Dans les petites maisons bourgeoises, où la cuisinière ne possède pas toujours ces connaissances spéciales, c'est à la maîtresse de maison qu'incombe le soin de les lui indiquer et d'en surveiller la bonne exécution.

Le beurre joue un grand rôle dans les dépenses d'une maison; aussi est-il économique d'en faire provision l'été, au moment où il est bon marché, pour le saler, afin de le retrouver l'hiver, saison où il devient d'un prix fort élevé, dispendieux aussi bien pour les petits ménages que pour les grands.

Le bon beurre présente une couleur claire, légèrement jaunâtre, il a de la consistance, se révèle par une odeur franche et agréable. Lorsque le beurre est noir, il ne vaut rien parce qu'il contient encore trop de petit-lait.

En vieillissant, le beurre devient rance et d'un goût désagréable.

Le beurre frais se conserve en le mettant dans un petit pot en grès au fond duquel on a préalablement jeté un peu d'eau et de sel. On tasse le beurre dans ce pot jusqu'à ce qu'il n'y ait plus de bulles d'air : on le renverse ensuite dans un plat creux ou une assiette que l'on remplit d'eau pour intercepter l'air. On se sert de ce beurre suivant les besoins, mais il faut avoir soin de toujours renouveler l'eau pour que l'air ne puisse pas s'y introduire.

Beurre salé. — C'est, comme nous venons de le dire, pendant l'été, dès que le beurre est bon marché, que l'on doit faire sa provision pour le saler.

On réunit d'abord toutes les pièces de beurre par pains de 1 kilogramme, pour faire subir à chacune un lavage prolongé ayant pour but d'en faire ressortir le petit-lait qui s'y trouverait renfermé.

Prenant successivement chacune de ces pièces, on les travaille sur une table de marbre légèrement mouillée, avec un rouleau de bois, comme s'il s'agissait de faire une galette; une fois le beurre étendu, on le saupoudre de sel bien sec et finement pulvérisé, il en faut de 55 à 60 grammes par kilogramme de beurre. Chaque pain terminé est plongé dans l'eau, tout ce travail fini, on reprend séparément chaque pièce en l'essuyant parfaitement avec un linge à peine humide avant de l'introduire dans le vase en grès destiné à le conserver.

Ce vase, avant de servir, a été préalablement lavé avec de l'eau salée bouillante, on verse ensuite au fond un peu de bonne eau-de-vie, un ou deux verres, suivant la grandeur ou quelques feuilles de laurier, avant d'y introduire le beurre que l'on foule pour éviter qu'il ne reste de l'air entre chaque pièce. Une fois rempli, on recouvre le vase d'une couche de saumure de sel qu'on laisse séjourner une quinzaine de jours sans y toucher. Ce temps écoulé on décante cette saumure pour la remplacer par une autre plus concentrée, après avoir de nouveau bien tassé le beurre.

Si la conserve de beurre a été préparée à la campagne, veut-on la transporter en ville, on remplace, au moment du départ, la saumure de sel par une couche de gros sel, placée entre deux linges, que l'on enlève aussitôt le voyage effectué pour rétablir les choses comme elles étaient avant le départ.

Lait. — Le lait est un des aliments le plus sujet à caution : il tourne facilement, prend aisément une mauvaise odeur et se corrompt promptement.

Le bon lait, non écrémé, se reconnaît à sa teinte jaunâtre. Le lait écrémé, ou contenant de l'eau, a une couleur bleuâtre ; il est aussi moins épais, moins dense que le bon. Pour s'assurer qu'il ne contient pas d'amidon on le fait bouillir, puis on verse quelques gouttes de teinture d'iode : s'il est falsifié, il se colore tout de suite en bleu.

On remédie au mauvais goût du lait, provenant de la nourriture d'hiver, en y ajoutant un peu d'eau bouillante.

On empêche le lait de tourner, en y versant, avant de le mettre sur le feu, quelques gouttes d'une solution de soude (1).

Lorsque le lait est tourné il n'y a qu'à verser dedans quelques gouttes de la solution de bicarbonate et le faire bouillir à nouveau, il reprend de suite son état primitif (une cuillerée de la solution ci-dessous par litre).

Dans les grandes villes comme Paris, il est prudent de ne jamais boire de lait sans l'avoir fait préalablement chauffer, car il suffit d'une seule vache atteinte de tuberculose pour communiquer, par le lait, les bacilles de cette terrible maladie.

---

(1) On peut mettre 1 gramme de bicarbonate de soude par litre de lait, ou bien faire une solution de 40 grammes de bicarbonate de soude dans 150 grammes d'eau, et en prendre alors seulement quelques gouttes.

Le lait se conserve très bien pendant quelques jours en ajoutant un gramme d'acide borique par litre de lait; ainsi préparé, il est sans aucun danger pour la santé.

Viandes. — La température exerce une grande influence sur la durée de conservation des viandes.

En été, par les temps secs et sans orages, elle peut se garder deux ou trois jours sans perdre sa qualité : mais il faut, avant de la placer dans le garde-manger, s'assurer qu'elle est exempte de toute larve de mouche.

Le garde-manger doit, autant que possible, être exposé dans un endroit frais, au nord, et dans un courant d'air. On place sur la tablette lui servant de fond une assiette pleine de chlore, que l'on renouvelle tous les deux ou trois jours, et qui, s'emparant de l'humidité, conserve parfaitement la viande. La cave ne vaut rien pour la conservation de la viande ; son manque d'air et son humidité lui sont contraires. A la campagne, où l'on ne reçoit la visite du boucher qu'une ou deux fois par semaine, on peut faire sa provision de bœuf et de mouton pour la semaine, à condition de faire bouillir son bœuf pendant une heure, puis de le tenir au frais et à l'abri du contact de l'air en le plaçant dans une assiette creuse, mise elle-même dans un plat plus grand, au fond duquel vient reposer un saladier renversé, servant de couvercle et entouré d'eau pour éviter l'introduction de l'air.

Pour les viandes à rôtir, il suffit de les passer quelques instants au feu sans les saler, et de renouveler tous les jours cette opération pendant deux ou trois minutes; on peut ainsi les conserver pendant huit jours.

La *bonne viande* est ferme, sèche et sans odeur ; elle tache fortement les doigts. Les petites veines des tissus lui donnent une apparence marbrée : elle conserve son même poids après la cuisson.

La *mauvaise viande* est molle, aqueuse, d'un rose pâle.

Provient-elle d'un animal non tué, mais mort de maladie, elle est d'un rouge pourpré, exhale une odeur fade et cadavéreuse : son poids diminue sensiblement à la cuisson.

Le **gibier** se conserve dans ses poils ou dans ses plumes; on le vide seulement et on l'emplit de blé ou de toute autre graine, puis on l'enveloppe dans un linge et on l'enferme dans la paille; ainsi préparé, il peut se garder une huitaine de jours.

Les conserves de gibier se font en le préparant comme si on devait le servir sur une table, mais au lieu de le placer dans un plat, on le met dans un pot en grès, et l'on verse dessus une couche de saindoux dans lequel on a fait frire des croûtes de pain et mis des épices : thym, ciboule, laurier, girofle. On recouvre le tout de parchemin.

Le **porc frais**, les **saucisses**, etc., se conservent plusieurs mois si on les fait bouillir pendant cinq minutes dans de l'eau fortement salée, et si on les enferme dans un pot de grès hermétiquement clos, que l'on place dans un endroit sec.

Poisson. — Pour que le poisson ne perde aucune de ses qualités, on doit le tuer au sortir de l'eau, le vider, le laver, puis bien l'essuyer. On le met sur le feu dans un vase ou plat en terre (1), contenant de l'eau salée et on lui fait prendre un bouillon; on le laisse refroidir dans ce récipient. Le poisson ainsi traité tombe au fond du vase et se recouvre d'une couche de sel; il se conserve deux ou trois jours. S'il était urgent de le garder plus longtemps il n'y aurait qu'à le remettre au feu en ajoutant de nouveau du sel.

Ce moyen est utile à connaître, car si à la campagne on a du monde à dîner, le poisson commandé peut arri-

(1) Il faut éviter de se servir pour cette préparation d'une turbotière en cuivre ou en fer, car on s'exposerait à empoisonner ceux qui mangeraient ce poisson.

ver deux ou trois jours à l'avance, ou bien encore un dîner peut se trouver retardé pour une cause ou pour une autre et le poisson serait perdu.

Si l'on ne trouvait point de vase assez grand pour faire cuire le poisson, on se servirait de la turbotière en fer battu, mais, aussitôt cuit, il faudrait *immédiatement* le placer dans un plat et le recouvrir de l'eau salée provenant de la cuisson.

Haricots verts. — Le moyen le plus simple pour les conserves de haricots consiste à les cueillir avant leur maturité, puis à les éplucher soigneusement avant de les jeter un instant dans de l'eau bouillante sans les faire cuire entièrement. On les retire alors pour les égoutter et les sécher au soleil ou au four. Une fois secs il ne reste plus qu'à les conserver dans un vase bien clos.

Un autre procédé, tout aussi pratique, consiste à prendre de petits haricots verts, très tendres, à les éplucher, et à les placer par couches, sans être cuits, dans un grand pot en grès, séparant chaque couche par un lit de sel, faisant bien attention que le lit de haricots en soit entièrement recouvert. Après avoir répété plusieurs fois cette opération, le pot se trouve rempli. On le laisse ainsi deux ou trois jours, et comme il s'y produit un tassement, on le remplit de nouveau jusqu'à ce qu'il ne se forme plus de vides. Il est inutile de dire que la dernière couche se termine toujours par du sel. Au moment de se servir de ces conserves, on prend la quantité dont on a besoin et on verse dessus de l'eau bouillante en les laissant tremper environ quinze à vingt minutes. Retirés de cette eau, les haricots sont propres à la cuisson, qui demande au moins une heure. Une fois cuits, on les passe une dizaine de minutes dans l'eau froide pour les apprêter comme on désire les manger. Ce système permet de les conserver très longtemps sans qu'ils perdent de leur saveur.

Petits pois. — Le procédé Appert pour la conservation des petits pois consiste à les mettre dans des bouteilles à large goulot que l'on remplit également d'eau froide, puis à les fermer, laissant entre l'eau et le bouchon un espace vide de trois ou quatre centimètres. On plonge les bouteilles dans un bain-marie, les faisant bouillir environ deux heures, et remplaçant l'eau évaporée par de l'eau bouillante; on laisse refroidir dans la même eau, puis on enduit de cire ou de goudron le bouchon et le goulot de la bouteille, comme on fait pour le vin. On place le tout à la cave pour s'en servir suivant les besoins en lavant préalablement les petits pois à l'eau tiède. Leur cuisson ne demande que quelques minutes.

Asperges. — Le même procédé s'emploie pour la conservation des asperges. Une fois cuites, après les avoir épluchées (bien entendu), on les lave à l'eau fraîche, puis les rangeant dans des bocaux, la tête en haut; on verse dessus de l'eau salée (130 grammes de sel par litre d'eau), en ayant soin qu'il y ait au moins deux ou trois centimètres d'eau au-dessus des têtes. On verse sur le liquide une couche soit de beurre fondu, soit d'huile d'olive pour intercepter l'air. Le bouchon s'enduit également d'une couche de cire ou de goudron. Au moment de se servir de ces conserves il n'y a qu'à faire tremper les asperges une demi-heure dans l'eau tiède, les égoutter et les faire cuire comme à l'ordinaire.

Oseille. — Les conserves d'oseille sont d'une grande ressource dans tous les ménages. Ainsi préparée, l'oseille sert aussi bien à la confection des potages qu'à la garniture ou litière des viandes de boucherie ou des œufs. Pour la conserver, on ne se sert que des jeunes feuilles que l'on cueille entre septembre et octobre. On l'épluche avec soin, retirant les côtes pour la laver à grande eau; ceci fait, on la plonge dans l'eau bouillante, dans laquelle on a eu soin de mettre un dixième de poirée, de cerfeuil et de persil (épluchés et lavés) : le tout est alors cuit à grande eau. Lorsque l'oseille est à peu près cuite, on la retire pour l'égoutter dans un tamis.

Étant bien égouttée, on la remet dans un chaudron en la faisant cuire à nouveau pour la réduire en purée, et on remue sans cesse afin d'éviter qu'elle ne s'attache.

Quand l'épaisseur voulue est atteinte on la verse dans des pots en grès *non vernissés à l'intérieur* (1). Une fois l'oseille refroidie, il ne reste plus qu'à en recouvrir la surface d'une couche d'huile d'olive que l'on retire et remet chaque fois que l'on prend de l'oseille dans le pot.

Bien des ménagères remplacent l'huile d'olive par du beurre, mais ce dernier a l'inconvénient, une fois le pot entamé, de former une couche de moisi préjudiciable à la santé, et qui entraîne en même temps, en l'enlevant, une perte inutile.

Conservation des fruits : poires, pommes. — Ce procédé consiste à placer les fruits dans un endroit bien sec (un rez-de-chaussée est préférable), puis à étendre sur le parquet un lit de paille de seigle d'une épaisseur de 9 à 10 centimètres. On place les fruits sur ce premier lit, en les saupoudrant de plâtre, puis on recommence un second lit, un troisième et un quatrième, c'est-à-dire avec paille et plâtre, en procédant toujours de la même manière, exactement comme pour faire le cidre. Le plâtre absorbe toute l'humidité et les fruits piqués ou commençant à se moisir se sèchent et mûrissent à leur point sans que le mal augmente. Les espèces mûrissant les premières se placent au-dessus et les autres par époque de maturité.

---

(1) C'est pour attirer l'attention sur ce point que nous avons mis en italique les mots *non vernissés*, car l'acidité de l'oseille attaquant le vernis plombique la rendrait dangereuse par son séjour prolongé dans le pot.

Moyen de remédier à la crudité de l'eau. — Toutes les eaux ne sont pas bonnes pour la cuisson des légumes, mais on peut les rendre propres à cet usage en y introduisant, pendant la cuisson, un sachet contenant une petite poignée de cendre de bois.

Lorsqu'il s'agit de la cuisson de légumes secs on ajoute à l'eau la valeur d'une prise de carbonate de soude par litre; les légumes y cuisent très bien et ne sont nullement nuisibles à la santé.

DES ÉPICES.

Sel. — La plupart des épices sont dépourvues de principes nutritifs et ne servent que comme excitants dans les aliments. Le sel est l'assaisonnement indispensable à une bonne cuisine; il relève le goût fade et insipide des viandes et des légumes, excite l'appétit et facilite la digestion.

Le sel de cuisine est souvent falsifié, tantôt avec du plâtre, d'autres fois avec de la poudre d'albâtre, ou encore avec du sable. Dans les deux premiers cas on reconnaît la présence de ces substances en versant un peu d'eau sur le sel : s'il se forme une eau d'un blanc laiteux, on peut conclure à sa falsification avec le plâtre ou l'albâtre; s'il contient du grès, ou toute autre matière insoluble, on les retrouve au fond du liquide.

Poivre. — On le falsifie en ajoutant de la poudre de tourteau ou tourteau moulu, mais cela n'a aucun inconvénient pour la santé.

Le poivre blanc est préférable au poivre noir, sa saveur est moins âcre et moins piquante.

Il faut éviter une cuisine trop poivrée, elle fatigue et irrite l'estomac.

PRÉPARATION ET CONSERVATION DES ALIMENTS. 91

La cannelle, la muscade, le piment, sont des condiments dont il faut faire le plus judicieux emploi.

Vinaigre. — Pour avoir toujours de l'excellent vinaigre, ce qui est important, surtout à la campagne, on se procure un petit baril de bon vinaigre, et chaque fois que l'on en tire un litre, on le remplace dans le baril par un autre litre de vin blanc ou rouge en ayant soin de ne pas fermer hermétiquement la bonde ; il vaut mieux la remplacer soit par un linge soit par un bouchon de paille : on a de cette façon un baril inépuisable fournissant toujours du vinaigre excellent.

Huile. — Pour la cuisine, l'huile d'olive, et en particulier celle d'Aix, est sans contredit préférable à toutes les autres, mais il faut la tirer d'une maison honorable, car il existe une foule de falsifications vendues sous ce nom.

On reconnaît l'addition de l'huile d'œillette à l'huile d'olive en agitant fortement la bouteille ; si celle-ci mousse et conserve longtemps son chapelet de bulles d'air, c'est qu'elle est mélangée à de l'huile d'œillette.

L'huile d'olive, aussitôt reçue, doit se mettre soit en bouteilles ou plutôt dans des cruchons en grès.

Après l'huile d'olive, vient l'huile d'œillette ; on ne se sert pour le ménage que de la blanche. Il est inutile d'en faire de grandes provisions, car on la trouve toujours facilement chez tous les épiciers.

PRÉPARATION DES DIFFÉRENTS METS.

Voici un chapitre, nous devons l'avouer, qui nous a mis dans un grand embarras, car nous nous trouvions, non plus en présence de conseils à donner, de remarques à faire, d'observations à présenter, mais bien vis-à-vis d'un art véritable, basé sur certaines règles ne souffrant aucun écart dans leur mise en œuvre.

Devions-nous nous contenter de donner ici la manière de préparer quelques mets?... Telle avait été notre première idée?... C'eût été peu... Parler longuement cuisine?... C'eût été trop!... En présence d'une telle alternative, nous avons pensé qu'il était beaucoup plus sage, et en même temps plus simple, de renvoyer nos lectrices aux livres spécialement consacrés à l'art culinaire; car il n'est pas, nous croyons pouvoir l'affirmer, un seul ménage en France, quelque petit qu'il soit, qui ne possède un livre de cuisine, dans lequel il puise chaque jour ce qu'il est utile de savoir relativement aux mets à préparer.

Comme mon intention, mesdames, n'est pas de vous transformer en cordons bleus et que moi-même je ne possède sur cet art que des notions très élémentaires, puisées elles-mêmes dans ces sortes de bréviaires des ménages, je ne chercherai donc point à vous enseigner ce que vous savez mieux que moi, c'est-à-dire faire un pot-au-feu, un roux, une sauce, un ragoût, un rôti, un entremets, etc., bien que vous soyez exposées un jour ou l'autre, pour une cause ou pour une autre, maladie ou désaccord, à vous trouver privées de cuisinière. Ce que je pourrais vous dire, vous le trouverez partout, et je suis rassuré sur ce point, car votre compétence en pareille matière va bien au delà de ce que j'aurais été susceptible de vous enseigner. Fier cependant de vous montrer mon savoir-faire, mon petit talent de pâtissier, car j'ai fait bien des brioches en ma vie!... je dois l'avouer ici humblement... et j'ai encore un faible pour les douceurs, je vais, chapitre XII, après avoir parlé de la décoration des viandes et de l'hygiène des aliments, vous offrir, sous la rubrique *Desserts*, quelques friandises de ma façon.

PRÉPARATION ET CONSERVATION DES ALIMENTS. 93

DÉCORATION.

Rien n'est plus agréable et ne produit meilleur effet sur sur une table qu'un plat artistement décoré, aussi allons-nous indiquer ici la manière d'en agrémenter quelques-uns, laissant au goût de la maîtresse de maison, et à son initiative, le soin des multiples combinaisons que permettent

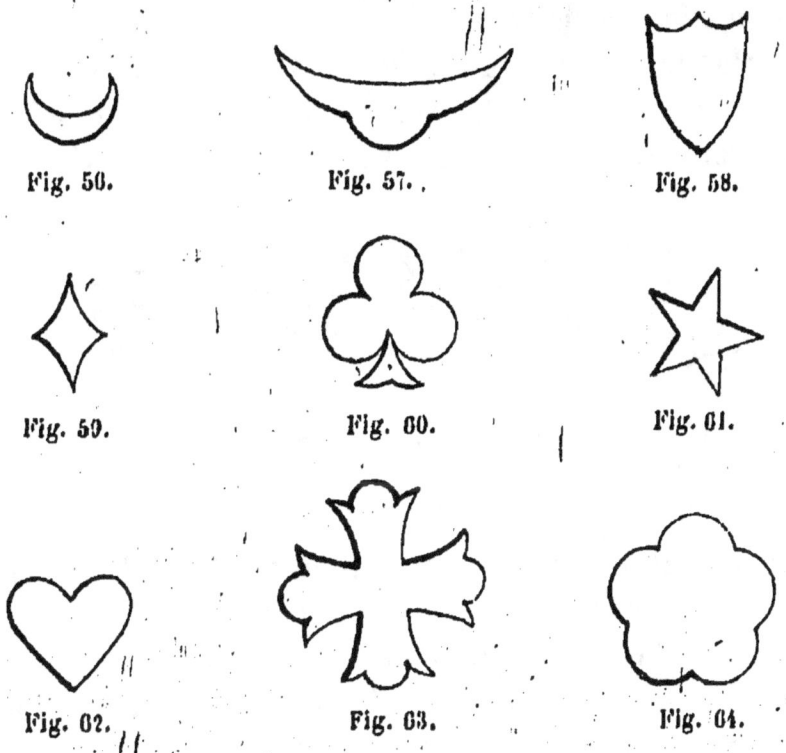

Fig. 56.   Fig. 57.   Fig. 58.
Fig. 59.   Fig. 60.   Fig. 61.
Fig. 62.   Fig. 63.   Fig. 64.

d'exécuter les différents modèles d'emporte-pièce mis à sa disposition, et dont nous donnons ici quelques dessins (fig. 56 à 64).

L'agencement et l'accouplement de ces quelques rondelles géométriques produit autour des plats de ravissantes bordures multicolores en alliant le rouge vif de la carotte au rose pourpré de la betterave et au vert olive des cornichons.

Voici quelques exemples de bordures (fig. 65 à 67) faciles à exécuter dont l'effet décoratif repose simplement dans l'assemblage côte à côte ou dans l'alternance d'un ou de deux dessins. La figure 67 n'est que la réunion des figures 56, 57, 60, 62, 64, dont les festons, reliés par des rondelles de cornichons, sont exécutées en carottes, les cœurs et les trèfles en betteraves.

Presque toutes les viandes froides permettent l'emploi de ces fantaisies artistiques.

Les **salades**, elles aussi, donnent à la maîtresse de maison l'occasion de déployer les trésors de son génie essentiellement féminin, en les recouvrant de véritables

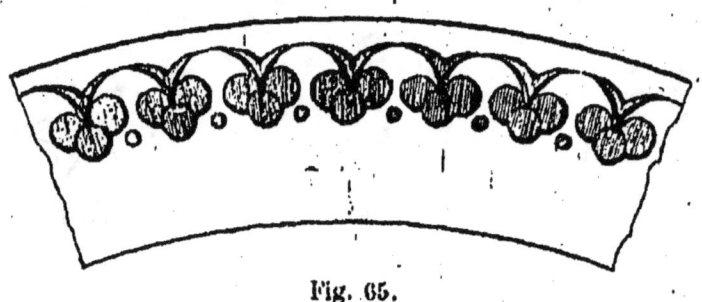

Fig. 65.

mosaïques naturelles, reposant entièrement sur la combinaison des lignes et l'assemblage des couleurs.

Ici ce sont les œufs, leur jaune, la salade elle-même et les herbes hachées lui servant d'assaisonnement, qui forment la palette: en voici un échantillon (fig. 68).

Le centre est formé par un hachis de jaunes d'œufs; toute la rosace du milieu par des tranches d'œufs coupés en huit sur leur longueur et conservant encore leur portion de jaune, le tout placé sur un lit de salade verte pour les faire ressortir. Le feston du tour, formant dentelle, est également composé avec des tranches d'œufs dont on a ôté le jaune pour le remplacer par de la fourniture hachée menue.

PRÉPARATION ET CONSERVATION DES ALIMENTS. 95

A chaque raccord de feston alterne une fleur de capucine avec une fleur de bourrache, ou une fleur de mauve. Le cercle intérieur est formée par de la chicorée blanche frisée.

On peut varier ces dessins à l'infini et en faire toute

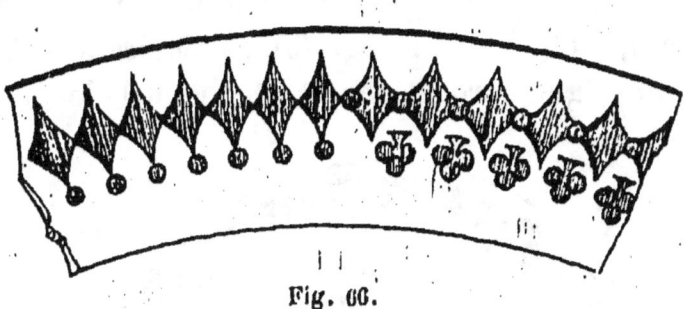
Fig. 66.

espèce de fleurs et de rosaces, dont il nous semble inutile de multiplier ici les exemples.

Côtelettes. — Les manches de côtelettes (fig. 69 et 70), de gigot, les bouts de cuisses et les ailes de volailles, reçoivent aussi une espèce de parure ou manchette, souvent très

Fig. 67.

originale, leur communiquant un aspect tout particulier témoignant du bon goût de la maîtresse de la maison.

Pour donner plus de charme à ces espèces de fleurs, au lieu de papier blanc, on se sert de papiers de différentes couleurs.

Les feuilles C (fig. 71 et 72) se font en papier vert; les pétales, B, de couleur rose; le cœur, A, en jaune.

Tout le monde, même les enfants, sait découper le papier en dents de peigne (fig. 73), qui une fois dédoublé et retendu représente la figure 74, et donne, replié sur lui-même en sens inverse, la figure 75 : il est donc inutile de nous y arrêter. Il nous suffira de dire que, pour garnir les côtelettes, il faut donner à ce papier une largeur de 5 centimètres, qui, replié en deux (fig. 73), se réduira à 0^m,025 : les dents du peigne auront donc 0^m,015. Pour la longueur,

Fig. 68.

cela est indifférent et dépend de la grosseur que l'on désire donner à la fleur : 12 centimètres suffisent amplement.

Ce que bien des personnes ignorent, c'est la manière de fabriquer ces feuilles ; nous allons, à l'aide des figures ci-jointes, en expliquer toutes les transformations, plus longues à décrire qu'à exécuter.

Pour les feuilles ornant les côtelettes, on commence par tracer une circonférence sur un papier, lui donnant environ 7 centimètres de diamètre, puis on ajoute autant

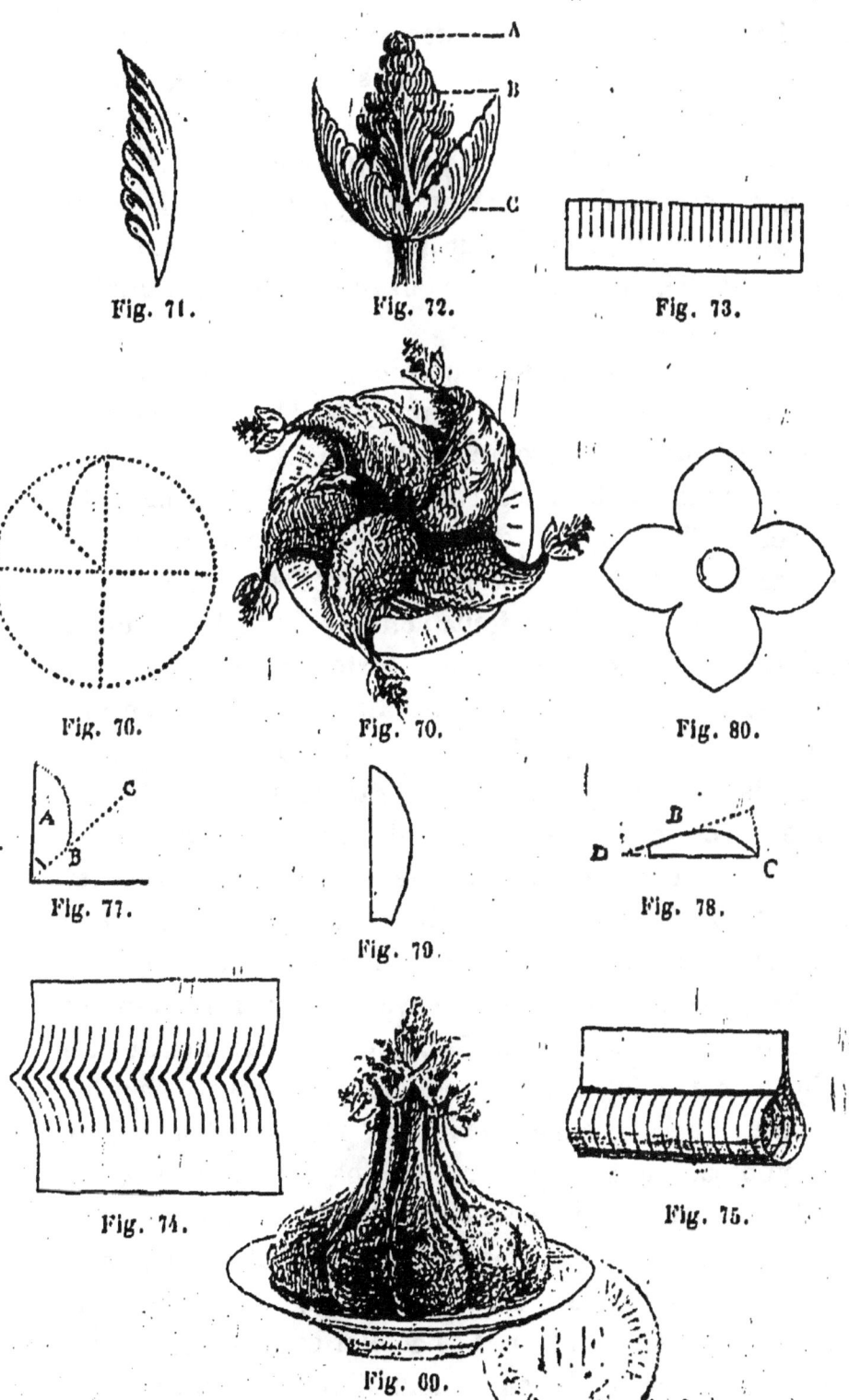

Fig. 71. Fig. 72. Fig. 73. Fig. 76. Fig. 70. Fig. 80. Fig. 77. Fig. 79. Fig. 78. Fig. 74. Fig. 75. Fig. 00.

de feuilles de papier que l'on désire obtenir de circonférences (fig. 76). Ceci fait, on plie son papier en quatre (fig. 77), et l'on trace l'arc de cercle A. On replie encore en deux par le milieu de la ligne CB, ce qui donne la figure 78 ; on donne un coup de ciseau sur la ligne courbe CB et on abat l'extrémité D pour obtenir la figure 79, qui, une fois le papier déplié, donne la figure 80, représentant les quatre feuilles accolées.

Il ne reste plus maintenant que les nervures des feuilles à exécuter. Voici comment on procède. Prenant une serviette ou un mouchoir propre, on le plie en forme de fichu (fig. 81), puis on le place sur le bord d'une table. On glisse dans l'intérieur la feuille pliée comme le représente la figure 79, faisant toucher son côté droit au côté droit du fichu, alors posant sur le tout (fichu et feuille), la paume de la main droite, que l'on appuie fortement, l'on tire à soi de la main gauche la pointe du fichu en décrivant un arc de cercle, horizontalement avec la table. Sous la pression de la main et du poignet il se forme toute une série de plis réguliers, communiquant à la feuille, en la recourbant sur elle-même, toute une suite de nervures d'une régularité parfaite (fig. 71). On passe ensuite au montage de la fleur qui se fait en entourant un bâton un tant soit peu plus gros que l'os de la côtelette, d'abord avec de la frisure jaune et ensuite de la frisure rose (fig. 72), dont on arrête l'extrémité à l'aide d'un peu de colle. On pose ensuite les quatre feuilles ou calices, que l'on passe par le bas, puis on retire la fleur ainsi montée, pour la placer sur l'os de la côtelette à laquelle on l'assujettit soit à l'aide d'un bout de fil, soit par une bague de papier doré collée à cheval sur le papier et l'os. On procède de même pour les gigots, en tenant le tout au double de grandeur. Les côtelettes ainsi parées peuvent se servir sur le plat en formant étoile (fig. 70), ou bien

DÉCORATION DES ALIMENTS. 99

en hauteur, avec grande fleur centrale formant bouquet

Fig. 81.

(fig. 69), variant alors la couleur des pétales ou frisures pour chaque côtelette.

CHAPITRE XII

ENTREMETS SUCRÉS. — DESSERTS. — LIQUEURS DE MÉNAGE.

Pudding. — Pour faire le pudding on fait tremper un petit pain dans un litre de lait chaud, ensuite on ajoute deux petits verres de rhum, un quart de verre de fleur d'oranger, un quart de sucre, un peu de zeste de citron et trois jaunes d'œufs battus en neige. On mêle le tout ensemble, puis on ajoute un peu d'angélique, des raisins de Corinthe et de Malaga, et on bat le tout : on verse ce mélange dans un moule beurré ou une casserole, on fait cuire à petit feu, au bain-marie, environ trois heures.

Plumcake. — Prenez 250 grammes de farine, 125 grammes de raisins de Smyrne, 125 grammes sucre en poudre, une demi-cuillerée à café de bicarbonate de soude, un verre de lait, mêlez le tout ensemble, puis ajoutez 70 grammes de beurre frais et fondu. Après avoir bien battu le tout, versez dans un moule préalablement beurré, et faites cuir au four sur un feu doux, pendant une heure. On s'assure que la cuisson est complète en enfonçant au milieu une lame de couteau, si elle ressort sèche le plumcake est cuit.

Pudding aux amandes. — A un litre de lait bouillant ajoutez 250 grammes de graisse de bœuf haché, 250 grammes d'amandes douces blanchies et pilées, quelques amandes amères, la mie d'un petit pain râpé, puis laissez refroidir le tout. Ajoutez ensuite six jaunes d'œufs et deux blancs, du sucre, un peu de sel, de la muscade, de l'écorce de citron confit, une cuillerée de fleur d'oranger et mêlez-le tout ensemble. Trois quarts d'heure suffisent pour cuire ce pudding mis en moule.

Pudding à la minute. — On prend du pain blanc un peu rassis; on l'émiette dans du lait bouillant de façon à former une pâte un peu épaisse. Pour un litre de lait, on bat cinq ou six jaunes d'œufs, on les ajoute à la pâte, ainsi que des raisins de Malaga et de Corinthe bien épluchés, des morceaux d'écorces de cédrat, d'orange, de citron confites et un peu d'angélique. On laisse refroidir la pâte. On beurre un moule et on le saupoudre de chapelure; on y verse la pâte. On met le moule au four, trois quarts d'heure de cuisson suffisent. On retire du four, on démoule et l'on sert chaud après avoir versé dans le plat du rhum auquel on met le feu.

Pets de nonne. — Mettez dans une casserole un litre d'eau, deux ou trois morceaux de sucre réduits en poudre et autant de beurre, faites bouillir le tout un moment, retirez du feu, et ajoutez de la farine en bien mélangeant, pour former une pâte dans laquelle vous mettez un peu de sel et de fleur d'oranger; un ou deux œufs et un blanc ajoutés à cette pâte la rendent meilleure.

Lorsque la friture est chaude on y précipite une cuillerée de cette pâte, elle s'y gonfle et prend la forme d'une pomme de terre soufflée d'un doré des plus appétissants.

Chignons frisés. — Faire une pâte composée de farine, quatre œufs, une cuillerée d'eau-de-vie, sucre râpé, fleur d'oranger, une cuillerée d'huile d'olive et d'eau. La pâte bien pétrie et roulée différentes fois, on la découpe par bandes avec la roulette, formant des nœuds que l'on jette ensuite dans la friture bien chaude.

Tourelle de marrons. — Prenez deux litres de marrons que vous faites cuire dans l'eau avec un peu de sel, après les avoir épluchés, réduisez-les en pâte à laquelle vous ajoutez un peu de lait, du sucre et de la vanille; mettez cette pâte dans un moule en forme de tourelle. Quand la la pièce est prise, ôtez du moule, glacez avec du sirop et remplissez le milieu de crème fouettée à la vanille.

Soufflé de chocolat à la crème. — Pour un litre et demi de lait prenez quatre barres de chocolat, une demi-livre de pain. Faites cuire le tout ensemble pendant une demi-heure en bien mélangeant. Lorsque cette pâte est bien épaisse, passez au tamis, ajoutez-y deux œufs et une poignée d'amandes douces pilées. Beurrez un moule et versez-y le tout, que vous faites cuire environ une heure et demie au bain-marie. Faites refroidir dans l'eau et démoulez le lendemain au moment de servir. Versez au milieu une crème à la vanille.

Crème moka. — Prenez 200 grammes de beurre, 40 grammes de café noir pour un verre d'eau, deux jaunes d'œufs, 70 grammes de sucre et mêlez le tout ensemble; faites cuire en tournant toujours et enlevez au premier bouillon. Laissez refroidir cette pâte avant de faire la crème. Coupez votre gâteau par le milieu pour y mettre un peu de beurre légèrement fondu, puis refermez-le. Sur le dessus versez le restant de votre beurre avec un entonnoir en formant des dessins. Beurrez votre moule et saupoudrez-le de farine. Préparez dans un vase trois œufs dont vous séparez les blancs des jaunes, et mélangez 125 grammes de sucre avec les jaunes en battant jusqu'à ce qu'ils soient bien incorporés, puis ajoutez-y, en bien mêlant, 20 grammes de fécule de pomme de terre, 20 grammes de farine et un peu de fleur d'oranger.

Battant ensuite vos blancs en neige, mettez-y un peu de

gros sel, puis la même quantité que ci-dessus de fécule et de farine. Mêlez le tout ensemble et versez dans le moule. Une demi-heure à trois quarts d'heure de cuisson suffisent.

Crème (entremets espagnol). — Dans un quart de litre de sirop de sucre délayez dix jaunes d'œufs en évitant de produire de l'écume, puis versez ce mélange dans un moule enduit de caramel et cuisez au bain-marie.

Mousse au chocolat. — Faire fondre le chocolat dans très peu d'eau (trois barres pour six personnes), ajoutez-y un peu de sucre. Quand le chocolat a bouilli, laissez-le refroidir et alors ajoutez-y peu à peu trois à quatre blancs d'œufs battus en neige.

Sorbet (crème au kirsch). — Les sorbets se font avec diverses sortes de vins, de liqueurs ou de fruits. Un jaune d'œuf par personne suffit, ainsi qu'une cuillerée de kirsch. On fait glacer dans la sorbetière.

Lorsque l'on veut faire une crème au kirsch il suffit d'ajouter une cuillerée de lait.

Mioki. — Battez en neige six blancs d'œufs et incorporez-y 500 grammes de macarons réduits en poudre : ajoutez deux cuillerées de sucre en poudre, mélangez bien le tout ; versez-le dans un moule enduit d'un caramel blond. Faites cuire au bain-marie pendant une demi-heure environ. Servez avec une crème au kirsch ou à la vanille.

Gâteau de mousseline. — Battre en neige les blancs de trois œufs, puis ajouter 375 grammes de fécule, autant de sucre en poudre que l'on incorpore bien en continuant de battre. Ajoutez les jaunes et battez encore pendant trois minutes. Beurrez le moule, versez-y votre pâte et faites cuire vingt minutes environ.

Gâteau de Savoie. — Séparez avec beaucoup de soin les jaunes de cinq œufs ; mettez-les dans un saladier avec 250 grammes de sucre et le zeste d'un citron râpé. Tournez jusqu'à ce que le mélange soit blanc : ajoutez-y alors 125 grammes de fécule en mélangeant doucement pour ne pas trop battre la pâte. Fouettez les blancs en neige et incorporez-les à la pâte. Versez le tout dans le moule préalablement beurré et saupoudré de sucre; il suffit d'une heure de cuisson au feu doux d'un four.

Gâteau biscuit au moka. — Ce gâteau se fait à froid; on prend 125 grammes de beurre très frais que l'on réduit en crème en le battant : on y ajoute peu à peu 150 grammes de sucre en poudre et un jaune d'œuf. Quand la pâte est bien homogène on y verse un verre d'une très forte infusion de café très chaud.

On garnit l'intérieur et le fond d'un moule de papier blanc autour duquel on dispose une couche de biscuits à la cuiller, mous et petits, puis on verse une couche de crème que l'on recouvre à son tour d'une couche de biscuits et ainsi de suite; on presse le tout sous un poids très lourd et on le maintient au moins deux heures dans un endroit très frais avant de démouler.

Manière d'utiliser les blancs d'œufs. — Dans trois blancs d'œufs ajoutez trois cuillerées de sucre en poudre et trois cuillerées de marmelade d'abricots ou de confiture de fraises, une cuillerée de kirsch et battez le tout en neige. Cette espèce de gelée ou crème se mange avec des biscuits ou avec un gâteau de mousseline.

Madeleines. — Prenez 60 grammes de beurre fondu, 125 grammes de farine, 150 grammes de sucre en poudre, trois œufs dont on bat les blancs en neige. Mêlez bien le tout et versez dans des petits moules beurrés que vous mettez au four. A défaut de moule, prenez une tourtière.

Confitures de framboises. — Prenez 2 kilos de fruits, écrasez-les avec 500 grammes de groseilles blanches, passez et pressez dans un linge. Mettre ce jus dans la bassine avec

500 grammes de sucre par 500 grammes de jus. Écumez et faites bouillir environ 25 à 30 minutes jusqu'à ce que cela gèle dans l'assiette.

Confitures de carottes. — Faire cuire les carottes, les égoutter et les écraser. Prendre 375 grammes de sucre par 500 grammes de fruits. Faire un sirop : 1/4 de litre d'eau par 500 grammes de sucre. Le laisser bouillir 10 à 12 minutes. Quand le sucre est bien fondu, y mettre les carottes en y ajoutant le jus d'un ou de plusieurs citrons, suivant la quantité de confitures, coupant le zeste en petits filets ; puis laisser cuire encore quelques minutes. Ajouter une cuillerée d'eau-de-vie par 500 grammes et un citron par kilo, et par 500 grammes de sucre. Ne mettre seulement le jus de citron qu'au moment de la mise en pots.

Confitures de groseilles. — Prenez 3 kilos et demi de groseilles, égrenez-les, lavez-les, laissez-les égoutter ; faites-les crever parfaitement dans la bassine, jetez-les sur un tamis et laissez-les égoutter deux heures, 2 kilos et demi de sucre, 4 verres et demi d'eau ; faire le sirop et à partir du commencement de l'ébullition complète, compter 10 minutes. Retirer et verser le sirop dans le jus de groseilles en remuant. Mettre en pot pour terminer.

Gelée de pommes de reinette. — Prendre des pommes bien mûres, en ôter le cœur, les faire cuire en marmelade dans une quantité suffisante d'eau, en ajoutant un peu de girofle et d'écorce de citron. Les mettre ensuite dans un linge, au-dessus d'un vase, pour que le jus tombe de lui-même. Faire cuire le jus avec le sucre clarifié, ne le retirer du feu qu'au point de parfaite gelée. Il faut une demi-livre de sucre par livre de jus.

Gauffrettes. — 1 livre de farine, 1 livre de cassonade, 1/2 livre de beurre, quatre œufs entiers. Passez la cassonade et la farine au travers d'un tamis. Mélangez la cassonade et la farine, ajoutez le beurre fondu et les œufs, un peu de vanille. Faites des petites boules avec cette pâte qui doit être un peu ferme. (En préparant toutes ces petites boules à l'avance, on va beaucoup plus vite pour faire cuire les gauffrettes, et elles sont beaucoup mieux faites.) Avec cette quantité, on fait six douzaines de gauffrettes.

Kalouga. — 100 grammes de beurre, 250 grammes de cassonade brune. Mélanger le tout sur un feu vif et laisser 10 à 15 minutes. Y ajouter une tasse de café (contenant une forte pincée de chicorée). Une tasse à café de crème fraîche. Remuez le tout ensemble sur un feu vif et tournez toujours pendant 15 à 25 minutes.

LIQUEURS.

Sirop de sucre pour liqueurs. — On obtient le sirop de sucre en faisant fondre 3 kilos de sucre cassé dans 1 litre d'eau. Une fois fondu on met sur le feu et on fait bouillir quelques instants. Si l'ébullition se prolongeait, au lieu d'un sirop, on obtiendrait du sucre d'orge. A un degré de cuisson plus élevé le sirop devient du caramel.

Curaçao. — Pour 2 litres d'esprit de vin à 33 degrés il faut : 2 oranges entières, 4 grammes de cannelle, 2 grammes de macis, 2 clous de girofle, quelques pincées de bois de Brésil. Au bout d'un mois d'infusion, filtrer au papier. Ajouter un sirop composé de 2 kilos de sucre fondu et clarifier dans un litre et demi d'eau que l'on fait bouillir 20 minutes. Laisser reposer le tout au moins un mois avant d'en boire.

Chartreuse. — Anis étoilé, 2 grammes; racine d'angélique 1/2 gramme; carvi 1 gramme; ambrette très fine 1 gramme; safran 25 centigrammes; le tout pour 1 litre d'alcool de Montpellier à 87 degrés : 1 kilo de sucre dissous dans le quart d'un litre d'eau. Bien faire infuser les grains 48 heures soit au soleil ou à la chaleur. On filtre et on ajoute le sirop de sucre qu'on a fait fondre. Ce mélange est fait pour 2 litres.

Anisette. — Faire un sirop composé de 500 grammes de sucre dans un demi-litre d'eau et filtrer. Dans un litre d'alcool faire macérer pendant quelques jours 25 grammes d'anis vert; 20 d'anis étoilé et 8 grammes de coriandre : filtrer et mélanger le tout ensemble.

Cassis. — Faire un sirop comme ci-dessus, et après avoir fait macérer les grains de cassis pendant un ou deux mois dans de l'alcool (sans les écraser) décanter l'alcool pour le mélanger avec le sirop.

Crème de vanille. — On commence par faire infuser dans un litre d'alcool, deux gousses de vanille coupées en petits morceaux et on les y laisse environ trois quarts d'heure. Cela fait, on retire la vanille, et on verse cet alcool dans un sirop préparé à l'avance, avec 1^k,500 de sucre fondu dans un litre d'eau.

Crème de moka. — Faire infuser pendant six heures 125 grammes de café moka cru et broyé dans un litre d'alcool, puis filtrer et verser l'alcool dans un sirop de sucre composé comme celui ci-dessus servant à faire la crème à la vanille.

CHAPITRE XIII

HYGIÈNE DES ALIMENTS.

C'est entièrement sur la maîtresse de maison que repose le soin de l'hygiène alimentaire, car personne, mieux qu'elle, ne connaît plus à fond le tempérament de chaque membre de la famille.

Il faut donc, pour qu'elle puisse s'acquitter de cette tâche avec discernement, qu'elle sache parfaitement les différentes propriétés des aliments qu'elle destine à l'ordinaire de la maison.

Viandes. — Le bœuf est excellent pour faire le bouillon, l'aliment le plus nutritif et le plus facile à digérer : quant au bœuf qui le produit, il est peu substantiel par lui-même, ayant abandonné au bouillon ses principales qualités.

La *viande de mouton* est tendre et savoureuse. Employée en rôtis, elle est très nourrissante et très digestive; elle l'est moins mise en ragoût.

Le *veau* est une viande blanche, assez nutritive, qu'il est préférable de manger plutôt froide que chaude au point de vue de la digestion. La viande du jeune veau est laxative.

Porc. — La viande de porc est très nourrissante; mais elle est lourde et difficile à digérer.

Le **poisson** convient admirablement aux tempéraments

bilieux et aux convalescents. Cuit sur le gril, il est extrêmement léger ; frit dans la graisse il est un peu plus lourd à l'estomac.

Les *langoustes, homards, crabes, écrevisses* doivent être considérés comme des aliments de difficile digestion et ne convenant qu'à de véritables tempéraments athlétiques.

Légumes. — La pomme de terre est un aliment léger et nourrissant tout à la fois, elle se digère facilement, mais porte à l'embonpoint.

Les *pois*, les *haricots*, les *lentilles*, les *fèves*, débarrassés de la pellicule les enveloppant, qui est fort indigeste, sont, une fois réduits en purée, de bons aliments, qui se digèrent facilement.

Les *épinards*, la *chicorée*, les *asperges*, les *haricots verts*, les *choux-fleurs*, les *artichauts cuits*, se classent parmi les aliments sains et légers convenant à tout le monde et particulièrement aux personnes sédentaires, aux bureaucrates, aux écrivains, etc. Ils vont parfaitement aux tempéraments bilieux et sanguins, mais ne valent absolument rien pour les natures lymphatiques.

Les *asperges*, de digestion facile, sont recommandées comme fortifiant pour l'estomac, elles dissipent l'obstruction du foie et des autres viscères. Elles sont très bonnes pour les personnes atteintes de coliques hépatiques ou néphrétiques.

L'*artichaut* cru est toujours très lourd pour l'estomac, de même que les radis et les raves.

Les *œufs durs* sont également très lourds.

Les *œufs cuits au lait* sont très légers et ne pèsent pas sur l'estomac.

L'usage des œufs est bon pour les personnes dont le corps se relâche facilement et sont sujettes à la diarrhée ; mais ils sont contraires à celles qui sont constipées.

Le *lait* est le sauveur des estomacs fatigués et débiles, lorsqu'il provient d'animaux bien portants. On s'en sert également pour les personnes atteintes de maladies des voies respiratoires.

On ne doit jamais faire chauffer de lait dans une casserole en cuivre, car, par le refroidissement, il peut contenir du vert-de-gris.

Le *beurre* est l'ennemi des tempéraments bilieux, il échauffe et affaiblit l'estomac par un usage prolongé.

Lorsque le beurre est falsifié avec de l'acétate ou du carbonate de plomb, il peut se transformer en véritable poison.

Fromage. — Quoi qu'on en dise, cet aliment est toujours lourd et difficile à digérer, un médecin que je consultais à ce sujet me répondit : « *Le matin le fromage est d'or, à midi il est d'argent, le soir il est de plomb.* »

Les *pâtisseries* mangées avec excès sont toujours lourdes et indigestes.

Le *sucre* est un aliment très digestif, mais, absorbé avec excès, il amène l'échauffement et la constipation.

Lorsque l'estomac est paresseux, un morceau de sucre dans la boisson active ses fonctions.

Le *miel* est de toutes les substances le plus sain et le plus hygiénique. Il facilite la digestion, excite l'expectoration, fortifie l'estomac et relâche le ventre ; il est souverain pour les natures fiévreuses.

Boissons. — Le *café*, dont presque tout le monde use, et quelquefois abuse, agit directement sur le système nerveux et sur le cerveau.

Il convient aux tempéraments lymphatiques.

Il est tout à fait contraire aux personnes nerveuses et à celles atteintes de palpitations, de battements et de maladies de cœur.

Le *thé*, est une excellente boisson, qui agit sur les nerfs ;

HYGIÈNE DES ALIMENTS.

facilite la digestion, arrête la diarrhée, combat la gravelle. Pour les gens de bureau nous préférons le thé au café.

L'eau. — On ne saurait trop répéter ce que tous les hygiénistes sans exception ont constaté, que l'eau est le véhicule d'un grand nombre de maladies. Il ne faut donc boire que de l'eau filtrée. Un des meilleurs filtres établi sur les données de M. Gautier et les théories Pasteur est l'aérifiltre Mallié qui se prête à toutes les filtrations (fig. 82 et 83).

Boissons froides ou glacés. — C'est de l'absorption irréfléchie de ces boissons, prises quand le corps est en sueur, que dérive une foule de maladies, telles que congestions pulmonaires, crachements de sang, crampes d'estomac, péritonite aiguë, etc. Il est prudent, avant de boire froid, de manger une croûte de pain ou un petit gâteau pour atténuer les effets du froid dans l'estomac.

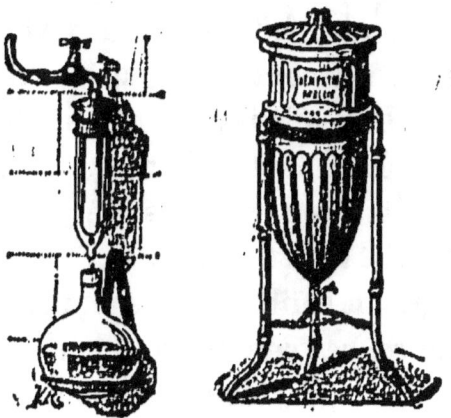

Fig. 82.   Fig. 83.

Vins rouges et vins blancs. — Les vins rouges sont plus fortifiants que les blancs, par la quantité de tartre et d'alcool qu'ils contiennent : mais les vins blancs sont plus capiteux.

Les uns et les autres, pour posséder toute leur saveur et leur bouquet, demandent à être montés de la cave quelques heures avant de les déguster.

Épices. — L'abus du sel irrite l'estomac et affaiblit la constitution.

Le poivre, excitant par sa nature, est contraire aux tempéraments bilieux, aux estomacs faibles et délicats, ainsi qu'aux personnes sujettes aux affections inflammatoires.

Les *épices diverses, muscade, clous de girofle, cannelle*, etc., deviennent d'un emploi de plus en plus rare dans la cuisine moderne. Si leur goût surexcite l'appétit, ils ont l'inconvénient de fatiguer bien vite l'estomac ; aussi conseillons-nous d'en faire le plus judicieux usage.

Vinaigre. — Le vinaigre est rarement bon, pris chez les détaillants. Il a à son avoir bien des gastralgies occasionnées par son abus ; s'il excite l'appétit, par contre il détériore l'estomac. Il est tout à fait nuisible aux vieillards, aux personnes faibles ; il est contraire également à celles sujettes à la toux.

Huiles. — Prises en excès, elles sont laxatives ; rancies, elles deviennent irritantes.

Fruits. — Les fruits très mûrs se digèrent facilement, mais il faut en être très sobre ; il convient, après avoir mangé un fruit, de boire un peu de vin pur.

Le *souper* comme repas du soir, précédant le coucher, doit être léger, car si l'estomac est distendu par des aliments lourds, le sommeil est agité, troublé par des rêves et des cauchemars ; la respiration gênée, et le sang afflue à la tête. Les aliments indigestes sont encore nuisibles aux personnes puissantes et à celles prédisposées aux congestions et aux hémorragies cérébrales.

Digestions. — Lorsque la digestion est difficile après un repas, il ne faut pas hésiter à prendre un peu d'eau sucrée chaude, additionnée de quelques gouttes d'alcool de menthe de Ricqlès : on obtient le même résultat en mangeant un morceau de sucre sur lequel on a versé un peu de cet alcool. C'est du reste dans cette intention que l'on offre un verre de chartreuse à la fin d'un repas.

Toile cirée blanche. — Chez bien des gens riches, et dans presque toutes les maisons bourgeoises, on se sert maintenant, pour le déjeuner du matin, de nappes en toile cirée blanche, dites nappes de famille, imitant la toile : c'est un abus dangereux contre lequel il est bon de prémunir nos lectrices. Au début, sauf son odeur, cette toile ne présente guère d'inconvénients, mais dès qu'elle a un peu de service, elle devient extrêmement dangereuse, par les parcelles presqu'invisibles qui s'en détachent et contiennent toutes une partie de plomb que l'on absorbe, sans s'en apercevoir, soit avec le pain, ou porté par le couteau ou la fourchette dans les aliments. Le sel de plomb, aussi terrible que traître, provoque à votre insu de graves désordres intérieurs dont la cause demeure bien souvent ignorée. Bannissez donc de chez vous, sans hésiter, cette toile perfide cachant dans sa terne blancheur un élément meurtrier.

La toile cirée foncée ne présente pas le même désagrément et peut avec avantage la remplacer.

CHAPITRE XIV

DE LA CAVE. — SOINS A Y APPORTER. — DES VINS. — LEUR CONSERVATION.

Dans les grandes maisons le service de la cave est fait par un sommelier qui en a toute la responsabilité.

Dans les maisons bourgeoises, la direction de la cave semble exclusivement réservée du maître de la maison, parce que c'est lui qui s'occupe des achats : mais, en fait, elle l'est bien rarement dans toute l'acception du mot.

Si, lorsqu'il traite ses convives, il en a l'honneur, par la bonne qualité de ses vins, il le doit souvent aux soins assidus de la maîtresse du logis qui, en réalité, en a toute la responsabilité, et veille avec une sollicitude toute particulière aux multiples et délicates opérations tant du logement des vins, que de leur collage, soutirage et mise en bouteilles, etc.

L'homme préoccupé de ses affaires, absorbé par ses relations, ne peut que rarement consacrer à la cave les soins quotidiens qu'elle réclame, et ne saurait, pour ces motifs, les lui donner au moment opportun.

La cave, dont nous avons décrit l'aménagement et les conditions hygiéniques dans notre *Livre du propriétaire et du locataire* (1) doit, autant que possible, être située au

(1) Consulter notre ouvrage sur *l'Art de bâtir, meubler et entretenir sa maison*, 1 vol. in-8° avec 243 gravures.

nord; ses voûtes seront peu élevées pour y maintenir une température fraîche mais non humide, variant entre 10 ou 12 degrés au-dessus de zéro.

Dans la disposition de ses ouvertures il faut éviter les courants d'air, toujours préjudiciables aux vins. Elle ne doit contenir que des chantiers, des planches à bouteilles en bois ou des hérissons en fer (fig. 84) des caveaux ou des casiers porte-bouteilles ouverts ou fermés (fig. 85 et 86).

En aucun cas, et sous aucun prétexte, si l'on tient à la bonne qualité des vins, on ne doit y admettre du bois de chauffage, des tonneaux de vinaigre ou autres matières acides; encore moins la faire servir de débarras : la plus grande propreté doit toujours y régner en tout temps.

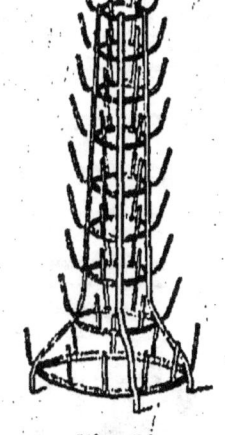

Fig. 84.

A l'arrivée du vin, on doit débarrasser la pièce de son enveloppe ou de son double fût, s'il y en a un, puis on la fait placer sur le chantier, la bonde un peu de côté, de manière que le vin la baigne complètement.

Après une quinzaine de jours de repos, si le vin n'a pas été encollé, ce qui se reconnaît s'il est trouble, on l'encolle avec quatre blancs d'œufs battus dans un peu d'eau (1) que l'on verse ensuite dans le fût en remuant fortement le tout avec un bâton, après en avoir retiré préalablement environ un litre pour faire le vide : ce vin servira, une fois le tout mélangé, à remplir le vide, puis on bondera et on laissera reposer.

(1) Cette quantité s'applique à une demi-pièce; pour une pièce il en faudrait le double.

Pour le collage du vin blanc on remplace le blanc d'œuf par 15 grammes de colle de poisson dissoute dans un demi-litre d'eau, et l'on filtre avant de s'en servir. Quinze jours après l'encollage le vin est bon à mettre en bouteille.

Lorsque le vin que l'on reçoit a été soutiré, il suffit de le laisser reposer quinze ou vingt jours avant de le mettre en bouteille; mais il faut de préférence choisir un temps sec et bien clair. Le meilleur moment pour la mise en bouteilles est de mars à octobre.

Fig. 85.

On devra apporter le plus grand soin à cette opération, et n'employer que des bouchons de bonne qualité, que l'on fera préalablement tremper, au moment de s'en servir, dans un peu d'eau-de-vie.

Les vins fins ne doivent être jugés qu'après six mois de bouteille, car ce n'est qu'en vieillissant qu'ils acquièrent toutes les qualités qu'ils sont susceptibles de posséder. Pour les vins ordinaires on peut commencer à les boire après un mois de verre.

Pour les vins fins, deux ou trois années de fût suffisent. Les vins blancs exigent moins de temps et peuvent être mis en bouteilles au bout d'un an; il faut alors qu'ils ne soient pas collés lorsqu'on les reçoit.

Il est urgent de remplir de temps en temps le tonneau avec du vin pour remplacer la diminution produite par l'évaporation.

DE LA CAVE.

Pour le rinçage des bouteilles, nous préférons de beaucoup l'emploi de la chaîne à celui du plomb, toujours dangereux par l'oubli ou le séjour du plomb en contact avec le vin dans les bouteilles.

Une sage précaution, évitant bien des peines, consiste à rincer tout de suite les bouteilles à la brosse à mesure qu'elles se vident, de cette manière on n'a que peu de chose à faire pour les obtenir propres au moment voulu.

En bouchant les bouteilles, il est bon de toujours laisser un petit intervalle entre le liquide et le bouchon pour éviter la casse en le frappant. Différents appareils servent à boucher les bouteilles. Il y a le *bouche-bouteille* à main (fig. 87), qui est suffisant pour les petits ménages.

Pour nous, nous préférons l'appareil

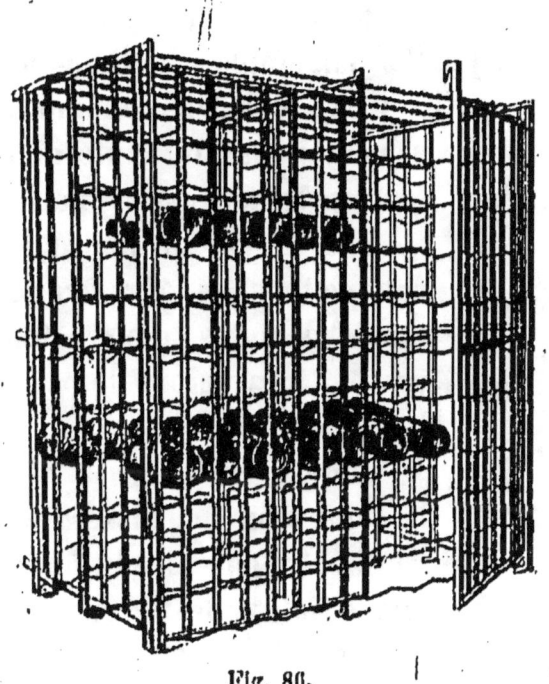

Fig. 86.

à levier et pédale (fig. 88), servant pour toute espèce de bouteilles, et bouchant hermétiquement. Mais son prix un peu élevé (25 francs) n'est pas à la portée de toutes les bourses.

Bouchons et bouteilles. — En parlant de la cave nous avons déjà dit quelques mots des bouchons et des bouteilles; nous allons compléter ces indications.

A bon vin pas de bouchon (1), dit le proverbe : oui, lorsqu'il

---

(1) Le bouchon, autrefois, était une branche de feuillage servant à indiquer les auberges où l'on vendait du vin et autres liquides.

est bu sur place : nous dirons, nous, *à bon vin bon bouchon* : car tout le monde sait que de la qualité du bouchon dépend le bon vin. Il lui conserve sa saveur, augmente son bouquet, lui permet de ne rien perdre des qualités qu'il acquiert chaque jour en vieillissant.

Un bon bouchon se reconnaît à sa couleur vive et franche, à la finesse de ses pores.

Il faut les choisir autant que possible du calibre des bouteilles auxquelles ils sont destinés.

Lorsque l'on fait emplette de bouchons, on doit bien s'assurer qu'il n'y en a pas dans le nombre de retaillés, ce qui s'aperçoit par la teinte noire de leurs pores et leur couleur peu franche.

Fig. 87.

Pour le vin ordinaire, celui que l'on consomme tous les jours, on peut se resservir d'anciens bouchons; pourvu toutefois qu'ils n'aient pas été transpercés de part en part avec le tire-bouchon.

Veut-on cacheter le vin, en bouchant les bouteilles on ne laissera dépasser qu'un demi-centimètre environ du bouchon. Les bons bouchons valent de 2 francs à 2 fr. 50 le cent.

Il ne suffit pas qu'une bouteille paraisse régulière dans ses formes extérieures, il faut encore que l'intérieur et l'extérieur de son goulot soient parfaitement réguliers, car c'est la condition essentielle pour qu'une bouteille soit bonne.

S'il y avait étranglement, le bouchon y pénétrerait difficilement, ne fermant qu'imparfaitement, et si la bague ou cordeline était irrégulière et faible par endroit, la force du bouchon, en pénétrant dans le goulot, le ferait éclater par la pression.

C'est uniquement à la fermentation qu'il faut attribuer la poudre rouge se déposant autour d'une bouteille : cette poudre n'est qu'un sel de tartre, produit par des raisins employés verts ou mûris dans des climats froids ; elle n'ôte rien à la qualité du vin.

Le vin blanc est de tous les vins celui qui exige le plus de propreté dans sa mise en bouteilles et de soins pour son entretien. Comme pour le vin rouge, le verre foncé lui est préférable.

Il arrive parfois, par suite d'un déménagement ou d'un changement de place dans la cave, ou pour toute autre cause, qu'un vin blanc, mis en bouteilles depuis quelque temps, ou même en fût, vienne tout à coup à fermenter ; il faut alors placer les bouteilles debout, enlever les bouchons, et les reboucher à la main sans trop les serrer de manière que le gaz puisse s'échapper librement. Après trois ou quatre jours il suffit de changer de bouteille et de reboucher solidement pour remettre en place ; souvent le vin revient à lui.

Fig. 88.

Si la quantité de bouteilles est trop considérable pour opérer ainsi, on doit remettre le tout dans un fût, après l'avoir soufré ou flambé ; on colle le vin à nouveau et on le laisse reposer quelques jours avant de le remettre en bouteilles.

Se déclare-t-il une fuite entre deux douves, il suffit, si la fissure est légère, de la reboucher avec un peu de suif ; si elle est un peu grande, d'y introduire de l'étoupe trempée dans du suif et de la craie pulvérisée.

Un des accidents arrivant fréquemment dans les caves humides ou exposées à la trop grande chaleur est ce que l'on appelle le *coup de feu*, faisant briser et sauter tous les cercles. Dès qu'on s'en aperçoit (c'est pour cela que la surveillance de la cave est nécessaire), on doit soutirer immédiatement le vin sans chercher à bouger le fût, et cela avec les plus grandes précautions.

On constate la présence de la fuchsine dans le vin, en en faisant chauffer jusqu'à ébullition la valeur d'un verre, dans lequel on a introduit un peu de coton-poudre. Le coton se trouve alors teint en rouge. Si, en le plongeant dans l'eau froide, il conserve sa couleur au lieu de redevenir blanc, on peut en conclure que le vin est coloré avec de la fuchsine.

A défaut de coton-poudre, on peut employer le procédé suivant consistant à verser quelques gouttes d'ammoniaque dans un peu de vin et après avoir agité, y ajouter environ la moitié de son volume d'éther; le mélange une fois opéré, on décante l'éther et on verse dessus quelques gouttes d'acide acétique. A ce contact la fuchsine forme tout de suite un précipité rouge révélant sa présence dans le vin.

Lorsque le vin doit sa coloration à des plantes telles que fleurs de sureau, mauve, bois de campêche, etc., rien de plus simple pour découvrir la fraude : il n'y a qu'à verser dans un verre de vin quelques gouttes d'alcali, le vin prend tout de suite une couleur verte.

Le vin contient-il de l'acide sulfurique? on peut s'en assurer en en laissant tomber une goutte sur une feuille de papier; la tache sèche, si le papier prend une teinte brun violacé, c'est que le vin est acidulé; si, au contraire, la tache reste d'un rouge vif, c'est qu'il ne contient aucune trace d'acide.

---

(1) On obtient le coton-poudre en faisant tremper pendant quelques minutes du coton cardé dans un mélange d'acide sulfurique et d'azotate de potasse.

CHAPITRE XV

CHOSES DIVERSES RELATIVES AU MÉNAGE. — FUMAGE DES VIANDES. — BOUCHERIE A LA CAMPAGNE. — PAIN A LA CAMPAGNE. — FRUITIER. — PERSILLAIRE ANNUELLE. — NETTOYAGE DES CARAFES, ETC.

Fumage des viandes. — Dans quelques maisons où l'on fait une grande consommation de viandes fumées, se trouve une chambre, dite fumoir, consacrée spécialement à cet usage.

Cette chambre, d'une construction toute particulière, est garnie intérieurement de crochets en fer destinés à supporter les viandes. Un tuyau de poêle la traverse verticalement dans son milieu: il se trouve garni d'un jeu de trappes s'ouvrant extérieurement, pour régler l'introduction de la fumée dans la chambre.

Il est indispensable d'apporter les plus grands soins dans la construction de cette pièce pour écarter des habitations toute cause d'incendie : aussi en enduit-on ordinairement les murs d'une couche de ciment.

La fumée du charbon ne peut servir au fumage des viandes, elle leur communiquerait un goût âcre et désagréable. Le bois, les copeaux, la sciure, sur lesquels on jette de temps en temps un peu d'eau pour obtenir plus de fumée sont excellents pour cet usage; le bois de chêne surtout doit avoir la préférence.

On donne aux viandes fumées un parfum agréable en jetant de temps en temps dans le feu soit du thym, soit de la sauge, du romarin ou des baies de genièvre.

A ce système de fumage, demandant beaucoup de soins, on peut substituer l'ancien, consistant à suspendre tout simplement dans la hotte de la cheminée le morceau à fumer, en ayant la précaution d'en couvrir la partie supérieure avec un linge ou un morceau de papier en forme de cornet renversé pour que la suie, en tombant, ne s'attache pas à la viande; mais il est indispensable, pour ce faire, de ne brûler que du bois, point de tourbe ni de charbon, comme nous venons de le dire, vu la mauvaise odeur qu'ils communiqueraient à la viande.

Boucherie à la campagne. — A la ville, où l'on trouve à toute heure du jour de la viande dans les boucheries, il est inutile d'avoir des provisions; mais à la campagne, où le boucher ne passe qu'une ou deux fois par semaine et où il vous arrive souvent du monde à l'improviste, on est forcément amené à avoir certaines provisions à l'avance : la viande est de ce nombre. Il faut alors, pour qu'elle se conserve en bon état, la renfermer dans un endroit particulier où elle se trouve à la fraîcheur, sans être à l'humidité, et à l'abri des mouches à vers.

Dans les châteaux et dans les grandes maisons où l'on consomme beaucoup de viande, on fait construire de petites boucheries en miniature dont les murs, le plafond et le parquet sont enduits de ciment pour y maintenir la fraîcheur et la propreté. Aux murs sont scellés des barres de fer armées de crocs, servant à suspendre les viandes, la volaille et le gibier. La fenêtre (ou jour de souffrance), garnie de persiennes, reçoit comme vitrage une toile métallique très fine qui, en laissant passage à l'air, empêche les insectes d'y pénétrer.

Avec les murs et le parquet en ciment il n'y a point à craindre le séjour des rats qui ne peuvent s'y cacher. Il est bien entendu que cette pièce doit se trouver exposée au nord. Pour les personnes dont le train de *maison* est restreint et régulier, elles n'ont pour conserver les viandes qu'à recourir aux différents procédés de conservation que nous avons indiqué chapitre XI, page 85.

Du pain à la campagne. — Comme la viande, le pain frais manque presque toujours à la campagne, et il n'est pas facile de s'en procurer, surtout lorsqu'on est éloigné d'un centre où se trouve un boulanger. On est alors forcé de faire faire son pain chez soi une ou deux fois par semaine, suivant les besoins.

Le meilleur pain est celui fait avec la farine de froment de bonne qualité.

Il est plus avantageux de n'employer la farine que quinze jours ou un mois après sa mouture, car, lorsqu'elle sort du moulin, son rendement est moindre. Nous n'entreprendrons pas ici de dire la manière de faire le pain, presque toutes les femmes de la campagne connaissent ce genre de travail et s'en acquittent fort bien.

Fruitier. — Dans les maisons où l'on récolte beaucoup de fruits, soit à la ville, soit à la campagne, il est indispensable de posséder un endroit spécial pour la conservation des fruits.

Pour les personnes ne possédant pas ce que l'on appelle un véritable fruitier, c'est-à-dire une espèce de cave voûtée, disposée *ad hoc*, elles doivent consacrer spécialement à cet usage un petit cabinet bien sec et assez frais (fig. 89), éloigné le plus possible des appartements pour éviter l'odeur nuisible des fruits, puis en fermer hermétiquement toutes les issues, tenir les persiennes bien closes, collant même des bandes de papier sur toutes les jointures des fenêtres pour empêcher l'introduction de l'air. Une fois ces préparatifs terminés on dispose en étagère des rangées de tablettes en bois blanc, sur lesquelles se placent à nu, c'est-à-dire sans paille, les fruits à conserver, et cela dans leur ordre de maturité, les espaçant les uns des autres pour qu'ils ne se touchent pas.

Fig. 89.

La distance réservée entre chaque tablette ne peut pas être moindre de 15 centimètres : il est complètement inutile qu'elles soient à claire-voie. Les raisins se suspendent par un fil à des clous attachés à des barres horizontales parallèles au plafond, mais il faut, avant de les y placer, bien les éplucher pour enlever tout grain avarié.

Les beaux fruits se placent séparément sur les planches

en les renfermant dans des sacs en papier, dont on ferme l'extrémité pour éviter l'introduction de l'air.

On doit, et c'est une sage précaution, placer çà et là dans cette pièce des assiettes ou plats contenant quelques morceaux de chlorure de chaux, substance possédant la propriété d'absorber l'humidité qui peut se trouver dans le fruitier, car vous le savez, de la sécheresse, de l'obscurité, de la privation d'air, dépend la bonne conservation des fruits.

Il est urgent de visiter tous les jours le fruitier pour en retirer les produits qui se gâtent, et ceux mûrs à point pour le service de la table.

Persillaire annuelle. — Le persil est chose rare à se procurer en hiver, aussi conseillons-nous aux personnes désirant en avoir toujours en réserve, de recourir à la formation d'une persillaire annuelle, dont l'entretien exige peu de soins. Voici comment on procède pour l'établir. On se procure chez un

Fig. 90.

marchand de poterie un vase en terre de forme pyramidale, non vernissé, percé de trous, dans le genre de ceux dont on se sert pour faire des pyramides de crocus, puis on place dans chaque trou, en commençant par la rangée du bas, de jeunes pousses de persil dont on y introduit la racine. Une fois ce premier tour préparé on le recouvre intérieurement de terre végétale jusqu'à la moitié de l'espace compris entre cette première rangée de trous et ceux de la seconde, on arrose alors, puis on continue une seconde rangée de persil, la recouvrant encore de terre et ainsi de suite jusqu'en haut. Dans le col du vase on introduit également des racines de persil et de la terre alors la persillaire annuelle est formée (fig. 90). Il ne reste plus qu'à l'arroser de temps en temps et à la soustraire aux influences pernicieuses des gelées. On a ainsi toute l'année du persil à sa disposition.

Nettoyage des carafes et autres cristaux. — Nous ne conseillons pas pour le nettoyage des carafes, des cristaux ou des objets simplement en verre, l'emploi des coquilles d'œuf, fussent-elles mélangées avec du papier sans colle, ni l'usage des cendres ou du sable, enfin de tous corps durs qui ne font que rayer le verre en lui enlevant à la longue son poli, ce qui le rend plus facile à s'encrasser ensuite. Nous préférons verser dans un peu d'eau quelques gouttes d'acide nitrique ou sulfurique, 8 à 10 grammes pour 100 d'eau, solution qui, sans aucun frottement, dissout tous les corps adhérant au verre sans l'attaquer. Le crottin de cheval nettoie très bien le verre, mais ce procédé répugne à certaines personnes.

Paniers. — *Leurs différents genres.* — En faisant figurer ici le mot « paniers, » je suis persuadé que peu de nos lectrices ont arrêté leur pensée sur le nombre qu'il en faut, rien que pour le service d'une maison : en voici l'énumération. En première ligne plaçons le panier à argenterie, dans lequel, comme son nom l'indique, se place l'argenterie après les repas. Viennent ensuite les paniers à bouteilles, celui à bois, à provisions, les paniers à chauffer le linge pour le bain, celui au linge sale, à salade, à fruits; les paniers et corbeilles à pain, ceux pour les verres, ceux servant aux vins fins mis sur la table, les paniers à légumes, etc.; enfin les mannes de toutes grandeurs, sans compter toute la série de paniers de fantaisie, grands ou petits, trouvent à chaque instant leur emploi dans le service journalier de la maison. C'est sur cette agglomération d'objets aussi peu résistants que nous appelons l'attention des ménagères; car ils représentent une valeur dont la dépense, souvent répétée, se chiffre par une certaine somme tous les ans.

On doit donc, de temps en temps, en faire la visite, et dès qu'il s'y présente une avarie, soit une anse cassée, soit un couvercle démonté, etc., les donner à réparer immédiatement au lieu de les remplacer par des paniers neufs.

Il faut également, lorsque les osiers se salissent ou qu'ils deviennent trop secs les faire laver à l'eau de savon, avec une brosse; de cette manière ils font un très long service et évitent de grever le budget.

Engraissement des volailles. — A la ville on ne peut engraisser que fort peu de volailles à la fois, vu le manque d'emplacement; mais il est bon d'en avoir toujours au moins deux ou trois paires à l'avance, pour parer à toute surprise et aussi pour pouvoir attendre et profiter du bon marché pour ses achats. Les meilleures volailles sont celles de Crèvecœur (fig. 91) et celles de Houdan (fig. 92).

Fig. 91.

Les vraies Crèvecœur sont entièrement noires de plumes, possédant une forte huppe. Les oreillons sont petits, bleu nacrés, cachés sous la plume.

Le coq possède une *crête* formant deux cornes pointues au sommet et larges à la base.

Il y a dans ces sujets une variété grise et une autre blanche.

La race des Houdan a le plumage caillouté noir et blanc : le Crèvecœur, lui, possède une huppe, une cravate, des favoris fort développés et des oreillons rudimentaires. Le coq a la crête charnue et dentelée, entièrement distincte de celle du Crèvecœur. Une particularité empêche encore de les confondre : ce sont les pattes; elles ont cinq griffes au lieu de quatre.

L'espèce dite Cochinchine, très bonne couveuse, est mauvaise pour la cuisine, la viande en est dure et coriace.

En règle générale, il faut se garder d'acheter pour le service de la cuisine toute volaille ayant les pattes jaunes (soit dit pour les poules et les poulets).

Dans les marchés où la volaille se vend morte et toute plumée, on doit donc recommander à sa cuisinière de ne pas prendre une bête avec les pattes jaunes, de bien examiner la tête, pour voir s'il y a apparence de crête, et les pattes, s'il y a un ergot (fig. 93) s'il a été coupé, ou si la place est simplement indiquée par un point (fig. 93 *bis*), pour éviter qu'elle ne rapporte une vieille poule à la peau jaune et grasse qu'on lui donnerait pour un beau et bon poulet, ce qui fait, comme disent les coquetiers, encore une *d'attrapée et une de vendue*.

Fig. 92.

L'engraissement des poulets est subordonné à trois conditions essentielles savoir : 1° le repos absolu ; 2° la privation de lumière ; 3° une nourriture de choix. A cet effet, on les enferme dans de petites cages en bois dites épinettes, qu'en ville on place dans le bûcher (1) et dans lesquelles on conserve les poulets jusqu'à ce qu'ils aient atteint la

---

(1) Il faut bien se garder de placer les épinettes dans la cave, l'odeur dégagée par les excréments-des-volailles, quand bien même elles seraient tenues fort propres, est toujours préjudiciable au vin.

grosseur désirée en leur donnant régulièrement une nourriture saine et abondante, composée soit de féculents, soit de grains : sarrasin, orge, maïs, etc., cuits, délayés dans du lait ou de l'eau tiède. Les pâtées de pomme de terre sont excellentes pour l'engraissage.

C'est vers le mois d'avril ou de mai que commencent à devenir bons les nouveaux poulets ; il faut qu'ils aient au moins de trois à quatre mois. A la campagne, où l'on a une basse-cour, l'engraissage se fait naturellement et à la longue, surtout lorsque la basse-cour ne sert que pour le service

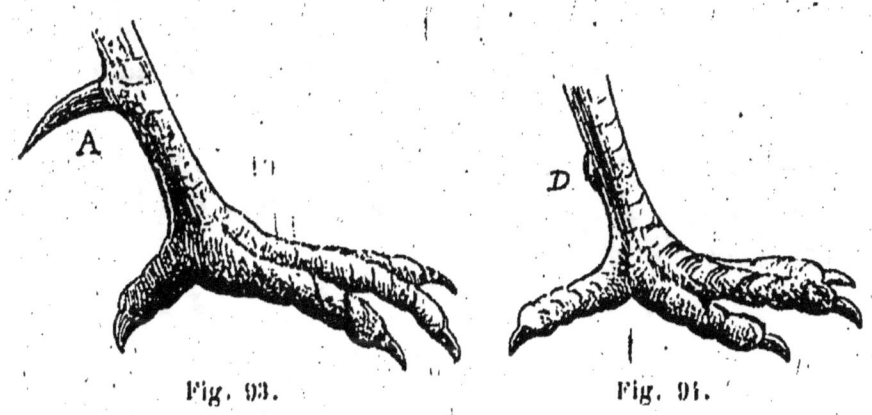

Fig. 93. Fig. 94.

de la maison : il est inutile alors de rechercher un autre mode si l'on ne veut pas tirer profit de ses volailles.

Lapins. — En ville, dans une foule de petits ménages, il est d'usage d'élever toujours un ou plusieurs lapins. Ces animaux, qui ne coûtent presque rien à nourrir, demandent fort peu de soins et sont le régal de l'ouvrier les jours de fête ; ils se contentent, en effet, d'herbes fraîches ou sèches, de racines, de grain ou de son. Les feuilles de choux, les épluchures de pommes de terre, les carottes et leur vert, les cosses de pois, les feuilles de vigne, le persil, le thym, les restes de pain, etc., leur font une excellente nourriture. Les herbes mouillées et celles échauffées par le soleil leur sont nuisibles, ainsi que le mouron rouge.

Il faut bien se garder de changer brusquement le régime d'un lapin ; mais s'appliquer au contraire à varier constamment la nature de ses aliments.

Le lapin gris, ou lapin commun domestique, est la race s'élevant le mieux en ville.

Les autres espèces de lapins sont plutôt considérées comme animaux d'agrément que comme viande d'alimentation.

L'*élevage des lapins à la campagne* se pratique en grand, vu la facilité que l'on a de pourvoir à leur nourriture ; seulement il faut connaître les plantes leur convenant le mieux.

Il nous semble inutile de nous étendre plus longuement sur ce point, ce qui nous entraînerait au delà des bornes assignées à cet ouvrage.

CHAPITRE XVI

SALLE A MANGER. — DÉJEUNERS. — DINERS. — SOUPERS. — SERVICE DE TABLE. — MENUS. — REPAS DES DOMESTIQUES. — BALS ET SOIRÉES. — RÉUNIONS INTIMES.

Avant de parler du service de la salle à manger, nous croyons utile de dire quelques mots sur sa disposition, son mobilier et son agencement, pour répondre au goût de notre époque.

Dans les grandes maisons, et dans une foule d'habitations bourgeoises, il est de mode d'avoir deux salles à manger; l'une d'apparat, grande et spacieuse, dans laquelle on mange dès que l'on a un ou plusieurs invités, l'autre plus petite, pour prendre les repas de famille.

Chez les petits propriétaires et les bourgeois, on se contente ordinairement d'une seule salle à manger, mais on a toujours pour habitude, sur les deux pièces du rez-de-chaussée, de choisir la plus petite pour établir cette salle, réservant l'autre pour le salon. C'est précisément contre ce ridicule abus que nous formulons une critique, nous demandant à quoi peut servir un grand salon qu'on n'habite pas, lorsque les occasions de recevoir sont si rares que la plus petite pièce peut amplement répondre aux exigences de la position.

Pourquoi vouloir imiter les gens riches qui, eux, vivent constamment dans leur salon, et se priver ainsi volontairement du confortable ? A quoi sert de conserver une immense pièce destinée à ne recevoir, presque toute l'année, d'autre visiteur que le soleil, dont on l'inonde de temps en temps afin de combattre l'humidité que fait naître son complet abandon ?

Soyons sages à l'avenir ! plus de ces fâcheuses prétentions ! abandonnons ce superflu en faveur de l'utilité pratique ; donnons la part du lion à la salle à manger. Je ne connais rien de plus insipide, lorsqu'on dîne chez des amis, que d'être à chaque instant dérangé, parce que, par amour du luxe et du genre, on a voulu s'emprisonner dans un étroit réduit, que la vapeur des mets, la chaleur de la lampe, celle du feu et le manque d'air de l'appartement rendent souvent un séjour intolérable.

A vous seules, lectrices, appartient le soin de faire cette utile réforme.

Nous ne parlerons point des grandes salles à manger, dont le luxe intérieur et le mobilier répondent à la splendeur des autres appartements, pour l'arrangement desquels nous avons si longuement entretenu nos lecteurs dans notre *Livre du propriétaire et du locataire* (1), ne devant nous occuper ici que de la salle à manger moderne, et de son mobilier, tel qu'on le trouve de nos jours chez tous les marchands de meubles de Paris et de la province.

A Paris, où le rez-de-chaussée des maisons est généralement occupé par des boutiques, magasins ou ateliers, les salles à manger font partie des appartements situés aux différents étages; on est alors forcé de les accepter telles

(1) *Le Livre du propriétaire et du locataire; l'Art de bâtir, meubler et entretenir sa maison*, 1 vol.,—376 pages, 243 gravures, H. LAURENS, libraire-éditeur, 6, rue de Tournon.

Fig. 95. — Salle à manger.

qu'elles se trouvent, surtout si l'appartement plaît, soit par son exposition, soit pour le quartier, ou encore par le nombre et la disposition des pièces le composant. On se trouve alors souvent fort embarrassé pour changer la destination de chaque pièce, et l'on est forcé de se conformer à ce qui existe.

Fig. 96.

Il est une exception cependant pour les hôtels particuliers habités par un seul propriétaire.

En province, où chacun possède son *home*, comme disent les Anglais, c'est-à-dire sa maison, il est facile d'affecter à la salle à manger telle ou telle pièce et de l'approprier à cet usage. Ici, cependant, se présente un cas fort embarrassant, celui de savoir si l'on doit adopter pour salle à manger, plutôt une pièce donnant sur la rue qu'une pièce prenant jour sur la cour ou sur le jardin ?

Fig. 97.

Pour nous, comme pour vous, nous l'avouons, la question ne manque pas d'être perplexe et demande mûre réflexion, chaque situation présentant ses avantages et ses inconvénients.

Pour vous permettre, lectrices, de décider en connaissance de cause, nous allons vous soumettre le pour et le contre, vous laissant ensuite le soin de décider.

Placée comme le salon et communiquant avec lui, la salle à manger sur la rue est toujours plus gaie, plus agréable, plus récréative ; je parle bien entendu pour le moment des repas en plein jour, mais elle a, par contre, le grave inconvénient d'être exposée aux regards indiscrets des passants qui ne peuvent s'empêcher d'y plonger un œil scrutateur. Le soir, si par inadvertance, les serviteurs oublient de fermer ou ne ferment qu'à moitié les contrevents, ou que ceux-ci, par un vice même de construction que vous ignorez, présentent des fissures, la lumière, les éclats de voix, et un peu de curiosité, de la part des passants ou des voisins, vous exposent aux regards des importuns. On peut, me direz-vous, avec juste raison, remédier à cet inconvénient en fermant intérieurement les stores et les rideaux : d'accord sur ce point ; mais empêcherez-vous et pourrez-vous réprimer les éclats de voix et les rires qui se produisent toujours à la fin d'un bon dîner, qui se perçoivent du dehors et ne manquent pas d'attirer sous vos fenêtres quelques oreilles avides de cancans ? Voilà pour l'exposition sur la rue : on est chez soi sans y être.

Fig. 98.

La salle à manger donnant sur la cour ou sur un jardin est, dans le jour, d'une monotonie désespérante, elle est souvent sombre et froide si elle n'est pas humide, par les murs qui l'entourent ou les arbres qui l'ombragent ; le jour y est faux, son séjour prolongé engendre la tristesse, surtout si les convives sont peu nombreux. En revanche, le soir, on y est entièrement chez soi, libre de donner cours à sa belle humeur

Fig. 99.

et à son expansive gaieté sans aucune crainte d'être vu ou entendu : enfin l'on peut prolonger en jeux, en chants ou en danses, ces soirées, dont les heures de plaisir, passant inaperçues, ne se comptent que par l'aurore d'un jour nouveau.

À vous, mesdames, de décider maintenant!

A la campagne il est de toute rigueur que les fenêtres de la salle à manger donnent sur la cour; les soins du personnel réclamant une surveillance de tous les instants.

La salle à manger moderne (fig. 95), vaste et spacieuse, autant que faire se peut, reçoit à profusion une lumière

Fig. 100.

tamisée, non plus maintenant par les vulgaires carreaux du temps passé, mais bien par de véritables verrières ou imitations qui en modèrent et adoucissent l'éclat.

Ses lambris, formés de panneaux longs et étroits, ordinairement de la hauteur de la cheminée, sont surmontés, comme tentures, soit d'imitations de tapisseries, soit d'étoffes sombres, représentant des feuillages ou des arabesques, mais le plus souvent de papier drapé rouge ou vert, sur lequel se détache agréablement toute une suite de tableaux et de faïences anciennes. Son plafond, divisé par cais-

Fig. 101.

sons, s'harmonise comme couleur avec le fond des boiseries; il reçoit, comme décor, une ornementation claire qui le rend plus léger.

Dans les salles à manger de petites dimensions, un plafond de couleur tendre,

avec large corniche et rosace centrale en plus foncé remplace les caissons.

Au milieu du caisson central ou de la rosace descend une suspension avec lampe, enrichie sur son pourtour de girandoles porte-bougies formant lustre.

SALLE A MANGER.

Les grands et les petits rideaux des fenêtres sont remplacés par des draperies, aux chutes ondoyantes, retombant en plis réguliers ou irréguliers le long des chambranles.

Ajoutez à cela tout un mobilier en chêne, buffet, dressoir, table, chaises, serveuse, le tout sculpté, etc., imitant le vieux chêne ou le chêne neuf, suivant la couleur des boiseries; une cheminée, en bois ou en marbre sculptée, surmontée d'une glace élégante; le tout reposant, l'été sur un tapis de linoleum, l'hiver sur une moelleuse moquette, et vous aurez la plus ravissante salle à manger que l'on puisse rêver.

Complétez le tout par un feu de bois dont la flamme vive et pétillante sera aussi agréable que gaie. Dans le cas contraire, s'il est difficile de se procurer du bois, employez

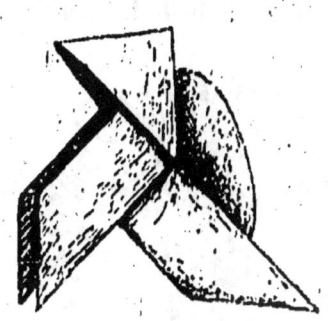

Fig. 102.

de préférence la salamandre, présentant toutes conditions de sécurité et d'hygiène désirables.

Surtout, de grâce, mesdames, dans votre intérêt, dans l'intérêt de vos invités, bannissez impitoyablement de vos appartements les poêles mobiles, auteurs de ces mortels accidents que les journaux, hélas! nous retracent tous les jours.

DÉJEUNER.

Il est de bonne hygiène de ne jamais sortir de chez soi le matin sans avoir pris quelque nourriture légère, en se levant, soit un potage, soit du thé, du chocolat ou du café au lait; c'est ce que l'on appelle le *premier déjeuner*: il permet d'attendre sans fatiguer l'estomac.

Le *second déjeuner* (1), se prend ordinairement dans presque toutes les maisons entre dix heures et midi, quelquefois une heure, selon les occupations. Pour bien du monde, quand on est entre soi, ce repas est le plus substantiel de la journée on y sert les restes du dîner de la veille, accompagnés de quelques hors-d'œuvre. Pour les estomacs délicats, pour les hommes de plume et de cabinet, on doit choisir des aliments légers et très digestifs, tels que des œufs à la coque, des légumes en purée, et de plus

Fig. 103.

solides, de plus résistants, pour les personnes passant tout ou partie de la journée en plein air : pour ceux-là, on ajoute soit un bifteck, soit des côtelettes, ou tout autre plat de viande rôtie. Salade, fromage, dessert et café noir achèvent ce solide repas.

À Paris, où le temps est précieux, on n'invite plus à de grands déjeuners : il ne s'y fait plus que des déjeuners intimes, entre amis, lorsque l'on doit faire une excursion ou des emplettes ensemble, ou s'il survient un membre de la famille. Dans ce cas la maîtresse de maison supplée au déjeuner en augmentant le nombre des hors-d'œuvre suivant la saison et en commandant un ou deux plats en plus, jambon, omelette au rhum ou aux rognons,

(1) A l'occasion des déjeuners sur l'herbe, à la campagne, nous devons prévenir nos lectrices qu'elles doivent bien se garder de faire voyager des alcools, des liqueurs, chartreuse et autres, à moins de les déclarer à l'octroi, si elles ne veulent pas encourir un procès, ce qui est toujours fort désagréable. Le mieux est donc de n'en pas emporter et d'acheter ce dont on a besoin dans l'endroit même. On peut cependant transporter du liquide si l'on a eu la précaution d'entamer la bouteille. Alors on n'est plus en contravention.

œufs brouillés aux pointes d'asperges, etc. En province et à la campagne, dans les grandes maisons où l'on jouit de la libre disposition de son temps, il est encore réservé de beaux jours aux grands déjeuners. Les parties de chasse, le séjour des amis, les visites des voisins, la distance à parcourir pour rentrer chez soi, sont autant d'occasions de réunion motivant les grands déjeuners.

Sauf le potage supprimé, et remplacé par des œufs, les hors-d'œuvre se trouvent au grand complet sur la table : petits radis, beurre frais, sardines farcies, filets d'anchois, mortadelle, olives, saucisson, etc.

L'ordonnance d'un grand déjeuner est la même que celle d'un grand dîner.

Les huîtres remplacent avantageusement les hors-d'œuvre et les œufs.

MISE DU COUVERT POUR LE DÉJEUNER.

Si, entre soi, et par mesure d'économie, on se sert ordinairement d'une toile cirée pour le déjeuner, on doit bien se garder de l'employer lorsqu'on a du monde. La nappe ouvrée et damassée en gros linge écru, dit de Béarn, la remplace. Pour le déjeuner, il est admis la plus grande fantaisie dans l'enjolivement du linge qui peut être brodé de différentes couleurs et les serviettes pliées d'une foule de manières (fig. 96 à 104), pour donner à la table l'aspect le plus agréable et le plus coquet. N'oublions pas les fleurs, dont la note harmonieuse et les douces senteurs, en se mêlant au goût savoureux des mets, à l'arome des vins, contribuent par leur présence à l'entrain et à la bonne humeur.

Pour le reste, la mise du couvert se fait comme nous allons l'indiquer ci-après pour le service du dîner.

DÎNER.

Suivant les règles de l'hygiène, le dîner ordinaire des bons provinciaux se fait vers cinq ou six heures, pour les personnes se couchant entre neuf et dix heures du soir, afin de permettre à l'estomac d'avoir le temps d'accomplir ses fonctions digestives. Il est cependant certaines personnes qui, vu leurs occupations, ne pouvant s'astreindre à cette heure, se voient forcées, malgré elles, de retarder ce repas jusqu'à sept ou huit heures du soir. A Paris, il est aujourd'hui de bon ton de dîner à sept ou huit heures. Il est alors du devoir de la maîtresse de maison, lorsqu'elle a des enfants, de ne point fatiguer inutilement leur jeune estomac et de les faire manger à cinq heures, afin de donner à la digestion tout le temps qui lui est nécessaire pour leur éviter un sommeil agité et les cauchemars que fait naître un estomac surchargé. C'est également en vertu de ce même principe, qu'il est bon, si l'on a du monde à dîner, de ne jamais admettre les enfants à la table : on doit les faire manger d'avance ; par ce moyen on y gagne en bien-être et en tranquillité, à la grande satisfaction des invités.

Pour la famille, la dame de la maison règle elle-même le menu du dîner sur l'appétit de son monde et sur les restes de la desserte du dîner de la veille : elle sait fort bien qu'il est préférable d'avoir moins de plats et qu'il vaut mieux qu'ils soient d'excellente qualité et parfaitement préparés.

Grands dîners. — C'est la veille d'un grand dîner que le rôle de maîtresse de maison se fait le plus lourdement sentir, car il faut veiller à tout, prévoir jusqu'aux moindres détails, pour que le jour arrivé, on n'ait plus d'autre préoccupation que celle de bien recevoir ses convives. On fera donc pour cela sortir des armoires et buffets tout ce qui sera nécessaire au service : les assiettes seront essuyées, les verres, carafes, etc., nettoyés ainsi que les couteaux et toute l'argenterie. Les bougies, placées dans les lustres, les lampes préparées et tout ce qui peut entraver le service sans être utile retiré de l'appartement et placé en lieu sûr.

Afin de n'être point pris au dépourvu on commence aussi à mettre la table pour que le lendemain les domestiques soient complètement libres. Après avoir calculé le nombre des rallonges à ajouter à la table, suivant celui des convives, accordant à chacun de 40 à 50 centimètres, on procède à la mise en place. On recouvre le tout d'une couverture de laine ou de molleton, bien tendue et sans plis, pour adoucir la *quarre* de la table et amortir la chute des verres ou autres cristaux, puis on place une nappe ne devant dépasser la table que d'environ 35 à 40 centimètres sans jamais traîner à terre. Les assiettes se disposent autour de la table en laissant entre chacune d'elles le même intervalle, calculé suivant le nombre des convives et sa grandeur. La fourchette se met à gauche, la cuiller et le couteau à droite de l'assiette, en faisant reposer l'extrémité de ce dernier sur un porte-couteau en cristal ou en argent. Sur l'assiette se pose la serviette simplement pliée et renfermant le pain.

Trois ou quatre verres d'inégales grandeurs sont rangés symétriquement devant l'assiette : le plus grand sert pour le vin ordinaire, l'autre pour les vins fins, le plus petit pour le madère ou les vins de dessert. Les verres ou coupes à champagne, pour ne pas encombrer inutilement, ne se placent qu'au moment où l'on sert ce vin.

Entre chaque convive seront placées alternativement sur des plateaux en cristal ou en argent une carafe d'eau et une bouteille de vin, et de deux en deux convives une petite salière jumelle avec sel et poivre, sans oublier ses cuillers (fig. 104).

Pour le service à la russe, le seul en usage de nos jours, aucun plat, aucun hors-d'œuvre ne doit figurer sur la table, celle-ci n'étant garnie que des desserts. Le centre est occupé par une magnifique corbeille de fleurs, pas trop haute, pour permettre d'apercevoir facilement son vis-à-vis. Les extrémités seront garnies également de fleurs ou de fruits (fig. 105). En O et O se trouvent les moutardiers. Aux deux bouts de la table AA, à droite et à gauche, se placent quatre assiettes de fruits, puis viennent les assiettes BBBB, contenant des bonbons et sucreries ; ensuite les compotiers se placent en CCCC ; les petits-fours, en DDDD ; de chaque côté de la corbeille en EE des fruits glacés (1).

Fig. 104.

Soupers. — Les soupers ne se donnent qu'au milieu de la nuit, dans les grandes réunions et les bals.

Leur menu, des plus recherchés, consiste en *potages, relevés de poissons,* saumon, turbot, etc.

(1) Pour éviter la confusion, nous avons omis volontairement de représenter, sur le devant de la table, les carafes et les bouteilles ainsi que les cuillers, fourchettes et couteaux, réservant ainsi à la disposition des plats toute leur valeur ; disposition que l'on retrouve détaillée dans la figure 104.

En *grosses pièces*, telles que jambon à la glace, dinde en galantine, faisans ou perdreaux à la Périgueux, etc., pâtés de perdreaux aux truffes et autres pièces de pâtisserie en croûte.

En *entrées froides* : plat de bœuf à la gelée, salade de laitue au beurre d'écrevisse, etc. ; en *entremets sucrés* : gelée d'ananas avec fruits, suédoise de pomme, gelée de framboise, etc.

En *pâtisseries* : génoises, gâteaux aux amandes pralinés, gâteaux glacés aux pistaches, etc. Rien enfin ne doit être épargné pour le souper ; tout ce que l'on peut trouver de plus exquis y est servi, accompagné des vins les plus généreux et des meilleurs crus.

Service de la table. — Dans ce que l'on appelle le service à la russe, car le service à la française paraît maintenant abandonné, aucun des plats composant les deux services ne paraissent sur la table : la place, comme nous venons de le dire, étant occupée par les desserts et l'ornementation.

Dans les maisons très élégantes, chaque pièce est découpée par le chef et présentée dans son entier.

Dans les maisons où les mets ne sont pas découpés à l'avance, après les avoir présentés sur la table, on les retire pour les découper sur le dressoir de la salle à manger.

Si le service est en vaisselle plate, on pose ce plat sur un réchaud, et, enlevant la viande qui s'y trouve, on la dépose sur une planche à découper, garnie sur son pourtour d'une rainure, destinée à recevoir le jus des viandes, que l'on reverse ensuite dans le plat, car on ne doit jamais, sous n'importe quel prétexte, découper dans un plat d'argent, pour ne pas détériorer la vaisselle plate.

Tous les mets sont servis à la suite les uns des autres, ce qui permet de les manger chauds ; c'est du reste le grand avantage de ce genre de service.

Le vin ordinaire est mis dans des carafes et les vins fins sont passés dans des aiguières agrémentées d'ornements en argent.

Il est fait exception pour les vins par trop vieux, que l'on passe dans leur bouteille, ayant le plus grand soin de ne pas les remuer, pour éviter de mettre en mouvement le dépôt qui se trouve au fond.

Le vin du Rhin se sert dans des verres de couleur indépendants du service de verrerie.

Si l'on a pour invités de grands amateurs de vins, on place à côté d'eux, dès le commencement du dîner, un bol en cristal, rempli d'eau chaude, dans lequel est déposé le verre à vin de Bordeaux, pour qu'il soit chaud, ce qui n'empêche pas d'avoir monté le matin les bouteilles de la cave et de les avoir placées près d'une cheminée pour le dégourdir.

Les domestiques servent en gants de fil blanc.

Ils doivent changer de fourchettes et de couteaux à chaque plat.

Si l'on mange des écrevisses ou des crevettes, il est d'usage soit de donner à chaque personne un bol d'eau tiède parfumée, soit tout au moins de faire le tour de la table avec un bol rempli d'eau tiède, dans lequel les convives se lavent l'extrémité des doigts.

Après les entremets, le premier maître d'hôtel enlève les assiettes, tandis que le deuxième maître d'hôtel, muni d'une pelle et d'un plateau d'argent, retire les restes de pain et nettoie la table. Un autre domestique débarrasse les couteaux, fourchettes et salières. La table ainsi nettoyée, le premier maître d'hôtel passe devant chaque convive une assiette à dessert contenant une petite serviette à thé et un bol dit rince-bouche (sans verre dans certaines maisons), une cuiller et une fourchette à dessert, ainsi qu'un couteau à lame d'argent et un en acier de petite taille, et l'on

Fig. 105. — Service à la russe.

commence à passer les desserts. Le dîner terminé, la maîtresse de maison se lève et tout le monde se rend au salon pour prendre le café.

Menus. — Le soin de dresser le menu des repas, grands et petits, appartient à la maîtresse de maison et ce n'est pas la moindre besogne que la préoccupation sans cesse répétée de les varier. Quelques jours avant un grand dîner, d'après les ordres de Madame, et sur ses indications, le chef dresse son projet de menu et le lui soumet ensuite pour en arrêter avec elle toutes les dispositions. Dans les maisons où il n'y a qu'une cuisinière, c'est la dame qui dresse elle-même le menu et le communique quelques jours à l'avance à sa cuisinière pour que celle-ci puisse s'approvisionner du nécessaire et faire ses préparatifs.

Dresser un menu n'est pas chose aussi facile que l'on pourrait se l'imaginer; car il ne suffit pas d'aligner au hasard les noms pompeux d'une foule de plats, il faut encore savoir s'il sera possible de se procurer les pièces nécessaires à leur confection. Il faut s'enquérir, si l'on est forcé de les faire venir du dehors, si elles arriveront assez à temps; enfin, il se présente souvent une foule de contretemps qui font changer plus d'une fois le menu arrêté par suite de l'impossibilité de se procurer telle ou telle pièce.

On peut cependant éviter une partie de ces désagréments en se renfermant strictement pour la composition du menu dans les produits de la saison, car chaque époque fournit son appoint à un moment donné, et vouloir intervertir l'ordre de production des saisons serait s'exposer à de grands déboires.

Le menu arrêté, le chef ou la cuisinière se met à l'œuvre, achète et prépare les viandes, fait les marinades; plume, vide et nettoie les volailles, pique les pièces, fait les sauces, en un mot prépare tout.

Le menu se compose de plusieurs services ; chaque service comprend un certain nombre de plats.

Dans les services à la russe le dîner se compose de deux services.

On sert d'abord le potage.

Puis le *premier service*, composé de un ou deux relevés de potage, c'est-à-dire soit d'un filet de bœuf, soit de veau piqué, de galantine de caneton, quartier de chevreuil, aloyau, dindonneau, etc., le tout entouré de garnitures, ce qui les distingue des rôtis. Viennent ensuite deux, quatre ou six entrées suivant le nombre des convives : deux entrées pour six ou huit couverts; quatre, pour dix ou douze couverts. Les entrées se composent de gibier, volailles, poissons, presque tous avec sauce, ragoûts ou purées. Parmi les poissons, citons la truite, l'alose, le bar, l'esturgeon, etc.

Le *deuxième service* se compose des rôtis dont il est inutile de parler et des entremets chauds ou froids, tels que légumes, crèmes, gelées, et autres plats sucrés, puis les salades.

Vins. — Après le potage se sert le vin de Madère.

Les vins rouges de Bordeaux, de Bourgogne, de Beaujolais et des côtes du Rhône viennent ensuite avec les entrées.

Avec les poissons se servent les vins blancs de Bordeaux et de Bourgogne.

Le champagne frappé vient avec les rôtis. Les vins de liqueur ne paraissent qu'au dessert.

Il doit y avoir un verre spécial pour chaque espèce de vin.

Dans un dîner où les invités sont nombreux, il est d'usage de marquer la place de chaque convive par une carte, souvent même dans un dîner élégant on donne à chaque personne un *menu* c'est-à-dire le nom des mets, vins, etc., qui seront servis. On peut acheter chez les papetiers une foule de charmantes fantaisies destinées à cet usage ; mais nous conseillons aux dames qui s'occupent de dessin, de fusain, d'aquarelle ou d'enluminure, etc., d'orner elles-mêmes leur carte. Notre figure 106 par exemple mise en couleur donnera un menu à la fois coquet et facile à exécuter (1).

Fig. 106.

Repas des domestiques. — Dans les maisons où il y a plusieurs domestiques, on a un office exprès pour les faire manger. C'est là qu'ils viennent se reposer ou se chauffer l'hiver entre leurs repas, car ils ne doivent jamais séjourner à la cuisine. Il est important que le chef y soit toujours seul pour ne pas être distrait, importuné ou gêné dans ses mouvements par la présence des autres serviteurs.

Les domestiques doivent avoir deux repas par jour, sans compter celui du

---

1. Cette figure est extraite des Modèles de décoration moderne : L'enluminure appliquée aux objets usuels. H. Laurens, éditeur à Paris. Prix : 3 fr. Les dames trouveront dans cet album, qui comprend de nombreux modèles en couleurs, une foule d'idées pour exercer leurs talents artistiques à l'ornement de leur intérieur.

matin, pour lequel certaines maisons leur accordent de la viande froide; aux deux autres repas, on leur sert également de la viande. Pour ce qui est de la boisson, le mieux est, comme nous l'avons déjà dit, de ne pas la leur fournir, mais de leur donner une certaine somme pour cela. Dix francs par mois pour les femmes, douze francs pour les hommes.

Lorsque l'on a un grand dîner, suivant l'heure et le temps qu'il doit se prolonger, il est urgent, pour ne pas faire souffrir ses domestiques de la faim, et ne pas voir rôder dans la cuisine les autres parties du personnel, de leur servir leur repas avant celui des invités; comme cela tout le monde retourne à son travail et personne n'est mécontent. En agissant ainsi, on n'aperçoit pas, peints sur la figure des serviteurs et dans leurs allures, cet ennui, cette lassitude provoqués par la faim et l'attente d'un repas trop longtemps désiré. Ayant mangé avant tout le monde, ils sont vifs et alertes, tout à leur affaire.

Le service et l'ordre de la maison y trouvent une large compensation, car il n'y a pas que les invités à servir. A l'office, il y a aussi les domestiques et quelquefois les femmes de chambre des invités, qui, après leur repas, ont les uns à s'occuper des préparatifs du départ; les autres, à soigner et panser leurs chevaux.

Dans les maisons bourgeoises la cuisinière ou la bonne profite du moment où l'on est au salon, à prendre le café, pour manger à la hâte.

Bals et soirées. — Pour les grands bals il est d'usage de servir après chaque danse des sirops, des gâteaux ou du punch. Lorsqu'ils se prolongent assez avant dans la nuit et qu'il n'y a pas de souper, on offre alors aux invités des bouillons gras dits *consommés*, des potages maigres, du chocolat, qui se prennent dans la salle à manger. On peut y ajouter des vins fins, voire même du champagne.

Pour les sirops, un domestique passe d'abord avec un plateau garni de verres contenant les sirops froids et chauds, puis un autre vient ensuite présenter des gâteaux et petits fours, un troisième reçoit les verres vides sur un plateau.

L'usage des buffets permanents tend à se généraliser un peu partout : cela simplifie de beaucoup le service. Une femme ne doit pas s'y présenter sans être accompagnée par un cavalier ou en compagnie de plusieurs autres femmes.

On prépare les sirops d'orgeat, de grenadine, de groseille, etc., en mêlant un demi-litre de sirop avec un litre et demi ou deux litres d'eau.

Dans le courant de la soirée on fait circuler des glaces : (il faut compter deux demi-glaces par personne) et en même temps des gaufres. Environ trois quarts d'heure après les glaces vient le punch chaud ou le punch glacé.

Punch. — Les punchs se préparent de la manière suivante. Pour le punch à l'eau-de-vie, au rhum ou au kirsch, faire un litre de thé assez fort, y ajouter 350 grammes de sucre. Ce dernier, une fois dissous, prendre suivant le nombre de personnes, soit un demi-litre de thé, soit un litre, que l'on mêle à un demi-litre ou à un litre d'eau-de-vie, de rhum ou de kirsch, après y avoir mis préalablement deux ou trois gouttes d'essence de citron. Ce punch se conserve fort bien en bouteille. Dans les soupers, après les bals, s'il y a des princes ce sont eux qui choisissent les personnes devant se mettre à leur table.

Réunions intimes. — Dans ces sortes de soirées on se contente d'offrir du thé, du chocolat, des sirops, des gâteaux de toutes sortes, sucrés et non sucrés. Il est des maisons où l'on y ajoute des tartines de pain de seigle avec beurre frais. Ces tartines alors ne sont faites qu'au moment même, par la maîtresse de maison, en présence des invités.

CHAPITRE XVII

USAGES ET COUTUMES. — INVITATIONS A DINER. — SAVOIR-VIVRE. CAFÉ AU SALON. — INVITATIONS DIVERSES. — RECOMMANDATIONS AUX DOMESTIQUES.

Invitations à dîner. — La politesse exige que les invitations à dîner soient faites au moins huit jours à l'avance et par écrit : de cette manière la personne qui la reçoit se trouve plus libre d'accepter ou de refuser. L'invitation écrite a encore l'avantage de laisser entre les mains de la personne invitée une date précise, que sa mémoire pourrait oublier, ou qu'elle serait exposée à confondre avec une autre.

La personne recevant une invitation doit s'empresser de répondre soit par son acceptation, soit par son refus. Le moindre retard dans cette réponse devient un manque de savoir-vivre ; si elle se prolonge un ou plusieurs jours une grave inconvenance. Voici le libellé d'une carte ou d'une lettre d'invitation à dîner.

Monsieur et Madame .... prient Monsieur (ou Monsieur et Madame) ...... de leur faire l'honneur de venir dîner chez eux le .... à ...... heures.

Réponse (S. V. P.).

Il est essentiel, nous le répétons, pour une maîtresse de maison, d'être fixée au plus vite sur le nombre de convives qu'elle doit avoir, afin de pouvoir, dans les délais voulus, inviter d'autres personnes pour remplacer celles qui refusent.

On répondra donc à une telle invitation par une lettre adressée au mari, lorsque l'invitation est faite par Monsieur et Madame :

Monsieur,

J'accepte avec une grande satisfaction l'aimable invitation que, etc...

Si l'on refuse, il est inutile de chercher un prétexte pour s'excuser, ce qui laisserait croire que l'on prive les invitants de sa présence ; le mieux est simplement de remercier en ces termes :

Monsieur, c'est avec le plus vif regret que je me vois privé du plaisir d'accepter votre aimable invitation, etc.

A une invitation émanant directement d'une dame, on adresse sa réponse à la maîtresse de maison.

Il ne convient d'inviter à dîner que des personnes avec lesquelles on se trouve en rapport, car, en invitant un étranger, on pourrait quelquefois s'exposer à un refus formel. Un homme dans une modeste position de fortune, ou dans une condition sociale inférieure, ne doit jamais inviter une personne plus haut placée que lui, eût-il été invité le premier : dans ce cas il n'est nullement tenu à la réciproque.

Une femme ne peut se présenter à table sans avoir changé de robe et mis une toilette destinée spécialement à cet usage. Dans les grands dîners la robe demi-décolletée et à traîne est de circonstance.

Les hommes, dans un dîner intime, pour être mis à la

dernière mode, portent la cravate noire et le *smoking-jacket* ou jaquette de fumeur. Pour le soir, ils se chaussent de petits souliers sans talons et de chaussettes de couleur.

Dans les dîners de cérémonie, ils portent l'habit et la cravate blanche.

Si l'*exactitude est la politesse des rois*, il en est de même pour les invités.

Il est aussi impoli d'arriver trop tôt que d'être en retard. C'est à l'heure juste qu'il faut se présenter, plutôt quelques minutes après qu'avant. Arriver trop tard est toujours une impolitesse, qui n'est excusable que pour un médecin, un notaire ou un prêtre, que l'on n'attend jamais passé le quart d'heure de grâce vu leur ministère. Ce moment passé, le maître de maison ne doit plus s'occuper des retardataires, à moins que ce ne soit une dame ou un personnage important.

L'invité, une fois annoncé, pénètre dans le salon ; sans se préoccuper des personnes s'y trouvant déjà réunies, il va droit à la maîtresse de maison qu'il salue respectueusement puis se dirige vers le mari et lui présente ses amitiés pour adresser ensuite un salut général aux assistants.

Il est du devoir d'une maîtresse de maison, avant de se mettre à table, de faire les présentations d'usage entre les invités qui ne se connaissent pas. En cas d'oubli, avant d'adresser la parole à une dame, un ami se charge de la présentation.

En attendant au salon le moment du dîner, tout le monde reste ganté, le maître d'hôtel, ouvrant à deux battants les portes du salon ou de la salle à manger prononce la phrase traditionnelle : *Madame est servie!* quand bien même elle serait absente du salon. Il n'a garde d'oublier son titre, si elle en a un. Aussitôt il va également prévenir les invités restés dans leurs chambres que *Madame est servie*.

Dans les maisons où l'on se sert d'une cloche pour indiquer l'heure des repas, le premier coup de cloche se donne une demi-heure avant le repas, le deuxième au moment où le dîner est prêt.

Chaque invité place son chapeau sur ou sous un meuble et se dispose à offrir le bras à la dame que le maître de maison lui a préalablement indiquée.

Reçoit-on des princes ou des altesses, on remplace la phrase Madame est servie, par *Monseigneur est servi!* ou *Son Altesse est servie!* L'usage veut, si l'on reçoit un évêque à dîner, que la maîtresse accepte son bras, s'il le lui offre, ce qu'en homme du monde il ne manquait jamais de faire autrefois. Dans le cas contraire, la maîtresse de maison ne donne le bras à personne et marche à côté de l'évêque qui passe avant tout le monde. Se trouve-t-on en présence de deux évêques, la place d'honneur est toujours réservée à celui du diocèse qui, par courtoisie, la cède généralement à l'étranger. Il en est de même si l'on a deux curés à dîner ; celui de la paroisse passe le premier.

Un militaire ne peut se désarmer que sur l'invitation qui lui en est faite.

Pour passer à la salle à manger la maîtresse de maison donne le bras à l'homme le plus considérable : elle passe en dernier, après les autres invités, aussi bien en allant qu'en revenant. Le maître de maison donne lui aussi le bras à la femme la plus considérable et passe toujours le premier à l'aller comme au retour. Arrivé devant sa place on attend pour s'asseoir que la maîtresse de maison se soit mise à table. On se dégante alors, après avoir installé la femme à laquelle on a offert le bras. Les gants se glissent dans la poche et non pas dans un verre, ce qui est inconvenant. Pour quitter la table c'est encore la maîtresse de maison qui se lève la première et donne le signal, après avoir fait un signe de politesse à la dame se tenant à la droite de son mari et s'être assurée que tous les invités sont prêts. On retourne au salon avec le même cérémonial, en ayant soin de laisser passer devant soi les personnages les plus marquants et de prendre seulement le rang que l'on doit occuper ; en se quittant le bras on s'incline respectueusement comme on a dû le faire en arrivant dans la salle à manger.

Café au salon. — Une fois au salon, le maître d'hôtel apporte le café sur un plateau, et c'est généralement la demoiselle ou le maître et la maîtresse de maison qui l'offrent aux invités en leur présentant une tasse vide dans laquelle on met d'abord le sucre, puis on verse le café.

Les liqueurs se servent après le café, auquel il est d'usage de ne pas mêler l'eau-de-vie.

La maîtresse de maison doit apporter un tact tout particulier dans la composition et le placement de ses convives : n'assembler entre elles que des personnes se convenant, évitant à tout prix le rapprochement de gens n'éprouvant aucune sympathie l'un pour l'autre.

La politesse veut que dans un repas on se contente d'offrir sans trop insister pour ne pas forcer un convive à prendre plus qu'il ne désire.

Tremper son pain dans la sauce, couper les morceaux à l'avance dans son assiette, y pétrir les viandes ou légumes, porter son couteau à la bouche, couper son pain au lieu de le casser, conserver le couteau ayant servi au poisson, de même que manger bruyamment, sont autant de fautes indiquant un manque de savoir-vivre.

La plus grande réserve dans la conversation est de rigueur ; les interpellations d'un bout à l'autre de la table sont déplacées. La critique sur les gens de la maison ou sur le repas sont un manque de savoir-vivre : les grands gestes sont toujours funestes et occasionnent des maladresses ; élever son verre sous prétexte d'aider le serveur, ou pour l'empêcher de verser, parce que l'on en a suffisamment, c'est s'exposer à faire exécuter une fausse manœuvre à celui qui sert, et à répandre le vin sur ses voisins et voisines : les noms des vins étant toujours annoncés, on a le temps de dire *oui* ou *non*, sans recourir à de brusques mouvements, ce qui empêche le serveur de tourner vivement la bouteille pour éviter que les gouttes de vin ne tombent du goulot. Il ne faut jamais causer ou rire avec les domestiques, ni leur dire merci chaque fois qu'ils vous passent un plat ou vous servent à boire.

Le repas terminé, la serviette se pose sur la table sans la plier ; il ne faut pas la froisser ou la chiffonner outre mesure, ce qui est une inconvenance.

Bals et soirées (invitations). — Les invitations à une soirée ou à un bal se font par une carte ainsi conçue :

Monsieur et Madame .... seront chez eux ou *(recevront)* le ..... soir ou le ..... et les ..... suivants.

On dansera.

Ou bien encore cette autre formule :

Monsieur et Madame .... prient *Monsieur* ...... de leur faire l'honneur de venir passer la soirée ou de venir prendre le thé chez eux le ......

Comme pour un dîner on doit répondre tout de suite à ces invitations afin de fixer le maître et la maîtresse de maison relativement au nombre des invités sur lesquels ils peuvent compter.

Le jour dit, et à l'heure indiquée, les invités, en arrivant, sont débarrassés de leurs vêtements et annoncés en entrant au salon : si c'est un homme il s'empresse d'aller saluer la maîtresse de maison ; si c'est une femme, le mari va au-devant d'elle jusqu'à la porte du salon pour lui offrir le bras, la présente à la maîtresse de maison et ne la quitte que lorsqu'elle a trouvé une place à sa convenance.

Dans un bal, une princesse de sang choisit elle-même son danseur. Dans un cotillon personne ne doit quitter avant qu'elle-même se retire.

Invite-t-on une dame à danser, on le fait en ces termes : *Madame voudrait-elle me faire l'honneur de danser avec moi la première valse* (ou *polka*), etc. Si elle ne peut le faire, on lui demande de vouloir bien indiquer elle-même le moment où elle sera libre ; si elle accorde, n'y pas manquer et aller lui offrir le bras au moment indiqué. La danse terminée on la reconduit de même à sa place.

Un jeune homme désirant danser avec une jeune fille qu'il ne connaît pas se fait d'abord présenter à la mère, ensuite à la jeune fille.

Les hommes dansent le chapeau à la main.

Une jeune fille ne peut danser plusieurs fois de suite la même danse avec la même personne.

Le bal terminé, danseurs et danseuses, se donnant le bras, viennent en cortège saluer et remercier la maîtresse de la maison.

Recommandations aux domestiques. — La première chose qui s'impose à une maîtresse de maison, c'est d'exiger une tenue irréprochable des domestiques servant à table ;

elle doit leur recommander, pour entrer dans le salon ou la salle à manger, d'être toujours en livrée et de porter tout le temps du service leurs gants de fil blanc.

Le maître d'hôtel s'occupe constamment à remettre de l'ordre dans le service de la table s'il se trouve dérangé.

Leur chaussure sera légère pour ne faire aucun bruit : ils ne doivent parler qu'à voix basse; sans jamais prendre part à la conversation des convives.

Si on leur adresse la parole ils répondront par *oui* ou par *non*, Monsieur, ou Madame, suivant le cas, aux questions qui leur seront adressées. Ils n'ont aucun salut à faire aux invités à leur arrivée.

Si c'est une bonne qui sert à table on exige qu'elle le fasse en robe noire et en tablier blanc, mais jamais tête nue.

Tous les services étant parfaitement réglés, la maîtresse de maison ne doit plus être dérangée par les domestiques pour une chose ou pour une autre, tout ayant été prévu, car elle se doit entièrement à ses invités.

Elle aurait mauvaise grâce à parler bas à un serviteur ou à lui adresser des reproches s'il venait à manquer à quelques petits détails, ce serait faire voir son manque d'habitude.

Il est du reste facile à une maîtresse de maison de s'absenter un instant sans que l'on s'en aperçoive, si elle a de nouveaux ordres à donner.

Un domestique ne remettra jamais un objet ou une lettre de la main à la main, la politesse exige qu'il présente toujours tout sur un plateau.

DEUXIÈME PARTIE

COUTURE, HABILLEMENT

VÊTEMENTS — LINGERIE
ACCESSOIRES ET ORNEMENTS DE LA TOILETTE

CHAPITRE XVIII

COUP D'ŒIL RÉTROSPECTIF — HISTOIRE DU COSTUME

Connaître le présent a certainement son charme; mais soulever un coin du voile mystérieux derrière lequel se cache l'histoire du passé, excite toujours en nous un sentiment de curiosité auquel nous ne saurions résister. Aussi nos lectrices nous sauront-elles gré, nous en avons la conviction, avant de les entretenir de l'habillement, de la mode et de la coupe des vêtements de nos jours, de leur présenter, en quelques mots, les différentes transformations par lesquelles le costume dut passer avant d'arriver à nous dans l'état actuel où nous le connaissons.

Le costume, on le sait, a occupé de tout temps une large place dans l'existence des peuples.

Issu en quelque sorte des éléments

Fig. 107.

constitutifs donnant naissance aux saisons, il apporta, dès son apparition, un soulagement physique aux atteintes du froid, un bien-être relatif aux ardeurs trop intenses du soleil.

Nous laisserons de côté l'homme primitif, complètement nu ou couvert de peau d'animaux, errant de caverne en caverne, pour ne nous occuper que des manifestations de l'art du vêtement et de la parure chez les peuples déjà constitués en société ; là où il présente dans son ensemble une certaine tendance artistique propre à caractériser un style.

Fig. 108.

En envisageant les multiples phases par lesquelles la nature et les formes du vêtement sont passées, des Indiens aux Hébreux, des Grecs aux Gaulois, des Francs jusqu'à nos jours, on sera étrangement surpris d'apprendre que dans ces transformations successives à travers les âges, il n'a cessé d'être un sujet de rivalité et de luttes chez tous les peuples; qu'il a fait naître en eux des désirs, éveillé des ambitions, surexcité des passions en même temps qu'il fomentait des jalousies et des haines.

Chez les Indiens, nous trouvons le costume à son état pour ainsi dire embryonnaire, sous la forme du tatouage, développant sur toutes les parties du corps la symétrique élégance de ses arabesques, dont la forme et les dessins, aussi significatifs que leur couleur, varient de tribu à tribu, de famille à famille, en richesse et en élégance suivant le rang et la hiérarchie des chefs.

A ces tatouages exécutés directement sur la peau, rappelant par leurs dispositions les couleurs de nos étoffes modernes, venaient se joindre, comme complément du costume, les peaux d'animaux, les plumes d'oiseaux, les colliers en coquillages, les anneaux, etc.; constituant le premier type original du véritable costume naturel et primitif (fig. 107).

L'art de filer et de tisser la laine des troupeaux, en dotant l'humanité de la précieuse découverte des tissus, transforma de fond en comble la manière d'être du vêtement primitif, et fit abandonner les peaux des animaux pour les étoffes.

C'en était fait! Dans cette innovation prit naissance le vêtement, auquel la teinture, par l'alliance et le mariage de ses éclatantes couleurs, communiqua la richesse et l'éclat.

Fig. 109.

La forme des vêtements fut alors appropriée au rang des personnages auxquels on le destinait.

Chez les HÉBREUX, la laine, le lin et le coton, teints en rouge ou en violet, devinrent les principales étoffes qui servirent à confectionner les vêtements d'hommes et de femmes.

Ils reçurent, suivant la condition des personnages, une bordure ou broderie agrémentée d'or ou d'argent.

C'est pour la première fois, chez les Hébreux, que la femme revêt le *sadin* ou chemise, qu'elle recouvre d'une longue tunique à manche (*chetoneth*),

Fig. 110.

serrée à la taille par une ceinture. Un large manteau (*mit-*

pahath), maintenu par une agrafe, enveloppait la tunique et complétait, avec le turban, le voile et le bonnet, le vêtement féminin de cette époque (fig. 108).

Chez les GRECS, excepté la pourpre, dont le caractère sacré était réservé aux dieux, aux rois et aux magistrats, toutes les autres couleurs pouvaient s'employer dans la confection des vêtements.

Le costume de la femme se composait alors du *chiton* ou tunique courte remplaçant la chemise.

Fig. 111.

Une large tunique sans manches, en étoffe légère, prenant au cou, relevée au-dessous des seins, laissait retomber sur les hanches et le ventre une double épaisseur d'étoffe flottante formant blouse. Les deux bras complètement nus étaient recouverts, soit du *pallium*, soit du *chlamys* ou *chlaène*, espèce de manteau court et léger, retenu sur l'épaule par une riche agrafe (fig. 109).

Le *calyptra* ou voile, formait le complément de la coiffure des jeunes femmes, et leur servait, comme celui des femmes turques, à dérober leur visage aux regards des étrangers.

Si, à ces époques reculées, l'art de la confection des vêtements se trouve encore renfermé dans les étroites limites d'une mode peu variée, leur forme, leur ajustement, leur mode d'ornementation, n'en présentait pas moins une façon particulière caractérisant une époque ou style, variant de classe à classe, tant par la finesse des étoffes, par la richesse des broderies et des bordures qui les agrémentait, que par l'assemblage des différentes couleurs entre elles.

Qu'il y a loin de la *saie gauloise*, revêtue encore par les femmes du peuple au XIe siècle, aux formes multiples et variées du *dominical*, de la *banda* et des *résilles* que portaient les femmes de la haute société de cette époque.

Jusque-là l'unique forme du vêtement avait été pour ainsi dire national et typique, mais elle devait, aux xii° (fig. 110) et xiii° siècles, par l'affranchissement des bourgeois et *des classes dites maudites*, perdre ce caractère uniforme pour puiser, dans le principe même de la liberté, une diversité aussi marquée dans le costume que dans les mœurs; progrès séparant deux âges et marquant l'aurore d'un temps nouveau.

La couleur des étoffes devint alors emblématique et héraldique tout à la fois. La forme changeant dans tout son ensemble, les robes à corsage et à manches firent leur apparition, et l'orfèvrerie, avec ses colliers, agrafes, ceintures, pendants d'oreilles et autres bijoux, compléta le costume en lui apportant les trésors de son art, la richesse de sa matière et de ses pierreries.

Fig. 112.

Au xiv° siècle le luxe, marchant à pas de géant dans la voie de l'émancipation et du progrès, en arrive à un tel point, dans la toilette des femmes, que Philippe le Bel dut, par une loi somptuaire, intervenir pour arrêter ce débordement, en réglant pour chaque classe de la société, non seulement la forme et le nombre des vêtements, mais encore le prix des étoffes (fig. 111 et 112).

Les femmes de noble condition portaient à cette époque, sur leur *cotte*, une longue tunique à queue traînante, soutenue par un page : une ouverture pratiquée à la hauteur des hanches laissait entrevoir une ceinture enrichie de pierreries. Des manches ouvertes à mi-bras, descendant jusqu'à terre. se mêlaient aux plis ondoyants des jupes.

Le xv⁰ siècle révèle à l'observateur attentif une incohérence de goût trahissant le manque de stabilité dans les idées. Aussi voit-on le costume des femmes passer tour à tour et sans aucune transition d'un extrême à l'autre.

Leur vêtement se compose alors de la *surcotte* ou *robe de beau maintien*, longue et étoffée, accompagnée de larges manches à la *grand garré* retombant dans toute leur ampleur (fig. 113). Le corsage carré laisse apparaître une gorgerette de deux filets, avec ceinture d'orfèvrerie ou cordelière.

Les velours, les soies, les broderies, les colliers, en constituent les principaux éléments.

La *templette*, composée d'un tour de visage adopté sur la coiffe avec un rang de grosses perles, servait de coiffure, de même que le turban, ou la couronne, avec cercle d'orfèvrerie et voile de mousseline.

Les choses allèrent si loin dans ce déréglement insensé du luxe, dans lequel se confondaient et se perdaient toutes les marques extérieures de la hiérarchie sociale, que les états généraux de Tours, émus d'une telle situation, durent intervenir pour réglementer, par un arrêt en date du 17 décembre 1485, le costume que devaient à l'avenir revêtir non seulement les nobles et les bourgeois, mais encore assigner à chacun d'eux les étoffes qu'ils devaient porter, avec défense expresse aux bourgeois de mettre des habits de soie ou des étoffes tissées d'or ou d'argent.

Le xvi⁰ siècle semble avoir apporté avec lui une transformation complète dans le costume. Sous le règne de François I⁰ʳ, il se ressent de l'influence italienne et espagnole.

Le grand col en dentelle, maintenu par un fil d'archal, sert d'encadrement à la figure ; le corsage se décollète en rond ; les manches ballonnées, à la mode italienne, avec rebord de même étoffe que la robe deviennent en vogue (fig. 114).

A la surcotte viennent s'ajouter de nombreux bourrelets

Fig. 113.

autour de la taille, que la *vertugarde* fait épanouir en tambour, pour laisser voir la cotte.

Les bourgeoises portent des robes à jupes fermées et d'étoffes unies, avec corsage à taille allongée. Une large fraise ou l'éventail en dentelle leur sert de col. Les cheveux se relèvent en raquette pour former une espèce de gros rouleau autour de la tête (fig. 115)

Fig. 114.

Les règnes de Henri II, François II et Charles IX ne font qu'accentuer davantage la diversité du costume.

Sous le règne de Henri III, il affecte une certaine mutinerie tout à fait en rapport avec les mœurs efféminées de l'époque.

Avec Henri IV et l'austère sévérité des calvinistes,

avec la parcimonie de Sully, la mode rappelée à la raison, abandonne le luxe effréné qu'elle avait conquis, pour redevenir aussi simple dans ses formes que modeste dans le choix des étoffes et de leurs couleurs.

L'arrivée de Marie de Médicis en France devint, pour le costume, une occasion de reconquérir bien vite le faste et la splendeur qu'il avait momentanément abandonné, pour donner un libre cours à une mode de plus en plus extravagante. C'est alors que surgirent les *vertugale* ou *vertugarde* (*gardien de vertu*), appelés aussi vertugadins, qui donnaient une ampleur jusqu'ici inusité à la jupe, en augmentant démesurément les hanches, ce qui la transformait en une véritable cloche.

Fig. 115.

Les corsages se serrèrent alors à la taille, s'élargissant vers la poitrine, à l'aide de baleines, afin de donner aux épaules plus de largeur, pour remédier à l'ampleur du bas de la jupe. Les manches elles-mêmes furent garnies, près de l'épaule, de gros bourrelets diminuant de grosseur au fur et à mesure qu'ils arrivaient sur les poignets. La fraise de dentelle se développe également en éventail autour de la tête.

Les robes et les manteaux, en s'allongeant en longues traînes, semblent encore, par leur ampleur, diminuer la hauteur du personnage et lui donner un aspect plus ridicule que gracieux (fig. 116).

Au XVIIe siècle, le costume, sous Louis XIII, avait pris de telles allures dans toutes les classes de la société, que la bonne bourgeoisie rivalisait d'éclat avec la noblesse, non seulement pour le vêtement mais encore par le luxe princier de ses hôtels, de ses carrosses, ainsi que par son savoir-vivre, ce qui lui permettait de se confondre avec elle. Nobles et bourgeois portaient encore le masque à cette époque.

Fig. 116.

Un tel sans-façon ne pouvait durer longtemps; aussi des lois somptuaires, édictées de 1620 à 1623, vinrent-elles mettre un terme à ces abus.

La robe, de décolletée qu'elle était, devint montante.

La fraise avait fait son temps, et la collerette, au lieu de servir d'encadrement à la tête, vint se rabattre à plat sur les épaules (fig. 117).

Les robes perdent de leur ampleur extravagante : les vêtements se galonnent, la dentelle commence à faire une timide apparition, laissant entrevoir l'essor qu'elle va prendre sous le grand siècle de Louis XIV, pendant lequel l'art du vêtement et de la parure brillèrent de leur plus vif éclat.

Qui, mieux que madame de Montespan, pouvait en effet communiquer au costume ce cachet de grâce et d'élégance qu'elle seule possédait au plus haut point?

Mademoiselle de Fontanges n'était-elle pas sémillante de coquetterie et de beauté?

Aussi, portés par de telles mondaines, leurs vêtements firent-ils sensation : tout le monde s'en appropria les formes, leur donnant le nom de celles qui en avaient en quelque sorte créé la mode.

A la robe montante succède un bouillonné de gaze : robe et corsage à manches se recouvrent d'une double jupe dont l'effet gracieux justifie bien l'engouement.

La jupe longue continue toujours à se porter, mais elle s'enrichit de rubans et de dentelles. Le long du buste et autour de la taille, formant ceinture, court toute une rangée de pierres ou de perles.

Fig. 117.

Rubans, dentelles, fleurs artificielles, couvrent à l'envi les étoffes du costume des grandes dames, auxquels viennent s'ajouter des prétintailles et des falbalas (1).

Ne pouvant plus rien emprunter aux autres nations, la France, dès lors, mise au premier rang pour la

Fig. 118.

---

(1) Les *prétintailles* et *falbalas* étaient, à peu de chose près, les volants de nos jours.

richesse et le bon goût de ses costumes, donne dorénavant la mode à tous les autres pays.

Le XVIII° siècle enfante pour la mode de véritables prodiges d'excentricité. Il ne suffit plus de porter de resplendissantes étoffes, brochées d'or et de soie ; il faut encore en étaler et faire admirer les ramages ; alors apparaissent les légendaires jupes à paniers (fig. 118), dont le monumental échafaudage en osier, en baleine ou en fil de fer, reçut les noms de *bêtise*, de *culbute*, de *gourgandine*, de *boute-en-*

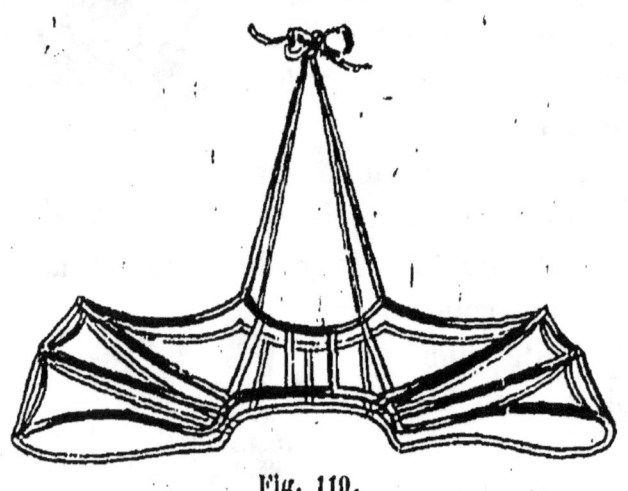

Fig. 110.

train (fig. 119). Plus tard, le *panier* complètement dégénéré, devait reparaître avec l'empire sous le nom de *crinoline*.

On comprendra facilement que, sur un tel édifice, déjà lourd et embarrassant par lui-même, on ne pouvait porter que des étoffes légères, que des gazes, des mousselines décorées de bouquets peints, de fleurs artificielles ou de ruches de même étoffe. Les larges raies ou bandes de couleurs devinrent également fort en vogue à cette époque.

La ceinture, elle aussi, disparut complètement pour permettre à l'étoffe de suivre sans aucune résistance les ondulations plus ou moins cadencées du panier.

HISTOIRE DU COSTUME.

Le siècle de Louis XV voit se continuer la tradition des royales bergères, que l'immortel Watteau a si souvent représentées la houlette à la main, portant ces robes à dos flottant, à manches à sabot et ruche marquise qui prirent le nom de leur gracieux peintre (fig. 120).

Si Marie Leczinska, plus préoccupée des chagrins intérieurs que lui causait son royal époux, ne donna aucune impulsion à la mode, en revanche, les nobles courtisanes, dont elle souffrait en secret l'empiétement, se chargèrent de ce soin. La marquise de Pompadour sut, en effet, pendant plus de dix-neuf années, mettre à contribution le cœur et la bourse de Louis XV, donnant, par ses fantaisies capricieuses, un stimulant tout particulier aussi bien aux affaires de l'État qu'à la toilette féminine, et aux mille raffineries du luxe, en créant le style auquel elle donna son nom (fig. 121).

Puis vint le tour de la Du Barry qui, elle aussi, conti-

Fig. 120.

nua par ses prodigalités ruineuses à fournir à la mode son plus resplendissant éclat.

Cette double orgie de mœurs et de toilette devait forcément influer sur le règne suivant qui trouva, dans Marie-Antoinette d'Autriche, une souveraine aimant passionnément la toilette, toute disposée à élargir encore le cadre déjà si vaste de la mode, dont elle-même se plut à créer de nouveaux types (fig. 122).

Venu d'en haut, l'exemple ne tarda pas à être suivi par toutes les dames de la cour pour se répandre, avec une rapidité vertigineuse, dans le terrain déjà si bien préparé de la bourgeoisie. C'est alors qu'apparurent les *robes ventre de puce*, *soupirs étouffés*, *larmes indiscrètes*, *boues de Paris*, *entrailles de procureur*, et autres excentricités rappelant soit une couleur, soit un sentiment ou bien même un accident ou un événement mémorable ; car tout était prétexte à une nouvelle mode, dont la durée, aussi éphémère que celle qui l'avait précédée, ne laissait pas de rendre soucieux plus d'un mari prudent.

Chaque saison eut ses toilettes, et le port des étoffes, des dentelles, des fourrures, se réglementa selon les circonstances. En hiver se portèrent les draps, les velours, les satins, les fourrures, etc., laissant pour l'été, les mousselines, les gazes, les taffetas et toutes les étoffes légères, abandonnant au printemps et à l'automne les velours ciselés, les soies épaisses, etc. L'usage voulut également, qu'à partir de quarante ans, la femme se coiffât d'une dentelle noire négligemment nouée sous le cou. Dieu sait combien, pour une foule de jolies femmes, cet âge de la sage raison fut long à venir.

La Révolution, en abolissant l'étiquette et en supprimant les abus des règnes précédents, fit rentrer le costume féminin dans les bornes d'une simplicité qui lui avait été jus-

Fig. 121. — La marquise de Pompadour, d'après Latour.

qu'alors inconnue. L'orgie du velours et de la soie des règnes précédents, proscrits de la toilette féminine, fut immédiatement remplacée par les étoffes de toile et de coton.

Les robes en toile peinte, en cotonnade, devinrent les seules qui se portèrent : la grande toilette consistait en une simple robe de percale blanche sans aucune broderie.

Sous le directoire (1795 à 1799) et le consulat (de 1799 à 1804), le costume féminin reprend peu à peu plus d'élégance et de richesse.

Fig. 122.

La mode est alors aux corsages courts et fort décolletés, dépourvus de manches, laissant le haut du bras couvert seulement par celles de la chemise. La jupe, ainsi rallongée, devient encore plus longue par l'addition d'une demi-queue ; les gants dépassent l'avant-bras ; une ceinture, de même qu'une écharpe légère, de couleur voyante, complètent cette toilette toute particulière dans l'histoire du costume (fig. 123). A côté de cette mode décente et toute bourgeoise, les femmes de la société élégante de Paris rêvèrent, en 1797, de ressusciter l'ancien costume des femmes grecques et adoptèrent la tunique et le manteau. Elles chaussèrent le cothurne, ornant les doigts nus de leurs pieds de bagues d'un grand prix.

Cette *grécomanie* leur valut, par plaisanterie, le nom de merveilleuses (fig. 124). Quelques-unes poussèrent si loin l'imitation qu'elles se seraient volontiers montrées presque nues pour se rendre véritablement classiques.

Les *merveilleuses* eurent comme pendant les *incroyables*. Nous ne savons si, comme eux, elles affectèrent de ne pas

Fig. 123.   Fig. 124.

prononcer les *r*, et s'appelèrent elles-mêmes des *méveilleuses* au lieu de merveilleuses?

Le XIXe siècle, avec Napoléon empereur, voit se continuer les modes décolletées du directoire; les tailles courtes, les

Fig. 125.

Fig. 126.

jupes longues et les bras nus. Le luxe déployé par l'impératrice Joséphine devient un aliment nouveau pour la mode (fig. 125).

Les collerettes à l'impératrice bordèrent et encadrèrent le décolleté des robes de cérémonies : décolleté qui, dans les classes bourgeoises, fut également à la mode.

Fig. 127.   Fig. 128.

La robe de percale blanche laissait alors entrevoir, sous la finesse de son tissu, toute la beauté plastique des formes (fig. 126). La Restauration continue la même mode, mais en allongeant davantage les corsages (fig. 127).

Sous les règnes qui suivent, le costume se métamorphose entièrement et la mode devient de jour en jour tellement changeante et connue qu'il nous semble inutile d'en suivre les évolutions. Nous nous contenterons seulement de reproduire dans les figures suivantes quelques-uns de ses différents types. (Fig. 128. Corsage décolleté, taille allongée, manche à gigot. — Fig. 130. Col Gabriel, manches bouillonnées. — Fig. 131. Robe à traîne avec volants froncés et ceinture à l'odalisque. — Fig. 129. Dolman à mouches garnies de fourrure en passementerie. — Fig. 132. Mode du second empire, sous Napoléon III, jupes relevées avec poufs.)

LA MODE

En jetant un rapide coup d'œil sur les quelques figures dont nous avons accompagné l'aperçu sommaire que nous venons d'esquisser nous ne pouvons nous empêcher, en présence d'une telle diversité et d'une si grande dissemblance dans les vêtements, de nous demander sur quel principe, sur quel ordre d'idées ont pu reposer ces nombreuses et fréquentes variations. Rien ne peut expliquer ces tranformations dans les modes qui, la plupart du temps, lorsqu'on les examine sans parti pris, n'apportent aucun bien-être, aucun avantage même physique à celles qui s'en parent, mais le plus souvent de la gêne et du ridicule. Gardons nous de hasarder un seul mot. C'est la mode!... et l'on veut suivre la mode! Voilà le grand mot qui résume tout, échappe à tout raisonnement. La mode!

mot vague et indéterminé ne présentant par lui-même aucune signification, disant tout et rien; s'appliquant à chaque chose, parure, costume, ameublement, équipages, etc., sans déterminer ou définir un état, une manière d'être reposant sur les règles de la plus élémentaire logique,

Fig. 129. Fig. 130.

tellement elle est absolue et capricieuse dans ses goûts.

Telle mode, sans savoir pourquoi, plaît aujourd'hui et semble le comble de l'élégance et de la distinction, qui, demain, sans autre raison que celle qui l'a fait naître, paraîtra ridicule et absurde, détrônée par une mode nouvelle qui, à son tour, aussitôt créée, subira le même sort.

Ainsi va la mode, entraînée dans sa course vertigineuse

par le même souffle qui, tout en l'enfantant, l'anéantit.

Le mot mode, qui veut dire *manière*, envisagé dans le domaine de la fantaisie du vêtement et ses accessoires, est

Fig. 131.

le suprême du beau ; nous pourrions plutôt dire du chic (puisque cette expression est maintenant admise dans la conversation), quand bien même la mode prendrait sa source dans un goût corrompu, dans une aberration complètement dépourvue de toute notion d'esthétique et d'art.

La mode n'a pour elle que son essence ; pour but, que de satisfaire la vanité, surexciter les passions, réjouir les oisifs. Elle brille plus souvent par l'excentricité et le ridicule, qui la fait naître et qui la tue, que par le cachet et la grâce qu'elle est impuissante à communiquer à celle qui se l'approprie.

La mode n'est donc que le caprice d'un moment ; caprice prenant souvent sa source dans un besoin de lucre, dans l'excentricité ou la bizarrerie d'une imagination en délire.

Elle naît de l'actualité pour céder la place à une autre actualité, ou d'un besoin de dissimuler un défaut de nature.

Malgré cela, elle est acceptée et accueillie les yeux fermés sans se rendre compte du motif qui l'a inspirée. Si elle ne sied pas à votre tournure, à votre visage, à votre couleur, tant pis ! c'est la mode ! Elle a tous les droits ; et, chose

Fig. 132.

curieuse, vous allant fort mal, elle vous plaît quand même.

La mode en est arrivée aujourd'hui à un tel point que, ne pouvant plus rien trouver dans l'arsenal des ridicules humains, elle se contente de rajeunir l'ancien pour offrir du nouveau.

Il n'y a donc plus de mode aujourd'hui.

Rappelez-vous bien cela, mesdames; profitez-en donc pour choisir comme étoffe, comme vêtement et comme coiffure ce qui va le mieux à votre personne, s'assortit le plus harmonieusement à votre teint : en agissant ainsi, vous serez bien mises et toujours à la mode.

Gardez-vous surtout des costumes excentriques; évitez les écarts de la mode, et rappelez-vous sans cesse qu'en fait de toilettes, le ridicule tue.

CHAPITRE XIX

DES VÊTEMENTS ET DE LA LINGERIE

Prise des mesures. — Notre intention, en abordant ce chapitre, n'est point de faire de vous, mesdames, de véritables couturières ; nous voulons seulement vous initier aux notions les plus élémentaires de ce métier dont la pratique n'est rien si elle n'est secondée par l'adresse et le goût.

Il est indispensable, et cela s'impose, pour une maîtresse de maison, de savoir diriger elle-même la marche des travaux de couture, indiquer à sa femme de chambre comment il faut s'y prendre pour apporter les modifications nécessaires à la transformation d'une toilette à remettre à la mode : pour commander tel petit costume pour la fillette ou le bébé, travail qui fait la joie d'une mère et dont la coquetterie exquise de ce vêtement n'a de prix, à ses yeux, que par l'art qu'elle a déployé à le créer elle-même et à le confectionner. On ne peut arriver à ce résultat, sans, pour établir le dessin d'un patron, se baser sur des mesures prises avec la plus scrupuleuse précision, car de ce premier point de départ dépend toute réussite.

Une étoffe peut être plus ou moins bien drapée, une passementerie, un galon, un volant, un biais, posés ou trop haut ou trop bas, plus à droite qu'à gauche, tout cela n'est

DES VÊTEMENTS ET DE LA LINGERIE.

rien, on y remédie facilement en relevant les uns, en baissant les autres, tandis qu'un patron établi sur de mauvaises mesures ne donnera jamais qu'un vêtement allant toujours fort mal, malgré tout ce qu'on pourra faire pour y remédier. La précision dans les mesures est donc la première règle à observer : aussi allons-nous donner la manière de les établir pour n'éprouver aucune déception dans la coupe.

C'est sur une femme bien faite, se tenant droite, ayant les épaules assez élevées et la poitrine un peu saillante que nous allons indiquer la manière de relever ces mesures (fig. 133).

On commence d'abord par prendre la *hauteur du devant* AB (fig. 134), sans s'inquiéter si le corsage sera ouvert ou fermé, décolleté ou non.

Puis, on mesure *le contour du dos et de la poitrine*, sous les bras, en passant sur la partie la plus saillante de la poitrine CD (fig. 134) et EF (fig. 135), marquant la seconde moitié.

Fig. 133.

La *longueur du dos* GH (fig. 135).

La *largeur du dos* IJ, partant de l'entournure droite pour s'arrêter à l'entournure gauche dont on prend également la moitié.

La *hauteur du dessous* de bras YZ (fig. 134).

La *largeur du devant* 3 à 4 (fig. 134) dont on prend la moitié.

La *longueur partant du dos* (milieu du col) pour arriver

à la ceinture du devant F2 (fig. 134) et la *longueur du milieu du col* (dos) jusqu'à la naissance de la pince, OZ (fig. 134).

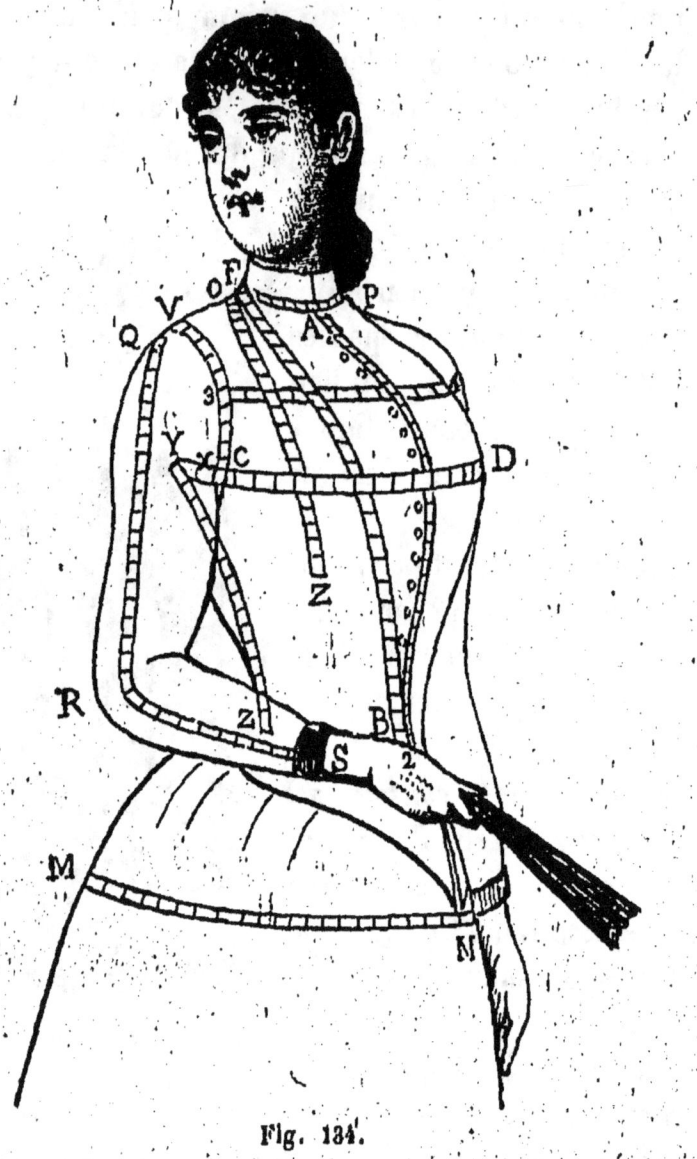

Fig. 134.

Le *tour de la taille* KL (fig. 135) dont on ne prend que la moitié.

Le *contour des hanches* MN à environ 0^m,20 au-dessous de la taille et dont on ne prend que la moitié.

La *longueur de l'épaulette* TU (fig. 135).

L'*encolure OP* (fig. 134).

Manches. — On prend les *deux longueurs de la manche*, de l'emmanchure au coude et du coude au poignet de Q à

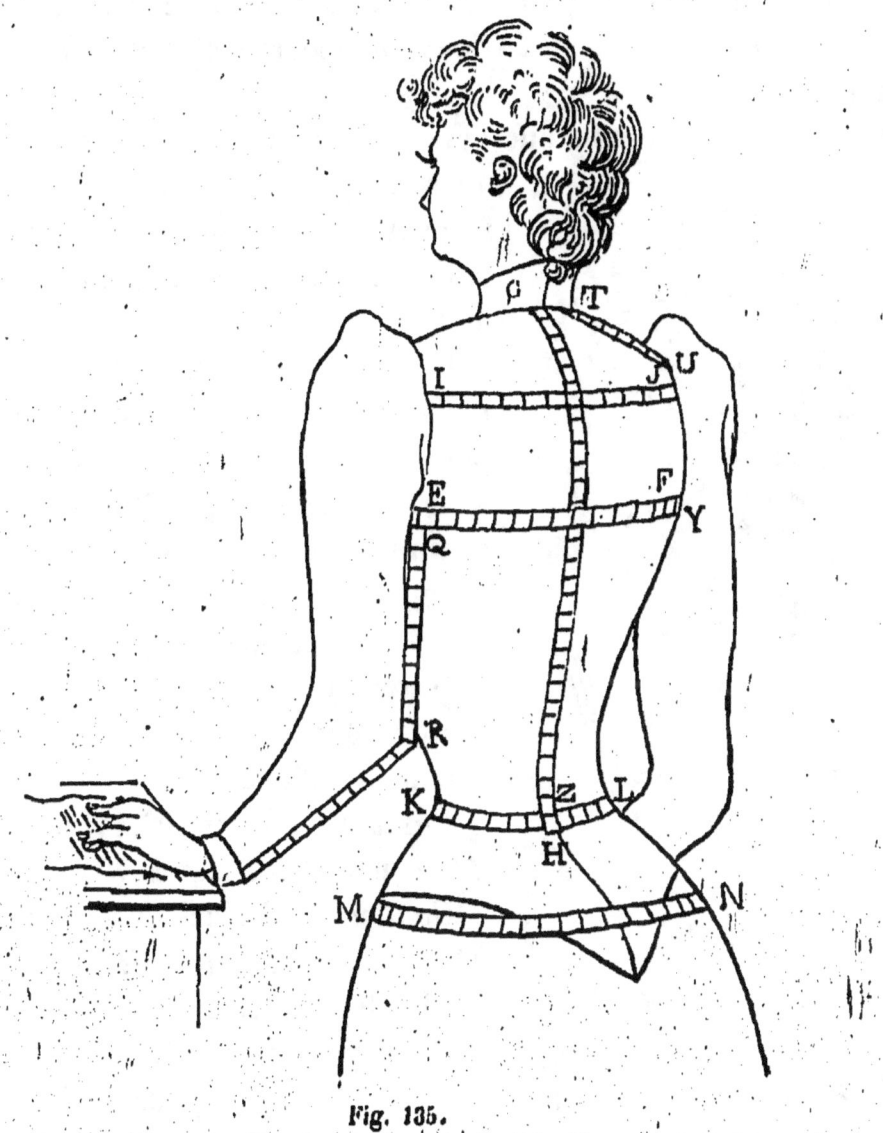

Fig. 135.

R et à S (fig. 134) et le contour intérieur de l'emmanchure QR (fig. 135).

Sachant qu'un corsage se compose de six ou huit parties, suivant qu'il est formé d'un ou de deux petits côtés, il est facile, à l'aide des mesures que l'on vient de relever dans l'ordre ci-dessus, d'établir le dessin d'un patron pour lequel on n'a besoin que de tracer une seule moitié, l'autre côté étant identiquement pareil et s'obtenant, au moment de la coupe, par le placement de deux épaisseurs d'étoffes au lieu d'une.

Il est bien entendu que dans les six ou huit parties que nous indiquons ci-dessus, comme formant un corsage, ne se trouvent compris ni les manches, ni le col.

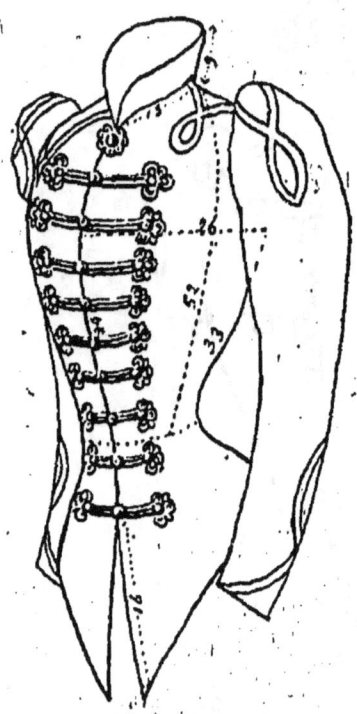

Fig. 136.

Ceci dit : supposons qu'il nous plaise d'établir le patron de la jaquette ci-contre, dite jaquette à la hussarde (fig. 136), nous commencerons, avant d'établir le patron, par relever sur la personne à laquelle sera destiné le vêtement les mesures suivantes, dans l'ordre que nous venons d'indiquer.

Hauteur du devant 0^m,44, plus 0^m,16 pour les basques.

Contour du dos et de la poitrine, 0^m,59 soit 0^m,29 1/2 pour *la moitié*.

Longueur du dos 0^m,44 plus 0^m,12 pour les basques.

Largeur du dos 0^m,36, soit 0^m,18 pour la moitié.

Hauteur du dessous de bras 0^m,23 plus 0^m,10 pour les basques.

Largeur du devant 0^m,32 soit 0^m,16 pour la moitié.

Longueur partant du dos 0^m,54.

Longueur à partir du milieu du col (dos) jusqu'à la naissance de la pince, soit 0^m,44.

Tour de la taille 0ᵐ,90 soit 0ᵐ,45 pour la moitié.

Contour des hanches 1ᵐ,28 soit 0ᵐ,64 pour la moitié.

Longueur de l'épaulette 0ᵐ,15.

Encolure 0ᵐ,40 soit 0ᵐ,20 pour la moitié.

Tour de l'emmanchure 0ᵐ,51.

Ceci fait on procède au tracé du patron.

Dos. — On commence d'abord par prendre la longueur du dos, soit ici 0ᵐ,44 plus 0ᵐ,04, que l'on ajoute pour l'encolure et ensuite 0ᵐ,12 pour la basque, et l'on trace sur le papier la ligne AB (fig. 137) que l'on prolonge de B en B′ pour la basque.

On détermine la largeur du dos, soit 0ᵐ,19 pour la moitié, et l'on établit les deux restangles ABCD et BB′C′C.

Ceci fait, à partir du point A en E, on laisse 0ᵐ,1 servant à déterminer l'encolure.

Pour le bas du dos, c'est-à-dire du point B en F, on laisse 0ᵐ,015 et l'on réunit par une ligne oblique le point E au point F, ce qui donne la ligne marquant le milieu du dos. Divisant alors

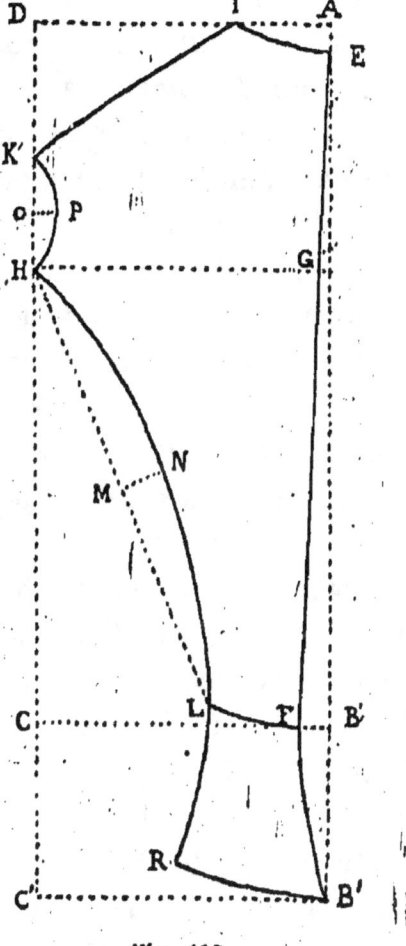

Fig. 137.

la ligne EF en trois parties égales, on obtient le point G dont la ligne horizontale prolongée en H donne la demi-largeur du dos soit 0ᵐ,18.

La largeur de l'encolure est généralement le quart de la largeur du dos; le dos ayant 0ᵐ,36, le quart sera donc de 0ᵐ,09, on les portera en I sur la ligne AD. On trace l'encolure par un arc de cercle réunissant le point I au point E. Portant 0^m,07 au-dessous du point H, on trouve en K la pointe de l'épaule. Il n'y a plus qu'à réunir le point K au point I pour obtenir la largeur de l'épaule.

De H en K se trace l'emmanchure dont l'arc, à son milieu, est d'un centimètre.

Le point H détermine le raccord du petit côté du dos. Le bas du dos étant de 0^m,13, on prend la moitié, soit 0^m,06 1/2, que l'on indique sur la ligne BC en FL. Il n'y a plus qu'à rejoindre par une courbe L en H, dont l'arc en MN est distant de la corde de 0^m,03 environ.

Basques. — Pour les basques on rejoint par une courbe F en B', ensuite on donne comme longueur en LR 0^m,10 1/2; puis on réunit par une légère courbe R en B'; on a ainsi le tracé du patron du dos. Pour les basques, on doit toujours les tenir un peu plus longues afin d'en arrêter la dimension sur la personne elle-même.

Devant. — Le patron du devant de la jaquette s'établit d'après les mêmes dimensions que le rectangle du dos, en prolongeant les lignes horizontales AD, GH, BC et B'C'.

On porte sur la ligne GH prolongée, en *l k* moitié de la *largeur du devant*, soit 0^m,16, ce qui donne les points *kl*. Prenant le tiers de cette largeur, c'est-à-dire le tiers de 0^m,16, on obtient 0^m,053, que l'on porte en *e f*, ce qui représente la largeur de l'encolure (1). La hauteur étant la même on porte également 0^m,053 de *e* en *g*, et l'on décrit le quart de cercle *g f* ayant *e* pour centre.

La largeur de l'épaule étant égale à celle du dos soit 0^m,15 on en détermine la hauteur en divisant en deux l'espace

---

(1) Comme ce vêtement est fait pour mettre sur un corsage, l'encolure se trouve forcément plus large et porte des dimensions plus grandes.

compris entre la lettre DK (*dos*), donnant le point *m* que l'on rejoint en *f* par une ligne.

Prenant ensuite la largeur du dos en IE (fig. 138), on la

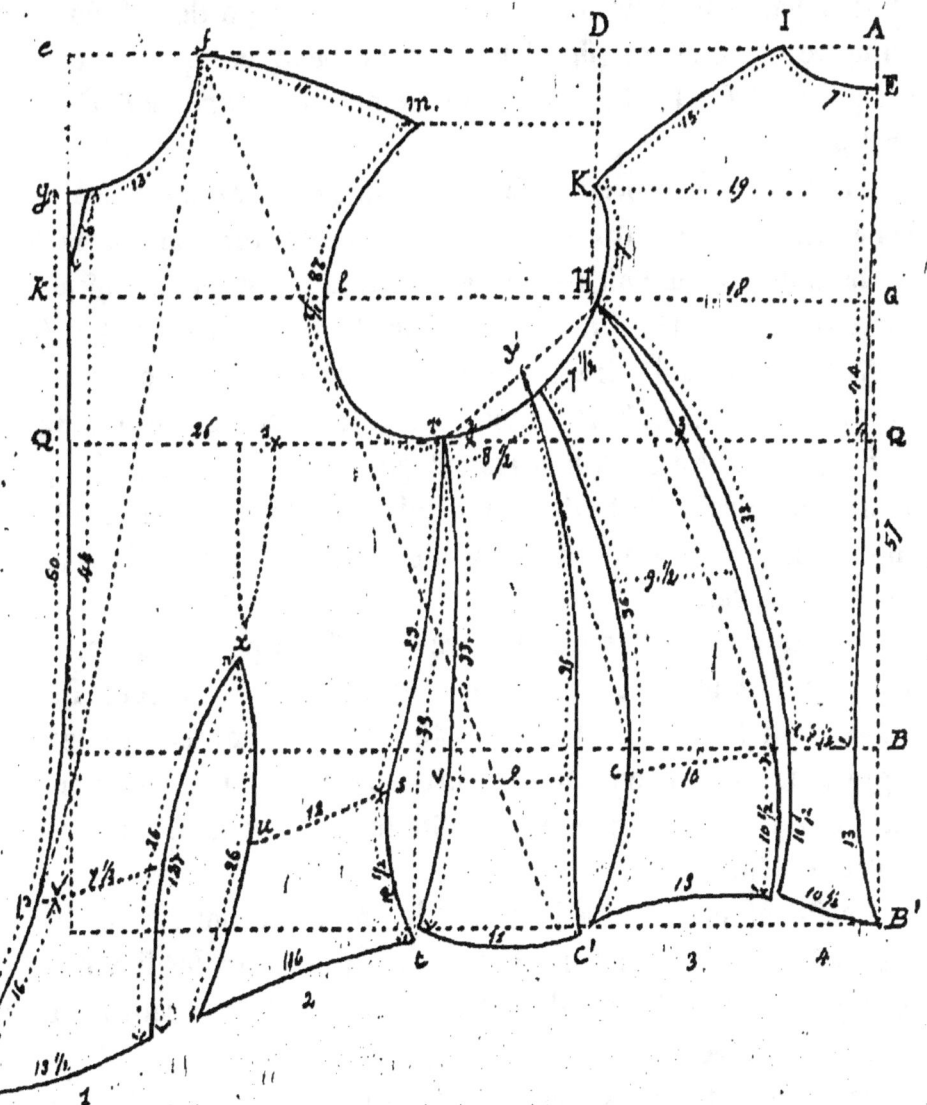

Fig. 138.

reporte en *fo* (fig. 137), ce qui donne le milieu du col (dos); puis, partant de *o* vers *l*' on arrête la longueur de la taille, à laquelle on ajoute en plus pour la longueur de la pointe du devant ou basque 15 centimètres.

Le point Q r détermine la largeur de la poitrine (soit $0^m,26$ pour la moitié).

La hauteur de la pince se trouve en prenant le milieu de la largeur de la poitrine que l'on obtient en divisant en quatre parties égales la moitié du contour de dos et poitrine représenté ici (fig. 138) par l'espace compris entre les points QQ, 1,2,3,4, dont on reporte le quart, soit Q 1 en 1 x.

La distance comprise entre le devant et la pince, prise à la hauteur de la ceinture, varie suivant le nombre de pinces.

Dans un corsage où il y a deux pinces on donne généralement à ce devant le quart de la *largeur du devant k l* (fig. 138); dans le tracé du vêtement qui nous occupe, comme il n'y a qu'une pince, cette distance est de $0^m,08$.

La profondeur des pinces se proportionne à leur nombre, à la cambrure de la taille et à la saillie de la poitrine. Ordinairement on leur donne en profondeur le tiers de la largeur du devant.

La hauteur du dessous de bras $0^m,23$ se porte de r en s en ajoutant $0^m,10$ en plus de s en t pour la basque. La moitié du tour de la taille ($0^m,45$) est déterminée par les lignes pointillées comprises entre ps et sB, non compris la largeur de la pince et les séparations formées par les petits côtés.

Petits côtés. — La hauteur du premier petit côté du devant se trouve naturellement indiquée par la distance comprise entre le point s et r où il vient se raccorder à l'emmanchure.

De r en H, on trace une oblique des extrémités de laquelle part un arc de cercle s'écartant en son milieu de la corde y de $0^m,04\ 1/2$ et complétant le tour de l'emmanchure.

C'est aussi sur cette courbe rH que se place le second

petit côté, celui du dos, dont on détermine la largeur en divisant en deux parties égales, l'oblique *r* H qui donne le point *y* ou largeur des deux côtés attenant à l'emmanchure.

Pour le bas, on divise en deux parties la ligne de taille *vc*, laissant de chaque côté de cette division 0ᵐ,01 1/2 soit 0ᵐ,03 de distance séparant entre eux les deux petits côtés. Entre *s* et *v* il doit également y avoir 0ᵐ,03. On décrit alors des courbes passant par ces points, puis on donne à chaque longueur de basque leur dimension réelle, soit 0ᵐ,10 ; 0ᵐ,10 et 0ᵐ,10 1/2.

Manches simples. — Les mesures relevées pour les manches ont donné :

Tour de l'emmanchure 0ᵐ,44, soit 0ᵐ,22 pour la moitié.

Longueur de l'emmanchure au coude 0ᵐ,33.

Longueur du coude au poignet 0ᵐ,33.

Contour du poignet 0ᵐ,29, soit 0ᵐ,14 1/2 pour la moitié.

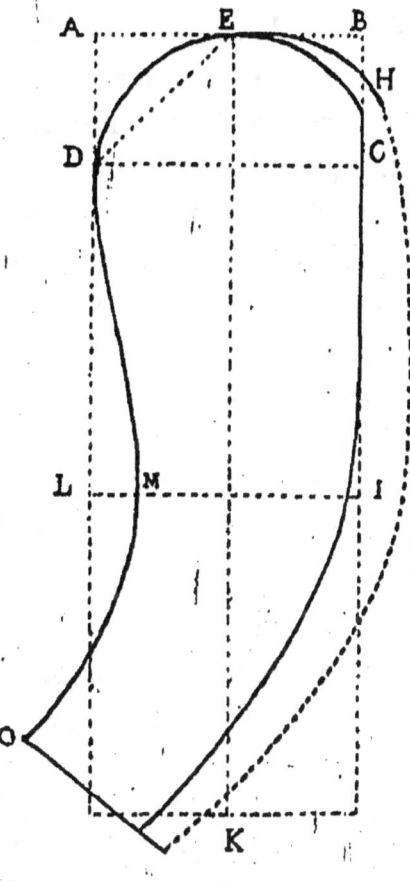

Fig. 130.

Prenant les 0ᵐ,22 formant la moitié du tour de l'emmanchure, on trace la ligne AB (fig. 139) que l'on divise en E en deux parties égales.

On fait partir de ces trois points A E B des lignes verticales indéfinies, puis sur la verticale A on reporte la distance comprise entre AE, ce qui donne le point D servant à établir le rectangle ABCD. On réunit le point D au point E par une courbe représentant l'abattement de la manche.

On partage en trois la ligne BC et le premier tiers H sert de point de départ à la courbe se dirigeant vers E pour former le tracé du haut de la manche.

De H en I on porte la longueur de l'emmanchure du coude, puis de I en K celle du coude au poignet. La place de la saignée se trouve indiquée en M par la ligne horizontale IL que l'on creuse en LM du tiers de la ligne BC.

De L en O on porte la moitié du contour du poignet, puis on rejoint O en M par une courbe. Le cintre de la manche s'accentue plus ou moins.

Manches doubles ou dessous. — Lorsque l'on veut faire une manche formée de deux parties, on n'a qu'à rajouter à celle du dessous, du côté du coude, environ $0^m,03$ en dehors du point C, $0^m,05$ en dehors du point I, et $0^m,03$ en dehors du point K, ce qui donne la ligne pointillée CIK (fig. 139).

Col. — Le col se trace suivant l'encolure plus ou moins ouverte que l'on désire avoir : ici nous lui donnons $0^m,09$ de hauteur sur $0^m,46$ de tour ce qui le fait tenir droit une fois monté.

Pour le tracé nous l'inscrivons également dans le rectangle ABCD. Prenant de B en C 0^m09, réglant la hauteur sur le milieu, on détermine ensuite la moitié de son ouverture soit $0^m,17$ dont la moitié est représentée de E en C.

La jaquette hussard, dont nous venons d'indiquer la manière de tracer le patron, se rapproche entièrement comme coupe du corsage rond et du corsage à basque : elle n'en diffère que par les mesures, forcément plus amples, puisque ce vêtement se porte sur un corsage.

Pour faire un corsage on suivra donc la même marche pour le tracé du patron, seules les mesures différeront.

Si l'on voulait décolleter un corsage, soit en rond, soit en carré, on n'aurait, après avoir établi le patron comme il vient d'être dit, qu'à retrancher sur l'épaulette le nombre de centimètres nécessaires pour dégager les épaules, soit (fig. 141 et 142) la distance FA et IB et décrire de A en N et de B en O une courbe marquant la partie à décolleter.

On remonte de quelques centimètres l'épaulette M et K du devant et du dos pour dégager le haut du bras et maintenir plus facilement le corsage sur les épaules ; puis on ajoute de R en C et de S en T quelques centimètres en plus du corsage ordinaire (2 ou 3 centimètres).

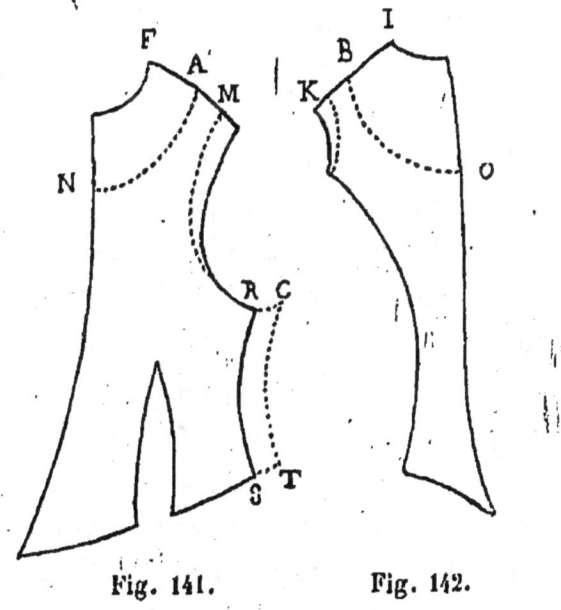

Fig. 140.

Fig. 141.   Fig. 142.

Nous ferons observer qu'il est disgracieux pour une personne maigre de trop se décolleter ; qu'elle doit, au contraire, se couvrir les épaules pour ne décolleter son corsage qu'en pointe, vers le milieu de la poitrine, afin de dissimuler la maigreur des épaules et des salières formées par les clavicules. Bien que nous ne donnions ici (fig. 141 et 142) que le décolleté en rond, le décolleté en carré s'obtient de la même manière.

Dans la prise de nos mesures et dans l'établissement du

patron nous avons cherché les moyens les plus simples et les plus pratiques, évitant avec soin les multiples combinaisons de chiffres et de lignes que présentent les divisions par quart, cinquième, huitième, onzième, employées par les grandes couturières et qui embarrassent toujours les personnes qui ne se livrent que rarement à la confection d'un vêtement.

Nous sommes persuadé qu'en suivant attentivement nos explications, et en se reportant aux lettres accompagnant nos exemples, on arrivera promptement à vaincre toutes les difficultés et à établir soi-même de bons et utiles patrons relevés soit d'après un dessin, soit d'après une gravure, ou en prenant ses mesures sur la personne même.

Coupe de l'étoffe. — Un bon patron ne suffit pas à lui seul pour constituer un vêtement allant bien ; il faut encore que la coupe de l'étoffe réponde aux qualités du patron et que celui-ci soit exactement reproduit sur l'étoffe.

S'agit-il de couper un corsage, on commence par plier l'étoffe en deux, l'envers en dedans, puis on applique son patron sur l'endroit, en suivant rigoureusement tous les contours, au moyen d'un faufilage très serré. On coupe l'étoffe à environ 0^m,02 de ce faufilage pour ménager le dedans nécessaire aux ourlets et aux coutures ; une fois le corsage terminé on surfile et on rabat avec la doublure.

On procède alors au bâti du corsage, en assemblant toutes les pièces entre elles, et en suivant exactement le faufilage.

Ainsi préparé, il ne reste plus qu'à essayer le vêtement pour s'assurer si, avant de terminer définitivement toutes les coutures, il n'y a pas quelques rectifications à faire, ou quelques changements à apporter du travail.

Essayage. — Malgré toutes les précautions prises l'essayage s'impose quand-même. C'est une affaire de jugement et de goût consistant à modifier certaines parties, à donner à la pièce fabriquée des contours gracieux et élégants, à déterminer d'une façon exacte l'emplacement que devront occuper les boutons et les ornements, à s'assurer enfin si les emmanchures ne sont pas trop étroites ou trop larges ; si la poitrine est à l'aise dans l'enveloppe dont elle suivra les contours. L'essayage est donc une affaire de précision et de coup d'œil ; aussi faut-il éviter de trop se hâter de démonter telle ou telle partie du bâti sans s'être rendu compte si c'est bien là l'endroit défectueux du travail, sans savoir s'il faut lâcher ou reprendre de l'étoffe. Nous le répétons encore, tout dans l'essayage est affaire de raisonnement et de bon goût ; aussi est-il impossible de fixer aucune règle à ce sujet.

Un corsage se trouve-t-il trop serré de la poitrine ? Fait-il des plis dans le creux du bras ?... On doit lâcher un peu la couture du dessous des bras.

Le petit côté du dos forme-t-il un creux près du bras ?... On y remédie en resserrant la couture du dos et celle du petit côté.

Lorsque le patron a été régulièrement établi, aucun de ces cas ne doit se présenter ; à moins cependant d'un défaut de conformation de la personne.

Nous terminons par une recommandation importante, celle d'épingler les retouches le plus rapproché possible, afin de bien indiquer la courbure des lignes, et de passer immédiatement après l'essayage un fil de couleur suivant exactement les épingles avant de les retirer.

Jupes. — Les modes si changeantes de notre époque donnent à la jupe une telle diversité de formes qu'il nous semble inutile de décrire une façon plutôt qu'une autre, aussi allons-nous simplement indiquer ici le tracé d'une jupe ordinaire, que l'on pourrait appeler jupe de dessous et qui servira de modèle pour exécuter toutes les autres.

La femme, on le sait, pour être bien conformée, doit avoir, contrairement à l'homme, les hanches un peu fortes;

Fig. 143.

il est donc important, à notre avis, pour qu'une jupe aille bien, de chercher à remédier à cette conformité se prêtant mal au costume actuel et de la faire coller parfaitement au ventre et sur les hanches pour ne pas grossir le sujet. C'est donc de cette partie importante du haut de la jupe que nous allons nous occuper tout particulièrement (fig. 143).

La jupe se compose ordinairement de trois pièces prises sur la largeur même de l'étoffe : 1° du devant A ; 2° des deux côtés B ; 3° du derrière C ; la figure 144 représente la moitié d'une jupe.

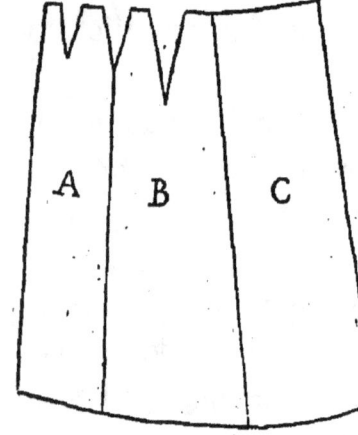

Fig. 144.

Après avoir calculé la largeur que l'on veut donner au bas de la jupe, d'après la largeur de l'étoffe, on coupe le lé de devant en lui donnant toute cette largeur A, décrivant de chaque côté une légère courbe en ED et FG (fig. 145). On fait de même pour le lé de côté B, dont on a retranché environ le quart (soit LM quart de GM). Du point L on décrit également une courbe se dirigeant vers le haut, en P, à deux fois la distance comprise entre la ligne LM. La troisième pièce G conserve toute la largeur de la laize et se fronce vers le haut pour former le derrière de la jupe. Sur le lé de devant A on établit deux pinces, portant généralement de 2 à 3 centimètres de profondeur vers le haut, sur ceux de côté B on ne fait qu'une pince, pour emboîter les hanches, lui donnant 0^m,04 à 0^m,05 de profondeur.

Les entre-pinces 1, 2, 3, 4, ont de 0^m,06 à 0^m,08 de largeur, excepté celle du lé du milieu qui en a le double. Le tout bien entendu varie suivant la grosseur de la personne et la proéminence du ventre et des hanches.

La longueur de la jupe est en rapport avec la hauteur

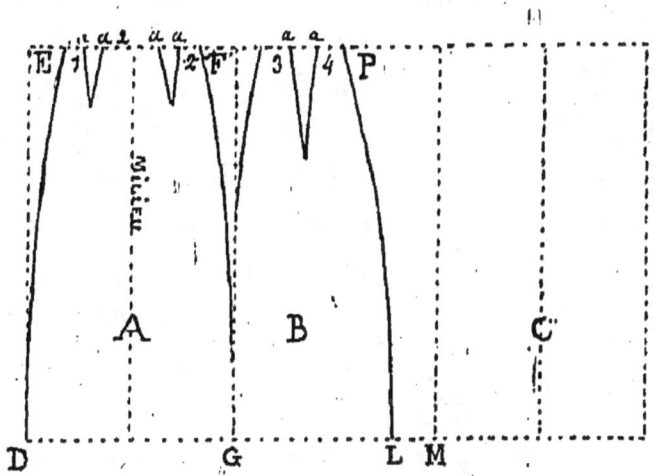

Fig. 145.

de la personne, la grosseur du ventre et celle des hanches; elle doit cependant se trouver un peu plus courte sur le devant.

L'essentiel dans une jupe de dessous consiste à ce qu'elle emboîte bien les hanches et colle parfaitement au ventre.

On comprendra qu'il nous est difficile de parler des proportions du bas de la jupe, leur manière d'être variant constamment suivant les fluctuations de la mode. Très larges hier, elles sont aujourd'hui fort étroites; longues un jour, courtes le lendemain, ainsi le veut la mode, toujours changeante dans sa course folle et vagabonde.

Nous ne parlons ici que d'assemblages de droit fil s'appliquant aux étoffes à ramages et aux soies, mais dans les étoffes unies, pour éviter la perte, on peut sans inconvénient contrarier le sens des lés.

LINGERIE

Chemises de femme. — Il est peu, pour ne point dire pas, de femmes ne sachant coudre une chemise; mais il y en a fort peu connaissant la manière de les couper.

Fig. 146.

Une chemise allant bien est un objet de toilette féminine qui n'est pas à dédaigner; et bien qu'il ne soit pas d'usage de se présenter dans un aussi simple négligé, les dames n'en recherchent pas moins l'élégance dans sa coupe et la richesse dans son ornementation, témoin la figure ci-contre (fig. 146). La chemise de femme, pour nous servir d'une comparaison un peu vulgaire mais qui définit bien l'objet, a été longtemps confectionnée comme un sac qui serait ouvert à ses extrémités et cousu sur les deux côtés. Elle en diffère aujourd'hui par la finesse de son étoffe ; percale, toile, madapolam, etc. par la gracieuse cambrure de ses lignes de côté, et par les ornements dont elle est enjolivée.

Pour tracer le patron d'une chemise on se sert de celui d'un corsage allant bien, auquel on ajoute la longueur de la chemise et la largeur du bas, y compris les deux pointes de côté auxquelles on donne plus d'ampleur.

Voici comment on procède : suivant la largeur de son étoffe on établit le rectangle ABCD (fig. 147), puis, sur la ligne verticale AC, de ce rectangle, on porte à 7, 8 ou 9 centimètres la distance MN augmentant le devant du patron du corsage. Cet espace sert à établir les fronces ou les plis placés sur le devant et dans le dos de la chemise. On a soin, pour diminuer l'emmanchure, de faire reposer la partie O de l'épaulette sur la ligne AB.

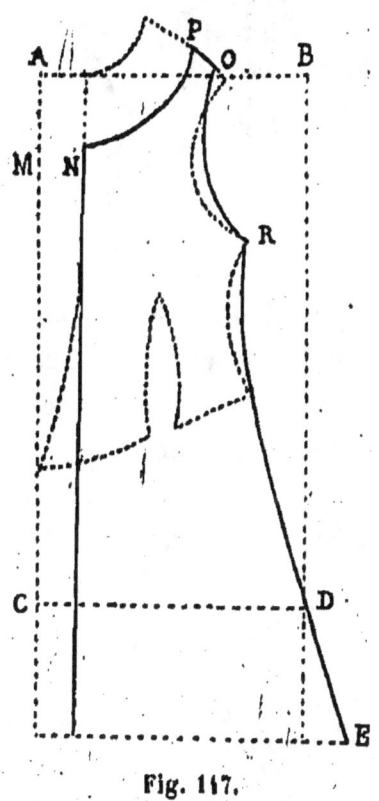

Fig. 147.

On procède alors comme il a été indiqué (fig. 144) pour obtenir un corsage décolleté. Ceci fait, on rabat la partie de l'épaulette OP sur la ligne AB et l'on redresse la courbe de l'emmanchure OR, ce qui la réduit, on a ainsi le haut de la chemise. On complète ce patron, après avoir déterminé la longueur de la chemise et sa largeur, soit CD, pour le quart, puis on mène une ligne de R en D, et en E, point que l'on trouve, en portant sur la ligne CD, le quart du contour du bas de la chemise. Le triangle DEF représente la largeur de la pointe à ajouter ainsi que sa hauteur, qui varie suivant la largeur de l'étoffe.

On décollète un peu moins la partie du dos que celle du devant, puis on ajoute les manches dont on obtient la dimension en prenant la moitié du tour de l'emmanchure et en leur donnant la longueur que l'on désire.

Le patron ainsi relevé n'est, bien entendu, que le quart de la chemise; il faut donc, pour le tracer sur l'étoffe, mettre l'une sur l'autre deux épaisseurs, puis tracer le contour de la moitié du patron d'un côté et le retourner de l'autre, en

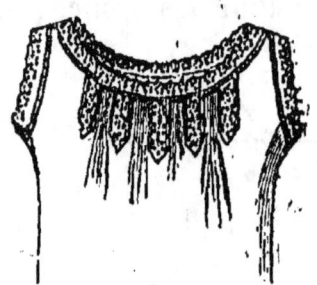

Fig. 148.

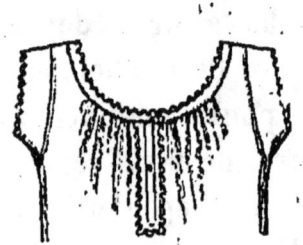

Fig. 149.

sens opposé, pour avoir la moitié de la chemise et, du même coup, par les deux épaisseurs d'étoffes, le devant et le derrière. On donne une foule de formes aux devants de chemises, les unes sont simplement décolletées en rond (fig. 148), les autres, ayant la même forme, sont en plus ouvertes par une fente sur le devant (fig. 149). Nous ne parlerons pas des ornements que l'on ajoute pour les agrémenter; ils consistent en broderies, dentelles, rubans et faveurs, etc.; les dames s'y entendent mieux que nous.

Fig. 150.

Matinée. — Le patron d'une camisole, d'une matinée (fig. 150), est à peu de chose près celui d'un corsage et se trace d'après les mêmes principes; aussi renvoyons-nous nos lectrices à la page 191 (fig. 138) indiquant la manière de l'établir.

Gilets de flanelle. — Les gilets de flanelle se confectionnent de deux manières différentes; les uns à taille (fig. 151) les autres amples et flottants (fig. 152). Pour le gilet de flanelle à taille, on le trace et on le coupe absolument comme on ferait pour un corsage ordinaire, supprimant seulement la couture du dos et ne faisant qu'un seul petit côté au lieu de deux. Pour le bien faire aller il est urgent d'y faire deux pinces, on les termine en pointe par les extrémités, les creusant moins profondément que pour le corsage.

Le gilet de flanelle flottant se trace comme la chemise

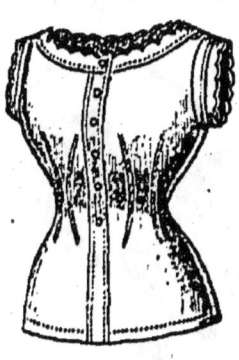

Fig. 151.

Fig 152.

et en prend les mêmes contours. La distance MN (fig. 147, p. 204) qui, dans la chemise, sert à faire les plis ou froncés du devant, se tient un peu moins large et s'utilise comme repli; c'est sur ce repli que s'établissent les boutonnières.

Avant de se servir d'une flanelle en pièce pour la confection d'un gilet, il est indispensable de lui faire subir la préparation indiquée page 219 pour éviter son retrait au lavage.

Cache-corset. — Le cache-corset a pour mission de protéger le corset du contact des doublures qui, en déteignant par la transpiration, finiraient par le salir. Il y a deux sortes de cache-corsets; l'un fait au métier (fig. 153) et l'autre confectionné à la main, absolument comme on fait un corsage ordinaire (fig. 154).

Le cache-corset au métier, qu'il soit en crêpe, en coton

à côtes ou en fil d'Écosse, ne présente aucune couture. Il se vend tout fait dans les magasins de nouveautés, aussi n'avons-nous pas à nous en occuper.

Pour le cache-corset à la main, on doit se servir de préférence d'une étoffe claire et sans teinture. On emploiera de préférence à toute autre étoffe de la percale, du madapolam ou du nansouk, et l'on établira ce cache-corset comme un véritable corsage ordinaire sans manches, décolleté soit en rond, soit en pointe ou en carré, garnissant

Fig. 153.

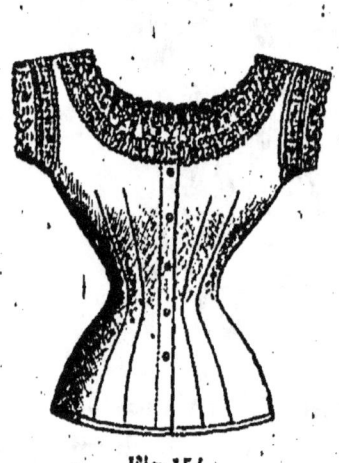
Fig. 154.

l'encolure et l'emmanchure d'une dentelle en imitation de valenciennes ou en tout autre point.

Contrairement à ce qui se fait pour le corsage, on supprime la couture du dos, tenant le petit côté du dessous de bras un peu plus large.

Pantalon. — Le pantalon pour les femmes est un objet de lingerie de première utilité et quelque laid et peu gracieux qu'il soit, il n'en rend pas moins de précieux services.

Qu'il soit en madapolam l'été, et en flanelle l'hiver ; outre qu'il tient chaud, il est d'une utilité incontestable.

Le patron d'un pantalon s'établit à l'aide d'un rectangle, figure 155, ACBD.

Les lettres AC représentent la longueur du pantalon et AD la largeur.

On obtient cette largeur en prenant la mesure à partir du milieu de la ceinture du dos pour aller rejoindre le milieu du devant en passant par l'enfourche des jambes en contournant le bassin ; soit ici la courbe figurée de L en A passant par E.

Supposons que nous trouvions par exemple 0^m,92 de D en EA : divisant 0^m,92 par 4, on obtiendra pour le quart 0^m,23, que l'on ajoutera à 0^m,92 ce qui donnera 1^m,15 : le quart de 1^m,15 étant de 0^m,287 soit 0^m,29 en chiffre rond on aura ainsi la largeur AD qui servira à déterminer le carré.

Fig. 155.

Prenant alors la largeur AD, on la reporte sur la ligne AC, ce qui donne le point G, par lequel on fait passer une ligne horizontale que l'on prolonge en I, parallèlement à AD.

Pour établir la fourche du pantalon on divise en quatre parties égales la ligne AD dont on reporte un quart de I en H, l'on réunit par une ligne D en H et H en C, creusant légèrement cette dernière en dedans pour dessiner la fourche.

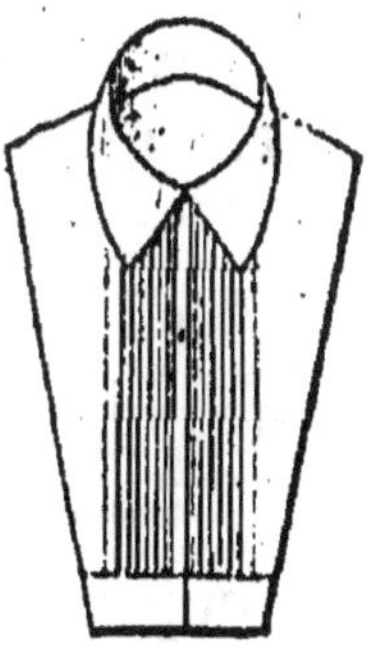

Fig. 156.

On donne au bas, BC, la largeur que l'on veut en la répartissant également de chaque côté du point M, milieu de la ligne BC ; on a ainsi le tracé du devant du pantalon.

Le derrière du pantalon L se tient de quelques centimètres plus haut que le devant. Ainsi établi, l'étoffe pliée en deux, il ne reste plus qu'à couper chaque jambe séparément pour les assembler en dedans par une couture que l'on rabat ensuite. On monte alors le haut sur une ceinture en établissant quelques fronces sur les côtés, réservant à la ceinture de derrière une coulisse pour serrer à volonté suivant la taille.

Sur les côtés se trouve ménagée une fente d'environ 0^m,15 se fermant par un bouton; le bas se garnit d'entre-deux avec dentelle ou broderie exécutée à la main ou au crochet.

Le pantalon de flanelle se confectionne de la même manière.

Si l'étoffe employée n'est pas assez large, on y ajoute des pointes en dedans pour former la fourche.

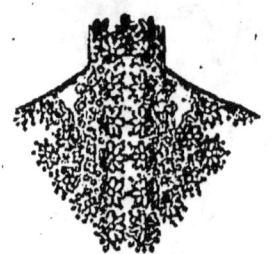

Fig. 157.

Fig. 158.

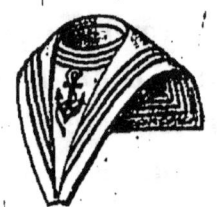

Fig. 159.

Bonnets et cols. — Il nous semble tout à fait inutile de nous occuper de la confection de ces accessoires de la toilette trop subordonnés aux caprices de la mode. La vue seule des diverses figures accompagnant notre texte montre suffisamment leur grande diversité de forme et de richesse d'ornementation (fig. 156 à 159).

Robes pour bébés. — C'est purement par acquit de conscience, et pour remplir notre programme, que nous entamons ce chapitre si vaste et si attrayant de la toilette enfantine.

Personne, mieux qu'une mère, par sa sollicitude et son goût, ne peut donner à cette partie du vêtement ce charme indéfinissable, qui rend adorable à nos yeux tout ce petit monde en miniature, si plein de gentillesse, dont le babil innocent, l'allure vive et alerte, inonde de joie et d'orgueil le cœur maternel. En présence de tels sentiments il nous faut renoncer à décrire les mille manières différentes dont la mère seule saura placer avec art et génie, sur le tablier, la blouse ou la robe de son bébé, le ruban ou la dentelle qui, de simple qu'il était primitivement, transformera ce cos-

Fig. 160.

Fig. 161.

Fig. 162.

tume en un ravissant chef d'œuvre d'élégance et de grâce.

Nous nous bornerons donc à étudier la partie purement matérielle ; c'est-à-dire le dessous servant de support à ces enjolivements (fig. 160 à 162).

Occupons-nous d'abord de la robe montante qui n'est, à proprement parler, qu'une blouse à empiècement d'épaules devant et derrière. Son patron se trace absolument de la même manière que le haut d'une chemise de femme, mais dans des dimensions beaucoup plus restreintes bien entendu.

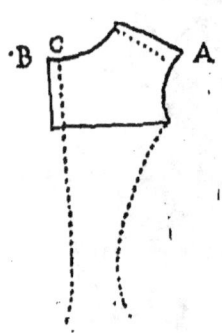

Fig. 163.

Pour établir l'empiècement on se sert du patron du dos du corsage dont on remonte le bas de l'épaulette A (fig. 163) de 3 centimètres environ ajoutant également de chaque côté du dos de C en B environ 1 centimètre en plus.

C'est sur cet emmanchement que se monte le corsage plissé, froncé ou bouillonné.

Fig. 164.

Le tracé des manches est exactement, en plus petit, celui que nous avons donné page 193.

La robe décolletée, montée simplement sur barrette, s'établit sur un patron d'empiècement dont on évide le milieu pour ne conserver que les bandes ou bretelles (fig. 164). La bande du devant, prise en droit fil, se fait d'une seule longueur, tandis que celle du dos, se boutonnant, s'exécute de deux pièces. C'est sur ces bandes, quelquefois faites d'un entre-deux de dentelle, que se monte le corps de la blouse, du tablier ou de la robe.

Il est inutile de dire que les couleurs claires et tendres.

sont celles qui conviennent le mieux pour les vêtements d'enfant : les dentelles leur vont également à ravir.

Robe de baptême. — Qui de vous, mesdames, ayant un jour ou l'autre occasion d'offrir une robe de baptême, ne sera heureuse non seulement de la broder et de la garnir de dentelle, mais encore de la couper et de la confectionner entièrement (fig. 165). C'est pour vous amener à ce résultat que nous allons indiquer la manière d'en établir le patron.

Fig. 165.

Son tracé repose, pour le haut des épaules, les emmanchures et les petits côtés, sur les mêmes données que celles indiquées pour le corsage, avec cette seule différence que le haut et le bas de la jupe, presque de même largeur, sera sans pince, qu'il soit recouvert, décolleté ou non, par un tablier gracieusement dessiné.

Un seul petit côté reliera le devant au dos qui, lui-même, sera fendu vers le haut pour être facilement boutonné.

D'après la largeur des épaules, soit AB (fig. 166), on détermine les proportions du haut du tablier CD, puis, on lui donne, à l'endroit de la taille EF, une largeur de 12 à 13 centimètres.

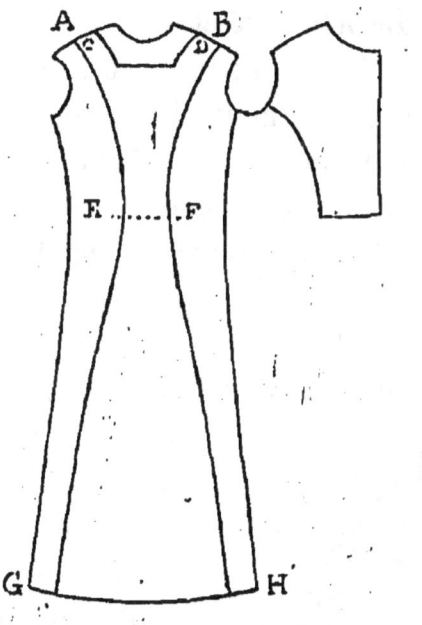

Fig. 166.

Pour ce qui est de la longueur de la robe, elle peut varier de 70 centimètres à 1 mètre, pour se terminer avec le tablier GH, auquel on donne, à cet endroit, de 40 à 50 centimètres de largeur pour aller, en se rétrécissant graduellement, rejoindre les points E et F. Ce tablier tout uni quelquefois, dans les robes ordinaires, se couvre de dentelles, de broderies et d'entre-deux dans les robes élégantes. On en fait même, lorsque les étoffes sont légères, comme la mousseline par exemple, avec bouillonnés, alternant avec des ruches et des entre-deux, puis terminées dans le bas par plusieurs rangées de volants.

La valenciennes, les broderies, les nœuds de rubans, viennent encore contribuer par leur éclat à enrichir et à enjoliver tout cet ensemble aussi coquet que gracieux.

Le petit côté et le dos se prennent en droit fil dans l'étoffe, qui, le plus souvent, est ou en molletonné, ou en nansouk, voire en cachemire crème ou en mousseline de même couleur. Dans la confection de ces vêtements c'est encore le goût de la femme du monde qui se révèle d'une manière éclatante, toujours marqué par ce cachet d'originalité distinguant ses travaux personnels de ceux des plus habiles confectionneuses.

Bonnet et capote. — La robe de baptême ne saurait aller sans le bonnet et la capote, garnis ordinairement des mêmes dentelles, broderies et rubans qui ont servi à l'ornementation de la robe.

Fig. 107.

Usages. — L'usage veut que ce soit la marraine qui fasse cadeau à son filleul ou à sa filleule de la robe de baptême et du bonnet. Ce premier cadeau a d'autant plus de prix aux yeux du père et de la mère que, bien souvent, si c'est une jeune fille, elle n'a voulu confier l'exécution de cette robe à d'autres mains que les siennes, et qu'elle a mis en œuvre, dans sa confection, toute son habileté, son savoir, et les multiples ressources de son génie inventif.

CHAPITRE XX

DES DIFFÉRENTES TOILETTES. — CHOIX DES ÉTOFFES. — MOYENS DE RECONNAITRE LEUR QUALITÉ. —. TACHES SUR LES ÉTOFFES. — DES FOURRURES. — LEUR CONSERVATION.

La question des toilettes pour la femme n'est pas une des moins importantes dont elle ait à s'occuper, aussi doit-elle chercher à y satisfaire dans les limites possibles de son budget.

Nos lectrices nous pardonneront de ne pas entrer dans cet ouvrage, sur les détails particuliers concernant la confection des robes et autres vêtements; car la mode, nous l'avons dit, est tellement mobile et changeante, que ce dont nous pourrions les entretenir au moment où nous préparons ce livre serait entièrement démodé lorsqu'il paraîtra. Nous nous contenterons seulement de donner quelques indications générales relatives aux différents costumes nécessaires à une femme du monde, et la manière de reconnaître la bonne qualité des étoffes servant à leur confection : ce sera le côté utile et pratique de ce chapitre.

Combien de robes faut-il pour se tenir constamment à la mode et remplir les obligations qu'imposent les exigences mondaines? Telle est la première question que se pose une femme occupant une certaine situation.

Pour répondre d'une manière satisfaisante à cette de-

DES DIFFÉRENTES TOILETTES.

mande, il nous a fallu le précieux concours de plusieurs de nos collaboratrices. Voici, d'après leurs renseignements, ce qui, dans chaque classe de la société, doit former le fond d'une garde-robe.

Pour les élégantes mondaines, c'est-à-dire pour les femmes auxquelles la fortune et le rang font un devoir de suivre pas à pas la mode et les nombreuses exigences de la société, il faut une garde-robe bien montée, dont l'importance se traduit par la nomenclature suivante.

Nous ne parlerons que pour mémoire des différents déshabillés du matin, pour arriver tout de suite aux véritables toilettes; en voici le détail sans aucun commentaire :

Une toilette d'intérieur;
—   de réception ordinaire;
—   de cérémonie;
—   de dîner et de petite soirée;
—   de grande soirée et bal;
—   de ville;
—   de visite;
—   de promenade.

Puis viennent les toilettes accessoires telles que :

Costume de voyage;
Toilette de villégiature;
—   de plage;
Costume d'amazone, etc.

Tout cela variant de nature d'étoffe, de formes, de couleurs, suivant non seulement le beau ou mauvais temps, mais encore selon la saison.

Nous ne parlerons point des manteaux, pardessus, jaquettes, confections, sorties de bal, etc., s'assortissant avec les différents costumes, non plus que des chapeaux et chaussures, car cela nous entraînerait à des détails fastidieux pour nos lectrices.

Une semblable énumération du reste ne laisse pas, ce nous semble, de faire un chiffre respectable de robes, propres à occuper, pour les revêtir, chacune à leur tour et à leur heure, une grande partie des plus beaux moments de la journée; ce qui fit dire, fort méchamment du reste, nous nous hâtons d'en convenir, à quelques mauvaises langues désœuvrées, que la femme ne passe son temps qu'à s'*habiller et à se déshabiller*!

Est-ce sa faute, à elle, messieurs les beaux parleurs?

Ne faut-il pas plutôt s'en prendre aux exigences insatiables de notre société moderne qui leur impose une telle corvée, car, si admiratrice que puisse être une femme pour sa personne, rien ne lui est plus insipide, croyez-le bien, que ce perpétuel manège.

Combien sont plus heureuses à leurs yeux les femmes qui peuvent échapper à ces ennuis et qui, la toilette du matin une fois terminée, n'ont plus qu'à se livrer à leurs travaux favoris, sans s'occuper du terrible *qu'en dira-t-on*?

Descendant d'un degré l'échelle sociale, nous nous trouvons en présence d'exigences qui, pour être moins impérieuses, demandent cependant une certaine fortune.

C'est aux femmes des hauts fonctionnaires, de la finance, de la magistrature, du haut commerce, etc., qu'incombe le soin, par leur mise et leur toilette, de soutenir le rang et la position qu'occupe leur mari.

Pour elles, le déshabillé du matin devient coquet et élégant, le peignoir fait les frais de la toilette du matin, qui dure souvent jusqu'après le déjeuner de dix heures ou midi, suivant les occupations du mari.

Leur garde-robe doit se composer : d'une robe d'intérieur;

d'une robe de visite et de ville, d'une robe de soirée, d'une robe de bal et d'un costume de voyage.

C'est à la femme de chambre qu'incombe le soin de la transformation de ces robes, ainsi que leur mise à la mode du jour lorsqu'il n'y a que peu de chose à faire pour y arriver. Avec un peu de goût, guidée par la maîtresse, celle-ci transforme la robe de soirée et de bal d'une foule de manières différentes; car il n'est pas admis, dans la société, de porter plusieurs fois de suite la même robe.

Pour les femmes dont les maris font partie de la bourgeoisie, du commerce, ainsi que pour celles dont les maris occupent des emplois subalternes, si leurs revenus et leurs appointements ne leur permettent que des dépenses restreintes, nous leur conseillons, outre les déshabillés du matin, de n'avoir que deux robes, si elles veulent se trouver toujours à la mode. Une robe dite de maison et de ville, et une robe habillée, servant pour les visites, les promenades, les dîners et les réunions.

S'habillant elles-mêmes, ces femmes industrieuses savent, presque toutes, se confectionner, à peu de frais, de ravissantes toilettes d'été, d'une fraîcheur et d'une coquetterie toute remplie d'élégance.

Les étoffes étant pour rien maintenant, seule la façon est dispendieuse; aussi peut-on dire, avec juste raison que, pour quelques-unes, *le coût en fait perdre le goût*, car dans le vêtement, c'est précisément *la sauce*, comme dit le proverbe, *qui coûte plus cher que le poisson* : et ici, la sauce, c'est la façon, car le prix de l'étoffe ne serait rien relativement, si elles les confectionnaient elles-mêmes.

Pour les classes laborieuses deux bonnes et solides robes sont indispensables : l'une pour tous les jours, l'autre pour assister aux offices du dimanche et à la promenade en famille. Dans ces acquisitions il faut éviter de suivre les fantaisies de la mode, et ne les faire confectionner que d'une forme simple pour éviter qu'elles ne deviennent ridicules.

Si vous voulez que vos vêtements soient toujours à la mode, gardez-vous d'en avoir trop : si vous en avez peu, vous pourrez les utiliser en leur temps.

Pour conserver la fraîcheur de vos toilettes, n'hésitez pas, en rentrant d'une promenade, à revêtir une robe d'intérieur ou un peignoir, quitte à reprendre le vêtement que vous venez de poser si vous devez ressortir quelques heures plus tard; c'est là une sage mesure d'économie, une véritable qualité chez la femme, car, du soin apporté dans la conservation des vêtements, coûtant fort cher, dérive le bien-être intérieur.

DU CHOIX DES ÉTOFFES ET DES MOYENS D'EN RECONNAITRE LA QUALITÉ.

Le choix des étoffes a une très grande importance pour la durée des vêtements; aussi faut-il toujours les prendre en bonne qualité; elles supportent mieux les multiples changements que l'on est amené à leur faire subir lorsque l'on veut suivre la mode, sans rien leur faire perdre de leur première valeur. Nous ferons remarquer cependant qu'il ne suffit pas de choisir telle ou telle étoffe qui séduit et qui plaît à la vue pour être bien habillée; car si l'on agissait ainsi, on pourrait obtenir une jolie robe, faite d'une façon irréprochable, mais allant fort mal soit avec la taille, soit avec le teint ou la couleur de la peau.

Aux personnes pâles, nous conseillons des vêtements clairs, crème, bleu turquoise, saumon, rose, isabelle; aux personnes d'une coloration chaude et bistrée, rien ne sied mieux que les couleurs foncées, le rouge, le jaune, le grenat, le ponceau, le marron, etc. Une femme un peu forte, ce qui la fait toujours paraître petite, doit également se vêtir de couleur sombre et choisir des étoffes à raies verticales, elle doit surtout éviter les dessins à carreaux ou écossais. Si sur une robe unie elle fait poser des ornements, c'est dans ce même sens qu'elle doit les faire placer. Ce qu'il faut éviter, ce sont les étoffes à grands ramages, les étoffes à carreaux, les garnitures disposées horizontalement qui ont l'inconvénient de rapetisser.

Il faut surtout s'abstenir des plis sur les hanches, des draperies sur les côtés, et de trop d'ampleur du bas de la jupe; en un mot de tout ce qui augmente le volume au lieu de le diminuer.

Une femme maigre doit par contre éviter toute étoffe à raies verticales pour adopter celles à grands ramages, celles à carreaux et toutes celles à dispositions horizontales. Les ornements, les draperies, etc., seront également placés dans le même sens; la jupe bien étoffée, sera plutôt courte que longue.

La forme et la nature des vêtements est également subordonnée non seulement à l'âge et au tempérament des personnes qui les portent, mais encore au climat et aux saisons des pays habités.

Si la jeunesse se trouve bien avec des vêtements légers, l'âge mûr recherche, dans l'épaisseur et le moelleux des tissus, la chaleur vitale qui l'abandonne.

Puisque nous en sommes sur ce sujet, nous recommandons aux jeunes femmes de ne pas trop se hâter de se découvrir aux approches du printemps ; d'attendre patiemment que la saison se soit parfaitement établie avant de s'alléger, pour ne pas s'exposer, malgré une chaleur prématurée, au fatal retour du froid, qui fait malheureusement tant de victimes. *En avril*, dit avec juste raison un dicton, *ne quitte pas un fil* : suivons cette sage prescription.

Tissus. — Plusieurs sortes de tissus servent à la confection des vêtements et à celle du linge de corps. Parmi eux se rangent en première ligne, la toile, le coton, la laine, la flanelle, le mérinos, le drap, le velours, la soie, etc.

Ces étoffes ont chacune des propriétés hygiéniques dues à leur matière, à leur couleur et à leur densité : les unes sont chaudes comme la laine et la soie, parce qu'elles sont mauvaises conductrices de la chaleur, et qu'au lieu de la laisser échapper elles retiennent celle que produit l'activité du corps, s'en emparent et la conservent tout en opposant une barrière infranchissable à l'humidité et à l'air extérieur. Un vêtement est d'autant plus chaud, que son tissu se laisse facilement pénétrer par l'air, c'est-à-dire, que ses mailles sont plus ou moins serrées.

Les étoffes sont froides, lorsqu'elles sont de couleur claire, parce qu'elles réfléchissent les rayons calorifiques au lieu de les absorber. C'est pourquoi les Arabes se couvrent de grands burnous en flanelle blanche.

Toile. — La toile est un tissu formé de fil de chanvre, ou de fil de lin. Le fil de chanvre pur brin, donne un tissu excessivement solide et résistant, avec lequel on confectionne des chemises d'une remarquable finesse, les draps, les serviettes, les pantalons, etc.

Les toiles de chanvre se vendent ordinairement en écru, elles blanchissent à la suite de quelques lavages. Les plus réputées sont celles d'Alençon, de Mamers, Château-du-Loir, et du Mans.

Les toiles de lin se fabriquent également de plusieurs qualités : de leur nombre se range la *batiste* et le *linon*. Les plus en vogue sont les toiles cretonne de Hollande.

La batiste sert à faire les mouchoirs de poche, les cravates, les fichus, les collerettes, les bonnets, les broderies.

La toile de Hollande est excellente pour les chemises d'homme.

Nous ferons remarquer cependant que, employée comme chemise, la toile, par sa nature compacte et serrée, est très mauvaise pour la santé, parce qu'elle retient l'humidité, la transpiration, et finit par obstruer la circulation, puis par produire des refroidissements.

Il est un moyen bien simple, de savoir s'il existe du coton dans un tissu de toile; on n'a tout simplement qu'à en tremper un petit morceau dans de l'huile d'olive et enlever l'excédent de cette huile en le comprimant entre deux feuilles de papier *buvard* : vus par transparence les fils de lin sont devenus translucides, tandis que ceux de coton restent opaques.

Toile de coton. — La toile de coton comprend : le calicot, le madapolam, la percale, la cretonne, les nansouks.

Le *madapolam* est employé pour les chemises d'homme, et la *cretonne*, de qualité plus forte, pour les draps de lit; la *percale* sert à faire les jupes, les camisoles. Avec les *nansouks*, dont le tissu est plus délicat, on fabrique tous les objets de toilette, tels que fichus, cols, mouchoirs, robes de baptême, etc.; vient enfin la mousseline unie ou décorée, servant pour rideaux, stores, robes; puis la *percale* et les coutils de coton pour les doublures.

Plus ces tissus sont réguliers, plus leurs lisières le sont : meilleure aussi est leur qualité.

Le coton est également contraire à la santé, en ce qu'il aide à la transpiration, retient la sécrétion qui, au lieu d'être absorbée par le tissu, retourne dans l'organisme.

Lainages. — Les tissus de laine se font en uni ou en croisé; ils se trouvent dans le commerce sous forme de tricot, de flanelle, de mousselines, de mérinos, de napolitaines, de cachemires, de crêpes, etc.

La flanelle, dont on confectionne les gilets dits de santé, constitue un excellent tissu pour chemises. La flanelle croisée est la plus solide, la plus convenable à cet usage.

Une femme prévoyante ne doit jamais laisser partir son mari ou son fils, à la chasse ou à la pêche, sans qu'il soit revêtu d'une chemise de flanelle, ce qui évite les transitions souvent mortelles du chaud au froid, car la sueur s'échappant par le tissu conserve toujours la peau sèche et chaude.

Les enfants, les vieillards s'en trouvent fort bien; elle devient le sauveur des personnes même robustes se livrant à une profession en plein air.

Les phtisiques, les gens atteints de rhumatismes, de bronchites, etc., en éprouvent un véritable bien-être.

Avant de se servir d'une flanelle pour la confection d'un gilet ou d'une chemise, il faut la mettre dans un baquet rempli d'eau froide, puis la retirer pour la plonger de nouveau dans l'eau chaude, afin d'en resserrer les fils; on la tord ensuite, puis on la fait sécher à l'air libre, de cette manière elle ne se rétrécit plus. Quelques personnes ajoutent un peu de savon dans l'eau chaude, nous ne croyons pas cette précaution inutile, nous la conseillons même.

La flanelle ne doit jamais se laver à l'eau bouillante, il faut seulement que l'eau soit chaude. Le savon employé sera de première qualité et au lieu de frotter l'étoffe à la main, ce qui la feutre, on la brosse en la tendant sur une planche. On rince à l'eau tiède, légèrement savonneuse et bleuie; puis on la repasse encore humide avec un fer demi-chaud, en la retendant bien sur toutes ses parties.

Les lainages étant sujets à se manger par les vers qui éclosent par suite de la ponte de petits papillons, on est obligé de les visiter souvent, de les battre et de les brosser;

puis, pour les préserver, on doit y mettre de la lavande ou quelques morceaux de camphre, en les enfermant dans un linge de toile récemment lessivé.

Pour se rendre compte de la quantité de coton que contient une étoffe, on pèse un morceau d'étoffe, soit du drap, par exemple, puis on l'effile ensuite, et on le plonge dans une capsule contenant le même poids de potasse, en remuant de temps à autre avec une baguette de verre ; ceci fait, il n'y a plus qu'à laver, la laine se dissout et le coton reste. En le pesant on sait alors combien il en est entré dans l'étoffe.

Taches sur les étoffes de laine. — Les taches de graisse sur les étoffes de laine s'enlèvent au moyen d'un chiffon trempé dans un peu d'eau alcalisée, environ un verre à bordeaux d'eau pour un petit verre d'alcali.

En frottant légèrement il se forme aussitôt une crasse que l'on enlève avec un couteau de bois ; on réitère deux ou trois fois l'opération et l'étoffe se trouve débarrassée de la crasse ; on lave ensuite avec de l'eau pure. Ce procédé est excellent pour les cols d'habits et de manteaux.

Pour les autres taches, on prépare un peu de fiel de bœuf auquel on ajoute un jaune d'œuf et un peu d'eau-de-vie. On bat le tout en mousse et on imbibe la tache que l'on lave ensuite à l'eau pure. Il faut toujours laisser sécher les lainages à l'air libre, car la laine durcit au feu.

On peut également se servir de la benzine qui donne de bons résultats.

Pour les taches de bougie, elles s'enlèvent en faisant disparaître l'excès de cire par le frottement, puis en versant sur le corps de la tache un peu d'esprit-de-vin.

On frotte légèrement et la tache dissoute par l'alcool ne reparaît plus.

Les taches de fruits résistent rarement à un lavage à

l'eau bouillante : on n'a qu'à lui faire traverser l'étoffe sans trop la mouiller.

On s'assure de la présence du coton dans une étoffe de laine en soumettant un morceau de cette étoffe à l'action d'une solution de potasse, de soude caustique ou d'alcali, substances qui ont la propriété de dissoudre les matières animales ; ce qui restera inattaqué sera du coton.

Si l'on veut au contraire dissoudre le coton au lieu de la laine, on emploiera l'ammoniure de cuivre qui, au bout d'une demi-heure, aura détruit tout le coton, pour ne laisser que la laine.

Soie. — La soie et le satin servent à une foule d'usages, et s'emploient aussi bien à confectionner des robes, des manteaux etc., que des chapeaux, des ombrelles, des parapluies, des rideaux, des meubles, etc.

Les serges, les levantines, les mousselines de laine font partie des étoffes de soie.

Le nettoyage de la soie se fait à plat ; il faut donc pour cela découdre complètement la robe que l'on désire laver. On prépare à cet effet une solution composée de 1 litre d'eau, 100 grammes savon noir, 150 grammes de miel, on fait dissoudre sur un feu doux en mélangeant le tout ensemble.

On se sert de ce liquide en y trempant une brosse douce, puis en la passant sur la soie préalablement tendue sur une planche de bois blanc bien propre, passant alternativement la brosse sur l'endroit et sur l'envers. On rince à l'eau claire que l'on renouvelle à chaque instant jusqu'à ce qu'elle ne se colore plus.

On fait sécher sans tordre l'étoffe, la laissant simplement s'égoutter, puis lorsqu'elle est encore humide, on la repasse à l'envers, avec un fer un peu chaud, en évitant tout faux pli et en retendant parfaitement l'étoffe. Elle reprend alors l'aspect du neuf, tout en conservant sa souplesse.

Il est encore une autre manière de nettoyer la soie et le satin, nous la préférons à l'emploi du savon. Elle consiste à remplacer la solution ci-dessus par un litre d'eau que l'on fait bouillir et dans laquelle on met la grosseur d'une noix de sel ammoniac.

Pour le reste on procède comme ci-dessus.

Les taches de graisse sur la soie s'enlèvent en retirant d'abord avec un couteau de bois l'excès de graisse qui pourrait encore se trouver sur l'étoffe ; puis, en saupoudrant la tache avec de la craie, réduite en poudre, on recouvre le tout d'un morceau de papier buvard, et l'on pose sur ce papier un fer bien chaud ; il ne faut pas le promener sur le papier, mais le poser simplement ; la chaleur du fer fait fondre la matière grasse qui se trouve absorbée par la craie. Il est bien entendu que l'on opère sur l'envers de l'étoffe que l'on a préalablement placée sur une table recouverte d'un morceau de laine ou de flanelle.

Velours. — Le velours est une étoffe qui se fabrique soit avec de la soie, soit avec du coton ou de la laine. Les velours servant à faire les robes, les manteaux, les confections, les chapeaux, etc., sont les velours de soie pleins.

Viennent ensuite les velours ras, les velours à ramages et les velours ciselés ornés de dessins. Le velours de coton, tel que le velours d'Utrecht, dont la chaîne et la trame sont en fil de lin ou de chanvre, sert pour les meubles.

Les taches de graisse sur velours s'enlèvent en posant dessus une tranche très chaude de pain grillé ; il faut éviter de frotter. Le velours se bat plutôt qu'il ne se brosse. Si l'on se sert d'une brosse, elle doit être en chiendent.

On laisse sécher naturellement le velours mouillé, sans l'essuyer ni le brosser, le poil se relève de lui-même.

Lorsque le velours a été froissé, on le relève en posant l'envers sur une plaque de tôle ou de fer (1) fortement chauffée et recouverte d'un linge de toile mouillée. On brosse légèrement à l'endroit les places où le velours a été froissé et il reprend son aspect primitif.

FOURRURES

Les fourrures jouissent toujours d'une très grande vogue; leur prix élevé contribue puissamment à ce succès.

Le renard noir, le castor, l'astrakan, etc., ne s'étalent plus seulement sur les manteaux, sur les jaquettes, ils envahissent maintenant les robes et les sorties de bal qu'ils garnissent du haut en bas.

Conservation des fourrures. — Les fourrures ne se coupent pas aux ciseaux; on ne peut proprement les diviser en morceau qu'en coupant la peau sur son envers avec un canif.

La fourrure dont on se sert ne se mange pas, mais aussitôt qu'on la laisse de côté, sans la porter, elle devient tout de suite la proie des *teignes* et *dermestes*, ses ennemis jurés, dont les larves naissent d'œufs presque invisibles déposés au bas des poils.

Avant de renfermer les fourrures dans des boîtes hermétiquement closes, il faut bien les secouer et les battre pour faire tomber les œufs, puis les saupoudrer de poudre de pyrèthre ou de camphre, et se garder d'y toucher pendant tout le cours de l'été.

Certaines personnes, croyant bien faire, les retirent de

---

(1) Si l'on se sert d'un fer il ne faut pas le promener sur l'envers de l'étoffe, mais faire le contraire, promener l'étoffe sur le fer.

temps en temps de ces boîtes pour les étaler à l'air ; elles commettent la plus grande imprudence en les exposant de nouveau aux atteintes des papillons et des insectes qui y déposent d'autres œufs. Ce que nous disons pour les fourrures s'applique également à tous les lainages ; une fois rangés et saupoudrés de matières insecticides, ils ne doivent plus voir le jour que pour être repris en leur saison.

Nettoyage des gants de peau. — Rien n'est plus salissant que les gants de peau et rien n'est plus coûteux que les gants neufs ; aussi conseillons-nous, pour les faire servir le plus longtemps possible, de les nettoyer avec la solution suivante : lait 250 grammes ; carbonate de soude 2 grammes. Chaque doigt étant mis sur le bâton, on les frotte tour à tour avec une flanelle imbibée du mélange ci-dessus.

Un autre procédé consiste, après avoir tendu le doigt à nettoyer sur la baguette, à passer deux ou trois fois dessus une éponge fine légèrement imprégnée de lait écrémé et de savon blanc, renouvelant souvent le lait et le savon pour qu'ils soient toujours très propres.

On laisse sécher à l'air libre, retendant de temps en temps la peau pour lui rendre sa souplesse et sa forme primitive.

Restauration et frisure des plumes. — La plume est le plus bel ornement que l'on puisse placer sur un chapeau de femme, malheureusement sa grande fragilité l'expose à une foule de désagréments, le moindre choc, le plus léger coup de vent suffisent pour la briser et lui enlever toute sa beauté. On remédie à ces accidents en dédoublant la côte médiane et en y rajoutant intérieurement une autre moitié de côte. On peut encore, au besoin, la consolider avec un fil de laiton, courant dans toute la largeur de la nervure médiane, le rattachant de distance en distance par quelques points imperceptibles. L'humidité et la pluie contribuent également à détériorer les plumes et à leur enlever la partie frisée qui les rend si légères.

Lorsque la couleur d'une plume vient à se ternir par la poussière on l'humecte doucement à l'éponge, avec de l'eau tiède et du savon blanc; puis, après l'avoir rincée à l'eau fraîche, on la sèche entre deux linges pour absorber l'humidité. On la secoue ensuite dans l'air pour la faire sécher complètement et pour en séparer les barbes.

Ceci fait, on refrise la plume en l'approchant d'un réchaud contenant de la braise allumée, ne la tenant pas trop près du feu pour éviter de la griller, mais assez pour la friser seulement.

Lorsque les plumes sont blanches, on projette sur le brasier un peu de fleur de soufre, ce qui leur rend leur première blancheur.

CHAPITRE XXI

ACCESSOIRES DIVERS COMPLÉTANT LA TOILETTE.

Corsets. — Le corset prend une très large part dans la toilette. Les temps antiques où la femme, suivant la mode, se vêtissait en patricienne ou en dame romaine, ne sont probablement pas près de revenir. On ne saurait donc apporter trop de soins au choix d'un corset afin que, tout en étant hygiénique, cet objet indispensable à la toilette d'une femme du monde soit parfait dans sa coupe et dans sa forme élégante. Il faut qu'un corset tout en amincissant la taille ne la comprime pas; qu'il laisse à la poitrine tout son développement. Ce dont il faut surtout bien se garder, c'est d'acheter un corset tout fait, car la taille prend facilement la direction qu'on lui impose, et de là viennent souvent bien des difformités auxquelles il est parfois impossible de remédier. Je ne puis donc assez répéter combien le choix d'un corset est chose difficile et grave.

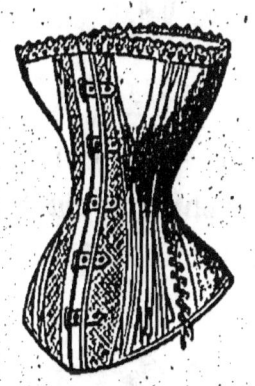

Fig. 108.

Les corsets, dans les grandes maisons, comme la maison Léoty, réunissent toutes les perfections : leurs mesures sont prises avec une telle précision que l'on est en quelque sorte moulée dans le corset sans y être comprimée;

de plus le corps se fait tout de suite et sans fatigue à cette coupe irréprochable. Une fois votre modèle et vos mesures chez votre fournisseur, vous êtes certaines de

Fig. 169.

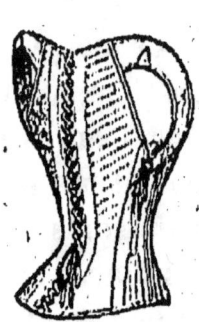

Fig. 170.

retrouver toujours à chaque commande un corset identiquement semblable au premier. La nature des étoffes employées, coutil, satin, soie, peau, etc., contribuent également à le rendre plus ou moins souple.

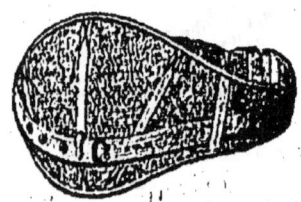

Fig. 171.

Parmi la nomenclature des corsets ordinaires il faut citer le corset se laçant sur le côté (fig. 168); le corset plastron (fig. 169), le corset ordinaire, armés tous trois de busc. Vient ensuite le corset soutien (fig. 170) pour fillettes, puis (fig. 171) la ceinture en tricot élastique écru.

CHAPEAUX

En présence de l'immense quantité de formes surgissant chaque année on est amené, après les avoir toutes attentivement examinées, à conclure qu'il n'y a pas, à proprement parler, de mode spéciale pour les chapeaux et qu'ils se rattachent à trois types fondamentaux bien différents les uns des autres, savoir : aux chapeaux à grands bords (fig. 172); à la capote (fig. 173); à la toque (fig. 174).

Chapeaux à larges bords. — La dissemblance dans les chapeaux à larges bords ne consiste que dans des détails particuliers souvent insignifiants. A l'un le bord est plus large, à l'autre, il est plus ou moins relevé, soit à droite, soit à gauche; quelquefois même, pour donner plus d'originalité, il se relève seulement derrière la tête, ou en feutrière, mais il conserve toujours, dans toutes les formes, une majestueuse visière à l'avant. A celui-ci le ruban fait le principal ornement : à cet autre, la plume le dispute aux fleurs. Simple plume, ailes, aigrettes, oiseaux, se partagent également les hauteurs du chapeau, mais la belle et grande plume reste toujours la garniture la plus habillée et la plus en vogue (fig. 173).

Fig. 172.

Fig. 173.

Qu'un chapeau soit en feutre mou, en feutre mélusine ou en paille simple, recouverte de satin, de dentelle de Chantilly ou autre, il n'en est pas moins un chapeau se rattachant au type et à la famille de notre figure 172.

Ce genre de coiffure, ridicule si la personne est de petite

taille, convient parfaitement aux personnes un peu fortes, dont la tête est plutôt ronde qu'ovale.

La **capote** (fig. 173), est de tous les chapeaux le plus habillé et le plus de cérémonie. Elle affecte une foule de formes différentes, se fait avec les velours, les satins, les failles, les dentelles. Ses couleurs s'harmonisent avec celle de la robe et varient dans toute la gamme des tons et demi-tons qu'offre la riche palette du teinturier chimiste.

Passementerie de couleur et d'or, plumes, fleurs, oiseaux, rubans, se disputent à l'envi la place principale sur ces ravissants petits chefs-d'œuvre de l'industrie parisienne.

Fig. 174.

La **capote** sied admirablement à la jeune femme : elle s'en pare pour les visites, les grandes circonstances, en un mot pour tout ce qui a un caractère public ou officiel.

La capote, ravissante sur une tête d'un ovale régulier, devient cependant grotesque placée sur une tête trop forte ou par trop joufflue.

La **toque** (fig. 174) ne va bien que portée par une jeune fille ou une très jeune femme : cette coiffure est l'ennemie jurée de la laideur ; il faut en outre, pour se la permettre, un jeu de physionomie sortant de l'ordinaire. Elle se fait en loutre, en castor, en peluche, etc. Elle comporte peu d'ornements, une simple plume, une aile, un oiseau, un ruban.

Une femme ne peut avoir moins de deux chapeaux d'été et deux d'hiver, plus serait du superflu. Lorsque la qualité en est belle, on peut, l'année suivante, leur faire subir un petit changement pour les rajeunir et les tenir au goût du jour. Chez les femmes économes un chapeau fait ordinairement les frais de coiffure de deux années.

Pose des fleurs sur les chapeaux. — Puisque nous venons de parler de fleurs, rien n'est plus simple que leur mise en place sur les chapeaux (fig. 176 et 177). Il suffit seulement d'avoir du goût, de prendre sa forme complètement nue, de la placer sur la tête, puis de chercher devant une glace la disposition la plus favorable et la plus élégante pour y jeter négligemment ces ravissants bouquets de lilas, de roses, d'acacia, d'églantine, auxquels il ne manque, pour se confondre avec les fleurs naturelles, que leurs douces et enivrantes senteurs. C'est dans ces imitations artificielles que l'art rivalise maintenant avec la nature. Traînes de roses (fig. 177), de pavots (fig. 178), bouquets de lilas, touffes et gerbes de fleurs; rien n'a plus de secret pour le merveilleux talent de nos fleuristes modernes.

Fig. 175.

Fig. 176.

Fig. 177.

Nettoyage des chapeaux de paille. — Rien ne se salit plus vite qu'un chapeau de paille au contact de la poussière et de l'humidité : il est donc bon de le nettoyer ou le faire nettoyer tous les ans. Pour les personnes qui veulent faire cette opération elles-mêmes il leur suffira de frotter légèrement la paille avec un morceau de flanelle trempé dans une eau de lessive rendue savoureuse. En cet état, on passe la flanelle sur la paille pour en enlever toutes les parties sales, puis on rince avec une autre flanelle trempée dans de l'eau pure. On éponge avec un linge sec et l'on passe la paille au soufre, en l'enfermant hermétiquement, pendant une demi-heure, dans une caisse, au fond de laquelle on a disposé préalablement un peu de soufre allumé. Cette opération terminée, il ne reste plus qu'à passer un fer chaud en intercalant entre les deux, paille et fer, une feuille de papier : le chapeau reprend alors son premier lustre.

Fig. 178.

Chaussures. — Peu ou presque rien à dire sur la chaussure, quelques recommandations seulement, car on en vend maintenant de tellement bien confectionnée dans les grands magasins qu'il est inutile de la commander sur mesure, il n'y a plus que l'embarras du choix. Depuis la botte (fig. 179), la bottine (fig. 180), jusqu'au soulier Molière ou Richelieu (fig. 181), on trouve tous les genres de chaussures dans les immenses bazars de la cordonnerie parisienne.

S'il nous est permis de donner un conseil, et les personnes qui le suivront s'en trouveront bien, c'est d'éviter de se chausser trop court ou trop étroit du cou-de-pied, car il n'est rien d'aussi pénible que de souffrir des pieds. La prison de Saint-Crépin, comme on dit vulgairement, est terrible. Je ne vous menacerai point des cors aux pieds, car il n'est nullement prouvé qu'ils soient

occasionnés par les chaussures trop petites, mais, à coup
sûr, cela doit y contribuer pour une large part : de plus,
si vous êtes affligées de ce redoutable ennemi il ne vous laisserait aucun répit après une course un peu longue.

Les bottines à haut talon occasionnent souvent des entorses, aussi, pour de longues courses, faut-il éviter de s'en servir. Elles sont également très fatigantes pour les enfants.

Fig. 180.

Rien n'est plus nuisible que le cirage pour la chaussure en chevreau, aussi faut-il bien recommander à vos domestiques de ne se servir que du noir mat spécial pour chevreau noir, et de la crème blanche pour le chevreau glacé ou le mordoré.

Une chaussure doit se gratter le moins possible au couteau, mais se brosser simplement. Lorsque par hasard elle est trop couverte de boue, avant d'entreprendre son nettoyage, on la lave avec une éponge douce, puis on la laisse sécher à l'air et non pas au feu.

Fig. 181.

L'usage des caoutchoucs présente un grave inconvénient pour la santé; aussi faut-il ne s'en servir que rarement et dans les cas de pluie, de boue ou de neige.

Par leur imperméabilité ils arrêtent la transpiration aussitôt que l'on cesse de marcher; et, si les pieds reposent sur un sol froid ou humide, ils peuvent, si l'on n'a pas la précaution de les retirer de suite, causer de graves accidents en faisant refluer brusquement le sang à la tête.

Bas. — Dans l'acquisition des bas il ne faut pas viser au bon marché, car le bon marché coûte souvent fort cher.

Ce qu'il est utile de rechercher surtout dans une paire de bas, c'est la qualité.

Le bas blanc, pour une femme, était autrefois ce qu'il y avait de plus joli ; mais, aujourd'hui, la mode les a remplacés par les bas de couleur moins salissants. Les couleurs les plus en vogue sont le noir, le rouge ou l'écossais, ainsi que les bas à raies verticales ou horizontales. D'autres couleurs se portent aussi, assorties aux toilettes de fantaisie, mais elles sont généralement peu solides comme teinture.

Les bas de coton écru ne blanchissent qu'à la longue, ils n'atteignent jamais la blancheur de ceux sortant de la fabrique. Les bas bon marché présentent souvent une couture médiane finissant à la longue par blesser le pied : aussi, lorsqu'on en fait emplette, faut-il de préférence choisir ceux qui sont travaillés au métier, d'une seule pièce, diminués à la jambe et aux pieds comme le sont ceux faits à la main. Comme longueur, ils doivent couvrir le genou.

Les bas de laine sont de tous les plus hygiéniques et les plus sains ; mais ils ne présentent pas la finesse et l'élégance des bas de coton.

Avant de mettre une paire de bas, une femme économe doit les faire garnir au talon d'une double épaisseur de coton ou de laine, suivant leur nature, pour renforcer cette partie si sujette à l'usure.

On profite de l'occasion pour y ajouter, vers le haut, deux petits cordons permettant de les accoupler par paires, pour le lavage, et de les visiter pour y faire les réparations nécessaires avant de les remettre en place.

En été, une femme changera de bas au moins tous les deux jours, même tous les jours pour peu qu'elle transpire. L'hiver, il suffit de mettre des bas propres deux fois par semaine. En changeant plusieurs fois de bas, en ne les salissant point à fond, on évite l'usure qu'occasionne le frottement d'un lavage poussé trop à fond pour les rendre propres.

Jarretières. — Nous sommes loin aujourd'hui, pour cet objet, complètement indispensable de la toilette, du luxe qu'il avait autrefois. On ne voit plus maintenant de jarretières ornées de broderies, de perles, d'agrafes, garnies de diamants et de boucles en or, en argent ou en émail. Bien qu'elles se fabriquent encore d'une foule de manières, elles sont loin de posséder une telle richesse.

Les meilleures, de nos jours, sont celles dont le tissu est élastique et souple tout à la fois. Il n'y a rien de plus incommode, de plus ennuyeux, de moins hygiénique qu'une jarretière serrant trop, car elle intercepte la circulation régulière du sang et contrarie la libre fonction des muscles. Elle rend également la marche pénible et fatigante : la sensation continuelle qu'elle fait éprouver influe souvent sur le moral.

Il faut de préférence porter la jarretière au-dessus du genou et non au haut du mollet, car, ainsi placée, elle finit par déformer la jambe et y laisser une rougeur fort disgracieuse.

Ombrelles et parapluies. — Grands ou petits, suivant la mode, la première condition à rechercher dans ces deux instruments est sans contredit la légèreté, mais une légèreté relative, n'excluant pas la solidité.

Les manches en fer sont réputés peu solides, résistant difficilement, sans se tordre, à la pression du vent.

La qualité d'une ombrelle, d'un en-cas ou d'un parapluie, consiste dans le moelleux et la souplesse de la soie, dans la monture en véritable baleine, enfin dans la solidité et le fonctionnement du ressort servant à le fermer ou à le tenir ouvert.

Nous engageons vivement les personnes dont le budget

est limité à ne mettre dans ces objets qu'une somme raisonnable, car une soie, fût-elle de première qualité, finit toujours par se couper aussi bien que le fait la soie ordinaire. C'est pour cette raison que beaucoup de personnes, dans cette acquisition, se préoccupent plus du choix du manche que de celui de l'étoffe, et en cela elles ont parfaitement raison.

Parmi la diversité des manches (fig. 182), il faut en prendre un qui soit commode à la main, n'ayant ni aspérités ni reliefs, encore moins des appliques ou des clous en reliefs, ou bien encore une pomme en métal, ce qui déchire ou salit les gants par le frottement réitéré.

Fig. 182.

Choisissez de préférence des manches en bois naturel, d'une seule pièce, ils sont toujours moins cassants que ceux dont l'extrémité est rapportée, quelle qu'en soit la nature, ivoire, écaille, etc.

Pour les élégantes qui ne recherchent pas la solidité, on fabrique maintenant des manches en ivoire factice, sur lesquels on fait graver son chiffre; extrêmement lisses, ils sont faciles et commodes à tenir à la main.

Un parapluie ou une ombrelle, au repos, ne se renferment jamais dans leur étui; il ne faut point les rouler sur eux-mêmes pour éviter que l'étoffe se coupe dans les plis; on les laisse libres et flottants, l'étui ne devant servir que pour les voyages.

Éventails. — Cet objet, utile par les grandes chaleurs, utile encore dans les réunions intimes, pour rafraîchir l'air que l'on respire et qui nous entoure, sert également de maintien à une femme; son origine remonte à la plus haute antiquité.

Fig. 183. — Éventail attribué à Boucher.

Chez les Grecs, on le désignait sous le nom de *rispis*; chez les Romains, sous celui de *fabellum*.

En Chine, cet objet de toilette fait partie intégrante du costume national. Chez les Asiatiques, présenté sur un certain plateau, l'éventail devient un instrument de supplice, indiquant au bourreau l'instant d'accomplir son œuvre.

Moins lugubre, mais non moins séditieux, l'éventail chez nous a, dans les mains de nos séduisantes mondaines, un langage mystique connu de ses initiés. Dans les mains de la candide jeune fille, il devient un accessoire aussi hygiénique que de pure contenance.

Ce fut Catherine de Médicis qui l'introduisit en France, sous le règne de ses fils. Sous celui de Louis XV, il devient le complément obligé de la toilette des dames de la cour. Nos plus grands artistes ne dédaignèrent point de consacrer leur pinceau à la décoration de ces coquets objets du luxe féminin. La mode, dans le grand monde, est encore aux éventails anciens, et c'est dans les soirées, dans les bals ou au théâtre que se développent et s'étalent à l'envi, dans un lascif abandon, les ravissantes peintures de Boucher (fig. 183), les fines dentelles ornées des œuvres de nos miniaturistes les plus en renom (fig. 184).

Les éventails en ivoire ou en bois, repercés à jour, avec incrustation en argent ou en or (fig. 185), sont également fort à la mode, de même que ceux garnis de plumes.

Dans les classes aisées, il n'est pas une femme qui n'ait son éventail; les grands magasins de nouveautés, les maisons spéciales, emploient à cette fabrication de nombreux ouvriers et en inondent l'Europe entière.

Portraits, sujets historiques, scènes de genre, pastorales, paysages, fleurs, oiseaux, papillons, insectes, etc., sont les sujets de prédilection consacrés à l'ornementation de la gaze, de la soie, du satin et du vélin, recouvrant ces ravis-

Fig. 184. — Éventail de la marquise de Pompadour.

Fig. 185. — Éventail de la reine Marie-Antoinette.

sants bijoux, derrière lesquels s'abritent, pour cacher l'incarnat colorant leurs joues, ou pour rire à l'aise, tant de belles et malicieuses jeunes têtes.

Les bois de couleur, de santal, la nacre, l'ivoire, l'écaille, apportent aussi la richesse et la rareté de leur matière à la fabrication des éventails, de même que la plume, car il s'en fait en toutes sortes de matières.

CHAPITRE XXII

DENTELLES ET BIJOUX.

La dentelle, ce tissu fin, léger et délicat, parsemé de fleurs au fuseau, avec un fil de lin, de soie ou d'or, occupe depuis plusieurs siècles une place importante dans les annales de l'industrie italienne, de l'industrie française et de celle des Flandres. Sous Louis XIV, ne la vit-on pas étaler ses imperceptibles réseaux sur les blanches épaules des La Vallière, des Fontanges, des Montespan, des Maintenon et autres dames de la cour. Ne fut-elle pas l'ornement du costume des nobles seigneurs et la parure des abbés musqués et galants du xviii° siècle? Sous la Régence, ne vient-elle pas rehausser de son luxe l'éclat et la beauté des Pompadour et des Dubarry? De nos jours, ce précieux travail artistique, rivalisant de prix avec le diamant, ne devient-il pas, par ses irrésistibles charmes, le sujet de bien des convoitises? Il n'est pas une corbeille de mariée, sans quelques mètres de véritable dentelle.

Robes de bal, de soirée et de ville, robes et bonnets de baptême, chemises, mouchoirs, plastrons, etc., s'en couvrent à l'envi.

Il n'est pas jusqu'aux objets secondaires, sur lesquels on en voie s'étaler les corolles épanouies de ses fleurs ornementales et courir ses multiples enroulements : chapeaux (fig. 173), ombrelles (fig. 186), sachets, taies d'oreiller, abat-jour (fig. 187), etc., viennent également lui servir de fond pour en faire ressortir toute la finesse et l'éclat.

La vraie dentelle est en fil de lin tandis que l'imitation est en coton.

Comme on juge mieux sur la vue d'un dessin que par des descriptions toujours incomplètes, nous avons cru devoir présenter à nos lectrices quelques échantillons de ces produits, ils leur seront plus utiles à consulter que tous les détails techniques que nous pourrions donner sur leur

Fig. 186.

genre de fabrication et la nature de leur dessin.

Voici d'abord la dentelle de Flandres, dite de Bruxelles, représentée par deux échantillons (fig. 188 et fig. 189).

Trois personnes différentes concouraient à leur fabrication : l'une exécutait le fond, l'autre la fleur, faite au fuseau, une troisième la brodait en l'attachant au fond à l'aide d'un cordonnet fin et régulier.

Les dentelles de Malines (fig. 190), diffèrent de celles de Bruxelles en ce qu'elles sont fabriquées tout d'une pièce au fuseau, et que les

Fig. 187.

contours des fleurs sont cernés par un fil posé à plat.

Les dentelles de Valenciennes sont en tout semblables à celles de Malines ; elles ne s'en distinguent que par le tissu du fond dont le point est triangulaire.

244 LE LIVRE DE LA FEMME D'INTÉRIEUR.

Le point d'Alençon (1), dit point de Venise ou point Colbert (fig. 191), ne se fait presque plus aujourd'hui : il ne

Fig. 188. — Application de Bruxelles. Fleurs faites aux fuseaux et appliquées sur tulle.

Fig. 189. — Application mêlée de point à l'aiguille.

Fig. 190. — Dentelle de Malines.

Fig. 191. — Point d'Alençon.

(1) Voir l'*Histoire du point d'Alençon depuis son origine jusqu'à nos jours*, par madame G. Despierres. 8 pl. hors texte et 7 vignettes, 1 vol. in-8°, 276 p. Librairie H. Laurens, 6, rue de Tournon, Paris.

diffère de la dentelle de Bruxelles que par son fond et ses fleurs qui se font entièrement à l'aiguille. On l'emploie plutôt pour les objets de toilette que pour l'ameublement.

La véritable dentelle de Chantilly (fig. 192), qui est noire,

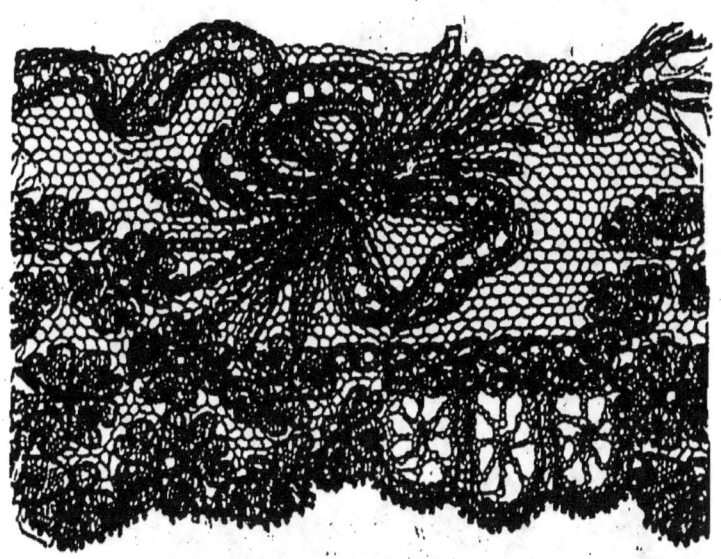

Fig. 192. — Chantilly.

est devenue fort rare : elle se fabrique maintenant au métier, on la reconnaît facilement de celle faite à la main par la régularité de son réseau.

La blonde (fig. 193), n'est autre chose qu'une dentelle en fil de soie, d'une grande finesse, dont la douceur et l'éclat sied parfaitement aux personnes un peu brunes quand elle est de couleur noire, et aux blondes lorsqu'elle est blanche.

RÉPARATION DE LA DENTELLE.

Blanchissage des dentelles. — La dentelle se blanchit en la faisant tremper pendant vingt-quatre heures dans de l'huile d'olive; au bout de ce temps on la retire pour la plonger (en l'enfermant dans un petit sac de toile), dans une solution très épaisse d'eau de savon bouillante, et ce, pendant quinze à vingt minutes. On rince à l'eau tiède et l'on

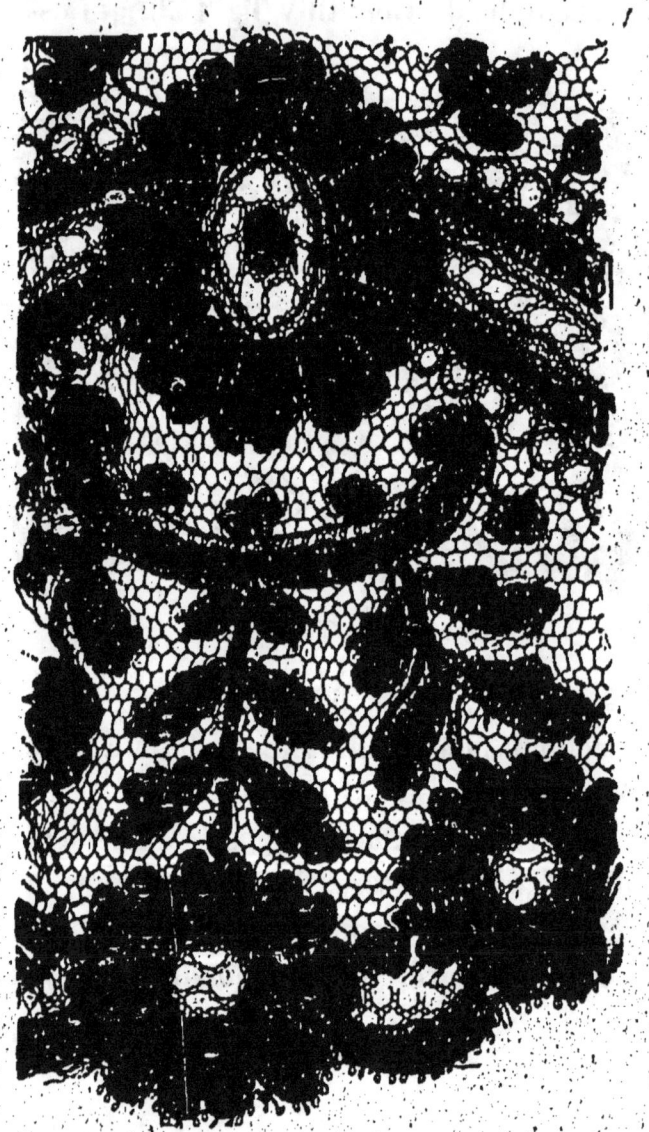

Fig. 103. — Blonde.

passe ensuite le sachet dans de l'eau légèrement amidonnée. Cette opération terminée, on retire les dentelles du sac pour les retendre sur un linge propre, posé sur une planche.

Elles se repassent étant encore humides, en les épinglant pour éviter leur retrait sous l'influence de la chaleur et de l'air.

Réparation. — Lorsque les dentelles sont déchirées, il est préférable d'en confier la réparation à des personnes s'occupant spécialement à ce genre de travail, plutôt que de s'exposer à perdre le tout par un raccommodage défectueux.

BIJOUX ET ORFÈVRERIE

Nous séparerons la bijouterie de l'orfèvrerie parce que ces deux arts, bien que se complétant mutuellement, sont cependant bien différents l'un de l'autre.

La bijouterie met en œuvre les matières d'or, d'argent, de doublé, etc., pour confectionner des parures; tandis que la joaillerie, elle, ne vient à son tour que pour enrichir la matière précieuse travaillée par la sertissure et le montage des diamants, des pierres, des perles, et de toute une série de cabochons unis, taillés, gravés ou sculptés. La bijouterie peut se passer de la joaillerie, mais cette dernière ne saurait tirer aucun parti de ses pierres sans le secours du bijoutier.

L'orfèvrerie, elle, dite jadis *grosserie*, ne s'occupe que de la fabrication en or ou en argent de la vaisselle plate et des couverts; ainsi que de tous les instruments et ustensiles se rattachant au culte religieux.

L'usage de porter des bijoux a, de tout temps, flatté la vanité humaine; aussi, en remontant à travers les âges, trouvons-nous la trace de leur apparition à l'époque où l'art est encore à l'état rudimentaire; c'est-à-dire aux temps préhistoriques. On les rencontre à l'âge de la pierre sous forme de colliers, de perles et d'anneaux en or, que portaient les hommes, comme signe distinctif de leur toute-puissance. Les Égyptiens n'eurent-ils pas de merveilleux bijoux? les colliers en or et en bronze des Étrusques ne sont-ils pas de véritables trésors du genre? Les agrafes, les pendants d'oreilles des Grecs; les médaillons des Romains, les épingles, les fibules, les riches colliers et bijoux des Mérovingiens ne prouvent-ils pas tout le prix que les peuples anciens attachaient à cet art merveilleux?

La bijouterie n'est autre que la parure du vêtement dont elle est le complément indispensable. Ce n'est pas à un transport d'une imagination féminine, surexcitée par la coquetterie, qu'il faut attribuer son origine, comme on serait tenté de le croire, mais bien à l'homme qui s'en revêtit avant elle, comme nous venons de le dire.

Si l'art de la bijouterie a fait des progrès énormes dans la manière de travailler, de sertir et monter les pierres précieuses; si elle a su donner à la forme des bijoux un caractère réellement artistique, constituant l'idéal du beau, elle n'a en rien modifié les formes anciennes : ce sont toujours les mêmes anneaux ou bagues, ornées d'un chaton, les mêmes chaînes, les mêmes boucles d'oreilles, colliers, bracelets, agrafes, dont nous retrouvons le type primitif chez les peuples de l'antiquité.

Puisque nous sommes amené à parler de pierres précieuses, il ne sera pas sans quelque utilité pratique de donner ici leur nomenclature, car rien n'est plus pénible pour une femme que de se trouver en présence d'un bijou sans pouvoir déterminer son nom et la nature de sa pierre.

On donne le nom de pierres précieuses à des productions naturelles que l'on trouve enfouies dans la terre.

De toutes ces pierres, le diamant est la plus dure, la plus pure et la plus brillante. Le diamant jette des feux étincelants reflétant toutes les couleurs du prisme. Il est formé de carbone pur, mais il n'est pas toujours incolore ; il y en a des jaunes, des verts, des bleus et des roses.

Louis XVIII en possédait un de couleur noire, espèce la plus rare.

La taille du diamant se fait de plusieurs manières et prend différents noms suivant sa taille.

Il y a le brillant (fig. 194), le demi-brillant (fig. 195), la rose (fig. 196).

Le brillant (fig. 194), se distingue par sa table du dessus taillée soit à 8 ou à 12 pans ; sa partie inférieure, nommée culasse, possède des facettes taillées en nombre égal.

Fig. 194.

Le *brillant double* possède 64 facettes.

Le *demi-brillant* (fig. 195) est plat ; il n'a pas de culasse. Cette forme est très usitée en Orient.

Fig. 195.

La *rose* est plate dessous (fig. 196), sa pierre saillante se compose d'une couronne en forme pyramidale, ayant ordinairement six facettes, puis d'une dentelle formée de petites facettes placées au-dessous de la couronne.

Fig. 196.

C'est avec des brillants ou des roses que se fabriquent aujourd'hui ces ravissantes parures formant des diadèmes, des colliers, des rivières, des broches, etc., représentant des fleurs, des papillons, des insectes, des oiseaux (fig. 197) ou des reptiles : spécimens que l'on voit étalés aux vitrines des grands bijoutiers parisiens.

Parmi les autres pierres précieuses, il faut ranger :

Le *rubis*, venant immédiatement après le diamant : il est d'une couleur rouge sang, projetant une lumière artificielle. On le trouve en Orient.

Le *grenat*, dont la couleur rouge foncé, tirant sur le violet, se rapproche beaucoup de celle du rubis et passe par toutes les nuances de ce ton, suivant le lieu où on le trouve, qu'il provienne de Syrie, du Tyrol, de la Bohême ou de la Hongrie.

L'*émeraude*, moins estimée que le grenat, est une

Fig. 107.

pierre de couleur que l'on trouve rarement pure ; elle se taille ordinairement en carré et se monte à jour. C'est la pierre qu'on imite le mieux, aussi faut-il se méfier de celles qui sont montées sur chaton plein.

L'*améthyste*, de couleur violette, s'utilise dans la joaillerie pour les bagues, les broches, les boucles d'oreilles, etc. On s'en sert aussi dans l'ameublement, la glyptique la transformant en camées par la gravure.

La *topaze* présente une couleur jaune d'or, translucide. Lorsqu'elle est d'un jaune plus foncé, ou lui donne le nom de topaze brûlée ; elle provient du Brésil.

L'*aigue-marine* est d'un blanc verdâtre, semblable à l'eau de mer. Elle se monte en bijoux, colliers et parures : elle sert également pour la gravure des camées ou des intailles (1) : elle est bien passée de mode aujourd'hui.

D'autres pierres, opaques de leur nature, servent aussi à l'ornementation des bijoux. Ce sont :

La *turquoise*, d'un bleu très clair ;

Le *lapis-lazuli*, d'un bleu foncé très pur ;

La *malachite*, de couleur verte, à veines de différentes nuances.

Il y a encore une foule d'autres pierres, dont l'emploi est maintenant très rare pour les bijoux.

A notre époque, où le progrès rivalise par l'art avec la nature, quelques industriels peu consciencieux se sont ingéniés d'assembler, par le collage, deux petits diamants ensemble, dont la forme, par trop plate, aurait été de nulle valeur, pour en former un seul dont la grosseur inusitée vient augmenter considérablement le prix.

Cette fraude déloyale ne peut malheureusement se constater que par un homme du métier, aussi recommandons-nous, lorsque l'on fait acquisition de diamants, de ne s'adresser qu'à une personne dont l'honorabilité soit bien établie.

Il faut également, lorsque l'on fait acquisition de diamants, les examiner attentivement à la loupe, par transparence, pour s'assurer de leur parfaite limpidité : chercher à voir s'ils n'ont aucune teinte colorée en voilant la pureté, ni aucune tache noire, que l'on nomme *crapaud*, leur enlevant une partie de leur valeur.

Un diamant d'une belle eau, c'est-à-dire d'une limpidité

---

(1) L'intaille est le contraire du camée : C'est une gravure en creux dans la pierre, tandis que le camée est une gravure en relief.

parfaite, possède toujours par lui même une valeur réalisable.

Nettoyage des diamants. — Il n'existe qu'une seule manière de bien nettoyer les diamants : elle consiste à tailler en pointe l'extrémité d'une allumette et à la tremper dans un peu d'ammoniaque pour en frotter la pierre.

Cette substance, en enlevant la graisse déposée sur la pierre, lui rend son brillant primitif.

On passe ensuite le bijou à la peau de daim, et l'or, momentanément terni, recouvre son poli.

On se sert aussi, pour nettoyer l'or, du rouge à polir, dit rouge d'Angleterre, que l'on emploie à sec, au moyen d'une brosse spéciale nommée brosse à bijoux : on essuye ensuite l'excès de rouge avec la peau de daim.

CHAPITRE XXIII

DEVOIRS DE LA FEMME ENVERS LA SOCIÉTÉ.

Si les exigences de la mode imposent à la femme les multiples changements de toilette que nous venons de décrire, ce n'est assurément pas pour la tenir reléguée entre les quatre murs d'un appartement. Le contact de la société lui crée de véritables obligations auxquelles elle ne saurait se soustraire sans manquer aux règles les plus élémentaires du savoir-vivre et de l'étiquette : elle est donc astreinte à une foule de visites.

Les visites entretiennent les relations et cimentent l'amitié. Elles sont de plusieurs natures, et peuvent se diviser en différentes catégories, régies par les lois spéciales de l'étiquette :

Les *visites officielles*, sont celles qu'exige la hiérarchie administrative, civile ou militaire ; elles se font de fonctionnaire à fonctionnaire. Quelquefois les femmes y prennent part : elles deviennent alors de véritables visites de cérémonie et ne doivent durer que dix ou quinze minutes au plus. Elles se font à la femme du fonctionnaire de l'administration dont dépend le mari.

Les *visites de cérémonie* sont toujours de courte durée et se font ou se rendent exactement dans les huit jours. Elles s'adressent à des personnes qui vous ont rendu service ou à celles que l'on a rencontrées plusieurs fois dans le monde, et auxquelles on a été présenté. On doit encore une visite de cérémonie à la famille de laquelle on a reçu une lettre d'invitation pour assister à un mariage.

Le sujet de conversation de ces visites roule souvent sur les événements du jour ; il faut toujours se tenir dans les généralités pour ne froisser personne.

Les *visites de digestion* se font également dans les huit jours qui suivent un dîner, une soirée ou un bal, quand bien même, étant invité, on n'aurait pu y assister pour quelque cause que ce soit.

Il y a encore les *visites de noces.*

Ce sont celles que font les jeunes ménages, quelque temps après leur mariage. Quelquefois ils sont accompagnés de la mère d'un des deux époux; leur durée s'établit sur le degré d'intimité.

Les visites intimes n'ont d'autre étiquette que celle basée sur la plus ou moins grande amitié régnant entre les personnes. Une invitation, même d'une personne à laquelle on n'a pas été présenté, exige tout de suite une carte avec ces mots : « Mille remerciements ». On la remet au domestique qui la porte à la maîtresse de maison.

Visite de relevailles. — Lorsque l'on a été prévenu par le père de l'enfant, ou que la lettre de faire part a été envoyée par les parents de Bébé, on doit tout de suite faire une visite ; mais il n'y a que les personnes intimes qui doivent monter voir la malade et y séjourner le moins de temps possible. Les autres prennent des nouvelles de la mère et de l'enfant et déposent leur carte entre les mains du domestique ou de la femme chargée de recevoir (1).

---

(1) A propos des *Lettres de naissance*, on s'est souvent livré à de charmantes fantaisies, cela donne matière à exercer ses talents si l'on est

Visites pour prendre congé. — Lorsqu'une personne vient à quitter une ville pour aller en habiter une autre ou simplement pour faire un grand voyage, ses dernières visites sont dites visites d'adieu : elle ajoute à cet effet, sur ses cartes, les trois lettres d'usage P. P. C. ; ce qui veut dire *pour prendre congé;* ces visites, lorsqu'on est reçu, sont de courte durée.

Visites de condoléances. — Celles-là sont de toutes les plus pénibles; elles ne doivent se faire que six semaines au moins après un décès, durer fort peu de temps et éviter le plus possible de parler de la personne qui n'est plus, de crainte d'évoquer de douloureux souvenirs. Une toilette de deuil ou de demi-deuil est de circonstance en cette occasion.

Si l'on écrit une lettre de condoléances, il est d'usage de se servir de papier blanc et non de couleur et de la cacheter avec de la cire noire.

Nous terminons en adressant quelques recommandations particulières aux jeunes femmes exposées, par les relations de leur mari, à recevoir les visites de ses amis pendant que ce dernier est absent.

La femme doit y apporter la plus grande prudence, laisser les portes du salon ouvertes, causer fort peu, et, si le visiteur devient gênant, le congédier sous un prétexte habilement conçu.

Il est de la dernière inconvenance d'amener avec soi des enfants en bas âge dans les visites ; cela indispose la maîtresse de maison et contrarie singulièrement les visiteurs.

En entrant dans un salon, on se dirige tout droit vers la maîtresse de maison en lui faisant le salut à la mode; puis

artiste ou poète. Tout en signalant cette charmante récréation nous recommandons de ne pas en abuser.

se retournant vers l'assistance, on incline légèrement la tête.

La femme doit offrir la première la main : entre femmes, il faut attendre que la plus âgée ou celle dans la plus haute position vous offre la sienne pour y répondre, mais ne pas la devancer.

Mariages. — Il nous est impossible d'entrer dans tous les détails concernant le mariage, cela nous entraînerait trop loin de notre sujet ; cependant, nous dirons que lorsqu'on est invité à une soirée de contrat il faut éviter de mettre une robe blanche ou rose, la jeune fille fiancée devant seule porter une de ces deux couleurs ; c'est ordinairement le rose qu'elle doit adopter.

Les personnes qui sont de deuil et qui veulent assister à un mariage doivent, ce jour-là, le quitter ou s'abstenir d'y figurer. Il faut du reste être parent ou ami très intime pour accepter cette invitation.

Voitures. — L'homme, on le sait, doit toujours occuper la place de devant dans une voiture lorsqu'il s'y trouve avec des femmes. S'il n'y a que deux personnes, homme et femme, la femme se place à droite.

Une femme conduisant une de ses amies doit lui faire prendre la place de droite, surtout en voiture découverte.

La femme à qui appartient la voiture prend, s'il y a plusieurs femmes, la place de devant, à moins que son âge ou sa position ne l'autorise à agir autrement.

Lorsque l'on fait ses visites en voiture, le valet ou les valets de pied accompagnent leur maîtresse. Ils entrent dans l'antichambre et l'attendent assis. Si une personne de la société vient à passer, ils doivent immédiatement se lever quand bien même ce ne serait pas leur maître.

L'hiver, lorsqu'un cocher ou un valet de pied est sur son siège, il ne doit pas mettre de cache-nez, la maîtresse de maison doit leur fournir de grosses palatines de fourrures et des couvertures.

Il est préférable de chauffer l'intérieur de la voiture avec des boules longues, dites chaufferettes à eau bouillante, qu'avec des briquettes, quoique ces dernières soient beaucoup plus chaudes; mais elles répandent une odeur de charbon très malsaine, forçant à conserver les glaces ouvertes, ce qui est fort désagréable en hiver.

Cheval. — L'exercice du cheval est très hygiénique pour la femme, il assouplit le corps, lui donne de la grâce et de l'élégance. Une femme ne doit jamais monter à cheval sans être pourvue d'un pantalon à sous-pied qui fait partie du costume dit d'amazone. Elle a une selle spéciale pour son usage, sur laquelle elle se trouve maintenue par une simple pression de la jambe droite.

Une jeune fille qui monte à cheval pendant sa croissance, devra s'habituer à monter tantôt à droite, tantôt à gauche du cheval; mais il faut pour cela une selle particulière affectée à cet usage.

Gymnastique. — Nous ne sommes guère partisan de la gymnastique pour les jeunes filles, à moins que leur santé ne l'exige. Ce n'est pas pruderie de notre part, mais parce que les exercices des échelles, des barres parallèles et autres attirails grossissent énormément les articulations des mains, et que rien n'est plus laid qu'une forte main. Chez la femme, la main fine et délicate est un véritable cachet de distinction révélant presque toujours une éducation soignée dès l'enfance.

CHAPITRE XXIV

LESSIVE DU LINGE.

Dans les petites villes de province, chez les gens riches comme dans la classe moyenne, on a l'habitude de faire la lessive chez soi, et c'est, je vous l'assure, une grande préoccupation pour la maîtresse de maison. Il y a maintenant bien des exceptions à cette ancienne coutume, et pour ne pas avoir cet embarras une foule de personnes donnent maintenant leur linge à laver au dehors. A Paris, où l'espace est toujours très restreint, il n'est guère possible de laver chez soi et l'on se trouve forcé d'envoyer la bonne au lavoir ou de faire laver son linge par une blanchisseuse de profession. On ne peut agir autrement, du reste, et tout est installé pour le mieux dans ces établissements.

Pour le linge des bébés, dont la consommation est grande, on fait tous les jours de petits savonnages à la maison.

En province, dans les grandes maisons, où le linge ne manque pas, on fait la lessive une ou deux fois par an. Chez certaines personnes, bien qu'elles soient abondamment pourvues de linge, elles la font tous les deux mois, voire même tous les mois. Chez d'autres, elle se fait tous les quinze jours ou toutes les semaines; c'est ce que l'on appelle faire un petit savonnage.

Lorsque la lessive se fait à de longs intervalles, il y a une foule de précautions à prendre pour conserver le linge sale.

On doit d'abord le faire étendre au grenier soit sur des fils de fer galvanisés, soit sur des barres de bois destinées à cet usage, afin de le sécher complètement, pour éviter que le contact prolongé de l'humidité ne le fasse moisir une fois réuni en tas ou dans des paniers.

Les lainages seront l'objet d'une attention constante, car, étant sales, ils se mangent plus facilement encore que lorsqu'ils sont propres ; là ne se borne pas la surveillance du linge sale ; il faut encore le soustraire à la rapacité des animaux rongeurs, souris et rats, que l'odeur du linge sale attire et qui ne manquent pas d'y mordre à belles dents, lorsqu'ils ne poussent pas l'audace jusqu'à en entraîner une partie sous les planchers pour se faire un lit plus moelleux.

Nous ne parlons pas de l'odeur désagréable que répand cet amas de chiffons ; aussi, en présence de tant d'inconvénients réunis, engageons-nous fortement les ménagères, soucieuses de leur intérêt, à faire le plus souvent possible leur lessive : ce sera peut-être plus de dérangement, mais l'ordre et l'économie y trouveront une large compensation. Nous ne vous entretiendrons pas des anciens procédés de lessive à la cendre et au coulé ; ils sont connus maintenant de tout le monde : remplacés aujourdhui par de nouveaux appareils à vapeur (fig. 198 et 200), d'un fonctionnement régulier et d'une incontestable commodité. En même temps qu'ils présentent un avantage réel sur le temps employé ils offrent encore une économie de combustible.

Avec le système nouveau l'essangeage et le coulage du linge, si pénibles autrefois, se trouvent supprimés ; l'emploi du savon est presque nul et le linge, n'étant ni battu ni brossé, s'use bien moins. Une solution de potasse marquant de 1 à 3 degrés au pèse-lessive, suivant le degré de saleté du linge, remplace la cendre.

Les linges blancs sont d'abord trempés dans cette eau; on les retire et on les tord pour y remettre le linge de corps; puis les linges maculés de sang et les torchons tout à fait sales. La solution de potasse pour ces derniers doit atteindre 3 degrés.

Tout le linge ainsi préparé est placé dans la chaudière, en commençant d'abord par les torchons et les pièces les plus grasses; ensuite vient le linge de corps, puis le linge fin. On tasse bien tout ce linge autour des bâtons, puis on les retire ensuite pour fermer le couvercle.

Le feu mis, on le maintient en pleine activité pendant deux ou quatre heures, suivant la grandeur de l'appareil; puis il n'y a plus qu'à laisser refroidir le tout : la lessive est terminée, on procède ensuite au lavage en ajoutant dans son eau ordinaire un peu de lessive de potasse. Il faut bien se garder d'employer du savon, à moins qu'il ne reste quelque tache, alors il en faut très peu. On rince à grande eau et le linge devient excessivement blanc en séchant.

En faisant l'acquisition d'un appareil il est donné pour chacun d'eux une notice explicative entrant dans tous les détails particuliers concernant les moyens à employer pour s'en servir avec avantage et dans les meilleures conditions.

La *lessiveuse française Viville*, que le ministre de la guerre a adoptée, est une des mieux établies. Sa disposition à double cuve, bain-marie, garantit le linge contre toute crainte de le voir brûler. Pour éviter les préparations assez minutieuses dont nous parlons plus haut, on peut se procurer, sous le nom *lessive Viville*, un produit qui, supprimant savon et cristaux, rend le linge souple et blanc, lui donnant un parfum agréable.

Hygiène. — Si dans une maison il se trouve une personne atteinte d'une affection de poitrine, ou de toute autre maladie contagieuse, il faut, sans hésiter, séparer son linge sale de celui des autres, et en faire un lavage tout spécial, ajoutant quelques gouttes d'acide phénique dans l'eau de lessive.

C'est faute d'avoir observé rigoureusement cette sage précaution que se sont transmises bien des maladies dont on ignore la cause première. C'est pour cette même raison que nous sommes ennemi des lavages au dehors, car on ne sait jamais avec quel linge le sien se trouve en contact.

Mise au bleu. — Après avoir rincé et tordu le linge, on procède à la mise au bleu.

Cette opération, des plus simples par elle-même, ne réussit pas toujours très bien, cependant rien ne vient de la faute de la laveuse, mais seulement de la qualité du bleu qui est souvent très mauvais.

Fig. 108. — Lessiveuse française Viville.

On remédie à cet inconvénient en se servant d'un bleu liquide, obtenu en faisant bouillir environ 50 grammes de bois de Campêche dans un litre d'eau, et en y ajoutant ensuite 50 grammes d'alun et 5 grammes d'indigo soluble.

On continue l'ébullition, qui doit en tout durer une heure et l'on obtient, une fois filtrée, une solution liquide servant à teinter l'eau en bleu au moment d'y tremper le linge.

Pour le reste de l'opération, on procède comme à l'ordinaire.

Mise à l'empois. — Il y a deux manières d'empeser le linge : la première consiste à employer l'amidon cru ; la seconde, à se servir d'amidon cuit en y incorporant un peu de cire ; d'autres personnes y ajoutent du borax. Les objets passés à l'amidon la veille du repassage et réamidonnés le lendemain, quelques heures avant le repassage, deviennent plus fermes et plus résistants.

Une fois le linge amidonné on l'enferme dans un autre linge pour l'*épurer*.

Le linge une fois passé à l'empois se salit facilement au contact des mains, aussi doit-on le manier le moins possible, et si on le fait, que ce soit avec des mains très propres. L'amidon cru sert pour les cols, les poignets, les devants de chemises, les jupons. L'amidon cuit pour les choses claires et légères.

Repassage. — Repasser le linge est chose facile, mais le bien repasser est tout autre.

Le métier de repasseuse est du reste une profession demandant un certain temps d'apprentissage.

Nous ne ferons qu'adresser quelques recommandations aux ménagères à ce sujet.

On ne doit mouiller ou plutôt asperger d'eau que juste la quantité de linge que l'on suppose pouvoir repasser dans la même journée.

On le retend bien pour enlever les rides ou plis que le lavage et la torsion ont pu y laisser, puis on le repasse.

Les meilleurs fers sont les plus épais, ils conservent

Fig. 199.

Fig. 200. — Lavage, séchage, etc., du linge.

longtemps la chaleur. Le seul mode pour bien chauffer un fer également est d'employer un poêle spécialement destiné à cet usage. Il y en a de toutes formes (fig. 199); avec ce mode, on ne craint pas de tacher le linge et de ternir sa blancheur par la malpropreté du fer.

Ne jamais oublier, lorsque l'on retire un fer du feu, de le passer préalablement sur un chiffon pour enlever la poussière qui pourrait s'y être déposée. S'il glisse avec peine sur le linge on n'a qu'à le passer sur un tampon de cire vierge. Une couverture de coton, recouverte de serge ou de toile, tendue sur une planche ayant la forme d'un fond de baignoire, sert de planche à repasser. Placée sur deux tréteaux, elle se prête à l'introduction des jupons.

Fig. 201.

Des pieds de différentes formes, des fers à tuyauter, etc. (fig. 201), complètent l'attirail de l'atelier d'une repasseuse.

Le linge repassé doit se plier à l'endroit, chaque pièce de même nature de la même façon, pour faciliter le rangement.

CHAPITRE XXV

SOINS ET HYGIÈNE.

C'est dans l'application et l'observation rigoureuse des règles de l'hygiène que se forme, se développe, grandit et se fortifie la nature frêle et délicate de la femme. C'est aussi par une hygiène bien appliquée qu'elle parvient à conserver sa santé, à prolonger sa jeunesse, à entretenir sa beauté, tout en évitant ou neutralisant les causes des maladies héréditaires ou individuelles qui, sans ces précautions, l'empêcheraient de jouir du bienfait de la vie.

Si les excès, les intempérances, sont nuisibles à l'homme, ils le sont bien plus encore pour le tempérament de la femme : aussi doit-elle les éviter à tout prix. Il faut à sa nature sensible et impressionnable la plus grande tranquillité d'âme et d'esprit. Telles sont les conditions indispensables sur lesquelles reposent les lois de l'hygiène.

Nous ne parlerons pas, dans ce chapitre, des soins à donner à l'enfance, ayant occasion d'en parler dans la quatrième partie de cet ouvrage ; nous y renvoyons nos lectrices.

Adolescence. — Lorsque l'enfant devient jeune fille, son état exige une foule de soins particuliers qu'une mère peut seule donner à son enfant. Le changement qui s'opère prédispose le corps à contracter certaines maladies telles que la phtisie pulmonaire, les fièvres et crises nerveuses, les pâles couleurs, etc., que des soins préventifs peuvent éviter ou détourner par une alimentation sage et raisonnée; une hygiène, en un mot, prévenant tout ce qui peut échauffer et surexciter le sang; tels que les mets épicés et aromatisés, les liquides alcooliques, les exercices violents, pour suivre, un régime substantiel et tonique, prendre des distractions paisibles, promenades, travaux utiles et agréables, jeux et récréations, en rapport avec l'âge et le tempérament de l'enfant.

Les crises nerveuses, très fréquentes chez les jeunes filles, débutent souvent par un malaise général, par des bâillements et une profonde tristesse, des cauchemars, des frissons avec sensation de froid extrême ou de chaleurs insupportables; quelquefois des palpitations qu'il est difficile de vaincre et qu'il faut à tout prix combattre par tous les moyens possibles.

Si une crise survient, en attendant le médecin, il faut étendre la malade sur un matelas et dégager son corps de tout ce qui pourrait le serrer, corset, ceinture, jupons, etc. L'air pur, l'odeur de l'ammoniaque, les potions calmantes, antispasmodiques, telles que: l'eau de fleurs d'oranger, la menthe, l'éther employé à petite dose, abrègent la durée des crises sans pour cela détruire le mal qui renaît des mêmes causes et produit les mêmes effets. Souvent ces crises nerveuses disparaissent en supprimant la cause qui les fait naître, contrariété, chagrins, etc.

Le port du corset, pour les jeunes filles, fait également partie de l'hygiène. Il faut éviter d'emprisonner trop tôt ces faibles corps en voie de formation sous l'étreinte de cet étau meurtrier, auteur des premiers germes des maladies de poitrine, de cœur et d'estomac.

Nous ne nous étendrons pas sur ce sujet en ayant déjà précédemment parlé.

Il appartient donc à la mère de veiller à ce que sa fille, sous aucun prétexte, ne se serre pas trop dans son corset, à ce qu'elle ne fasse aucun effort contraire au jeu naturel de ses muscles.

Bains et ablutions. — N'envisageant ici l'usage des bains que sous leur côté hygiénique, on les divise en bains chauds et en bains froids. Les bains chauds, d'un usage presque général, se prennent en toute saison, même pendant l'hiver ; seulement il faut éviter avec le plus grand soin les refroidissements.

On ne peut se mettre dans un bain chaud que deux heures au moins après le repas et il ne doit pas durer plus d'une demi-heure.

Il ne faut pas exagérer le nombre des bains, car pris en trop grande quantité, ils finiraient par affaiblir.

On peut, sans aucun danger, prendre deux bains par semaine en été, et, un tous les quinze jours en hiver. Leur température varie entre 20 à 35 degrés, mais pas plus, car on s'exposerait alors soit à une congestion cérébrale ou à un grand affaiblissement.

Nous ferons remarquer qu'un bain, pris à une température convenable, tout en dilatant les pores de la peau, leur permet également de rejeter certaines sécrétions qui peuvent devenir nuisibles à un tout jeune enfant. Souvent, du reste, dans les bains on met des sels ou au contraire du son, suivant que la santé exige des calmants, des excitants, etc.

Les bains de mer sont aussi très hygiéniques ; ils conviennent parfaitement aux tempéraments débiles et aux personnes nerveuses ; mais ils exigent certaines précautions indispensables dont on ne saurait s'affranchir sans s'exposer à de graves inconvénients. Le bain de mer doit être de courte durée, un quart d'heure au plus. On le prend de préférence à marée montante, car il y a moins de danger. On ne doit jamais entrer dans l'eau avant que le corps se soit bien ressuyé à l'air, étant enveloppé dans un peignoir de flanelle. Ce qu'il faut surtout éviter, étant dans l'eau, c'est de se laisser surprendre par des frissons. Ce n'est que deux ou trois heures après le dernier repas que l'on peut sans crainte se mettre au bain. Le moment le plus favorable est toujours l'après-midi.

On ne peut impunément prendre un ou plusieurs bains tous les jours ; il est prudent de laisser s'écouler un jour d'intervalle entre chaque bain. On ne se baignera que quand le temps sera beau, exempt d'humidité ; c'est une erreur profonde de croire que le temps n'y fait rien ; il n'y a que les gens directement intéressés à la chose qui peuvent donner ce conseil. Au sortir du bain on se couvre tout de suite d'un peignoir et l'on regagne au plus vite sa cabine afin de bien s'essuyer et se frotter avec un linge sec, se tenant pendant ce temps, si faire se peut, les pieds dans un bain d'eau chaude.

Les cheveux seront essuyés avec soin, les laissant librement tomber sur le dos et les épaules, on procédera alors à sa toilette. Une fois celle-ci terminée, une petite promenade hygiénique rétablit la régularité de la circulation momentanément dérangée et achève de compléter le bien-être qu'à fait éprouver le bain.

Il est bien entendu que l'alimentation au bord de la mer doit être légère et peu échauffante.

Les personnes atteintes de toux, d'oppression, doivent s'abstenir aussi bien de bains chauds que de bains froids.

Les *bains de pieds*, pour la propreté, se prennent au moins une ou deux fois par semaine pendant la saison d'été ; ils doivent être de courte durée ; la chaleur de l'eau à la température du sang pour ne causer aucune impression pénible.

Ablutions. — Sous le nom d'ablutions nous comprenons le lavage partiel de toutes les parties du corps. Ces lavages n'ont pas seulement pour but la propreté elle-même, mais ils sont indispensables si l'on veut entretenir sa santé; ils dégagent la peau de la couche de crasse qui y adhère et y a été déposée par la poussière, la poudre de riz, le cold-cream, etc., qui, en pénétrant dans les pores, en obstrue et bouche les cellules, empêche la transpiration de s'opérer régulièrement et de rejeter au dehors du corps cette substance impropre à la vie dont le manque de dégagement devient le germe latent de bien des maladies.

Ce n'est pas seulement le matin que la femme doit se laver la figure et les mains, mais aussi le soir, avant de se mettre au lit. Nous conseillons d'éviter l'emploi du savon et de toutes les eaux dites de toilette et autres drogues, pour ne faire usage que de la pâte d'amande bise, amère, que l'on enferme dans un coin de la serviette pour former tampon. On se frotte la figure avec ce tampon qui, au contact de l'eau, rend un lait blanc nettoyant à merveille la peau sans en boucher les cavités. On termine par un lavage à l'eau claire, un peu tiède.

La toilette du soir est, j'ose le dire, plus utile que celle du matin, car non seulement elle enlève toutes les poudres et pommades qui ont pu servir au maquillage de la journée, mais encore toutes les poussières et impuretés des appartements et du dehors qui sont venus se coller sur la peau et former mortier sur l'épiderme.

Les ongles seront astreints aux mêmes soins; ils seront constamment entretenus dans la plus grande propreté à l'aide de la brosse et du savon. Rien n'est plus disgracieux que de voir chez une femme ce cercle noir des ongles indiquant un manque de soins et de propreté.

Rappelez-vous que la propreté chez la femme est une précieuse qualité qu'elle n'a le droit de la négliger en aucune circonstance.

Soins à donner à la tête. — L'entretien de la tête n'est point seulement une condition de propreté, c'est encore une nécessité hygiénique de premier ordre, qu'une femme soucieuse de sa santé et de sa beauté ne saurait négliger. L'humidité des cheveux est tout à fait contraire à la santé et à leur conservation : aussi doit-on, lorsque les cheveux sont rendus humides, soit par la transpiration, soit par toute autre cause, les faire essuyer et éponger, par sa femme de chambre, avec un linge de flanelle, et ne se recoiffer que lorsqu'ils sont entièrement secs.

Nous sommes peu partisan de la pommade pour l'entretien des cheveux, fût-elle composée de la *moelle de bœuf* la plus pure. Les huiles, de quelque nature qu'elles soient, sont également contraires, car, en bouchant les pores du bulbe capillaire, elles empêchent l'absorption et l'évaporation nécessaires à sa régénération.

Il est nécessaire de laver de temps en temps les cheveux avec un jaune d'œuf et du rhum, ce qui les rend brillants et souples. Le rhum, à ce que l'on dit, fortifie la racine.

L'eau pure est d'un mauvais usage pour les cheveux ; lorsque l'on éprouve le besoin de se nettoyer la tête il faut le faire avec un peu d'eau de panama : ce corps onctueux communique de la souplesse aux cheveux.

Il est très important de saupoudrer les cheveux d'une personne malade avec de la poudre de riz, car sans cela la transpiration qu'occasionne la fièvre ronge la racine et détermine leur chute. La poudre a pour but d'absorber cette transpiration et d'empêcher la racine des cheveux de séjourner dans cette sécrétion plus ou moins aqueuse ou visqueuse.

Nous ne parlerons point de la teinture des cheveux, toujours préjudiciable à la santé ; elle altère d'une manière sensible leur couleur naturelle.

Soins de la bouche. — Une femme n'est réellement belle que lorsqu'elle possède une jolie denture ; aussi le plus gracieux sourire, ne laissant point entrevoir de jolies dents perd-il la moitié de son charme : il en est de même de la plus aimable chose conçue par le cerveau, et exprimée par une bouche dépourvue de dents, ou garnie de mauvaises dents, elle ne produit que peu d'effet si l'on regarde la personne, tandis que cette même chose, sortant d'une bouche laissant entrevoir de véritables perles, produit en vous un sentiment qui charme et qui captive.

La femme ne saurait donc apporter trop de soins à l'hygiène de la bouche.

Les dents seront lavées tous les matins avec une brosse douce, pour ne pas irriter les gencives. Il est peu de personnes qui sachent se servir convenablement d'une brosse à dents, nous avons vu bien du monde la passer horizontalement sur les dents au lieu de l'employer dans le sens vertical. En frottant horizontalement on froisse la partie de gencive s'avançant en pointe et servant à relier et consolider les dents entre elles, ce qui les déchausse et finit par les ébranler. Si au contraire on procède de bas en haut, c'est-à-dire en passant la brosse à partir de la gencive à l'extrémité de la dent, on ne froisse aucunement les chairs, on n'enlève que le tartre se trouvant déposé à la naissance de la dent, au lieu de le reporter dans les interstices qui les séparent : s'en introduirait-il quelques parties, elles seraient vite débarrassées par les poils de la brosse venant s'y glisser à leur tour pour les en déloger.

Les personnes sensibles de la bouche peuvent, sans inconvénient, remplacer la brosse par une éponge.

Au sujet des poudres communément employées pour le

lavage des dents, nous préférons à toutes la cendre de cigare, triturée en pâte molle à l'aide de la glycérine ou de l'huile ou de l'essence de menthe.

L'eau de Botot, l'alcool de menthe, sont d'excellents produits : toutes les autres eaux ou poudres n'ont qu'une valeur relative et sont souvent plutôt nuisibles que bienfaisantes.

La **mauvaise haleine** provient souvent d'une affection de l'estomac, alors on la fait disparaître en supprimant la cause : si elle est occasionnée par des dents gâtées ou mal entretenues, il faut redoubler de soins, combattre cette affection par des gargarismes à l'eau-de-vie et un nettoyage à la poudre de charbon.

Le *cachou*, l'*écorce d'orange*, le *cochléaria*, la *menthe*, le *gaïac* sont des substances qui, tout en raffermissant les gencives, enlèvent la mauvaise odeur de la bouche.

Il faut également, après chaque repas, se rincer la bouche avec une eau tiède légèrement aromatisée.

Soignez-donc vos dents, mesdames, elles ne seront jamais trop belles, car avec de jolies dents vous paraîtrez toujours jeunes ; rappelez-vous surtout que si la nature vous a donné une bonne denture, ce n'est point pour l'employer comme ciseaux pour couper votre fil, ni comme tenaille ou casse-noisettes, encore moins pour lui faire faire l'office de pince pour casser et tordre toute espèce de choses, mais seulement pour diviser et broyer les aliments nécessaires à votre nutrition.

Taches de rousseur. — Les femmes qui ont des taches de rousseur sur la peau doivent bien se garder d'employer les différents cosmétiques ou onguents vantés par les journaux, car ils sont tous plus ou moins mauvais et irritants pour la peau ; ils ont le plus souvent pour base le sublimé corrosif ou le cyanure de mercure.

L'eau de lentilles, tant préconisée, produit des rougeurs et des boutons. La seule chose qui soit inoffensive et donne des résultats, quand ces taches ne sont pas inhérentes à la peau, mais accidentelles, c'est le lait d'amandes amères, préparé chez soi, que l'on renouvelle tous les jours ou tous les deux jours. On prend la crème qui se forme sur le lait et on l'étale sur la figure le soir en se couchant. (Voir LAIT VIRGINAL, p. 275).

Dépilatoires. — Rien ne semble laid sur la figure d'une femme comme ces petites touffes de poils ou ces poils follets courant çà et là, tantôt sur la joue, sur le menton, sur la poitrine, sur les bras ; aussi doit-on chercher à s'en débarrasser, mais, pour ce faire, il faut apporter de grands soins dans le choix des médicaments à employer, ainsi qu'une grande prudence dans leur usage, car ces médicaments, toujours à base vénéneuse, peuvent occasionner de véritables empoisonnements.

Un moyen simple, à peu près inoffensif, consiste à se servir d'une pommade composée de 15 grammes de chaux vive et 1 gramme d'orpin (sulfure d'arsenic) triturés avec du blanc d'œuf.

Le soir on s'enduit la figure, à l'endroit des poils que l'on veut faire disparaître, d'une couche d'huile d'olive, puis, après un séjour d'environ une heure sur la peau, on essuie bien cette huile, la remplaçant, sur l'endroit juste que l'on veut épiler, par une goutte du mélange ci-dessus en évitant de trop l'étendre. Après avoir renouvelé plusieurs fois de suite cette opération les poils finissent par tomber pour ne plus reparaître.

Chaufferettes. — L'usage de ce petit ustensile commence à se perdre chez les femmes ; ce n'est pas dommage, car le charbon ou la braise présentent bien des inconvénients : le danger du feu d'abord, puis les malaises que les gaz occasionnent. L'usage immodéré d'une chaufferette trop chaude rend les pieds sensibles, provoque aux jambes des taches éphélides qu'il est quelquefois difficile de faire disparaître. La chaufferette à l'eau bouillante remédie avantageusement à tous ces accidents, mais elle ne vaut pas, à beaucoup près, une bonne paire de pantoufles ou de souliers bien chauds.

PARFUMERIE.

Nous ne parlerons que très peu des parfums, dont nous conseillons de s'abstenir, car la plupart sont plutôt des irritants que des substances rafraîchissantes.

De tous les cosmétiques, l'eau pure est assurément le meilleur; mais il ne suffit pas toujours à éliminer de la peau la crasse qui s'y dépose, on est donc forcément amené à y ajouter des préparations chimiques lui venant en aide, dissolvant les substances grasses ou huileuses qui s'y trouvent.

Le son communique à l'eau pure un moelleux faisant du bien à la chair et la rafraîchissant.

Les *savons*, dits de toilette, contiennent toujours des principes actifs corrodant plus ou moins la peau; il serait facile de leur faire perdre cette action en y ajoutant de la marne pulvérisée et un peu de potasse, mais comme il faudrait répéter trop souvent cette opération, le savon s'usant vite, on se contente d'employer celui que l'on trouve dans le commerce et qui, en y mettant le prix, est généralement bon.

Eaux de toilette. — Parmi les eaux servant à la toilette nous recommandons l'eau de Botot; son usage, pour les soins de la bouche et des dents, est excellent.

On peut fabriquer soi-même l'eau de Botot, en faisant infuser dans un litre d'esprit-de-vin 40 grammes d'anis,

10 grammes de girofle, 10 grammes de cannelle réduite en poudre, et 5 grammes d'huile de menthe : on laisse macérer le tout pendant huit jours, puis on filtre ce mélange auquel on ajoute 5 grammes de teinture d'ambre.

L'*eau de gaïac*, pour nettoyer les dents, peut remplacer l'eau de Botot. On la prépare en faisant infuser 95 grammes de racine de gaïac dans un litre d'esprit-de-vin pendant vingt-quatre heures.

L'*eau de lavande* est encore un produit excellent dont nous conseillons l'emploi pour la toilette, mais nous croyons qu'il est préférable de l'acheter toute préparée plutôt que de la fabriquer soi-même.

L'*eau de Cologne*, d'un parfum agréable, n'est réellement bonne que dans les qualités supérieures, alors elle se vend fort cher. On peut cependant en préparer soi-même, dans des conditions avantageuses, en incorporant dans un litre d'alcool à 36 degrés, 10 grammes de chacune des essences suivantes : bergamote, cédrat, citron ; 10 gouttes de teinture de benjoin et de teinture d'ambre et 20 gouttes de néroli.

Deux ou trois heures après ce mélange il n'y a plus qu'à filtrer et à opérer la mise en petites bouteilles, que l'on ferme le plus hermétiquement possible, en entourant au besoin le bouchon avec de la cire pour éviter l'évaporation.

Un peu d'eau de Cologne appliquée sur la tempe dissipe quelquefois un commencement de mal de tête.

Lait virginal. — Le lait virginal servant à faire disparaître les taches de rousseur se compose de la manière suivante : 20 grammes amandes douces épluchées ; 5 grammes amandes amères, le tout pilé dans un mortier : ceci fait vous ajoutez 200 grammes d'eau de roses ; une fois cette émulsion terminée et filtrée à travers un linge de mousseline, vous ajoutez 1 gramme de teinture de benjoin.

Pâte d'amandes. — Cette pâte se vend toute préparée dans le commerce : pour les personnes qui désirent la faire elles-mêmes, il n'y a qu'à prendre 250 grammes d'amandes amères, que l'on fait blanchir à l'eau bouillante, pour en enlever plus facilement la peau ; puis on les pile dans un mortier pour en former une pâte, à laquelle on ajoute 40 grammes de farine de riz et 25 grammes de poudre d'iris. On incorpore à tout cela 5 à 6 grammes de carbonate de potasse dissous préalablement dans un peu d'eau de rose, et environ 10 grammes d'essence de jasmin et 10 grammes d'essence de néroli. Le tout, bien trituré, est mis en pot pour servir suivant les besoins.

Fard. — Nous n'en parlerons que pour signaler ses principes malfaisants, car il contient souvent des oxydes métalliques (sulfure de mercure) qui, en s'introduisant dans l'économie, par les pores de la peau, produisent de grands ravages sur la santé.

Son emploi a encore pour effet de détruire les couleurs naturelles que l'on possède ; il faut donc, sous quelque forme qu'il se présente, éviter de s'en servir et ne demander qu'à la nature l'incarnat que donne la santé.

CHAPITRE XXVI

VOYAGES.

Depuis que les chemins de fer ont fait leur apparition et couvert de leur immense réseau le sol de l'Europe entière, tout le monde voyage ! Il n'est plus maintenant de frontière qui, infranchissable autrefois, ne soit maintenant accessible à tous les voyageurs.

Malgré cette éclatante et pacifique victoire de l'industrie, malgré ce rapprochement entre tous les peuples, l'homme doit encore redouter son semblable !... Si les voyages sont rendus faciles à exécuter aujourd'hui, ils ne sont cependant pas exempts, aussi bien dans son pays qu'au dehors, d'une foule de périls et de dangers contre lesquels il faut se tenir constamment en garde et prêts à lutter.

En outre de la défense de soi-même contre l'inconnu, les voyages exigent encore, pour se faire dans de bonnes conditions, certaines connaissances pratiques spéciales qu'il est bon de connaître à l'avance pour éviter, étant en route, de les apprendre à ses dépens.

Nous ne parlerons point des voyages de ville à ville, d'un département à un autre ; tout le monde les a effectués et sait comment ils se font. Notre intention est de parler des grands voyages entrepris tant en France qu'à l'étranger, de ces voyages, dont les séduisantes affiches colorées s'étalent pompeusement dans toutes les gares de chemins de fer, faisant miroiter à nos yeux les somptueuses beautés de leurs sites enchanteurs, et la magnificence de l'architecture des anciens monuments les rendant si pittoresques.

En voyage il y a deux ennuis très grands : le premier, c'est la crainte de perdre l'argent avec lequel on voyage, le second, c'est de dépenser plus qu'on ne veut, parce que si l'on va dans un hôtel dont on ne connaît pas les prix, le propriétaire, peu délicat... et il s'en trouve, peut profiter de ce que c'est une dame qui voyage seule pour l'exploiter et lui demander le double de ce qu'il prend ordinairement.

Bien que nous écrivions spécialement pour les dames, les hommes pourront faire leur profit de ce que nous allons dire.

On pare au premier inconvénient de deux façons ; la première en allant dans les maisons comme le *Crédit lyonnais*, la *Société générale*, etc., et en leur demandant ce que l'on appelle des *lettres de crédit*.

Au lieu de voyager avec des espèces, on voyage avec des carnets de chèques, de sorte qu'au lieu d'avoir sur soi des milliers de francs on n'en a que quelques centaines. Voici comment se passent les choses : vous allez au guichet d'une de ces grandes maisons, vous consignez une somme équivalente à celle que vous voulez dépenser, vous indiquez les pays où vous désirez aller, et la maison vous donne, sans fixer la somme à prendre chez chacun, le nom de tous ses correspondants dans ces pays. Les correspondants, quand vous vous présentez indiquent, à la suite les uns des autres, les sommes qu'ils vous ont versées ; c'est au dernier à ne pas donner plus que ne lui garantit la maison de Paris.

Vous versez par exemple 2000 francs pour un voyage en

Algérie, vous touchez 500 francs à Alger, 700 francs à Bône, 300 à Constantine ; à Tunis, vous ne pouvez donc plus toucher que 500 francs, une somme plus élevée vous serait refusée.

La seconde façon de parer à l'inconvénient de voyager avec de l'argent évite en même temps le second ennui. Il y a deux maisons à Paris qui font cela, ce sont les *agences Cook* et *Lubin*.

COUPONS D'HOTEL.

Les voyageurs prennent un carnet contenant les noms des hôtels en correspondance avec la maison à laquelle ils s'adressent, et le tarif de chacun de ces hôtels pour le petit déjeuner, le déjeuner à la fourchette, le dîner à table d'hôte et la chambre, *service et éclairage compris*. Cela permet de faire son budget d'avance et de savoir ce qu'on dépensera par jour.

Les prix ne sont pas uniformes ; mais on peut estimer en moyenne la dépense de 13 à 15 francs par jour dans les hôtels de premier ordre, et de 10 à 11 dans ceux de deuxième ordre, étant entendu que les touristes, qui ne sont pas à la journée, ne payent que ce qu'ils y consomment, et ce, d'après le tarif.

Les coupures de différents prix, c'est-à-dire de 1 fr. 50 ; 3, 4, 5, 10 et 20 francs, renfermées dans le même carnet, représentent exactement la somme versée. Elles servent indistinctement dans tous les hôtels avec lesquels la maison est en correspondance, et celles qui n'ont pas été employées sont remboursées intégralement ; en sorte que le porteur n'utilise que ce qui lui convient, et ne se trouve nullement tenu de rester dans des hôtels qui ne seraient pas à sa convenance. C'est donc un système qu'on peut employer sans hésitation.

Les personnes qui désirent faire un séjour, peuvent obtenir des réductions de prix dans les hôtels, en y prenant complètement leur pension, et dans ce cas, on peut leur faire savoir à l'avance le prix à payer.

Ces maisons organisent aussi des caravanes. Alors, là, le programme est bien déterminé et c'est à elles de faire connaître les conditions et d'offrir le programme.

C'est très pratique pour aller loin : par exemple en Terre-Sainte, ou pour voyager dans des pays dont la langue est différente, comme le russe.

Nous n'avons aucun commentaire à ajouter : nos lectrices apprécieront les avantages qu'offrent les coupons d'hôtel, du reste un exemple :

Une dame que nous connaissons, qui entreprend fréquemment de grands voyages nous racontait, la questionnant sur la valeur de ces agences, que dernièrement, en traversant l'Italie, il lui était arrivé de coucher, elle et ses domestiques, dans un hôtel (dont nous tairons le nom), en attendant la diligence qui arrive à dix heures du soir, pour repartir à six heures du matin, et qu'en quittant cet hôtel, le maître de la maison, sachant qu'elle était munie de coupons d'une de ces agences, ne lui avait demandé que 5 francs par lit, tandis que des autres voyageurs, arrivés avec elle, n'étant pas munis de coupons, il avait exigé 20 francs par personne : et ils ont dû s'exécuter car il n'y avait pas d'autre hôtel dans l'endroit.

Lorsqu'on a beaucoup de bagages on peut prendre des omnibus spéciaux de chemins de fer. Le tarif de ces omnibus, comme le prix des billets de chemins de fer, les heures de départ, etc., sont marqués sur l'*Indicateur général des chemins de fer* ou *Indicateur Chaix*, dont on ne peut se passer. Au point de vue des renseignements artistiques et même matériels les *Guides Joanne, Conty, Baedeker*, sont excellents.

La première précaution à prendre avant d'entreprendre un voyage à l'étranger consiste à se munir d'un passeport bien en règle, suivant le voyage que l'on désire exécuter. Il ne faut pas oublier, si c'est pour l'étranger, de le faire légaliser par le ministre des affaires étrangères.

On obtient un passeport en présentant un certificat du maire de la localité que l'on habite, sur lequel est constaté votre identité et votre signalement, ainsi que le lieu où vous voulez vous rendre.

Les femmes sont, de même que les hommes, soumises à la formalité du passeport.

Son prix est de 10 francs.

Dans les villes de province, c'est par l'intermédiaire des préfets ou sous-préfets qu'on les obtient.

En voyage il est tout à fait inutile d'emporter du vin, car il surit en route. On le remplace par de l'eau à laquelle on ajoute trois ou quatre morceaux de sucre et une ou plusieurs cuillerées d'eau-de-vie : c'est une boisson saine et rafraîchissante.

La chose qui fatigue le plus l'estomac dans les voyages, c'est le changement continuel de vin dans les différents hôtels. Ajoutez à cela l'eau, qui est généralement malsaine, surtout en Italie, et vous comprendrez pourquoi les maîtres d'hôtel insistent tant pour vous faire prendre des eaux de Vals ou de Saint-Galmier, qu'ils vendent fort cher, et qui n'ont, de ces eaux, que le nom seul dont ils les baptisent.

On obvie à cet inconvénient en mettant dans son eau rougie un ou deux morceaux de sucre et une ou deux tranches de citron. Ces fruits, dans les pays chauds, se trouvent sur toutes les tables d'hôte; on a ainsi une boisson saine et très hygiénique.

Nous ne conseillons pas de manger dans les buffets des gares de chemins de fer, car, outre que cela est très coûteux, les aliments qu'on y trouve sont souvent très mauvais pour la santé : absorbés du reste avec trop de précipitation ils occasionnent de véritables malaises. Il y a donc double avantage à manger dans le train : avantage pour la santé, économie pour la bourse.

Sur presque toutes les lignes françaises les buffets se sont mis maintenant à fournir des repas moyennant la somme de 1 fr. 50. Ces repas sont exactement les mêmes que les dîners à 4 francs, seulement il y a moins de plats : ils se composent d'un potage, un plat de viande, un légume, un dessert et une demi-bouteille de vin. Cela est plus que suffisant pour le peu de temps que l'on peut y consacrer. Nous croyons ce renseignement utile à connaître pour les personnes qui, s'absentant pour quelques jours seulement, n'emportent aucune provision.

Lorsque l'on voyage dans les pays fiévreux tels que l'Italie, c'est une sage précaution d'ajouter, comme préservatif, au vin que l'on boit, un peu de quinquina. Il vaut mieux prévenir la fièvre, que d'attendre qu'elle manifeste ses premiers symptômes.

En Italie, plus on peut se loger haut dans les hôtels, mieux cela vaut pour la santé, car en s'élevant de la terre on se sépare aussi des miasmes malsains qui s'en émanent la nuit.

Au sujet du bagage nous sommes partisan d'en emporter le moins possible.

En voyage, il faut sacrifier aux capricieuses fantaisies de la mode afin de ne pas s'encombrer de caisses et de valises ; car, sur toutes les lignes de chemins de fer, celles de France exceptées, le voyageur n'a droit à aucune allocation de bagage. Il faut donc payer séparément pour leur transport et payer fort cher, je vous l'affirme.

On ne voyage pas à l'étranger avec la même sécurité que chez nous ; il faut toujours avoir l'œil sur ses bagages, et si l'on vient à s'en séparer, dame, gare à eux !

Dans certains pays on est obligé de les cacheter ou de les plomber pour les placer dans le compartiment des bagages, et malgré cette formalité remplie ils ne sont pas plus en sûreté, ils sont souvent égarés ou volés, ce qui nous amène à vous conseiller, si vous voyagez à plusieurs personnes, de n'emporter que très peu de chose, le strict nécessaire, chacun ou chacune une grande valise et une grande housse en grosse toile, dans laquelle se mettent toutes les affaires de nuit : couvertures, souliers de rechange, parapluies, peignes, brosses, etc., enfin tout ce dont on a besoin en arrivant tard et repartant de bonne heure afin de s'éviter la peine de défaire la valise.

Si l'on voyage à plusieurs personnes il est encore prudent et en même temps très économique d'emporter une valise dans laquelle on renferme les provisions de bouche ; car en Italie comme en Espagne, on ne rencontre pas de buffets dans toutes les gares et lorsqu'il y en a, ce qu'on y trouve est immangeable. Dans cette valise on met une ou deux conserves de viande, le *corned beef* est ce qu'il y a de plus sain et ce dont on se fatigue le moins ; du fromage et un litre d'eau, préparée avec du sucre et de l'eau-de-vie, comme nous l'avons déjà indiqué, ainsi qu'une gourde contenant l'alcool nécessaire pour pouvoir refaire de la nouvelle boisson.

Avant de quitter une grande ville vous achetez de nouvelles provisions; viandes rôties, chez les rôtisseurs, car il ne faut user des conserves qu'à la dernière extrémité, et lorsqu'on ne peut rien trouver en ville. Le pain et les fruits se rencontrent partout; il est donc inutile de s'en embarrasser. Gardez-vous d'oublier du sel, car sans cela les aliments sont fades et insipides à manger. La valise contiendra également un gobelet de métal, un couteau, une fourchette. Une lampe à esprit-de-vin formera le complément des ustensiles du sac à provision. Elle sert le matin pour faire le chocolat, dont on a eu soin de faire provision, et aussi, lorsque l'on arrive le soir ou que l'on repart le lendemain de grand matin, pour préparer quelque chose de chaud, car, dans bien des hôtels, on ne trouve rien à cette heure matinale où personne n'est encore levé. Si, par hasard, vous obtenez ce que vous demandez, on vous le fait alors payer trois ou quatre fois sa valeur.

En principe, c'est toujours une très grande économie en voyage de pouvoir faire soi-même son premier déjeuner du matin.

Par les grandes chaleurs, l'essence de café sert à fabriquer une boisson rafraîchissante et tonique dont quelques gouttes suffisent pour un verre d'eau.

Le compagnon inséparable d'une femme en voyage, aussi bien l'été que l'hiver, c'est la boule d'eau chaude en caoutchouc, peu encombrante lorsqu'elle est vide, car elle ressemble à un sac, elle devient fort utile et rend bien des services en maintes circonstances.

Avez-vous froid aux pieds? Vous y avez recours; les

draps de votre lit sont-ils humides? ce qui arrive très souvent dans les hôtels, la boule d'eau chaude les sèche et les réchauffe, vous évitant ainsi soit un gros rhume, soit, ce qui est plus grave, un rhumatisme.

L'eau chaude se trouve partout, et avant de monter en voiture on fait remplir sa boule. Si, pendant le voyage, elle ne sert pas pour les pieds, on la pose sur ses genoux pour se réchauffer les mains et éviter les douleurs d'entrailles.

Les personnes qui font un voyage d'agrément, de longue durée, doivent s'interdire tout voyage de nuit à moins que la chaleur du jour ne soit insupportable : alors, dans ce cas, il faut bien se méfier du froid de quatre heures du matin, et fermer toutes les glaces des voitures, pour éviter de contracter des maux d'yeux ou d'oreille, amenant une surdité incurable.

En arrivant dans une ville, il ne faut jamais prendre l'omnibus de l'hôtel dans lequel on veut descendre, surtout lorsque l'on est deux, car les fiacres coûtent bien meilleur marché : il y en a dans presque toutes les gares des grandes villes de France et de l'étranger. Cependant, si l'on ne trouve d'autre ressource que l'omnibus de l'hôtel, il faut faire son prix à l'avance, avant d'y monter, non seulement pour soi-même mais encore pour les bagages, paquets et valises, si l'on ne veut pas être écorché à l'arrivée.

Un autre inconvénient à prendre l'omnibus de l'hôtel consiste en ce que l'aubergiste vous considère comme obligé de rester chez lui et par conséquent il vous loge beaucoup moins bien que s'il craint de vous voir aller ailleurs.

Dans les pays étrangers, la première chose à faire c'est de se renseigner sur la valeur de la monnaie du pays où l'on se trouve, si on ne veut pas l'apprendre à ses dépens.

Dans certains pays, on ne rend jamais aux voyageurs le compte exact qui leur revient, à moins qu'ils ne le réclament ; dans d'autres pays, ceux qui délivrent les billets de chemins de fer ont l'habitude de demander beaucoup plus cher qu'ils ne doivent, le prix n'étant pas indiqué sur les billets. Pour se mettre à l'abri de ce genre d'escroquerie, il suffit de se renseigner auprès du maître de l'hôtel qu'on quitte sur ce que doit coûter le billet pour aller à tel ou tel endroit.

Gardez-vous bien, lorsque vous voulez visiter une ville, de vous faire accompagner par un cicerone, il vous promènera longuement sans vous laisser voir ce qui est curieux, afin de prolonger le plus possible votre séjour. Une fois qu'il s'est emparé de vous, vous avez toutes les peines du monde à vous en défaire, il s'attache à vos pas et vous fait payer horriblement cher ses services.

Le seul moyen de bien visiter une ville et de faire des excursions, c'est de s'en rapporter aux guides que nous venons de citer et de les étudier un peu à l'avance.

Une précaution à prendre en partant en voyage consiste à n'emporter que du linge neuf, mais en très petite quantité. Pour une femme trois chemises sont amplement suffisantes ; le reste doit se faire dans les mêmes proportions, car, dans tous les hôtels, on lave et l'on sèche le linge des voyageurs du soir au matin. Au retour du voyage, le linge que l'on rapporte est bon à mettre au rebut, brûlé qu'il est par les eaux mordantes ayant servi à le laver.

Comme toilette, il faut emporter sur soi une robe de laine ne craignant ni la pluie, ni le soleil ; ni trop chaude ni trop mince, mais d'une solidité à toute épreuve. Toutes les garnitures doivent être proscrites, car elles sont un sujet d'accidents et de déchirures. La couleur doit en être foncée, mais pas noire, à carreaux ou à ramages, autant que possible, pour que les taches soient moins visibles.

La valise doit contenir une seconde robe un peu plus propre, mais encore très simple, de manière à pouvoir remplacer la première en cas d'avaries ou quand on séjourne dans une ville.

Dans un grand voyage on emporte une troisième robe, en soie noire, plus habillée et ouverte, pour pouvoir assister convenablement à une fête dans le pays que l'on va parcourir ou à une représentation de gala dans un théâtre.

Si l'on va à Rome, que l'on veuille être reçu par le pape, ou assister à un des offices de la chapelle Sixtine, la robe de soie noire et la mantille sont de rigueur.

Quand on le peut, on ne doit pas se mettre en route pour un pays étranger sans s'être muni de lettres de recommandations pour les ambassadeurs et les consuls des pays que l'on doit parcourir : c'est toujours prudent en cas de difficulté quelconque. Avec ces lettres on obtient également plus facilement le droit de visiter des choses que l'on ne pourrait voir autrement.

Dans un long voyage où l'on a souvent besoin d'argent, il faut s'en faire envoyer par la maison Rothschild ou autre, dans une ville où ces maisons ont un représentant.

La manière la plus commode d'emporter de l'argent pour une femme est de coudre l'or dans différents endroits de son corset; le poids ne s'en fait pas sentir et c'est le plus sûr moyen de ne pas le perdre, de ne pas l'oublier et de n'être pas volée.

Les hommes remplacent le corset par la ceinture et ne la quittent ni jour ni nuit.

Il est très imprudent d'emporter des bijoux, surtout

lorsque l'on voyage seule, aussi bien en France qu'à l'étranger, cela attire l'attention, excite les convoitises.

Les personnes qui ne tiennent pas compte de ce salutaire avertissement s'exposent, à se voir dépouillées de tout cela, heureuses quand elles en sont quittes à si bon marché et quand leur existence n'est pas le prix de cette imprudence.

TROISIÈME PARTIE

MÉNAGE ET INTÉRIEUR DE LA MAISON

MOBILIER — ENTRETIEN — TENTURES
TRAVAUX DIVERS

CHAPITRE XXVII

DE L'INTÉRIEUR DE LA MAISON. — DU MOBILIER DANS LES
DIFFÉRENTS APPARTEMENTS.

Se créer un intérieur confortable, se le rendre agréable, n'est pas toujours chose facile à faire ; surtout lorsque la maison que l'on habite n'a pas été construite d'après des données et des plans qui auraient pu satisfaire tous ses désirs ; mais, hélas ! quel est le mortel qui, en ce monde, puisse réaliser tous ses rêves ? Force est donc de se contenter, de bonne grâce, du sort qui nous échoit, et de chercher à embellir de notre mieux la prison passagère ou plutôt le nid à l'intérieur duquel doit s'écouler tout ou partie de notre existence.

Trouver une installation toute prête, dans laquelle il n'y ait plus qu'à placer son mobilier, accrocher rideaux et tableaux, poser les tapis, etc., est assurément chose fort agréable ; mais qui peut se flatter de réussir toujours ainsi : ceux-là sont les privilégiés et les heureux.

Ne pouvant choisir, réduit la plupart du temps à se contenter de ce que l'on rencontre, faute de mieux, on éprouve, à côté de la contrariété passagère, une fois celle-ci disparue, une bien douce satisfaction et des joies toutes particulières à préparer soi-même son nid, à crépir et tapisser, comme l'oiseau, cette pièce intime et privée que l'on nomme la chambre à coucher; occupation qui ne manque pas d'un certain charme poétique et ne peut trouver de plus habile décorateur qu'une femme de goût.

C'est en effet aux trésors de son imagination inventive qu'elle a recours pour se créer ces mille petits raffinements du luxe que lui fait entrevoir la promptitude de ses sentiments artistiques.

Il existe, il faut l'avouer, une énorme différence entre une chambre meublée entièrement par un tapissier et celle arrangée et décorée par une femme adroite.

L'ameublement de la première, confié aux soins d'un homme du métier, présente une régularité classique irréprochable il est vrai dans tout son ensemble, mais d'une obséquieuse monotonie engendrée par sa banalité, tandis que celle de la femme trahit au premier aspect, dans tout ce qui la meuble et la décore, une mobilité d'idées et de pensées, une exubérance de richesses et de frivolités inhérentes au caractère essentiellement féminin.

Quelle souplesse pleine de naïveté dans l'arrangement des draperies! Quelle grâce, quel abandon, dans l'enroulement irrégulier de ces étoffes serpentant en festons plus ou moins réguliers! Quelle coquetterie raffinée, souvent pleine de prétention, dans ces nœuds de rubans servant d'embrasses aux rideaux ou retenant les plis d'une étoffe; quelle recherche dans cette housse de mousseline blanche garnie de dentelle, posée sur la table de nuit, et doublée d'étoffe de même couleur que celle de la table de toilette; quel art de tout faire en un mot, avec mille riens, avec ces banalités sans nom qui éclosent chaque jour sous le contact de ces véritables doigts de fée.

C'est dans cette chambre, composée par elle, que se reflète le tempérament de la femme, ses aspirations et ses goûts, là que, dans l'inviolable intimité de ce sanctuaire, elle

Fig. 202. — Chambre à coucher moderne.

vit et respire au milieu de ce qu'elle aime et qui la charme.

Nous n'entreprendrons pas de décrire un à un tous les meubles concourant à l'ornementation d'une chambre à coucher : il nous suffira d'en reproduire ici, dans son ensemble, un spécimen, pour donner une idée exacte de ce qu'elle doit être, que le mobilier soit en acajou moucheté, en thuya, en palissandre ou en tout autre bois, peu importe (fig. 202).

CABINET DE TOILETTE.

Attenant à la chambre à coucher se trouve placé le cabinet de toilette, meublé généralement en bois blanc. La table de toilette recouverte de mousseline blanche, avec dessous bleu ou rose, est surmonté d'une glace pour se coiffer.

Il ne faut pas oublier d'y placer plusieurs chandeliers

Fig. 203.

avec bougies, une pelotte garnie d'épingles noires et blanches. Sur une autre table se place la cuvette et le pot à eau, le verre pour les dents, en un mot tous les ustensiles et accessoires nécessaires aux ablutions. Comme compléments indispensables viennent le broc à eau, le seau en porcelaine, à soupape, pour jeter les eaux (fig. 203), le bain de pieds et le bidet, etc. Une demi-douzaine de serviettes et un torchon y sont de rigueur.

Nous ne parlons pas d'une grande glace pour se voir en pied, d'une baignoire en fonte émaillée ou en zinc, avec appareil de chauffage pour l'eau; ces objets y trouvent également leur place lorsqu'il n'y a pas de salle de bain spéciale dans l'habitation.

Des porte-manteaux pour accrocher les robes, des tablettes pour poser les cartons à chapeaux et les chaussures ; enfin une table à ouvrage, pourvue de tout ce qui est nécessaire, pour, le cas échéant, pouvoir replacer un bouton, coudre un cordon de jupe, etc., y sont de rigueur.

Chambre d'ami. — Le mobilier de cette chambre est souvent très simple, mais il faut qu'il soit d'une propreté irréprochable.

Dans cette chambre on ne doit jamais oublier de placer des allumettes et une veilleuse (les petites bougies en cire, faites pour cet usage, éclairent fort bien et évitent les taches d'huile sur les papiers de tentures).

Le verre d'eau (fig. 204), y est indispensable, ainsi que le sucre et l'eau de fleurs d'oranger. L'eau de la carafe doit être renouvelée tous les jours.

Fig. 204.

Dans les chambres d'homme on place une glace à pied pour la barbe, des cigares et des cigarettes chez les fumeurs, ainsi qu'un crachoir.

Ce que vous faites, mesdames, avec tant de plaisir, de passion et de goût, pour votre chambre à coucher, vous le ferez de même pour l'aménagement de votre salon, de votre salle à manger et de toutes les autres pièces de la maison : car c'est toujours sur vous que l'on se repose pour ce soin. Ce sera votre œuvre, vous vous incarnerez en elle, et, une fois lancées dans cette voie, vous ne vous arrêterez plus que lorsque tout sera terminé ; car, bien que plus faibles et plus délicates que nous, vous possédez ce qu'il faut pour vaincre, la persévérance ! persévérance qui donna naissance au proverbe : *Ce que femme veut, Dieu le veut*.

Nos lectrices nous sauront gré, pour ne pas augmenter outre mesure ce travail, de n'entrer dans aucun des détails particuliers concernant la transformation des appartements d'un style en un autre, ni de leur parler de la manière de les meubler suivant chaque époque ; nous leur conseillerons à ce sujet de consulter notre livre sur l'*Art de bâtir, meubler et entretenir sa maison* (1), livre dans lequel nous nous sommes occupé longuement de cette transformation et qui se rattache d'une manière directe et intime à celui de *la Femme d'intérieur*.

Pour demeurer dans l'actualité, nous resterons modernes, ne nous occupant que de ce genre d'ameublement, étudiant l'emploi de ce mobilier aussi bien dans les plus riches maisons que chez les classes moyennes et laborieuses de la société.

SALLE A MANGER.

Chez les gens riches, elle affecte quelquefois un style, une époque toute particulière, soit gothique, Renaissance, Louis XIV, Louis XV, Louis XVI, voire même Empire ; de celles-là nous ne parlerons pas, car c'est généralement l'exception ; elles ne se rencontrent que parmi les puristes respectueux des anciennes traditions.

Ce dont nous allons nous occuper, ce sera de la salle à manger moderne, telle quelle doit être à la fin du XIX° siècle.

Faire revivre l'antiquité dans ses principales productions, en reconstituer les plus beaux types, a certainement son charme et ses attraits, mais ce n'est là véritablement qu'un rôle secondaire, un rôle d'imitateurs, et les artistes de nos jours peuvent mieux que cela.

Il faut stimuler leur zèle, leur ardeur, en demandant à leur génie des créations nouvelles : vivre en un mot avec son siècle, marcher avec lui vers la conquête de l'avenir

---

(1) Un vol. in-8°, 276 p., 243 grav. Prix : 6 fr. Librairie H. LAURENS, 6, rue de Tournon, Paris.

DE L'INTÉRIEUR DE LA MAISON. 297

par la voie du progrès. Encourageons, mesdames, l'essor des productions modernes, en demandant à l'industrie, pour l'ameublement de nos appartements, ces chefs-d'œuvre qu'elle ne cesse d'étaler à nos yeux dans toutes les expositions françaises et étrangères, et qui, depuis longtemps, ont classé le génie artistique et industriel de notre belle France en tête de toutes les nations. En agissant ainsi, nous ferons voir que si les siècles passés ont eu leurs gloires et leurs richesses, l'époque actuelle ne leur cède en rien sur ce point ; qu'elle leur est même supérieure par la science de composition, par la beauté de ses tissus, par le fini et l'élégance de ses travaux ; car dans le beau mobilier chaque pièce constitue maintenant par elle-même une œuvre d'art.

Dans les belles salles à manger modernes, la croisée ordinaire, à grands carreaux blancs, est devenue de la banalité ;

Fig. 205.

elle est remplacée par de superbes verrières encadrées de cabochons en reliefs. La lumière en traversant ces verres multicolores s'enrichit elle-même de leurs nuances respectives, projette dans l'intérieur de l'appartement une douce et bienfaisante clarté qui repose la vue et fait apprécier le progrès.

Les rideaux blancs, en tulle, en gaze, en mousseline, en guipure, etc., eux aussi ont fait leur temps, cédant la place au store dit à l'italienne, dont les milliers de plis fins et soyeux, en atténuant les rayons éclatants du soleil, se colorent eux-mêmes, par transparence, de la gamme la plus chaude de leur propre ton (fig. 205).

Une simple galerie, agrémentée d'une draperie, jetée négligemment, fait l'office de rideau et sert en même temps, tout en dissimulant le haut du store, à relier le tout avec l'ensemble de l'appartement.

Les murs de la salle à manger devant servir de repoussoir, ou plutôt de fond à tout l'ensemble des objets qui viendront l'ornementer et en distraire l'uniformité, seront tenus dans une gamme de tons rompus, un peu foncés, de couleur neutre; évitant avec soin les larges rehauts noirs qui la ferait ressembler à un sépulcre.

Les boiseries conserveront leurs couleurs naturelles si elles sont faites en bois précieux: tels que l'acajou, le palissandre, le citronnier, l'érable, le noyer, le chêne ou autres bois.

Elles seront alors vernies ou cirées, mais il faut bien se garder, si l'on ne peut employer les bois de fantaisie, richement veinés, de recourir à leur imitation au moyen de la peinture, car bois et marbres, laissent toujours à désirer et le plus souvent ne rappellent en rien le naturel. Lorsque les boiseries sont faites en sapin, ou tout autre bois commun du pays, il est préférable de les peindre, sur plusieurs tons, d'une couleur unie, mate, et de les faire rehausser çà et là, très discrètement, de quelques filets noirs, rouges ou or, placés bien à propos, enlevant, par la lumière qui s'y accroche, la monotonie uniforme engendrée par la teinte mate du ton rompu (1).

(1) On donne le nom de *ton rompu* à une couleur qui n'est pas employée pure, c'est-à-dire dans sa teinte naturelle, et dont le brillant et

Aimez-vous la couleur gris perle, café au lait, chamois, isabelle, vert d'eau, etc. ? adoptez une de ces nuances pour le fond des panneaux, des portes et des lambris. Faites exécuter un ou deux échantillons de la teinte choisie sur une partie de panneau et de montant d'une des portes à peindre, placée en pleine lumière, afin de pouvoir bien vous rendre compte si les couleurs choisies vous plaisent, si la valeur et l'harmonie des tons complémentaires, servant à encadrer le fond du panneau, sont bien en rapport avec ce dernier. Procédant ainsi, le choix fixé, le travail se fera avec une régularité parfaite, sans aucun mécompte.

Il est bien entendu que si le fond du panneau est clair, le bâti leur servant d'encadrement sera plus foncé et dans une autre couleur : il en sera de même pour le chambranle. Voici, (fig. 207) un modèle d'échantillon

Fig. 206.

de couleur rouge laquée, posée sur une partie de porte, destinée à bien faire comprendre la manière de procéder pour les peintures à plusieurs tons.

l'éclat se trouvent alternés par l'addition et le mélange de plusieurs autres couleurs qui, en atténuant son éclat, la rend terne et sourde de ton, ne lui laissant plus qu'une valeur secondaire, indéterminable comme nuance.

Le fond du panneau (fig. 207, V) reçoit une couche de vermillon très pur que l'on glace une fois sec avec de la laque de garance. Pour rendre ce panneau plus léger on fera sur le bord de sa partie saillante (1) un petit filet noir. La moulure qui l'encadre (3) recevra un ton brun Van Dyck, et les demi-joncs (2 et 4) seront rehaussés par de l'or.

Le bâti sera d'une couleur foncée, composée de bleu, de noir et de brun Van Dyck, ce qui donnera un ton violet manganèse qui, sans être noir, fait admirablement valoir le vermillon. La feuillure dans laquelle battront les portes et le congé renversé (7), dans lequel s'enclavent les ferrures, se détachera en noir entre deux joncs dorés. La partie plate du chambranle (9) recevra la même teinte de vermillon glacé que les panneaux. La grosse moulure (11) se détachera en brun Van Dyck entre les deux joncs dorés (10 et 12).

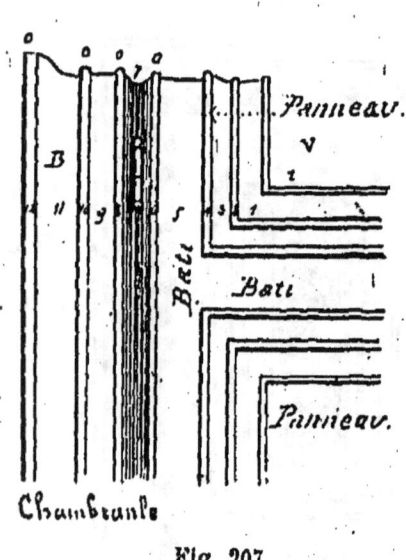

Fig. 207.

Ce genre de fond produit un très bel effet pour une salle à manger. Il est bien entendu que l'on doit varier la disposition des tons suivant la largeur et la forme des moulures (fig. 206).

Lorsque les panneaux sont peints dans des tons clairs, ils s'accommodent très bien de motifs décoratifs exécutés en camaïeu, d'une couleur assortie avec celle du fond. Ce genre de peinture est toujours très agréable à voir, il contribue fortement à égayer une salle à manger. L'espace restant libre entre les lambris et le plafond se couvre soit d'un fond uni ou décoré de peintures artistiques (fig. 208), soit d'imitations de tapisseries anciennes ou mieux encore de véritables tapisseries modernes.

Les étoffes de soie, de laine, les velours de Gênes, les cuirs de Cordoue, voire même les papiers drapés, unis, de couleur grise, verte ou rouge, y trouvent également leur emploi.

Si ces fonds sont peints à l'huile, on les couvre d'orne-

Fig. 208.

ments emblématiques ou héraldiques exécutés au poncis, se détachant en or mat, et encadrés par un sertis ou ligne noire, brune ou rouge, suivant la nuance du fond, pour les détacher de ce dernier.

C'est sur ces fonds et sur ceux en papier drapé que se détachent le mieux les objets décoratifs tels que faïences, tableaux, etc., qui ne sauraient trouver place sur les fonds historiés.

Dans les salles à manger prennent place les tableaux de nature morte, de fleurs et de fruits, de légumes, de poissons, de volailles, de gibiers, etc.

Si les murs sont divisés par panneaux, le plafond le sera également et devra s'harmoniser, comme couleur, avec celle des boiseries de l'appartement; qui, elles-mêmes, seront en rapport avec la couleur des bois et le fond des étoffes recouvrant les chaises et les fauteuils.

Ces fonds se parsèment d'étoiles d'or, de lis héraldiques ou de toute autre ornementation, mais, dans aucun cas, qu'il soit décoré ou non, il ne faut jamais laisser le plafond blanc. Le moins que l'on puisse faire est de lui donner une légère teinte uniforme rappelant celle des panneaux des portes, mais en beaucoup plus clair.

Si les murs sont tapissés de verdures ou de peintures historiées, scènes champêtres ou villageoises, paysages avec fabriques, etc., le plafond s'accommodera parfaitement d'un ciel vaporeux de couleurs tendres avec amours (fig. 208), circonscrit dans un ovale dont le contour ressortira d'un fond plus foncé se reliant avec la corniche pour dissimuler la forme carrée du plafond.

Une cheminée monumentale, en marbre ou en bois sculpté, attenant au mur, déterminant la hauteur des boiseries du pourtour fera un très bon effet, surtout si le plafond est élevé.

Une glace entourée d'un cadre, soit en chêne, soit en bois noir ou doré, suivant la nature de la cheminée, la surmontera et réfléchira à l'infini,

Fig. 209.

dans la profondeur de son tain, les feux étincelants des lumières d'un lustre garni de girandoles (fig. 209) et suspendu au plafond.

Des portières artistement drapées couperont, par leur courbe gracieuse, la rectitude géométrique des lignes droites formant l'encadrement et le chambranle des portes. Ainsi disposée, il ne reste plus qu'à compléter la salle à manger par l'installation de son mobilier.

Le meuble principal sera le buffet avec crédence un à deux corps (fig. 210), suivant la fantaisie de la personne.

Pour notre compte, nous préférons de beaucoup ceux à coins ronds, et à encoignures en poirier noir mat, avec parties vernissées, à ceux à coins carrés et aigus : on est moins sujet à s'y accrocher ou à se blesser en tournant un peu trop court. L'effet des meubles sculptés est ravissant lorsqu'ils sont placés en face du jour, sur un fond à demi foncé, sur lequel ils se détachent fort bien.

Fig. 210.

D'autres buffets à crédence et vaisselier, en vieux noyer ciré, avec vitraux et poignées en bronze nickelé, sont encore très estimés.

L'acajou moucheté, avec champ de palissandre, offre également une variété de buffet qui a bien son charme.

Les sièges, dont les formes varient à l'infini (Voir nos figures 211, 212, 213, 214), se font en rapport, comme bois et comme genre, avec celui adopté pour le buffet. Dans le choix des sièges, il faut prendre de préférence ceux à dossiers élevés et complètement unis ; ils fatiguent moins, n'endommagent pas l'étoffe des vêtements, et rendent un séjour prolongé à table moins pénible. Il est préférable qu'ils paraissent plutôt lourds que d'être trop fragiles, car rien

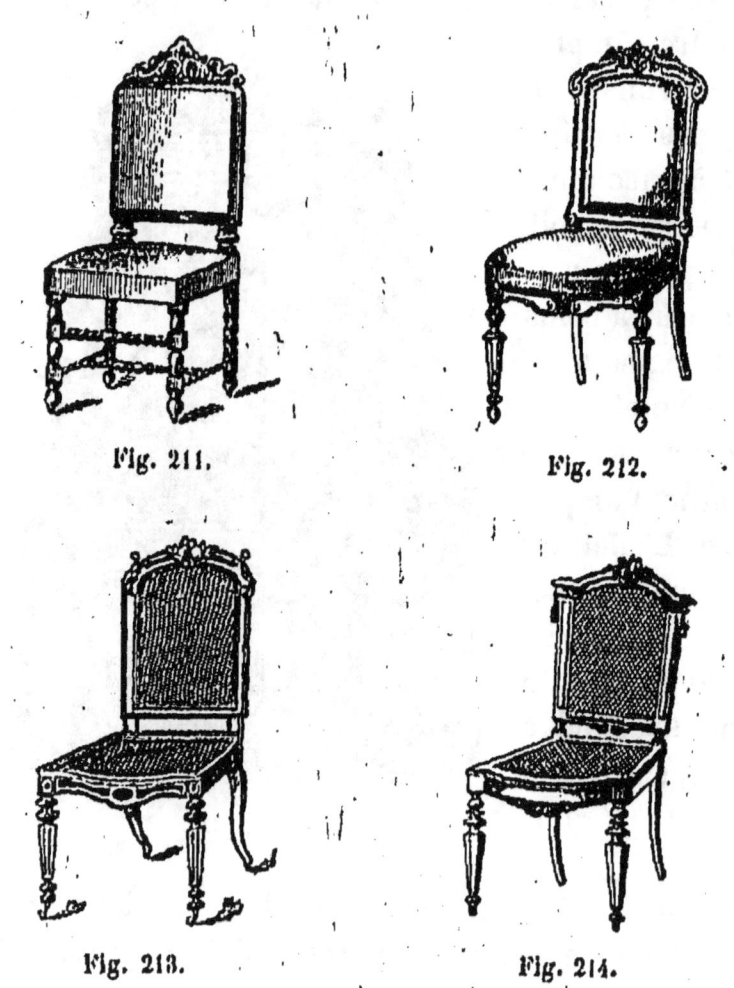

Fig. 211.   Fig. 212.

Fig. 213.   Fig. 214.

n'est plus ennuyeux qu'une chaise craquant au moindre mouvement que l'on fait.

Pour le nombre de sièges à placer dans un appartement, cela dépend de sa grandeur. Le dressoir ou table à découper (fig. 215), est le complément indispensable du buffet, dont il rappelle la forme et la nature des bois.

DE L'INTÉRIEUR DE LA MAISON.

La table ronde ou carrée (fig. 216 et 217), se fait également du même bois que le buffet. Depuis quelques années on semble préférer les tables carrées : mais si elles présentent un avantage sérieux pour la mise du couvert, elles sont, par contre, très dangereuses pour les enfants qui, en jouant, peuvent se blesser gravement à leurs coins anguleux.

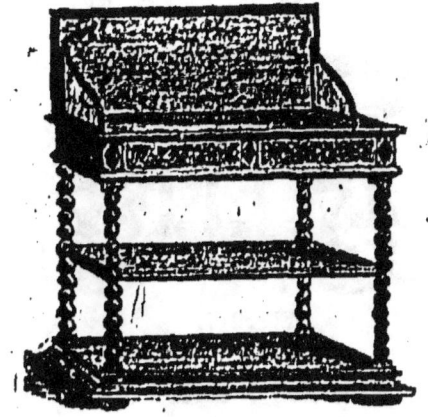

Fig. 215.

Le parquet donne également lieu à certaines dispositions particulières : s'il est beau, formé de compartiments géométriques ou en point de Hongrie, on doit se contenter de le faire mettre en cire (1) de placer un tapis couvrant seulement le dessous occupé par la table et la place des chaises (2).

Fig. 216.

Le parquet est-il défectueux, il faut faire le sacrifice d'un grand tapis en moquette pour le recouvrir entièrement.

---

(1) Dans 500 grammes dissoudre à chaud 600 grammes de cire jaune, coupée en morceaux, y ajouter en même temps 125 grammes de potasse blanche en remuant constamment. Laisser refroidir ; au moment de s'en servir ajouter un demi-litre d'eau bouillante et étendre au pinceau. Une fois sec, passer la brosse pour donner le brillant.

(2) Dans les maisons soignées, on place sur le tapis, au moment des repas, une toile en lustrine verte servant à le protéger des taches de graisse et du frottement réitéré des pieds, qui, sans cela, lui enlèveraient vite sa fraîcheur et sa couleur.

Lorsque la salle à manger est vaste et spacieuse, on la garnit dans les angles de bustes en marbre ou en bronze (fig. 218), posés sur des supports ou gaines en bois noir ciré,

Fig. 217.

car dans cette pièce, que l'on balaye plusieurs fois par jour, il faut éviter toute espèce de draperies qui, malgré tous les soins que l'on puisse prendre, se couvriraient infailliblement de poussière.

De grandes plantes décoratives posées sur des pieds en majolique, façon italienne ou espagnole, garniront le devant des croisées et constitueront, pour ainsi dire, le premier plan servant de repoussoir au panorama se déroulant à travers les vitres. Quelques bons tableaux sur les murs, une

Fig. 218.

glace ou des appliques (fig. 219), pour éclairer un panneau par trop sombre; quelques assiettes anciennes suspendues çà et là, puisque c'est la mode; mais point de ces frivolités banales exigeant un grand entretien et redoutant la casse.

Voilà le strict nécessaire de la grande salle à manger moderne : tout cela, mais rien de plus ; le reste devant être réservé pour le luxe et le confortable de la table.

Dans le buffet quelques belles pièces d'argenterie; sur la cheminée un bronze, une terre cuite ou un buste en marbre ou en biscuit, accompagné d'une paire de vases ou de candélabres et vous aurez une salle à manger riche dans son mobilier, simple et distinguée dans son ornementation, empreinte d'un cachet particulier et de bon goût.

En descendant d'un échelon l'échelle sociale, nous nous trouvons en présence de la classe bourgeoise et commerçante, des employés de diverses administrations, etc., classes les plus nombreuses de la société, qui, pour n'être pas aussi riches, peuvent cependant se passer toutes leurs fantaisies sans s'imposer pour cela aucune privation, par conséquent pouvant s'offrir, tout comme les gens très riches, le luxe d'une salle à manger confortable.

Fig. 219.

Généralement plus petite dans ses dimensions, vu l'exiguïté du local, cette pièce est par conséquent moins dispendieuse à garnir. Les meubles sont de moindre dimension, quoique restant toujours les mêmes. La seule différence, consiste dans les panneaux des portes, les lambris, etc., qui, au lieu d'être en bois naturels, ornementés de riches moulures, sont plus simples et souvent en bois plus communs. Pour les meubles en bois, nous renouvelons ici la recommandation que nous avons émise plus haut, à savoir ; qu'il est préférable, lorsqu'on en a le choix, ce qui ne coûte pas plus cher, de remplacer ces vulgaires et bâtardes imitations d'acajou, d'érable, de citronnier, de palissandre, de chêne, ou de noyer, etc., toujours défectueuses, par une peinture mate, uniforme, ton sur ton, s'harmonisant avec tous les genres de meubles.

Fig. 220.

Les étoffes, ainsi que les peintures décorant les murs, sont remplacées par des papiers imitant à s'y méprendre les moindres détails des verdures, des étoffes à ramages, des capitonnés, dont la fabrication moderne à su reproduire avec une rare et merveilleuse habileté toute la puissance ornementale et décorative.

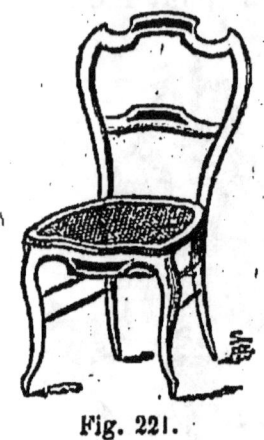

Fig. 221.

A la place des tableaux originaux des grands maîtres prennent place les copies de leurs œuvres. Il faut bien se garder, aussi beau que puisse paraître un chromo, de le faire figurer dans la salle à manger; ce serait s'exposer à une fâcheuse déception, car on rencontrerait inévitablement, un jour ou l'autre, le même sujet collé sur les murs de l'échoppe d'un savetier, ou servant de réclame dans quelque établissement public.

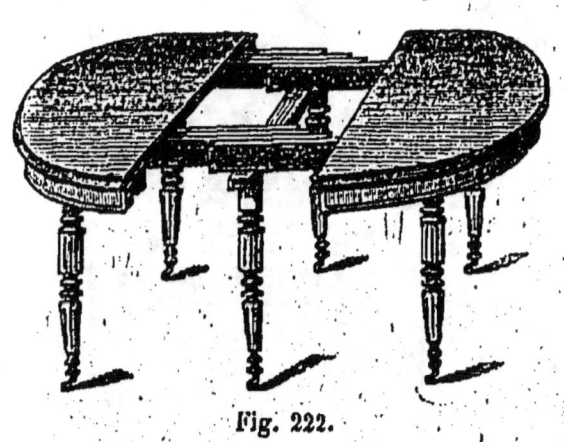

Fig. 222.

A défaut de peinture à l'huile, il vaut mieux orner les murs d'une belle gravure encadrée que d'un chromo, aussi séduisant qu'il soit.

Deux genres de mobilier sont généralement en usage dans les salles à manger ordinaires : l'un en bois d'acajou, de noyer ou autre essence, l'autre en chêne sculpté. Dans le premier, comme dans le second, les meubles sont exactement les mêmes, la nature du travail seule diffère. Il se compose d'un buffet étagère (fig. 220), en acajou verni, ou en noyer verni ou ciré, avec moulures noires, ou bien encore en chêne blanc verni, ou tout autre bois, accompagné de chaises cannées se rapportant, comme bois avec celui du buffet (fig. 221). Une table ronde, en acajou ou en noyer, avec volet et rallonges (fig. 222), complète cet ensemble que vient éclairer une coquette lampe en porcelaine

Fig. 223.

ou en métal, placée dans une suspension plus ou moins riche.

La cheminée, en marbre ou en bois peint, surmontée d'une glace, avec cadre doré, est recouverte d'une planche garnie d'une tapisserie ou de reps, ornée de filets, retenus sur le champ par une simple ou une double rangée de clous dorés ou nickelés.

C'est sur cette planche que se place la garniture de cheminée (fig. 223) : pendule, candélabres, vases en cristal ou coupes, que l'on choisit de préférence en marbre noir ou de couleur. Un tapis recouvre le plancher, qui se trouve le plus souvent dans de mauvaises conditions, c'est-à-dire en sapin, bois dont l'entretien est toujours difficile et dispendieux. Puisque nous parlons de tapis, nous conseillons d'employer ceux en linoléum de préférence à ceux en crin végétal; car ces derniers présentent une foule d'inconvénients auxquels on ne saurait se soustraire malgré tous les soins qu'on puisse prendre. La beauté et la fraîcheur de leurs couleurs passent excessivement vite, même sans piétiner dessus, rien que par l'action de l'air et de la lumière. De plus, ce sont de véritables nids à poussière. On n'a, pour s'en convaincre, qu'à soulever un coin de n'importe lequel de ces tapis et l'on verra, lors du nettoyage, de quel flot de poussière l'appartement sera inondé. Le tapis en linoléum ne coûte guère plus cher que celui en crin végétal et revient à meilleur marché par l'usage qu'il fait. Ses couleurs se conservent vives et éclatantes; un linge humide enlève complètement la poussière qui s'y dépose sans laisser aucune trace.

Fig. 224.

Rideaux aux fenêtres, quelques vases de fleurs, des plantes en pot, voilà une salle meublée prête à recevoir de joyeux convives.

Pour les personnes ayant des goûts plus artistiques elles peuvent amplement les satisfaire en adoptant le mobilier en chêne sculpté. L'industrie parisienne en fournit de très beaux modèles dans des prix relativement fort doux.

Le buffet à deux corps (fig. 224) remplace dans ce cas le buffet étagère, qui a l'inconvénient d'exiger beaucoup d'entretien, par la poussière tombant sur les objets qui le garnissent. Les pièces d'argenterie, théières, cafetières, sucriers, etc., s'y ternissent vite par l'air et la fumée, tandis que celles enfermées dans le buffet, abritées par des portes vitrées, conservent plus longtemps leur éclat. La forme des

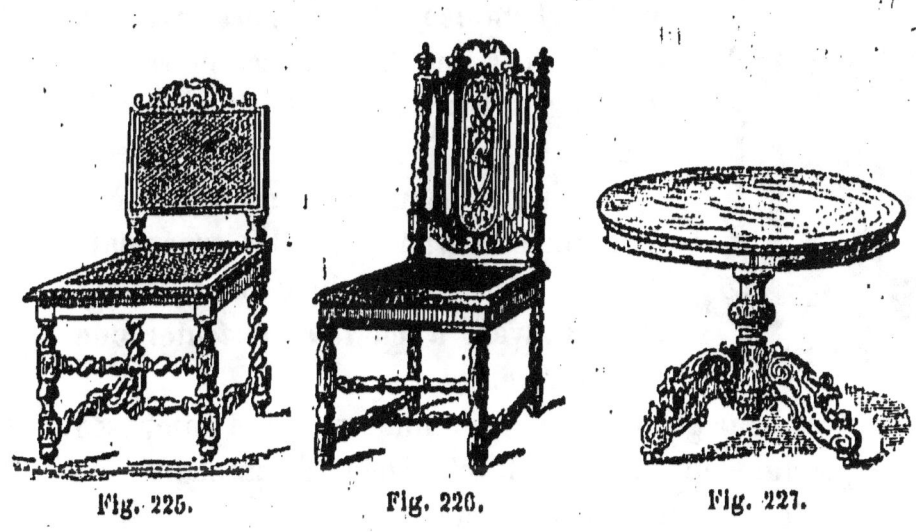

Fig. 225.   Fig. 226.   Fig. 227.

chaises varie à l'infini ; elles présentent des dossiers élevés ou bas selon le goût des personnes (fig. 225 et 226). Leur siège canné offre une grande solidité; il a l'avantage de ne pas échauffer si on y prolonge son séjour.

Les tables sculptées, dont les pieds de quelques-unes ont un véritable cachet artistique, garnissent le milieu de la pièce (fig. 227).

Depuis quelques années, comme nous l'avons dit, on semble préférer les tables carrées ; mais, dans les petites salles à manger, les rondes laissent plus de place à la domestique pour le service.

Lorsque la salle à manger est grande, on complète le mobilier par un dressoir ou table à découper (fig. 228), surmonté d'un couvercle mobile de chêne, se levant à charnière, servant à protéger de la poussière et de la casse le marbre sur lequel on découpe les viandes. Deux tablettes intermédiaires, supportées par quatre colonnes torses, sont destinées à déposer les desserts ou les tasses à café.

Ce qu'il y a de plus difficile à se procurer, c'est la glace et la cheminée en rapport avec le meuble, car ces deux pièces ne se font que sur commande, surtout la cheminée.

Fig. 228.

La glace biseautée se rencontre encore, mais sa grandeur et les ornements de son cadre sont d'une banalité qui force souvent à en faire exécuter une sur mesure.

Une très belle garniture de cheminée est celle composée d'une pendule en cuivre poli et ciselé, accompagnée de chaque côté d'un sujet en terre cuite.

Une suspension, tout en cuivre ou en nickelé, formant lustre, avec bougies, s'assortit admirablement avec le chêne sculpté.

Rien n'est plus joli, avons-nous dit, que des vitraux de couleur aux fenêtres; mais tout le monde ne peut s'offrir ce luxe. Bien des personnes qui seraient en état de le faire reculent devant cette dépense dans une maison ne leur appartenant pas : aux uns et aux autres nous allons indiquer le moyen de s'en procurer à très bon marché.

On vend, depuis peu d'années, des rouleaux de papier enduit d'un vernis transparent imitant les vitraux anciens; ils se collent simplement sur les carreaux ordinaires, en les humectant d'eau tiède : ils adhèrent parfaitement au verre et sont d'une grande solidité (1).

Pour les personnes ayant des enfants, elles parviennent aisément à préserver ces vitraux de leurs petites mains dévastatrices en recouvrant, avec un double verre, les deux premiers carreaux qui sont à leur portée, les mettant ainsi à l'abri de toute tentative. Pour peu que l'on ait du goût, que l'on soit un peu ingénieux, en découpant avec art ces motifs variés, on parvient à composer de magnifiques verrières. On donne plus de clarté dans l'appartement en enlevant au ciseau les parties opaques représentant les blancs, ce qui permet aussi de voir ce qui se passe au dehors sans être vu chez soi.

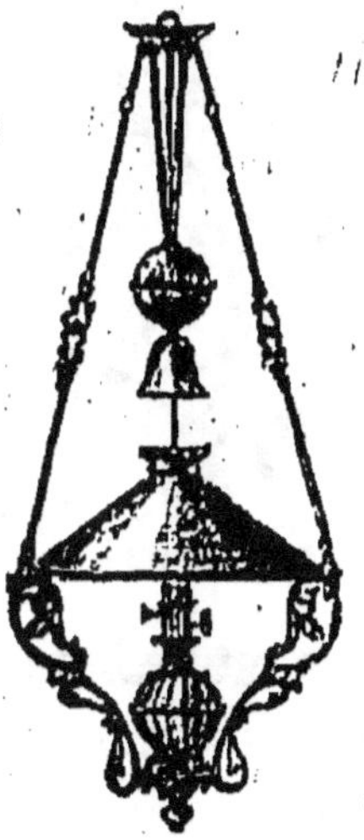

Pour les personnes qui ne veulent pas recourir à ce moyen, on fabrique maintenant d'admirables petits rideaux de fantaisie en tulle fond noir, avec application de broderies en couleur à la main, qui font également très bon effet.

Fig. 229.

Le **baromètre** sculpté (fig. 230), si utile, si souvent consulté après le déjeuner, pour savoir si l'on peut sans crainte se risquer au dehors sans parapluie ou ombrelle, trouve également sa place dans cet ensemble agréable et quelque peu artistique, que vient compléter toute une série d'assiettes en vieux rouen, moustiers, nevers, delft, etc., suspendues contre les murs.

Dans un tel milieu le plafond ne saurait rester blanc : il faut le teinter légèrement soit dans un ton chamois, soit d'une nuance café au lait clair fort claire. S'il n'existe pas

(1) Depuis trois ans que nous avons expérimenté dans notre véranda ce genre de simili-vitrail tout est encore dans un parfait état : humidité, soleil, rien n'y a fait.

de corniche pour l'encadrer, on en simule une fausse par une bande plus foncée relevée sur le bord extérieur par un filet d'un rouge vif.

Après un tel énoncé, on s'aperçoit bien vite que la seule différence existant entre une salle à manger très riche et une salle à manger ordinaire ne réside que dans la qualité des étoffes de tentures, l'exécution des boiseries; dans la valeur des tableaux les ornant, dans la rareté des matériaux et le fini des meubles.

La salle à manger de l'artisan, de l'ouvrier, c'est sa cuisine : aussi doit-elle toujours être tenue dans le plus grand état de propreté. Des meubles en bois blanc ou cirés, un buffet, une table, des chaises, voilà le nécessaire.

Fig. 230.

Des murs blanchis ou jaunis à la chaux, avec soubassement d'un mètre de hauteur peint à l'huile, remplacent le papier de tenture. Des rideaux en guipure ou en mousseline brochée, quelques portraits en photographie, des chromos, des dessins exécutés par les enfants, leurs diplômes ou médailles encadrées, ainsi que les brevets qu'ils ont pu obtenir, tapisseront les murs et donneront à ce séjour un cachet de propreté, de gaieté, le rendant agréable, le faisant aimer de ceux qui l'habitent.

SALON

Le salon est toujours la plus belle pièce de la maison, et celle assurément la plus richement meublée : cela se conçoit aisément, puisque c'est là que se reçoivent toutes les

DE L'INTÉRIEUR DE LA MAISON.   315

visites, là que l'on passe les après-midi et les soirées ; c'est, en un mot, la pièce de réception officielle. Un salon exige par lui-même de la gaieté ; il lui faut par conséquent beaucoup de lumière : des panneaux ou des tentures de couleurs claires, des boiseries peintes en plusieurs tons : lilas clair, mauve, vert d'eau, rose pompadour, etc., le tout mêlé de dorures et de rehauts vifs et éclatants.

Les grands panneaux produisent un effet charmant lorsqu'ils sont ornés de vaporeuses peintures de Boucher, de Watteau, de Lancret ou autres maîtres (fig. 231). Les dessus de portes et de glaces s'accommodent à merveille des mutineries enfantines de l'immortel Boucher (fig. 208).

Fig. 231.

Copies ou originaux, peu importe, sont donc admirablement à leur place dans le salon et y remplacent avantageusement les étoffes de tenture. Les fleurs ornementales, peintes dans des tons flous et nacrés, mêlées à quelques attributs tels que pipeaux, musette, tambour de basque, etc., font également un ravissant effet sur les panneaux des portes,

Une corniche richement ornementée, avec reliefs en carton pierre, sert d'encadrement à un plafond formant ciel, dans lequel génies, amours et oiseaux, prennent joyeusement leurs ébats.

Une cheminée en marbre, surmontée d'une grande glace de Venise (fig. 232); entre deux fenêtres ou de chaque côté de la cheminée ou de la porte d'entrée du salon, des appliques en cristal taillé avec monture en cuivre doré (fig. 233), ainsi qu'un lustre important suspendu au milieu du plafond (fig. 234), serviront à projeter et réfléchir dans l'appartement des milliers de jets lumineux qui en feront ressortir toute l'élégance.

Fig. 232.

Un moelleux tapis de moquette, de belles draperies comme portières et rideaux (fig. 235), feront le complément de cette coque, qu'il ne restera plus qu'à orner d'un splendide mobilier.

Fig. 233.

Entre les deux fenêtres, au-dessous d'une glace, se placera un bahut en marqueterie et écaille genre Boule (fig. 236). Près de la cheminée, un canapé d'un côté (fig. 237), les fauteuils et les chaises de l'autre (fig. 238), le tout rangé en demi-cercle, prêt à recevoir les visiteurs. Devant la cheminée, et pour empêcher le feu de tomber sur le tapis, un garde-feu en bronze doré (fig. 240). Au milieu, une table assortie avec le meuble; contre les boiseries restées libres, des chaises allant avec ce mobilier; çà et là quelques petits sièges de fantaisie (fig. 239), en bois doré ou peints, de

Fig. 234.

couleur tendre, avec filets d'or, recouverts d'un capitonné de soie bleue ou rose; enfin, du côté opposé de la cheminée, lui faisant face, un superbe piano droit ou à queue (fig. 241). Puis, comme milieu ou sur le côté, une borne à quatre places surmontée d'un vase contenant une plante ornementale et décorative (fig. 242).

Joignez à tout cela des corbeilles de fleurs, des bronzes, des terres cuites et toute la série des vases de Chine, de Sèvres, de Saxe, etc., et vous aurez le plus ravissant salon que puisse rêver une femme du monde. Nous avons omis intentionnellement de parler de la garniture de cheminée, laissant ce choix au goût toujours si pur et si raffiné de la maîtresse de maison. Pour les salons ordinaires, nous n'avons rien à dire, leur décoration intérieure et leur mobilier étant à peu près les mêmes : la seule différence réside simplement dans la qualité des étoffes de tentures, dans le fini des meubles, la beauté des tissus les recouvrant, ainsi que dans le prix élevé des précieuses matières servant à les établir.

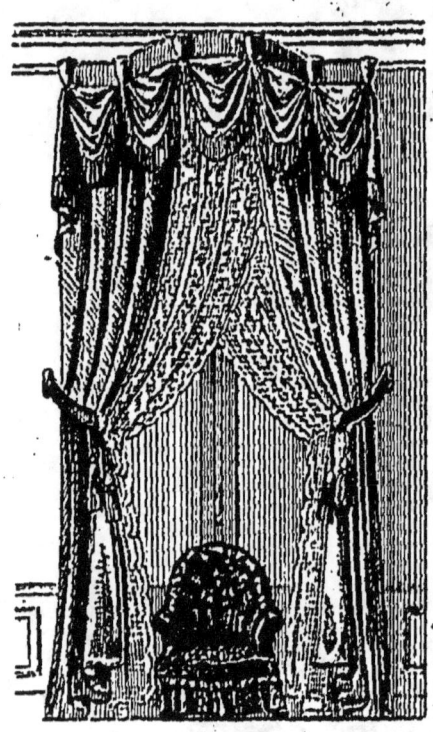

Fig. 235.

ANTICHAMBRE — VESTIBULE — VÉRANDA

Dans les grandes maisons où l'on reçoit fréquemment, l'antichambre, le vestibule ou la véranda, sont des pièces indispensables. C'est là où le valet de chambre se tient en attendant les ordres de madame ou pour recevoir les visites.

C'est encore dans une de ces pièces que demeurent les valets de pied pendant que leurs maîtres sont au salon; là qu'ils déposent les pardessus et autres vêtements que l'on s'empresse de défaire avant d'entrer dans l'appartement: là aussi, devant une glace, que la femme, avant d'entrer au salon, répare le désordre causé à sa toilette par le séjour dans la voiture, là enfin qu'elle

Fig. 236.

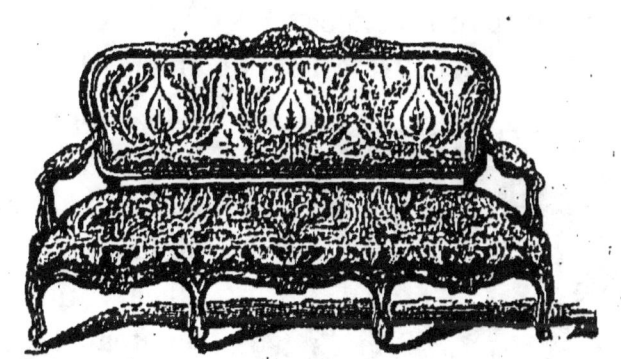

Fig. 237.

Fig. 238.

Fig. 239.

s'assure si elle peut, sans crainte de prêter au rire, se faire annoncer pour pénétrer dans la pièce de réception.

L'ameublement de cette pièce sera de la plus grande simplicité : des boiseries assez hautes, un papier foncé de cou-

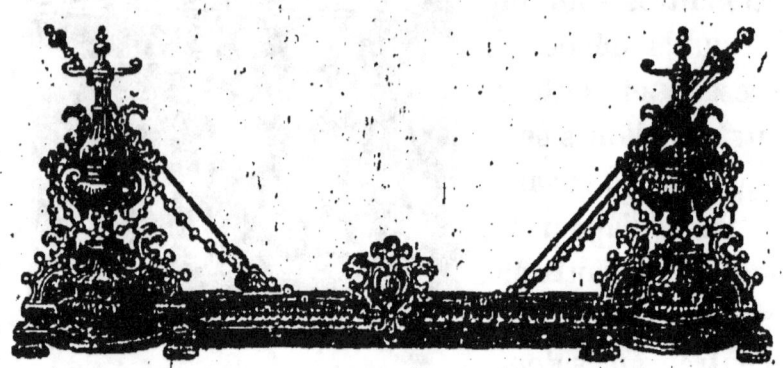

Fig. 240.

leur, à raies verticales et parallèles de préférence, pour donner plus de hauteur à la pièce.

Comme mobilier, un coffre à bois en chêne (fig. 245), ou une banquette rembourrée (fig. 246), deux chaises, une table en chêne, une glace, un portemanteau (fig. 244), et une lanterne suspendue au plafond (fig. 243), voilà le strict nécessaire : rien de plus, mais rien de moins. Il est préférable que cette pièce soit un peu sombre, le demi-jour qui y règne, reposant la vue, servira à ménager une transition favorable avec le salon dont elle fera davantage ressortir la richesse et l'éclat.

Fig. 241.

Lorsque la porte du salon donne sur une véranda, il est impossible d'obtenir cette demi-obscurité si avantageuse au salon ; alors on y remédie en l'agrémentant le plus possible de plantes vertes dont quelques-unes se suspendent à la voûte. On en place encore dans les angles, sur des fûts de colonnes, sur des guéridons et dans tous les endroits où il est possible d'en mettre sans gêner la circulation. Quant au mobilier, il reste exactement le même que celui de l'antichambre ou du vestibule. Des portières drapées à l'italienne font très bon effet dans une véranda, à condition d'employer pour cela des étoffes à grands ramages, d'un dessin bizarre et peu commun.

Fig. 242.

Lingerie. — Dans les grandes maisons on consacre une pièce spéciale à la lingerie. On établit sur tout son pourtour de vastes armoires en chêne, hermétiquement closes, afin d'empêcher la poussière d'y pénétrer, on les garnit de tablettes pour y déposer le linge que l'on y place dans le plus grand ordre.

Chaque lingère a sa manière particulière de ranger le linge, les unes consacrent une armoire spéciale pour chaque nature de linge, serviettes, torchons, draps, etc. ; d'autres le placent par rangées horizontales ou verticales, tout cela dépend de la place que l'on possède.

La meilleure manière de mettre chaque pièce en service, à tour de rôle, consiste à les disposer toutes séparément par espèce, dans le sens vertical d'une même partie d'armoire, c'est-à-dire du haut en bas (fig. 247). Entame-t-on la première case A, on continue à prendre successivement toutes les serviettes de cette case et de celles qui sont au-dessous, B et C, chacune à leur tour, jusqu'au bas de la case. S'il en rentre, venant du blanchissage, on les replace au fur et à mesure dans la case supérieure A, pour les

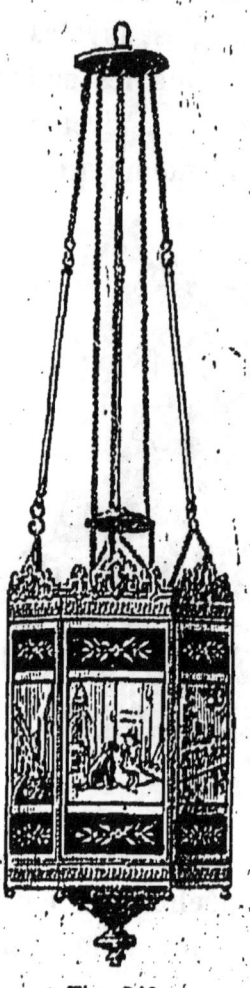

Fig. 243.

Fig. 244.

reprendre une fois la case C épuisée. Il en est de même pour les draps, les chemises, les taies d'oreiller.

Le linge des domestiques est placé dans le même ordre dans des armoires qui leur sont particulièrement affectées. Une autre armoire ne devra contenir que les linges et torchons servant aux besoins de la cuisine et une autre au linge affecté à l'entretien des chevaux et voitures.

Le mobilier de la lingerie se compose donc des grandes armoires décrites ci-dessus ; puis, d'une grande table de milieu, servant pour le repassage, car c'est là que se repasse tout le linge de la maison ; d'un poêle pour faire chauffer

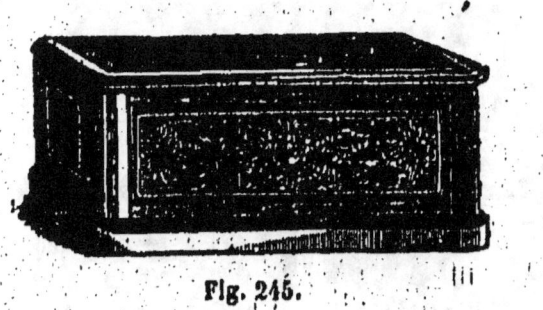

Fig. 245.

les fers, dont la forme et le système varie suivant la grandeur de la pièce et le nombre de fers à y placer (Voir II° partie, *Repassage*, page 262) deux autres tables pour poser le linge et les fers, un marchepied ou escabeau permettant

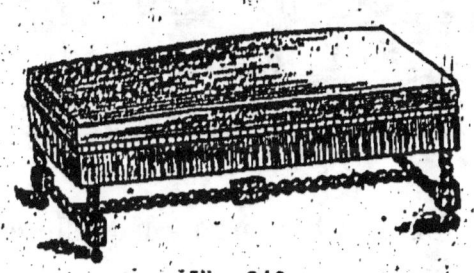

Fig. 246.

d'atteindre les tablettes du haut des armoires ; enfin, quelques chaises.

Plusieurs fils de fer galvanisé seront tendus d'un bout à l'autre de la pièce pour suspendre le linge encore humide ou mouillé.

Autrefois la lingerie était habitée par les femmes de chambre qui y allaient travailler en commun ; maintenant cet usage tend à se passer. Chaque femme de chambre aujourd'hui a son feu, sa lampe, sa machine à coudre dans sa chambre, elle y travaille en toute sécurité, sans être dérangée pour une cause ou pour une autre. La lingerie reste donc le domaine exclusif de celle qui possède le titre

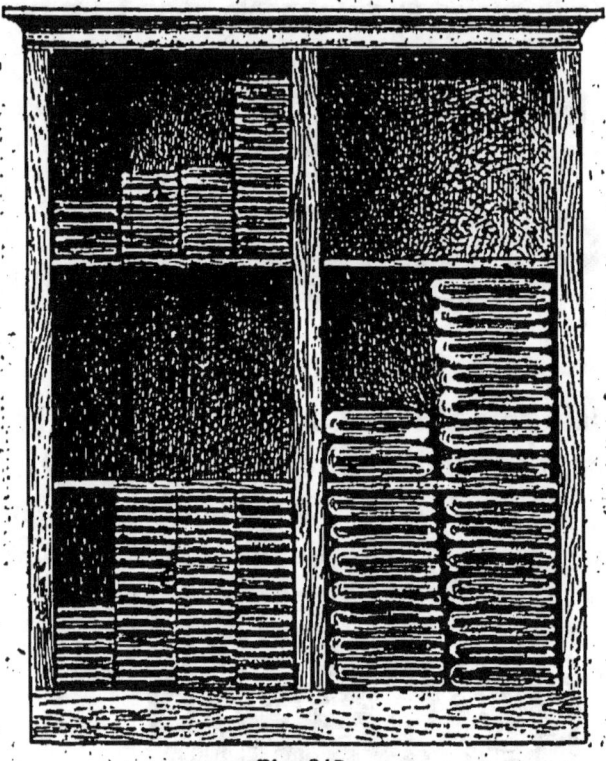

Fig. 247.

de lingère et de la femme de charge à laquelle est dévolue la mission de distribuer le linge à chacun.

Une femme de chambre a-t-elle quelque chose à déchiffonner, elle se rend à la lingerie pour le faire, là elle trouve tout ce dont elle a besoin, fers et autres accessoires.

CABINET D'AISANCES

C'est une grave question que l'établissement d'un cabinet d'aisances, dans une maison, une question qui ne laisse pas que de susciter bien des embarras. Ce cabinet, par les services qu'il rend, doit se trouver placé le plus en vue possible, pour éviter la peine de le chercher ou de le demander. Pour ce qu'il est par lui-même, pour ce à quoi il sert, cet endroit doit être placé le plus à l'écart possible, dissimulé, pour ainsi dire mystérieusement, afin de ne point attirer directement sur lui le regard : deux choses diamétralement opposées, bien difficiles à concilier ensemble, que la disposition de la maison permet seule de déterminer.

Fig. 248.

Lorsque les cabinets se trouvent placés dans l'intérieur de l'habitation il faut employer un système perfectionné avec robinet et clapet à forte pression (fig. 248), ne laissant échapper aucune odeur.

Les meilleurs systèmes sont ceux qui retiennent toujours de l'eau dans la cuvette. Ce sont ceux du reste employés dans les grands cercles de Paris.

Si les cabinets sont relégués au dehors de la maison, on peut, sans inconvénient, se servir d'un système plus simple; de celui à effet d'eau, représenté figure 249, qui remplit suffisamment le but. Lorsque les cabinets d'aisances sont placés dans la maison, il doit y en avoir un à chaque étage. Leur dimension sera assez étendue pour qu'on ne s'y trouve pas gêné. Le réservoir à eau sera placé à l'intérieur pour éviter qu'il ne gèle pendant l'hiver.

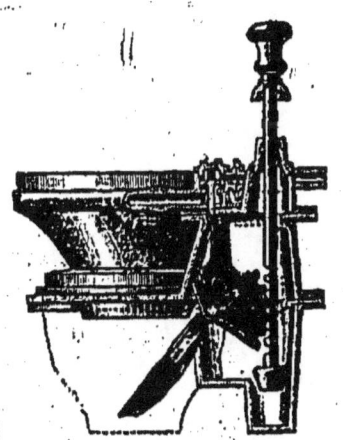

Fig. 249.

Contre le mur sera placé une fontaine; au-dessous, sur une table, une cuvette avec du savon, de l'eau de toilette, qui serviront pour se laver les mains, et des serviettes pour se les essuyer.

On y place également deux sortes de papier, du papier en rouleau et du papier de soie.

CHAPITRE XXVIII

DE L'ENTRETIEN DES DIFFÉRENTS MEUBLES. — PROCÉDÉS DIVERS RELATIFS A L'ENTRETIEN. — CHOSES ET AUTRES.

Il ne suffit pas d'orner sa maison d'un mobilier de choix, rentrant parfaitement dans ses goûts, il faut encore s'efforcer de conserver tous ces meubles dans leur fraîcheur et leur beauté première.

On ne parvient à ce résultat qu'en apportant dans leur entretien certains soins particuliers, une foule de précautions indispensables, sans lesquelles tout ce que l'on ferait serait plus nuisible qu'utile. C'est donc à un nettoyage méthodique et raisonné qu'il faut avoir recours.

Tout le monde nettoie sa maison, frotte et balaie son parquet, époussette ses meubles, les cire, etc., malgré cela, bien peu de personnes savent entretenir convenablement une maison.

Il ne s'agit pas en effet de brosser une étoffe, un meuble, de secouer une draperie, de faire briller un parquet, épousseter une garniture de cheminée, il faut encore savoir procéder avec ordre et méthode, à cette opération.

Ce que font journellement nos domestiques consiste à *nettoyer pour salir* : nettoyer un endroit pour couvrir l'autre de poussière. Le plumeau, leur instrument de prédilection, précieux pour certaines choses, devient entre leurs mains un accessoire plutôt nuisible qu'utile, servant simplement à changer de place la poussière sans la diminuer ni l'enlever de l'appartement. Le temps qu'ils ont passé au soi-disant nettoyage a donc été dépensé en pure perte, j'ajouterai même au préjudice des meubles, car plus on les frotte, pour en enlever la poussière, plus on altère leur vernis en le rayant.

Maintenant que nous avons signalé le mal il nous faut indiquer le moyen d'y remédier, le voici.

GRAND NETTOYAGE DE LA SEMAINE.

En entrant dans la pièce à nettoyer, le domestique aidé de la femme de charge ou de la maîtresse de maison, si celle-ci s'occupe elle-même de ces petits détails, fera enlever tout ce qu'il y a sur la cheminée, la pendule exceptée, puis elle fera brosser la planche ou tablette, épousseter la pendule au petit plumeau, introduisant elle-même un pinceau à longs poils dans les cavités et les ornements formés par les reliefs du bronze, pour en déloger la poussière. Les candélabres seront immédiatement nettoyés à leur tour de la même façon, puis ensuite replacés ainsi que les petits objets qui ont été bien essuyés.

Ceci fait, on recouvre sur-le-champ le tout d'un linge de mousseline, dans le but d'éviter que la poussière qui va et vient dans l'appartement, ne vienne retomber sur les objets déjà nettoyés. On procède de même pour tous les autres bibelots : terre cuites, vases en porcelaines, bronzes, etc., se trouvant sur les meubles. Ceci fait on sort tous les petits meubles pour les battre dans la cour, ainsi que les tapis, lorsqu'ils ne sont pas fixés à demeure au parquet.

On commence alors, non pas à secouer les draperies, ce qui peut les déchirer ou déranger la régularité de leurs plis, mais bien à les épousseter légèrement au gros plumeau, brossant au besoin la surface de certains plis pour en enlever à fond la poussière. On profite de la même occasion pour passer le plumeau sur la galerie. Le dessus des cadres, leur moulure du bas, reçoivent les mêmes soins, puis on laisse tomber entièrement la poussière.

Afin de ne point perdre de temps on choisit ce moment pour battre et brosser les chaises dans la cour. Au bout d'une demi-heure, tout le gros de la poussière étant tombé, avant de balayer, on passe sur le parquet un chiffon de flanelle que l'on a eu la précaution de laisser dans un endroit humide; toute la poussière s'y attache sans en laisser échapper le moindre atome; c'est autant d'enlevé de l'appartement. Il n'y a plus alors qu'à se mettre à cirer, ayant soin de retirer de temps en temps, avec le balai, en prenant les plus grandes précautions, la crasse que détache la brosse, puis on procède au nettoyage des meubles.

Si l'on se trouve en présence d'un tapis fixe, une fois le salon débarrassé de ses meubles, on sème sur ce tapis quelques feuilles vertes, soit de la vigne vierge, soit des brins d'herbe coupés à la pelouse, évitant bien de marcher sur cette herbe de crainte de la froisser et de produire des taches sur le fond du tapis, puis on procède alors au balayage : la poussière attirée par l'humidité de l'herbe ou des feuilles s'y attache et s'y roule sous la poussée du balai sans se répandre de nouveau dans l'appartement. L'hiver on remplace cette verdure par les feuilles provenant du thé pris la veille, elles remplissent le même office.

Revenant aux meubles, c'est encore une flanelle rendue humide par son séjour dans un endroit frais qui sert à les débarrasser de la poussière les recouvrant. Si c'est un meuble ciré, on le passe ensuite à l'encaustique que l'on étend avec un chiffon de flanelle. On laisse sécher quelques instants, puis on frotte avec une seconde flanelle bien douce, exempte de tout corps étranger qui pourrait produire des raies. Cet encaustique se compose de la manière suivante : faire dissoudre sur le feu 100 grammes de potasse dans 250 grammes d'eau, puis y ajouter 70 grammes de cire blanche et gros comme une noisette de suif de chandelle : on maintient le tout sur le feu jusqu'à complète fusion, puis on retire alors pour laisser refroidir.

Au moment de s'en servir on prend un peu de cet encaustique trituré avec de l'eau pour l'étendre sur le meuble.

Fig. 250.

Si ce sont des meubles vernis, il n'y a qu'à passer un chiffon de flanelle bien sec et les frotter, non pas en long ou en travers, mais en décrivant, sur elles-mêmes, une foule de petites circonférences.

Le mobilier sculpté s'entretient à l'aide d'une brosse spéciale dont nous donnons ci-contre le dessin (fig. 250). Cette brosse, avec poignée, est garnie sur son pourtour d'un bourrelet en étoffe protégeant les sculptures du contact de son bois. On commence donc à frotter avec cette brosse pour enlever la poussière qui se trouve amassée dans les parties profondes; les poils étant longs et souples y pénètrent sans difficulté; puis on passe le chiffon de flanelle enduit d'un peu d'encaustique molle; composition formée d'essence de térébenthine et de cire, qui se vend chez tous les épiciers et droguistes. On repasse à nouveau la brosse et le chiffon de laine sec pour obtenir le brillant. Les chaises sont alors rentrées, recouvertes de leur housse et remises en place. Une heure après on peut enlever ces housses et les mousselines recouvrant la garniture de cheminée ainsi que les autres objets, mais cela avec une grande précaution, pour les secouer au dehors et les débarrasser de la poussière qui y est retombée. L'appartement se trouve alors complètement propre, prêt à recevoir les visiteurs.

Si nous avons omis de parler de la propreté des carreaux et des glaces, c'est parce que nous savons qu'étant de première nécessité on a dû y penser comme nous.

Dans l'entretien et le nettoyage, il arrive souvent que, sans le vouloir, on dérange l'aplomb d'une pendule en enlevant involontairement la cale placée sous les pieds du socle. On remédie facilement à ce petit inconvénient en rétablissant les choses dans leur état primitif. Prenant un petit niveau à bulle d'air on le pose sur le socle dans le sens de la longueur, puis sur la largeur, mettant une cale formée d'une rondelle de liège coupée à un bouchon, de l'épaisseur nécessaire pour que la bulle d'air du niveau vienne, placée dans tous les sens, occuper le milieu de l'instrument.

Ceci fait il n'y a plus qu'à replacer la pendule et mettre en mouvement le balancier. Si le tic tac n'est pas franc et régulier, on s'efforce de tourner un peu le cadran soit à droite, soit à gauche, et l'équilibre se rétablit tout de suite.

Nettoyage des pendules et de leur cadran. — Depuis que la mode a proscrit l'usage des cylindres sur les pendules, leur dorure et l'émail du cadran mis en contact direct avec l'air, la chaleur et l'humidité, finissent à la longue par s'altérer, perdre leur brillant, et prendre une teinte d'un jaune sale désagréable à la vue.

On parvient à leur redonner leur première fraîcheur en les lavant avec une brosse ou une éponge trempée dans une eau additionnée d'alcool et en les essuyant dans la sciure de bois très sèche.

On frotte ensuite avec la brosse douce spécialement affectée à l'argenterie ou aux bijoux, puis on passe à la peau de daim.

Si ce moyen n'est pas assez énergique, que l'objet soit trop fortement encrassé, après avoir démonté les parties n'allant pas à l'humidité, on plonge les cuivres ou bronzes dorés dans une solution bouillante composée de 1000 grammes d'eau, 4 grammes de sulfate d'ammoniaque, 10 grammes de sel ammoniac et 20 grammes d'alun. Après quelques instants de séjour dans ce bain on retire l'objet pour continuer l'opération comme ci-dessus pour le sécher.

Les cadrans en émail se nettoient avec un chiffon trempé dans une goutte d'alcool.

Ceux en argent, que l'air a noircis, redeviennent comme neufs en les frottant au pinceau avec une pâte formée de crème de tartre et d'eau. Il faut beaucoup de précaution pour ce nettoyage et employer la pâte assez épaisse, évitant que le liquide ne s'introduise à travers les trous du cadran. Le tout doit être soigneusement essuyé avec un linge très doux.

Le *remontage des pendules* doit se faire régulièrement tous les quinze jours. Si la sonnerie vient à se déranger, que les heures qui sonnent ne soient pas celles indiquées par les aiguilles, il suffit, sans déplacer la pendule, de passer la main derrière le mouvement et de soulever doucement, du bout du doigt, le petit morceau d'acier bleu servant de point d'arrêt aux crans de repos placés sur la roue de la sonnerie pour la déclancher et lui faire teinter de nouvelles heures.

On renouvelle cette opération jusqu'à ce que l'heure indiquée par les aiguilles corresponde à la sonnerie, puis on remet à l'heure à l'aide de la grande aiguille comme cela se fait ordinairement.

Un autre moyen, plus simple encore, consiste à faire marcher seulement la petite aiguille jusqu'au chiffre indiqué par la sonnerie, puis on procède ensuite à la mise à l'heure par la grande aiguille.

Garde-feu. — Bien que ce petit meuble soit parfois encombrant, il est cependant d'une utilité tellement impérieuse qu'on ne saurait s'en passer sans s'exposer à de graves accidents : nous voulons parler du garde-feu ordinaire (fig. 251), forme paravent, avec encadrement et toile métallique.

Étendu devant le feu, son tissu protège les vêtements, les tapis et les meubles, des étincelles s'échappant constamment du feu de bois ; il évite les brûlures ou les incendies si l'on s'absente de l'appartement.

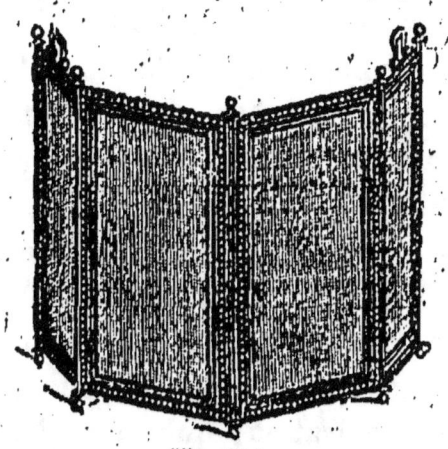

Fig. 251.

Une femme, une jeune fille, un enfant, s'approchent-ils trop précipitamment de la cheminée, pour y prendre ou déposer un objet quelconque, le garde-étincelles les garantit d'un accident en protégeant le bas de leur robe qui, par imprudence ou inconscience, mise en contact avec l'élément terrible, aurait, sans sa salutaire protection, causé un irréparable malheur.

Le bois vient-il à rouler hors de la cheminée par sa dislocation, c'est encore le garde-étincelles qui le retient sur le marbre et l'empêche de rouler sur le tapis, par conséquent de mettre le feu au parquet. Sa cause n'a donc pas besoin d'être plaidée et son utilité est reconnue par tout le monde.

On en fabrique de très beaux, bien ornementés, en cuivre doré. Ceux affectant la forme de l'éventail sont plutôt employés dans un but décoratif que comme préservatifs.

Nettoyage des lampes. — Les lampes à pétrole projettent une clarté beaucoup plus vive que les lampes à l'huile, souvent même que le gaz, mais beaucoup de personnes redoutent la mauvaise odeur ou les accidents pouvant résulter de ce mode d'éclairage, aussi ont-elles conservé l'usage de la lampe à l'huile.

Une bonne lampe à l'huile doit brûler à blanc ; c'est-à-dire, laisser sur la mèche une couronne blanche entre le bec en métal et la flamme, lorsqu'elle est allumée et montée à son point.

La première condition pour qu'une lampe marche, c'est que l'huile soit de bonne qualité, parfaitement épurée, exempte de principes acides ; que la mèche soit régulièrement coupée et essuyée, ne conserve plus aucun atome de carbonisation ; que cette dernière ne soit pas éventée, c'est-à-dire restée à l'air libre au lieu d'avoir été soigneusement enveloppée. Le choix des verres contribue également à la clarté d'une lampe : outre qu'un socle trop élevé donne une lumière rouge, il a encore l'inconvénient de faire filer la lampe : s'il est placé trop bas il divise la lumière, en diminue la puissance. Lorsque les verres sont sales, on enlève les taches de graisse en les passant à chaud dans de l'eau de lessive ou de l'eau dans laquelle on a fait dissoudre de la potasse ou de la soude. On les frotte en y introduisant un bâton garni d'un linge trempé dans cette solution.

Une lampe servant rarement s'abîme plus qu'une dont on se sert journellement. Si l'huile y séjourne longtemps elle finit par s'épaissir et se coaguler, on est alors forcé, pour l'employer à nouveau, de la vider le plus possible et d'y introduire de l'huile bouillante qui vient liquéfier celle n'ayant pu sortir. Dès que le fonctionnement de l'engrenage se fait normalement et sans efforts, on reverse l'huile chaude, pour la remplacer par de la froide, la lampe est alors prête à marcher de nouveau comme auparavant.

CHAPITRE XXIX.

TENTURES ET DRAPERIES (1).

PORTIÈRES. — RIDEAUX DE FENÊTRES. — RIDEAUX DE LIT. — DRAPERIES MOBILES, DE CHEVALET, GLACES, ETC.; STORES.

Il n'est pas donné à tout le monde d'arriver du premier coup à disposer convenablement une tenture; à en arranger avec élégance les multiples plis; il faut quelques essais préalables avant d'y parvenir ainsi que la connaissance des premiers éléments du métier de tapissier.

Aidé de nos conseils et des quelques figures que nous allons intercaler dans notre texte, on sera bientôt à même de se confectionner, sans le secours d'aucun ouvrier, ces enjolivements toujours coûteux, communiquant aux appartements ce luxe tant recherché de nos jours.

C'est dans la manière de disposer une draperie que se révèle le génie de la femme, dans ce véritable travail d'art qu'elle donne la mesure de son talent, et dans l'accomplissement de son œuvre qu'elle fait passer le cachet particulier qui la caractérise.

Plis simples. — La manière la plus ordinaire de monter les rideaux est assurément l'emploi du pli simple. Pour

---

(1) Pour cette partie de notre travail, nous ne pouvons mieux faire que d'emprunter à notre livre sur *l'Art de bâtir, meubler et entretenir sa maison* quelques passages relatifs à l'art du tapissier : ils y ont été traités d'une manière toute spéciale et véritablement utile à consulter.

l'obtenir, il suffit de replier en deux, sur lui-même, le morceau d'étoffe pour avoir le dessin représenté figure 252, puis à l'arrêter par une épingle. Ouvrant ensuite ce pli, et le répartissant également de chaque côté (fig. 253), on refoule l'étoffe en dedans et on la transperce de part en part, à

Fig. 252.   Fig. 253.   Fig. 254.

environ 2 centimètres du bord, de manière à former des œillets destinés à pouvoir y passer un bout de ficelle, qui une fois serré, sert à former le pli et à assujettir l'anneau (fig. 254).

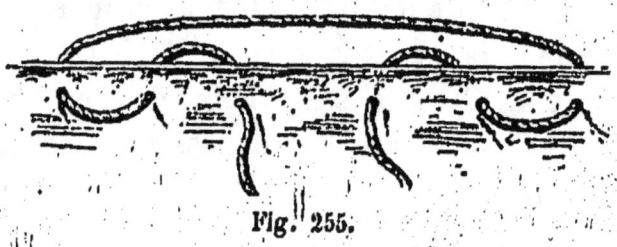

Fig. 255.

Ce genre de pli a l'avantage de ne pas détériorer l'étoffe, il permet au besoin de la retendre pour en pouvoir brosser l'intérieur (fig. 255). Il n'y a donc aucune difficulté pour former ce pli ; c'est, du reste, le travail le plus élémentaire du métier de tapissier.

Nous ne sommes ici en présence que d'une opération préparatoire, car le rideau ainsi fait ne constitue pas une draperie, il n'en est encore qu'un élément séparé servant à la constituer.

La vraie draperie ne se trouve constituée que par l'assemblage de plusieurs pièces de formes différentes, réunies entre elles, et présentant dans leur ensemble un tout gracieux et agréable à l'œil.

En examinant attentivement les éléments constitutifs des différentes draperies, on s'aperçoit bien vite qu'elles se composent de trois parties bien distinctes les unes des autres, et que leur assemblage, leur accouplement entre elles, forme ce que l'on appelle la draperie.

Il y a d'abord la *chute*, puis le *feston*, ensuite l'*écharpe*.

La chute. — On donne le nom de chute aux fragments de draperies retombant le long du chambranle d'une croisée, d'une porte, d'une cheminée, l'angle d'un meuble ou les côtés d'un socle, pour en dissimuler une partie sous l'épaisseur de ses plis.

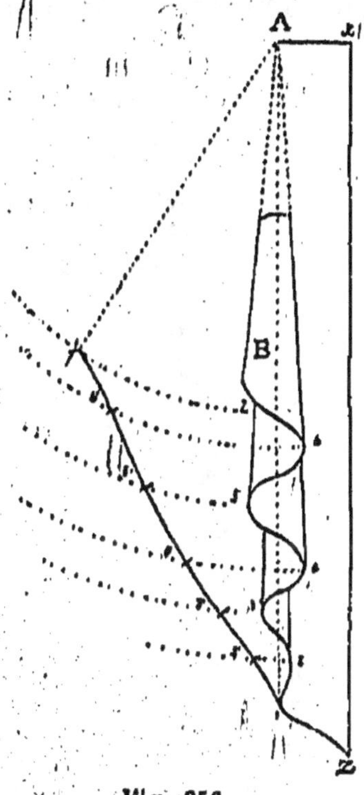

La chute se compose donc de plusieurs plis superposés dont celui du dessus, B, est toujours le plus gros, les autres allant ensuite en diminuant de grosseur pour se terminer en pointe et se confondre avec l'objet sur lequel on l'applique (fig. 256).

Fig. 250.

La chute est dite *simple* lorsqu'elle n'a qu'un côté; *double*, lorsque les deux chutes sont réunies en C (fig. 257). La *chute double* se place généralement au milieu d'une draperie, quelquefois de chaque côté, mais c'est l'exception.

Dans la chute simple l'étoffe se coupe comme l'indique

la figure 256. On procède à l'établissement de son patron de la manière suivante. Supposons que l'on veuille obtenir le patron de la chute (fig. 257). On déterminera d'abord sa longueur, soit la ligne XZ (fig. 256) : prenant alors une distance de 20 centimètres en plus, suivant la largeur du retour, on les porte de X en A et l'on trace la ligne verticale A 1 parallèle à AZ, ligne devenant alors le centre des plis de la chute.

Pour déterminer le point A, il suffit de prolonger les

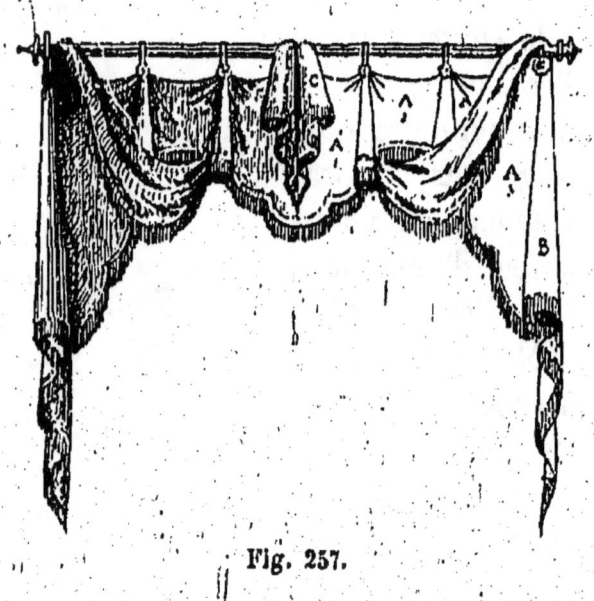

Fig. 257.

lignes marquant les contours extérieurs des plis jusqu'à la rencontre de la ligne AB, ce qui donnera le point A ou centre des courbes que l'on va décrire. De ce centre on ouvre le compas jusqu'au point 2, dernier pli de la chute, et l'on décrit l'arc de cercle 2, 2' ou point de départ. On répète cette opération en décrivant successivement des arcs de cercle sur toutes les parties saillantes des plis, soit 3, 4, 5, 6, 7, conservant toujours comme centre le point A. Ceci fait, il ne reste plus qu'à prendre la distance comprise entre 1 et 2 et à la reporter avec le compas sur la ligne courbe 2, en prenant 1 pour centre. On répète la même chose de 2 en 3, et l'on porte cette mesure sur la ligne courbe 3 en prenant 2' pour point de centre, ce qui donne le point 3'. On procède de même jusqu'au chiffre 7. On réunit tous ces points entre eux par une ligne légèrement arrondie.

On a ainsi obtenu dans les lignes A7'ZX le contour du patron, cherché, qui servira à couper l'étoffe.

La chute double s'obtient en procédant de la même manière que pour la chute simple.

On trace d'abord la verticale AB (fig. 258) puis, prenant A pour centre, et ouvrant le compas en 1, 2, 3, 4, 5, 6, on trace les courbes ci-contre 2, 2', 3, 3', etc. Prenant alors la distance comprise entre 1 et 2 on la reporte de 1 en 2' sur l'arc de cercle 2, 2'; puis on continue en prenant ainsi de suite les distances 2 à 3, que l'on reporte de 2' en 3' sur la ligne courbe 3, 3', etc. La figure AB6A, donne le patron d'un côté de la chute. Il n'y a plus qu'à plier l'étoffe en deux pour obtenir l'autre côté.

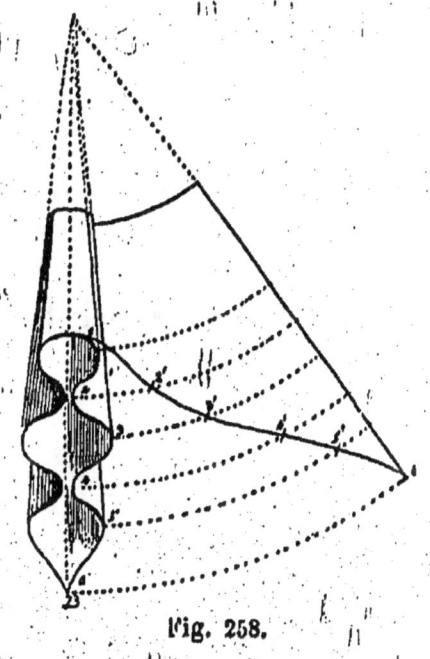

Fig. 258.

Les draperies ou festons (fig. 257 et fig. 259), ne sont autre chose que des lambrequins de forme régulière et symétrique, échancrés avec art, se plaçant au-dessus de la baie d'une fenêtre, d'une porte, d'une cheminée, etc., pour rompre la rigide monotonie de la ligne droite et dissimuler l'attache des rideaux du dessous.

Rien de plus facile que de tracer un feston ou lambrequin lorsqu'il est régulier et symétrique dans sa forme; il suffit seulement de plier son étoffe en deux par le milieu, et de suivre exactement, en la coupant, les contours du dessin que l'on a figuré pour en obtenir le patron.

Prenons pour exemple la figure 257, le développement

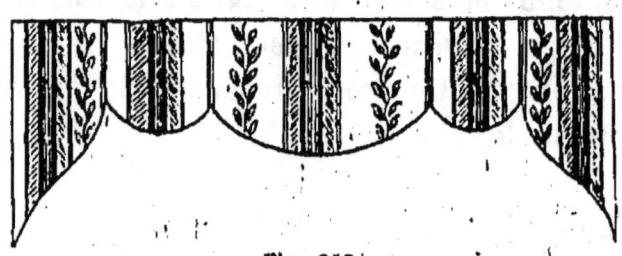

Fig. 259.

de chaque feston A1, A2, A3, cousus l'un à côté de l'autre donnera, pour la moitié, le dessin suivant (fig. 261), l'autre moitié étant la contre-partie de celle-ci.

Les plis se font séparément et s'établissent de la même

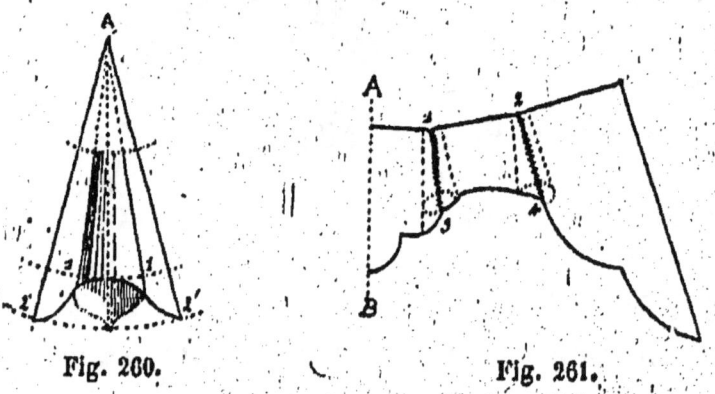

Fig. 260.   Fig. 261.

manière que se fait le premier pli de la chute double (fig. 260).

Quelquefois le feston, au lieu d'être régulier et à plat, se drape sur une ligne horizontale (fig. 263) ou se place un peu en biais sur le fond.

Pour tracer le patron de ce genre de draperie ou feston,

TENTURES ET DRAPERIES.   341

on commence d'abord par tracer une ligne horizontale DE,

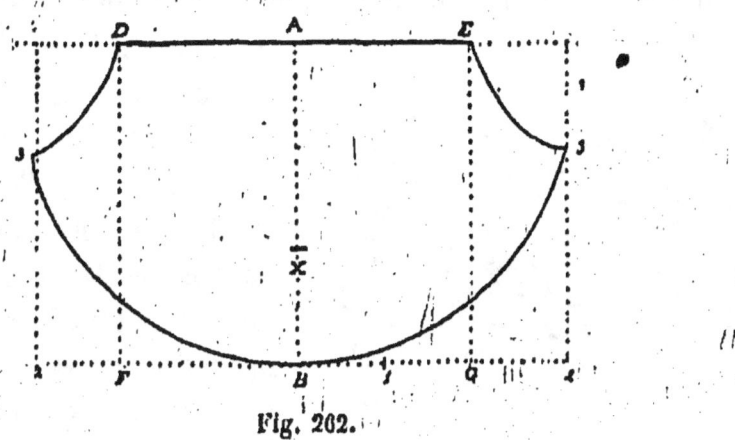

Fig. 262.

(fig. 262), déterminant le haut de la draperie et sa largeur ; puis ensuite on fait passer par le milieu une perpendiculaire AB sur laquelle on détermine en X la plus grande largeur que devra avoir la draperie, on ajoute de X en B le surplus jugé nécessaire pour donner de l'ampleur aux plis, ensuite on abaisse des verticales de D en F et de E en G ; on obtient soit un carré, soit un rectangle représentant comme largeur la dimension exacte du feston ; seulement la largeur XB devant servir à former les plis étant en trop, on prend la moitié de la largeur du feston BG que l'on divise en deux parties égales BI, IG pour reporter de chaque côté de la ligne FG (à droite et à gauche)

Fig. 263.

ce qui donne 2F, et G2; on fait passer des verticales par ces deux nouveaux points en leur donnant comme hauteur la hauteur même de la draperie soit AX, on obtient alors les nouveaux points 3, 3 que l'on rejoint d'un côté par des courbes de D en 3, et de 3 en B, répétant la même opération de B en 3 et de 3 en E, ce qui donne le patron exact servant à découper l'étoffe devant former le feston (fig. 264).

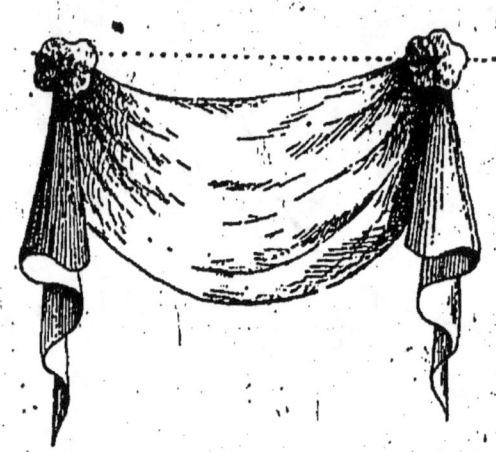

Fig. 264.

On réunit alors le point 3 au point D et le point 3 au point E pour former les plis. On ajoute ensuite les chutes et les choux qui se font séparément.

Lorsqu'il y a des franges ou des galons, ces ornements se cousent sur l'étoffe aussitôt coupée et avant de rien assembler ou monter.

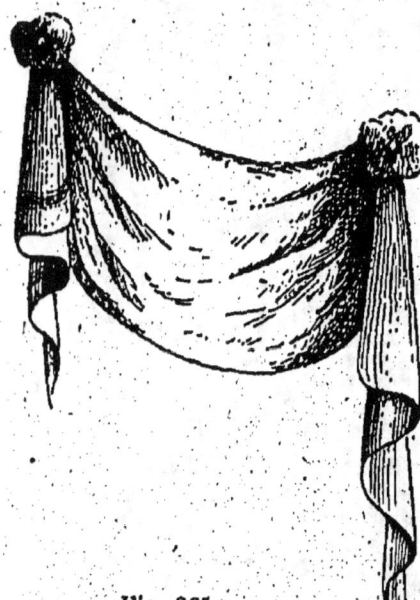

Fig. 265.

Écharpes. — Les écharpes (fig. 257), telles que leur nom l'indique, sont de larges bandes d'étoffes plissées, qui se posent en sautoir sur le fond d'une draperie et dont l'extrémité, terminée par un gland, retombant sur la draperie, prend le nom de *queue d'écharpe*. L'écharpe se fait de la même manière que le feston drapé. Le style

TENTURES ET DRAPERIES. 343

empire s'est beaucoup servi de l'écharpe et en a même quelquefois par trop abusé.

TÊTES FLAMANDES ET DRAPERIES RELEVÉES A L'ITALIENNE

Ce genre de tête et de draperie convient parfaitement pour les portières. Le rideau, relevé du haut, permet de donner à la porte sa libre allée et venue, sans être obligé d'y ajouter des allonges toujours peu solides, chargeant inutilement la porte. Ainsi relevé, le rideau a encore l'avantage de ne gêner en aucune façon la circulation, et d'éviter de voir la plume du chapeau ou son aigrette, s'accrocher et se briser au contact d'un lourd rideau relevé par trop bas, livrant difficilement passage à une seule personne à la fois.

La vue de notre figure 266 suffit pour démontrer l'utilité réelle de ce genre de portière.

Fig. 266.

Têtes flamandes. — Il nous reste maintenant à indiquer la manière de confectionner les têtes flamandes, dont le nombre des cornets varie de 1 à 3, suivant le goût et la nature des étoffes employées (fig. 267).

On donne le nom de tête flamande à un simple cornet B, placé sur le haut du rideau : il s'obtient en formant avec du bougran, recouvert d'étoffe, une espèce de cornet évasé du haut et cousu par derrière, dans son sens vertical, sur la tête du rideau.

Lorsque l'on veut faire ces têtes doubles ou triples, on procède de la même façon pour faire chaque cornet, seul l'assemblage diffère. Dans les têtes doubles, on réunit les

Fig. 207.

deux cornets ensemble (fig. 267) CC ; dans les têtes triples, le troisième cornet se place plus haut que les deux autres : il se superpose sur les deux premiers DD. Lorsque l'on veut faire les trois cornets dans le même morceau d'étoffe, il faut avoir soin de ménager une partie plus haute pour le cornet du milieu.

Maintenant que nous avons décrit la manière de procéder pour établir séparément chacune des pièces servant à former une draperie, nous allons examiner la manière de les disposer pour arriver, à l'aide de ces trois ou quatre éléments séparés, à composer cette immense variété de draperies que l'on rencontre chaque jour, formant la plus belle partie de la décoration des appartements.

Rien n'est plus beau, plus riche, même dans sa grande simplicité, que la tenture du lit représenté figure 268, formant ciel, uniquement composée de festons drapés, réunis l'un à l'autre par l'enroulement moelleux de leurs extrémités, soutenus seulement par des tiges de fer, terminée par des lances se rattachant en arc-boutant contre le mur.

Fig. 208. — Lit de milieu.

Est-il quelque chose de plus coquet et de plus ravissant que ces petites tables de toilette garnies de mousseline ornées de volants, recouvertes sur leur pourtour d'une draperie rattachée par des nœuds de rubans (fig. 269), ou des rideaux de fenêtres (fig. 205, 235 et 263), dont l'irrégu-

Fig. 269.

larité de la draperie de l'une ne le cède en rien à la symétrique coquetterie des festons des deux autres.

Nous n'en finirions pas s'il nous fallait passer en revue un à un tous les genres de draperies qui naissent de la fantaisie et du goût de ceux qui les exécutent : mais en tout il faut savoir se borner.

Il ne nous reste plus maintenant, pour terminer ce chapitre, qu'à parler d'une chose très essentielle à connaître dans un ménage, la *pose des rideaux*. Ce soin incombe forcément à la maîtresse de maison à laquelle est confiée la direction et l'organisation des appartements, car c'est elle qui apprête et fait poser les rideaux : elle doit donc, par conséquent, connaître parfaitement leur agencement et l'installation des cordons de tirage, tous les valets de chambre n'étant pas au courant de ce petit mécanisme. Il est fort désagréable, lors de la pose des rideaux, ou si un des cordons vient à se rompre soit par usure, soit par suite d'un frottement, d'être forcé de recourir au tapissier pour les replacer : d'autant plus que l'on s'expose à ce qu'il ne soit pas disposé à se déranger pour une chose si minime, et qu'il fasse attendre indéfiniment sa venue.

Voici donc, le cas échéant, comment il faut s'y prendre pour les rétablir.

Les rideaux étant placés sur leurs tringles (fig. 270), on les

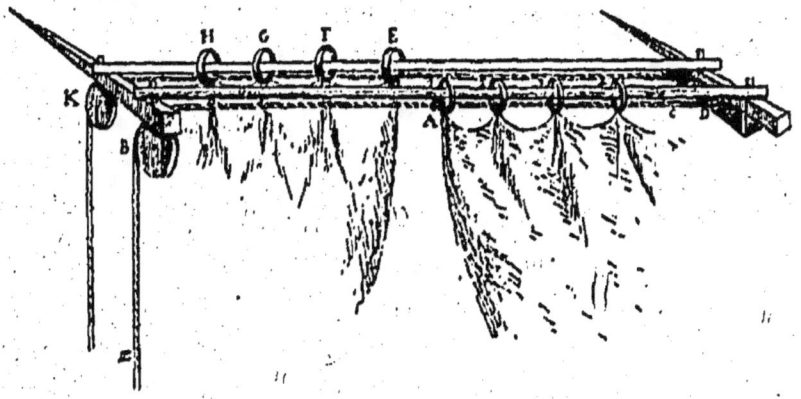

Fig. 270.

amène soit au milieu, soit aux trois quarts, suivant la position que l'on désire leur donner une fois fermés, puis ensuite on prépare neuf mètres de ganse ou de corde, assortie avec la nuance des rideaux ; ceci fait, on en cherche le milieu en la pliant en deux, puis on passe la corde jusqu'au milieu dans l'anneau A du premier rideau ; on fait un nœud en prenant l'anneau dedans, puis on passe dans la poulie B l'extrémité de la corde Z que l'on termine en y ajoutant, comme ornement, soit un gland en bois, soit un gland en métal. Reprenant alors l'autre extrémité de la corde C, on la passe dans les anneaux 1, 2, 3, 4, etc., du premier rideau pour la diriger sur la poulie D, sur laquelle elle glisse pour aller rejoindre le premier anneau E, du second rideau, autour duquel on l'attache pour la passer ensuite dans les anneaux F, G, H, etc., où elle glisse de là sur la poulie K. On complète également son extrémité par un gland semblable à celui du cordon Z.

Rien n'est plus simple que cette opération : tout le monde peut la faire, bien qu'au premier abord elle semble très compliquée.

CHAPITRE XXX

DES TAPISSERIES

LEURS DIFFÉRENTS POINTS. — TAPISSERIES DE HAUTE ET BASSE LISSE. — TAPISSERIES DES GOBELINS, DE BEAUVAIS, D'AUBUSSON, D'ARRAS. — RÉPARATION ET ENTRETIEN DES TAPISSERIES. — TAPISSERIES A LA MAIN. — IMITATIONS DE TAPISSERIES.

Les tapisseries entrant maintenant pour une grande part dans la décoration des appartements, non seulement comme tenture, mais encore comme garniture dans les meubles, nous ne pouvons nous dispenser d'en dire quelques mots, afin de familiariser nos lectrices avec leurs différents genres, ce qui leur permettra de reconnaître et de déterminer, à première vue, la provenance de celles qu'elles sont appelées à rencontrer chaque jour dans le cours de leurs relations mondaines.

On désigne sous le nom général de tapisserie tous les ouvrages exécutés sur un métier ou à la main, à l'aide d'une aiguille, sur un canevas, avec de la laine ou de la soie.

Le canevas d'une tapisserie est formé par des fils que l'on appelle la *chaîne* et d'autres la *trame*.

Les fils longitudinaux prennent le nom de *chaîne*, et les fils transversaux celui de *trame*.

C'est entre les fils de la chaîne que passe la trame.

Haute lisse et basse lisse. — La lisse ou lice, n'est autre chose que l'ensemble des fils constituant la chaîne, à travers lesquels on fait passer les autres fils formant la trame.

Suivant leur disposition sur le métier, on leur donne le nom de *haute* ou *basse lisse*.

La haute lisse tire son nom de ce que tous les fils établissant la chaîne sont placés verticalement, tels que nous le représente le métier reproduit, figure 271, tandis que dans la basse lisse ces mêmes fils sont établis sur un plan horizontal.

Dans la haute lisse, le modèle se trouve placé derrière l'artiste, qui exécute le travail de mémoire, tandis que dans les travaux de basse lisse, le carton ou guide se trouve posé sur la chaîne, et le dessin s'exécute à l'envers.

Bien qu'il n'y ait qu'une différence très peu marquée entre ces deux genres de tapisseries, celle de haute lisse, par la science des couleurs et le savoir de l'artiste qui l'exécute, jouit d'une plus grande faveur.

Les métiers de haute lisse sont encore en usage aux Gobelins, et ceux de basse lisse dans les ateliers de Beauvais et d'Aubusson.

Le travail, sur ces derniers, étant plus facile et plus promptement exécuté, devient par conséquent moins dispendieux.

Les métiers de haute lisse servent à la confection des grandes tentures, tandis que ceux de basse lisse sont réservés spécialement pour la reproduction des tapis d'un travail moins fini.

On fait remonter à l'époque des croisades l'origine du travail des tapisseries en France. Cette industrie trouva dans Henri IV et Sully, puis, plus tard, dans Louis XIV et Colbert, de puissants protecteurs. Ce fut Louis XIV qui fit acheter aux frères Gobelins leur teinturerie et la transforma

Fig. 271. — Métier de haute lisse.

en une *Manufacture royale*, par édit en date de 1607 ; elle porte encore de nos jours le nom de ses fondateurs.

Les travaux exécutés dans cette manufacture servent en grande partie à la décoration des grands châteaux, palais et édifices publics appartenant à l'État.

Outre les remarquables travaux de Lebrun, il faut citer parmi ces peintres les plus renommés les Boucher, les Coypel, les de Troy, les Oudry, etc.

Tombée sous la Révolution, le premier empire s'empresse de réorganiser cette manufacture qui reproduisit alors des œuvres de David, de Carle Vernet, de Girodet, de Gros, etc.

La manufacture de tapisseries de Beauvais, érigée en 1664 en *Manufacture royale*, avec privilège de trente ans, en vertu de lettres patentes datées du 3 septembre, eut pour directeur Louis Hinart, tapissier

Fig. 272.

de Paris. En 1684 Philippe Béhacle, de Tournay, lui succéda et la rendit florissante. Le peintre Jean-Baptiste Oudry en devint directeur en 1734. Cet artiste sut lui imprimer une nouvelle impulsion en rajeunissant tous les modèles (1).

C'est de cette époque que date la fabrication des sujets représentant les fables de La Fontaine, les scènes de Molière, les pastorales et les chasses, d'après les cartons des Boucher (fig. 272), de Leprince, etc., sans oublier les grotesques de Bérain.

Bien que passant en seconde ligne, après celle des Gobelins, la manufacture de Beauvais rivalisa avec elle pour la perfection de ses produits de haute lisse et marche encore de nos jours concurremment avec elle. Le point des tapisseries de Beauvais, dans ses ravissants petits panneaux pour ameublement,

Fig. 273.

aux nuances tendres et fondues, est plus fin que celui des Gobelins. La laine et la soie concourent à leur production ; la laine, pour les demi-teintes et les ombres, la soie pour les rehauts lumineux (fig. 273).

Tapisseries d'Aubusson. — L'origine de la fabrication des tapisseries à Aubusson semble encore entourée d'un

---

(1) Les planches 272, 273, 274 sont extraites des *Croquis d'après les maîtres et les chefs-d'œuvre de l'art décoratif* par L. Libonis (album avec 100 dessins. Prix : 6 fr. : la fig. 272 est un dos de canapé en tapisserie des Gobelins, d'après Boucher; la fig. 273, un dos de fauteuil en tapisserie de Beauvais, d'après J.-B. Huet; la fig. 274 un dos de chaise en tapisserie des Gobelins, d'après Watteau).

certain mystère. On ne sait, en effet, s'il faut en attribuer l'introduction en cette ville à l'invasion des Sarrasins, en Europe, au moyen âge, ou à des ouvriers flamands, appelés dans cette ville par les comtes de La Marche; toujours est-il que ses produits se ressentent de l'influence flamande : personnages, verdures, tout rappelle ce style.

Encouragée en 1665, par Louis XIV, elle fut autorisée à prendre le titre de Manufacture royale; mais le fameux édit de Nantes lui porta un coup fatal dont elle ne se releva qu'au xviii° siècle, grâce à l'activité des peintres Dumont, Fimazeau, Huet, Juliart et Ranson.

Fig. 274.

Il ne faut pas oublier non plus la reproduction des œuvres de Boucher, de Wateau (fig. 274 et 275), et celles d'Oudry, qui contribuèrent puissamment au renom de cette fabrication.

Aubusson figure encore aujourd'hui parmi les premières fabriques de l'Europe et produit toute espèce de tapisseries : genre dit de la Savonnerie et genre Gobelins.

Ses verdures et ses tapisseries à personnages sont remarquables par leur fini : ses panneaux décoratifs, fleurs, attributs, se recommandent par l'éclat et la douceur de leurs teintes; ses arabesques, par le moelleux, la grâce et l'élégance de leurs lignes admirablement contournées. La chaîne des tapisseries d'Aubusson est en coton, leur trame en laine ou en soie, suivant la qualité de l'ouvrage. On y fabrique trois sortes de points : le *gros point*, employé pour les tapis de

Fig. 275. — *La Partie* (tapisserie d'après Watteau).

pieds; le *demi-fin* ou laine fine doublée, pour les travaux plus soignés; et le point fin pour les ouvrages très soignés.

D'autres centres de fabrication, dont les produits sont très renommés de nos jours, existent encore dans plusieurs villes telles que Arras, Fontainebleau et Bayeux, etc., mais ces tapisseries, par leur ancienneté, rentrant dans le domaine de la curiosité, ne doivent pas nous occuper ici.

Réparation et entretien des tapisseries. — Il n'est rien qui soit plus sujet à se détériorer que les tapisseries; aussi doivent-elles être l'objet d'une constante sollicitude.

Leur réparation extrêmement difficile demande une grande habileté; elle présente en outre un obstacle presque insurmontable, nous voulons parler de la nature des laines et du rassortiment de leurs couleurs.

Lorsqu'il se présente à réparer une partie où le point a été mangé ou même taché, à la suite de quelque maladresse ou accident, voire même un morceau complètement disparu; si la place est d'une certaine étendue, après l'avoir débarrassé des points qui peuvent encore y subsister çà et là, on s'efforcera de reconstituer parfaitement le dessin à l'aide d'un crayon, puis, on commencera le travail de la réparation. On refait d'abord le dessin des parties manquantes, sans se préoccuper du fond, cherchant le plus possible à imiter le point dont on a préalablement étudié la nature et la manière d'être; s'il est impossible de se procurer certaines nuances de laines, semblables à celles de l'objet à réparer, il faut se servir alors de laines un peu plus claires que celle du modèle, dans les parties où la nuance exacte fait défaut: une fois le dessin rétabli, on termine le fond, la restauration est alors achevée pour ce qui est du travail de l'aiguille.

Reste maintenant le raccord des teintes à exécuter : pour cela on y procède à l'aide de teintures, que l'on passe avec art sur la laine, en se servant d'un pinceau et des couleurs liquides employées pour la teinture des laines.

Pour peu que l'on ait quelques notions de peinture et le sentiment de la couleur on arrive facilement à rendre invisible, même aux yeux les plus exercés, cette habile réparation.

Où la restauration devient plus difficile, c'est lorsque survient un accroc, une déchirure ou une brûlure à la tapisserie, car il faut alors en reconstituer le tissu, opération extrêmement délicate à bien réussir.

On cherche une toile dont le tissu corresponde exactement comme côtes à celui à remplacer, ce qui se trouve aisément maintenant chez les marchands de couleurs, depuis que l'on se livre aux imitations de tapisseries, puis on remplace la partie manquante sur laquelle il n'y a plus qu'à procéder à la restauration comme nous venons de l'indiquer ci-dessus.

Pour la conservation des tapisseries mises en place, il est nécessaire de les épousseter et de les brosser de temps en temps ; les laissant le moins possible exposées au soleil, ce qui finit par en altérer les couleurs ; enfin, lorsqu'elles sont placées contre les murs, on doit chercher à les soustraire à l'humidité qui ne tarderait pas à pourrir leur tissu. A cet effet on les fait placer sur des chaises mobiles, en bois, éloignés de quelques centimètres du mur, pour pouvoir, en cas d'absence prolongée, un voyage, un séjour à la campagne, les retirer facilement de leur encadrement et les resserrer dans un endroit sec et bien aéré. C'est le seul moyen de les conserver toujours fraîches et intactes.

TAPISSERIES A LA MAIN

On ne saurait exécuter d'une manière convenable la restauration d'une tapisserie faite au métier si l'on ne connaît parfaitement le travail de la tapisserie faite à la main. Ce travail se fait avec de grosses aiguilles ayant la tête allongée et la pointe émoussée, variant de grosseur suivant la laine employée. C'est sur deux sortes de canevas que s'exécutent les différents points : le *canevas divisé* et le *canevas ordinaire* dit Pénélope.

Le *canevas divisé* (fig. 276), est formé par deux fils rap-

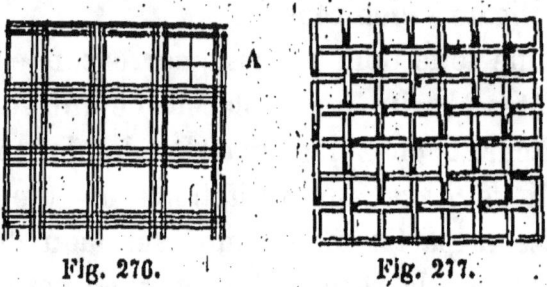

Fig. 276.   Fig. 277.

prochés l'un de l'autre dans les deux sens et laissant en leur milieu un carré quatre fois plus grand que ceux des angles formés par la rencontre des quatre fils A. Le *canevas ordinaire* (fig. 277), dit canevas Pénélope, est composé d'un assemblage régulier de fils s'entre-croisant horizontalement

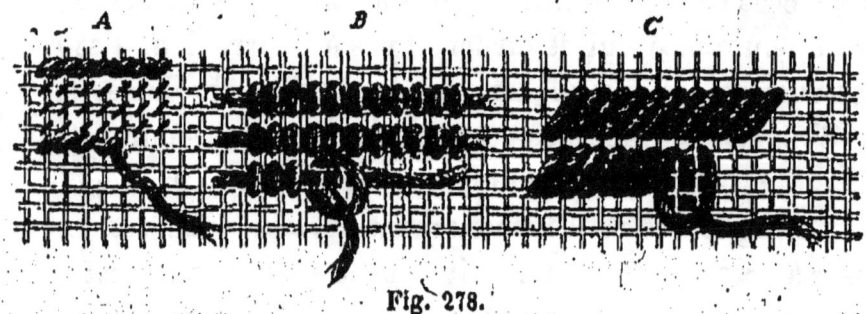

Fig. 278.

et verticalement pour former des carrés réguliers égaux entre eux.

C'est sur ces canevas que s'exécutent les différents points que l'on peut diviser : en *point de poste, point carré, petit point*, et *point des Gobelins*.

Pour le petit point (fig. 278, A) ; pour le point des Gobelins en biais (fig. 278, C), ou celui en ligne droite (fig. 278, B), on se sert du canevas ordinaire (fig. 277 et 278).

Le point carré ordinaire s'obtient sur ce canevas en prenant quatre fils et en croisant son point, c'est-à-dire, en

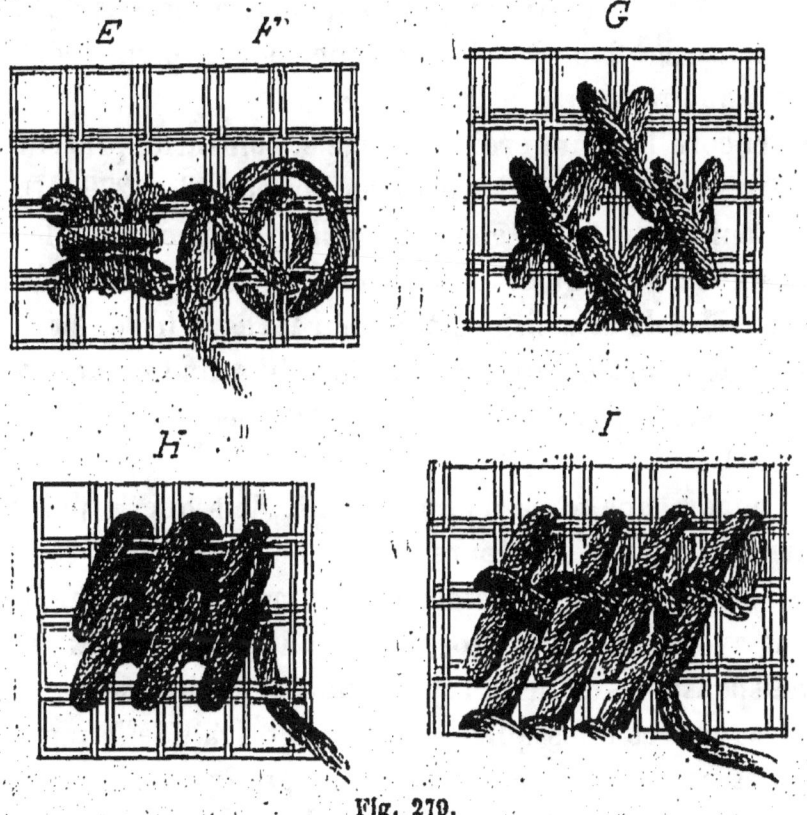

Fig. 279.

passant d'abord l'aiguille de dessous en dessus et de dessus en dessous en prenant deux fils chaque fois.

Le petit point est exactement la même chose, sauf qu'il n'est pas croisé, qu'on ne fait que passer la laine de dessous en dessus.

Le point des Gobelins en biais, est également la moitié du point carré (fig. 278, C), sauf que l'on prend deux fils en hauteur et un seul en largeur.

Le point des Gobelins en ligne droite (fig. 278, B), se fait sur deux fils en hauteur et entre deux fils, bourré d'un fil de grosse laine pour lui donner plus de relief. Quant à l'autre point, dit point de poste, il varie à l'infini et ne s'emploie guère que pour de petits ouvrages.

Le canevas divisé convient à l'exécution du point de Smyrne ou double croix, exécuté sur quatre fils pris dans tous les sens (fig. 279, E et F), dont on peut à volonté contrarier chaque rang.

Il y a encore le point croisé allongé et contrarié, pris sur sur quatre fils en hauteur et deux en largeur (fig. 279, H).

Vient enfin un autre genre de point dit croix côtelée fait sur six fils de hauteur et deux de largeur. Le passé du milieu est celui de la croix ordinaire sur les deux fils en hauteur et les deux fils en largeur du milieu du grand point. On termine entièrement chaque point avant de passer au suivant (fig. 279, I).

Il y a encore une foule d'autres points, tels que le point de chevron, le point de velours, le point de Smyrne double, dont la description prolongerait inutilement ce chapitre. Ce que nous avons tenu avant tout, c'était d'indiquer ceux qui sont indispensables pour la réparation des tapisseries.

Pour les jeunes filles qui se livrent au travail de la tapisserie, elles pourront, avec un peu de pratique et de patience, se constituer, pour plus tard, tout un mobilier composé de garnitures ou bandes pour fauteuils, pour chaises, canapé, rideaux, couverture de coffre à bois, écrans, etc., dont les sujets, traités au petit point, constitueront de véritables tableaux et feront l'admiration de toutes leurs compagnes.

Deux recommandations que nous croyons très importantes consistent à bien arrêter les bouts de laine au revers de la tapisserie; l'autre, à placer dans les laines, pendant le cours du travail, un morceau de camphre pour éviter qu'elles se mangent.

IMITATIONS DE TAPISSERIES

Pour une femme qui sait manier le crayon, dessiner et peindre, les imitations de tapisseries sont assurément la plus agréable distraction qu'elle puisse trouver : ce genre, en raison même de son but décoratif a pris, de nos jours, un développement considérable.

Est-il rien qui fasse plus plaisir que de pouvoir orner et embellir son habitation de ses œuvres ; de plus intéressant que de fixer et faire revivre, contre les murs de ses appartements, sur des toiles tissées exprès, imitant le point des Gobelins, de Beauvais ou d'Aubusson, toutes ces charmantes créations dues au pinceau des Boucher, des Watteau, des Lancret et autres grands artistes ?... et tout cela soi-même, tout en se jouant et se récréant.

Que faut-il pour cela ?... Peu de choses : une toile dont le tissu corresponde au point que l'on veut imiter ; quelques couleurs, ou plutôt des teintures, d'une application facile, servant à colorer ce tissu dans les teintes respectives du modèle à imiter : voilà certes un travail attrayant et engageant tout à la fois.

Voici la manière de procéder : après avoir fait choix de la toile sur laquelle on veut peindre, on la monte sur un châssis, comme on ferait pour un paravent, puis on commence le tracé ou l'esquisse de son dessin que l'on exécute au fusin directement sur la toile, si l'on se sent assez fort pour cela, ou sur un papier d'égale grandeur, si l'on craint d'être forcé de faire de trop nombreuses corrections. Une fois ce dessin bien exactement arrêté, on le pique à l'aide d'une pointe ou d'une roulette ressemblant à une molette d'éperon, puis, cette opération terminée, on pose à plat ce calque à jour sur son tissu tendu et posé horizontalement sur une table. Passant alors sur tout ce dessin une *poncette* (1) contenant soit de la poudre de charbon, soit de la sanguine, on frotte légèrement sur les trous du poncis et le dessin se marque par un trait pointillé noir, rouge ou bleu sur la toile, selon que l'on s'est servi de poudre de charbon, de sanguine ou de bleu.

Il ne reste plus maintenant qu'à repasser ce trait au pinceau avec de la couleur pour le fixer sur le tissu et le rendre indélébile.

Le dessin une fois obtenu dans tous ses détails on entreprend le coloris. Il s'exécute à l'aide d'une éponge dans les grandes parties tels que : ciels, feuillages, terrains, eau, draperies, etc., et à la brosse, dite brosse à tapisserie, dont les soies sont courtes et assez rudes.

Une fois les grandes teintes de fond appliquées on passe aux détails, ceux-ci se font avec les brosses ordinaires de différentes grosseurs servant pour la peinture à l'huile.

Couleurs. — On emploie pour ce genre de décoration des couleurs liquides préparées spécialement pour cet usage : elles se vendent, par petites bouteilles, chez tous les marchands de couleurs tenant les articles servant aux travaux artistiques.

Elles sont de deux sortes : les unes portant la marque J. S., qui ont la même dénomination que les couleurs à l'aquarelle ; les autres marquées d'une M, accompagnée d'une ancre (2), qui sont de véritables teintures, et ont, pour cette

---

(1) On donne le nom de poncette à un petit tampon en vieille toile dans lequel on enferme la couleur ou poudre. Par le frottement de ce tampon la poudre qui s'échappe à travers les interstices de la chaîne et de la trame marque le trait.

(2) Dans l'emploi de ces couleurs on ne peut mélanger entre elles que celles de même marque.

raison, reçu le nom des produits similaires servant à teindre les laines.

On peut également les fabriquer soi-même en se servant des poudres employées pour la teinture des étoffes, poudres qui se vendent chez les droguistes, elles reviennent bien meilleur marché.

On obtient la dégradation des tons en ajoutant de l'eau et un peu de *medium* tapisserie à la couleur servant à les former.

Le *medium* est une espèce d'encollage empêchant les couleurs de filer lorsque le tissu les absorbe trop.

C'est avec intention que nous nous sommes un peu étendu sur ce genre de peinture, nos lectrices nous le pardonneront, sachant que c'est précisément par l'emploi de ce procédé que l'on arrive à teindre les laines un peu trop claires employées dans les restaurations de tapisserie, et par ce procédé que l'on parvient à leur donner le ton voulu du modèle dont on n'aurait pu trouver exactement la nuance similaire.

CHAPITRE XXXI

PLANTES ET FLEURS ORNEMENTALES DES APPARTEMENTS

Rien dans la nature ne charme et ne séduit plus que les fleurs.

N'est-ce point aux fleurs que les poètes doivent leurs plus aimables inspirations? Ne les ont-ils point chantées sur toutes les cordes de leur lyre?

Le parfum enivrant et leurs douces senteurs n'ont-ils point un pouvoir surnaturel sur nos sens, lorsqu'ils transforment le plus profond chagrin en une douce mélancolie?...

C'est parce que la fleur est un symbole, parce qu'elle a un langage particulier s'adressant aux yeux et au cœur.

De tout temps les fleurs ont été l'objet d'une vénération universelle et consacrées au culte des divinités. L'altière Junon ne vit-elle pas les marches de ses autels se couvrir de lis? le pavot n'était-il pas la fleur consacrée à Cérès? de même que la couronne de laurier était un symbole de victoire? car toutes les divinités avaient leur fleur emblématique.

En traversant les âges, la fleur est restée ce qu'elle était autrefois; toujours frêle et délicate, mais elle n'a en rien perdu de sa beauté et de sa fraîcheur; ses charmes et ses prérogatives sont demeurés les mêmes : elle est encore, de nos jours, la compagne inséparable de nos fêtes, leur plus belle et leur plus riche ornementation. Passant seulement du domaine de la fable dans les mœurs de la vie réelle, elle vient aujourd'hui parer de ses blanches corolles le front virginal de la jeune mariée. Elle a conquis une place de prédilection sur le cœur de nos élégantes mondaines et ses gerbes odoriférantes exhalent dans nos appartements leurs plus suaves parfums?

Lorsque nos yeux, fermés pour toujours, ne peuvent plus la contempler, elle survit pour embaumer notre cercueil de ses dernières senteurs.

Sans cesse avec nous, elle salue notre aurore de sa gaieté printanière, déroule sous nos pas, durant notre vie, un tapis enchanteur émaillé de ses merveilleuses couleurs, pour plus tard envelopper sous son immense manteau de verdure les restes de ceux qui l'ont aimée et admirée.

Si la fleur est devenue l'objet d'une culture toute particulière, elle est aussi de la part de quelques-uns l'objet d'un véritable culte.

C'est au milieu de nos salons, dans les salles à manger, dans les chambres, sur les terrasses, les fenêtres et les balcons, etc.; partout enfin où on peut en placer, que les fleurs viennent prêter le concours de leur élégant feuillage à l'embellissement et à la décoration de nos demeures. Le contraste charmant de leurs feuilles verdoyantes s'harmonise du reste fort bien avec les draperies, les tentures et le mobilier.

Il n'y a pas bien longtemps encore que les plantes exotiques n'étaient réservées qu'aux privilégiés de la fortune, mais maintenant, grâce aux progrès accomplis dans l'horticulture, par nos jardiniers fleuristes, elles sont devenues d'un prix accessible à toutes les bourses, aussi font-elles la joie et les délices de tous les amateurs.

Parmi les fleurs se plaisant le mieux dans les appartements nous citerons le *Palmier nain*, aux feuilles flabelliformes ; les *fougères*, le *curculigo recurva*, à feuilles palmées ; le *Phormium tenax*, aux feuilles rubanées ; le *Begonia*, le *Scindapus pertusa*, le *Polypodium morbillosum*, et l'*Arondinacé*, rentrant dans la catégorie des bambous. Toute la richesse et l'originalité de ces feuillages plantureux garnissent parfaitement les parties vides d'un salon : on les accompagne de quelques plantes tombantes, poussant au pied de ces arbustes, et retombant le long des supports qu'elles agrémentent de leurs traînes capricieuses. De ce nombre il faut placer les *Saxifrages sarmenteuses*, les *Dracæna*, les *Géraniums à feuilles de lierre*, le *Fraisier des Indes*.

Fig. 280.

Sur les terrasses et les balcons s'épanouissent le *liseron*, les *volubilis*, les *capucines hybrides* (fig. 280), le *lierre*, la *vigne vierge*, l'*ipomée* à feuille de lierre, le *Momordica balsama* et une foule d'autres plantes grimpantes qui sont heureuses d'étendre et de laisser courir à l'air libre leur vagabonde ramure.

Puis vient toute la série des petites plantes d'appartement, si nombreuses qu'il n'y a que l'embarras du choix.

Nous ne parlerons pas des *jacinthes*, dont les fraîches couleurs et le parfum enivrant charment et séduisent, tout à la fois, car il faudrait les citer toutes.

La nourriture ne suffit pas seulement à la plante ; il lui

faut, comme à nous, la propreté du corps : car si chez nous, la crasse bouche les pores de la peau et en empêche les exhalaisons, de même aussi la poussière, et les autres saletés, en obstruant les pores de la plante, privent ses organes respiratoires de l'absorption reconstituante des gaz qui lui sont salutaires : on devra donc laver de temps en temps leurs feuilles avec une petite éponge bien douce, comme on le fait pour la figure d'un enfant.

Il faut aussi la débarrasser des feuilles sèches et de tous les corps étrangers qui y adhèrent, et cela, avec les plus grandes précautions, de peur de froisser la délicatesse de ses organes.

La plante est si sensible que, comme nous, elle craint les moindres courants d'air ; les odeurs de certains gaz produisent une influence pernicieuse sur sa santé, et pour qu'elle se porte bien il faut lui éviter les brusques changements de température, lui ménager toujours à peu près la même atmosphère, sous peine de la voir mourir d'une congestion occasionnée par un excès de chaleur ou de froid.

Lorsque l'on place des fleurs ou toute autre plante verte dans une chambre à coucher ou dans une pièce où l'on se tient, on doit avoir la précaution de les enlever le soir, car la plante, privée de la lumière naturelle, rejette le soir de l'acide carbonique, gaz qui provoquerait, par sa présence dans l'appartement, un certain malaise, des maux de tête, qu'il est facile de prévoir et d'éviter. Ce que nous disons pour les plantes s'applique également aux bouquets dont le séjour, la nuit, dans une chambre à coucher, peut entraîner l'empoisonnement par l'asphyxie.

SOINS ET ENTRETIEN A APPORTER AUX PLANTES ET AUX FLEURS D'APPARTEMENT

Il ne suffit pas de parer ses appartements de fleurs, de plantes ornementales, parce qu'elles plaisent à la vue, et ne plus s'en occuper; il faut encore, si l'on veut leur conserver la santé et la vie, prendre soin de ces êtres passifs et muets qui vivent, respirent et se meurent comme nous, en les plaçant dans le milieu qui leur convient, dans une atmosphère plaisant à leur tempérament, dans une terre généreuse, au sein de laquelle elles puissent trouver les principes nutritifs indispensables à leur alimentation et qui sont : l'*eau*, l'*air* et la *lumière*.

Comme l'homme, les fleurs demandent des soins et une hygiène toute particulière pour qu'elles puissent régénérer et revivifier leur sève, afin de ne pas s'étioler, dans une langueur mortelle, au lieu de s'épanouir dans tout le rayonnement de leur splendeur.

C'est dans les sels mobiles, composant la terre qui l'entoure, que la plante aspire, à l'aide de ses *milliers* de radicelles, bouches béantes automatiques, les principes nutritifs que la lumière et l'air transforment en sève, et qui, véhiculés dans tous les pores de ses tissus, lui communiquent la santé et la vie.

Si donc, dans l'étroite prison enserrant ses racines, la fleur ne trouvait pas une alimentation assez abondante et substantielle, et si l'on ne prenait soin, par une alimentation artificielle, calculée méthodiquement, de régénérer de temps à autre ce semblant de sol, à l'aide d'engrais chimiques, que l'arrosement détrempe pour les lui rendre assimilables, la plante ne tarderait pas à dépérir faute de nourriture et de soins.

L'arrosement, uni à l'engrais, est donc indispensable à l'existence de la plante ; mais il faut qu'il soit fait en temps opportun, au moment juste où le sujet semble en avoir besoin, c'est-à-dire lorsque ses feuilles tombantes font pressentir sa soif et sa faim. Il doit être raisonné et exécuté avec soin : être assez abondant pour pénétrer jusqu'au fond du pot, mais pas trop, pour noyer les racines et les tenir dans une humidité qui leur deviendrait préjudiciable.

CHAPITRE XXXII

ANIMAUX D'AGRÉMENT

AQUARIUM — POISSONS ROUGES — OISEAUX
CHIENS ET CHATS

Aquarium. — Il n'y a pas bien longtemps encore que ces jolies prisons humides et transparentes, dans lesquelles s'ébattait tout un monde, dont les mœurs aussi intéressantes que bizarres nous sont à peu près inconnues, occupaient une place d'honneur dans les salons et les boudoirs : mais la mode embrassant tout, touchant à tout, ne pouvait longtemps ralentir sa course et conserver à l'aquarium la vogue qu'elle lui avait momentanément donnée, sans compromettre le principe même de son existence, l'instabilité.

C'est donc frappé par cette inexorable loi que l'aquarium disparut de nos appartements comme il y était entré, pour faire place à un autre genre de prison, prison aérienne cette fois, renfermant des êtres plus bruyants et plus tapageurs.

Nous voulons parler de la volière et des oiseaux captifs qu'elle retient, dont nous allons nous occuper tout à l'heure.

Quelle étrange chose cependant présentait à nos yeux la vue de tous ces êtres aquatiques allant et venant, tout affairés au milieu de ces rochers, de ces arbustes touffus, véritables paysages sous-marins en miniature (fig. 281), à l'ombre desquels se déroulaient tant de scènes intimes et familières, nouvelles pour nous, troublées quelquefois par des drames sanglants que la profondeur des eaux nous avait jusque-là laissé ignorer et que venait nous révéler, à chaque instant, la transparence indiscrète de ces glaces, trahissant le secret de ces minuscules petits étangs.

Il ne reste plus aujourd'hui, pour rappeler toutes ces splendeurs de l'aquarium, que le vulgaire bocal aux poissons rouges, dans lequel s'étiolent, languissent et se décolorent, avant de périr, ces poissons aux éclatantes couleurs, jadis si pétillants, qu'une eau corrompue empoisonne lentement chaque jour, et auxquels le bocal les contenant va, un jour ou l'autre, servir de tombeau.

Fig. 281.

L'aquarium étant proscrit de nos demeures, il nous est inutile de nous y arrêter plus longuement : nous avons constaté sa présence, regretté sa disparition, cela suffit. Des derniers il n'en sera bientôt plus question, ne pouvant lutter contre la mode, contre les soins incessants qu'ils réclament, contre l'humidité qu'ils engendrent et la détérioration qu'ils font subir aux meubles, sans compter les autres désagréments qu'ils occasionnent.

LES OISEAUX

L'espèce humaine a de tous temps éprouvé une profonde horreur pour la solitude; aussi la femme restant souvent seule au logis, privée des distractions bruyantes de l'extérieur, voyant l'aquarium lui échapper, s'est-elle adonnée avec ardeur à la culture des plantes d'appartement et à l'élevage des oiseaux.

Aimante par nature, la femme se fatigua vite de prodiguer ses soins à des êtres inanimés, sans recevoir en échange aucune caresse, aussi voulut-elle, sans abandonner la fleur, voir se grouper et s'ébattre autour d'elle une foule de petits animaux qui lui rendissent, par leur gaieté et leurs caresses, ce qu'elle leur donnait en attachement et en amitié.

L'oiseau fut donc à son tour admis dans les appartements et reçut, en compagnie du chien et du chat, deux hôtes préférés du logis, sa part de caresses de la maîtresse du logis.

Par la beauté de son plumage enchanteur, les milliers de notes perlées qu'il laisse échapper sans effort de son frêle gosier, l'oiseau conquit tout de suite toutes les sympathies : mais on dut songer, pour fixer son humeur volage et vagabonde, à lui ravir la liberté en l'enfermant dans une cage.

Parmi les oiseaux chanteurs indigènes qui se partagent les honneurs de nos appartements il faut citer : le rossignol, le bouvreuil, le chardonneret, le linot, les mésanges, les fauvettes, le pinson, le sansonnet, le rouge-gorge, le roitelet.

Au nombre des oiseaux exotiques, le canari ou serin vert, est devenu de nos jours, par la reproduction et l'élevage, un oiseau presque indigène. Mis en contact avec le chardonneret il produit le mulet, métis très recherché pour le chant ; les bengalis, les sénégalis, les ventre-orange, les becs de corail, les cordons bleus, les moineaux mandarins, le pape, le ministre, le cardinal, les perroquets et les perruches, etc., font le plus bel ornement de toutes les volières par leur éclatant plumage, la diversité de leurs couleurs ; n'ayant d'égale que la richesse de la flore des pays qui les produit et où ils vivent.

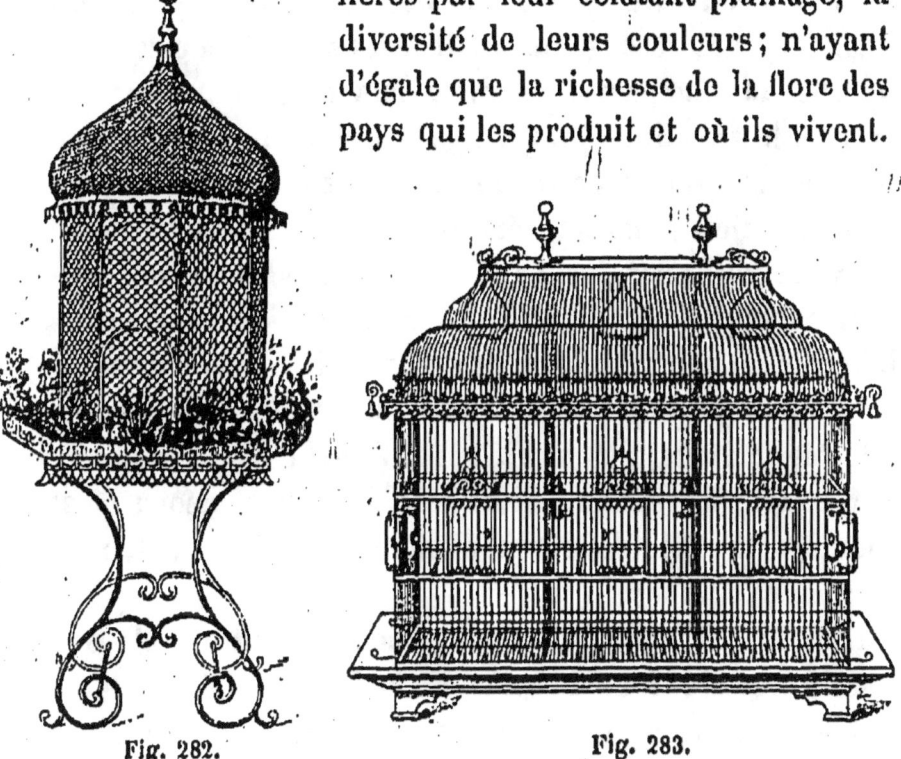

Fig. 282.   Fig. 283.

Tous les oiseaux que nous venons de citer s'accommodent parfaitement en cage et finissent par s'y convenir fort bien.

Chez les gens riches, la volière élégante, peuplée d'oiseaux des îles, aux brillantes couleurs, fait en quelque sorte partie du mobilier ; la régularité de ses mailles, sa forme gracieuse, la rectitude et la combinaison de ses lignes courbes, son ornementation, la corbeille de fleur qui l'entoure, enfin le pied la supportant, tout cela réuni, la transforme en un objet de luxe cadrant à merveille avec la richesse des meubles somptueux qui l'entourent (fig. 282).

Chez le bourgeois, la volière est remplacée par la cage élégante et gracieuse (fig. 283) vu l'exiguïté des appartements : exposée en plein soleil, elle y occupe une place importante vis-à-vis de la fenêtre.

Dans la chambre ou mansarde de l'ouvrière, dans la maison du prolétaire, dans la masure du besogneux, on rencontre toujours la cage ordinaire dans sa forme la plus simple et la plus primitive, mais cela ne diminue en rien la véritable affection pour l'être qui l'habite ; car ici, ce n'est plus une affaire de mode, une question de prix ou de rareté de sujet, mais un réel amour pour le vulgaire *fifi* qui s'y trouve : aussi, rendant toujours tendresse pour tendresse, avec quelle joie l'être aimé accueille-t-il le retour de celui ou de celle qui, chaque jour, pourvoit avec tant de sollicitude à ses moindres désirs : ce sont des battements d'ailes, des trépignements, des *pi pi! tu tu! la la!* à n'en plus finir.

Un couple de serins fait la joie dans la maison ; c'est l'amour partagé, le dévouement maternel mis en action et donné en exemple.

Parmi les oiseaux que nous venons de citer, l'élevage du serin est de tous le plus répandu. Ces aimables et infatigables chanteurs l'emportent sur tous les autres par leur ramage bruyant et prolongé, par la douceur de leur caractère, la beauté de leur plumage ; aussi les trouve-t-on partout, depuis la somptueuse demeure du riche jusque dans le plus humble réduit.

Nous allons, pour cette raison, nous occuper tout spécialement de leur éducation et de leurs mœurs.

On distingue deux sortes de serins : le *serin ordinaire* et le *serin hollandais*. Le serin hollandais est le résultat de croisements successifs entre sujets de premier choix. Il se distingue du serin ordinaire par la forme allongée du cou, la hauteur des jambes, le développement de la queue et l'implantation des plumes. Son chant est également supérieur à celui des serins ordinaires.

Les principales variétés les plus recherchées sont : le jaune citron, le jonquille, le huppé ou couronné et le panaché. Les serins hollandais, dont les cuisses sont dépourvues de plumes, se désignent sous le nom de *serins à jambes de chenilles* et ceux très garnis de plumes s'appellent *serins culottés.*

Les principaux caractères de leur beauté consistent dans la hauteur de leurs jambes, l'élancement et le dégagement de leur cou, leur légère cambrure, le renversement des plumes du dos et l'allongement moins épanoui de leur queue.

La durée de l'incubation des œufs est ordinairement de douze à treize jours : on profite de ce moment pour bien nettoyer la cage.

L'alimentation doit se composer d'un mélange de graine de navette et de millet, auxquels on ajoute de temps en temps un peu de chènevis, surtout au moment de la ponte et des couvées. Un peu de biscuit dur, de l'échaudé et surtout un os de sèche, avec lequel ils reforment l'extrémité de leur bec, constitue le complément de la série des aliments solides qui doivent leur être donnés.

L'été, un cœur de laitue, du mouron, du plantain, les rafraîchit et leur procure un changement agréable dans l'alimentation. De l'eau toujours très propre, renouvelée tous les jours, contribue également à entretenir leur santé.

Au moment de l'éclosion on ajoute une pâtée de mie de pain, de blanc et de jaune d'œuf, hachés menu ; du séneçon et de la laitue pommée.

Maladies des serins. — Malgré tous ces soins assidus, la nature frêle et délicate de ces petits sujets les expose à une foule de maladies : mais, grâce aux progrès de la science actuelle, la pathologie concernant les oiseaux nous permet d'en reconnaître la nature, d'en déterminer les causes, d'en atténuer les effets et de procéder plus sûrement à leur guérison.

La maladie la plus fréquente chez les jeunes sujets de un mois à six semaines est sans contredit l'*avalure*. Ils deviennent maigres, quoiqu'ils ne cessent de bien manger ; leur ventre durcit et se couvre de petites veines rouges, l'intestin descend à l'extrémité du corps.

Causes. — Ce mal provient d'une alimentation trop substantielle et trop riche en principes nutritifs.

Remède. — Placer dans l'eau leur servant de boisson gros comme un poids d'alun, et cela, pendant deux ou trois jours, en renouvelant l'eau tous les jours. Un clou en fer, placé dans l'eau, leur fait également une boisson salutaire.

Deux ou trois bains de siège, de sept à huit minutes, dans du lait tiède, à un jour d'intervalle, et ensuite un lavage à l'eau tiède pour empêcher les plumes de se coller, puis un séchage avec linge doux, légèrement chauffé triomphe souvent de cette terrible maladie. Un peu de graine de laitue leur constitue une alimentation rafraîchissante et régénératrice.

La *mue* est également une maladie sérieuse prenant cinq ou six semaines après la naissance et durant environ deux mois.

Les signes précurseurs de cette maladie sont la perte d'enjouement et de gaieté ; l'oiseau se fait gros et entasse la tête dans les plumes, son duvet tombe ; c'est la première mue. A la seconde mue ce sont les grosses plumes des ailes et de la queue qui disparaissent. Cet état maladif leur enlève l'appétit et les prive momentanément de la chaleur du vêtement naturel dont les a gratifiés la nature.

Remède. — La chaleur est souveraine en cette circonstance, et pour les soutenir on leur fait détremper un peu de biscuit sec ou d'échaudé dans un peu de vin blanc. Deux ou trois fois par semaine, à l'aide d'un vaporisateur on leur souffle du vin blanc sur tout le corps, laissant entre chacun de ces bains une journée d'intervalle, puis on les essuie bien avec un linge doux un peu chaud, les laissant se ressuyer au soleil ou devant le feu. Si un malade semble plus attaqué, on lui fait avaler, tous les trois jours, quelques gouttes de vin blanc sucré, mettant dans son eau un peu de bois de réglisse, on lui donne du blanc et du jaune d'œuf, de l'échaudé, de la graine d'œillette, de laitue, du chènevis broyé et autres graines comme nourriture.

Le *bouton* est une maladie particulière aux serins ; elle consiste en une espèce d'abcès se formant sous le croupion et qui, s'il ne perce de lui-même, peut entraîner la mort de l'oiseau. On s'en aperçoit lorsque le sujet n'étant pas dans sa mue vient à se bouffir.

La tristesse occasionnée par la privation de lumière ou le manque d'une nourriture purgative en sont les principales causes.

Remède. — Si le serin ne chante plus, qu'il soit fort malade, on le prend dans ses mains et on coupe avec des ciseaux la moitié de ce bouton qui est blanc, on en fait sortir le plus de pus possible avec le doigt, puis on met sur la plaie un peu de beurre frais ou de l'huile d'olive pour adoucir.

La *gale* est une maladie qui a son siège sur la tête et quelquefois autour des yeux ; elle se traite de la même manière que le bouton, c'est-à-dire en l'ouvrant pour en faire sortir le pus, puis on l'amollit avec de l'huile d'amandes douces.

La *pépie* n'est autre chose que le chancre des serins : il se forme dans le bec. Il provient d'un grand échauffement d'entrailles.

Remède. — Donner une nourriture rafraîchissante, graine de laitue et une pincée de graine de melon, dans leur boisson, pendant trois ou quatre jours, puis, lorsqu'ils se portent mieux, mettre un peu de sucre candi dans leur eau, cela pendant cinq ou six jours consécutifs.

Asthme. — Cette maladie est assez fréquente chez les serins ; on s'en aperçoit au petit cri provenant de l'estomac qu'ils font entendre de temps à autre. Le meilleur remède consiste à leur donner de la graine de plantain et du biscuit dur trempé dans de bon vin blanc.

PRÉCAUTIONS A PRENDRE

Lorsque l'on veut prendre un oiseau dans sa cage il ne faut jamais le faire le soir, ce qui l'effarouche et trouble son repos.

On ne doit jamais chercher à s'emparer de lui à l'improviste, mais bien le familiariser pendant quelques instants avec la main, l'introduisant peu à peu dans la cage, en lui parlant, lui présentant le doigt ; il s'y habitue et se laisse prendre ainsi sans trop de difficultés.

Par ce moyen on évite de leur faire attraper le *tic*, maladie souvent mortelle, qui n'est autre que le saisissement occasionné par la précipitation que l'on a mise pour les attraper.

PERROQUETS

L'espèce la plus répandue en Europe est celle des jacos ou perroquets gris ou cendrés : ils viennent des côtes d'Afrique. Ce sont ceux qui, dans leur jeune âge, sont les plus faciles à dresser et à instruire ; ils parlent avec une grande facilité.

Parmi les perroquets verts se rangent les amazones,

venant de l'Amérique méridionale. Ils se divisent en *amazones* proprement dits, ayant du rouge dans les ailes; en *papegais*, n'ayant pas de rouge dans les ailes et en *criks* qui, tout en ayant du rouge dans les ailes, sont en général plus petits que les amazones et ont des couleurs moins brillantes.

Ces oiseaux s'accommodent fort bien de toute espèce de nourriture, millet, chenevis, graine de laitue, pain sec ou trempé en soupe, fruits, poires, noix, amandes douces, châtaignes, etc. Il ne faut leur donner que très rarement de la viande ou des os de poule à déchiqueter, qu'ils aiment beaucoup, mais qui, pris en excès, leur occasionnent des maladies de peau. Les pâtisseries, les amandes amères, le persil leur sont contraires.

Maladies des perroquets. — Toutes les espèces de perroquets sont sujets au *mal caduc* : pour les tirer de ce mauvais pas il suffit de faire, à l'extrémité de la patte, une petite incision avec un instrument tranchant et de faire couler une ou deux gouttes de sang.

Rhumes. — Les rhumes leur sont fréquents lorsqu'ils passent trop brusquement d'une température chaude à une température froide; il faut alors les tenir chaudement et leur faire boire un peu de vin sucré.

La *goutte* et l'*asthme* les tracassent également : on leur fait alors boire du vin sucré et on leur lave les pattes avec du vin chaud.

PERRUCHES

Ce genre renferme une grande variété : il présente une richesse de plumage, qui, outre leur grande docilité et leur douceur naturelle, les fait généralement rechercher des amateurs.

Une des plus estimées est la perruche à collier rose.

Les perruches ondulées, très aimantes et très jalouses,

s'accommodent difficilement avec les autres oiseaux auxquels elles coupent les pattes. D'un gazouillement agréable, elles produisent beaucoup et ont une affection marquée pour leurs femelles. Elles vivent parfaitement en cage et se nourrissent d'alpiste, de chènevis, de millet rond et d'avoine.

La perruche omnicolore se recommande par l'élégance de ses formes et la beauté de son plumage : elle est originaire de l'Australie. D'un caractère doux et pacifique, elle s'accommode fort bien avec d'autres oiseaux, elle se reproduit dans nos pays ; son chant est doux et agréable.

La perruche de Pennant, également originaire de l'Australie, est d'un beau rouge en dessus. Son manteau est noirâtre, bordé de rouge ; sa gorge, ses épaules et sa queue sont bleu d'azur, ainsi que la moustache accompagnant les joues.

Tous les autres petits oiseaux exotiques de volière se nourrissent et se traitent à peu près de la même manière que les serins et les perruches; ce qui nous dispense d'entrer dans aucun détail particulier à leur sujet.

CHIENS

Le chien est l'ami de l'homme, dit-on avec juste raison : nous pouvons ajouter qu'il est également l'ami de la femme, des enfants, de la maison tout entière ; en un mot qu'il fait partie de la famille. Il l'a prouvé en maintes circonstances ; il le prouve encore tous les jours. Aucun animal n'est plus intelligent, plus reconnaissant que le chien, il partage nos joies et nos peines ; au travail comme au plaisir il est toujours le premier, interrogeant du regard pour savoir ce qu'il doit faire afin de se rendre agréable; sondant l'obscurité pour prévenir le danger, il ne lui manque que la parole, mais... ce serait trop !

Ce sont à n'en pas douter ces précieuses et rares qualités qui lui ont valu notre amitié et lui donnent droit dans nos appartements.

Que nos lectrices se rassurent, nous n'allons pas les entretenir ici des chiens de garde, encore moins leur vanter les qualités cynégétiques des chiens de chasse ; mais leur parler seulement des races particulières dont elles choisissent souvent les sujets pour leurs compagnons intimes ; qu'elles comblent de baisers et de friandises, en échange d'une caresse, d'une espièglerie ou d'un caprice satisfait. Parmi ces chiens se rangent le caniche, la levrette, le griffon, le *kings'charles*, le havanais, etc.

Le *caniche*, le plus intelligent de tous, appartient à la catégorie des barbets ; il est tout à la fois chien de garde et chien d'agrément. Lorsqu'il a reçu une bonne éducation tous les appartements lui sont ouverts ; d'un caractère généralement très doux il se prête de bonne grâce à tout ce qu'on veut lui faire faire, il va même au-devant de nos désirs en se rendant intéressant par son savoir : tantôt imitant le boiteux, le mort, offrant la patte, faisant le beau, jouant au colin-maillard avec les enfants, partageant leurs tartines ainsi que leurs jeux, il se laisse volontiers travestir par eux de tous les oripeaux qu'ils trouvent sous la main sans jamais proférer un murmure, esquisser la moindre bouderie. Joueur à l'excès, il sait au besoin, les besigues sur le nez, faire avec le plus grand sérieux sa partie de dominos et une foule d'autres tours plus intéressants les uns que les autres qu'il suffit de leur apprendre. C'est le chien de grande maison par excellence ; celui supportant le plus philosophiquement la misère lorsqu'un revers de la destinée vient à atteindre son maître. Aimant et attaché dans la prospérité et la splendeur il ne cesse de l'être dans l'adversité, conservant sa fidélité et son amour au delà même de la tombe, sur laquelle il n'est pas rare de le voir succomber lui-même miné par le chagrin.

Le caniche exige de grands soins, une grande propreté, surtout s'il est d'un poil blanc. On le fera baigner souvent, puis on le passera au savon noir pour nettoyer son épaisse toison. S'il a des puces, la poudre de pyrèthre ou une friction à la benzine l'en débarrasseront.

L'été on le fait tondre en lion, lui conservant une houpe de poil à l'extrémité de la queue, des manchettes aux pattes et une paire de moustaches, ce qui lui donne un air fort intéressant.

La *levrette* des appartements ne charme guère que par l'élégance de ses formes, la grâce de ses manières, la finesse de ses articulations. Son poil est ras, souvent de couleur grise ou fauve, sa tête fine et allongée : elle est complètement dépourvue du sens de l'odorat et ne reconnaît guère son maître qu'à la vue. Transporté dans nos contrées, cet animal semble perdre de son activité et y supporter difficilement le froid.

Les *griffons* à poils courts sont de race anglaise, hollandaise ou russe. Les *havanais*, les *maltais* sont des chiens d'appartement très frileux, exigeant les plus grands soins ; plus ils sont petits, plus leur poil est frisé, leur couleur uniforme, plus ils sont estimés.

Les *kings'charles* et *blenheims* de petite taille, doux et dociles, sont d'une gentillesse extrême. La couleur de leur poil est noire, tachetée de feu.

Comme ceux de leur espèce, ils sont chasseurs par instinct ; mais dans cette taille ils ne pourraient supporter une grande fatigue.

Taxe sur les chiens. — Bien que les chiens ne soient pas encore reconnus électeurs, ils n'en payent pas moins une cote personnelle désignée sous le nom de taxe sur les chiens.

Comme il est de la plus haute importance de connaître exactement les termes de la loi à cet égard, pour ne pas s'exposer à des infractions involontaires, qui n'en sont pas moins punies, nous la donnons tout au long, sans aucun commentaire, engageant fortement à ne pas chercher à s'y soustraire pour quelque motif que ce soit.

Extrait de la loi du 2 mai 1855.

ARTICLE PREMIER. — A partir du 1er janvier 1856, il sera établi dans toutes les communes, et à leur profit, une taxe sur les chiens.

ART. 2. — Cette taxe ne pourra excéder dix francs, ni être inférieure à un franc.

Extrait du décret du 4 août 1855.

ARTICLE PREMIER. — Les tarifs pour l'établissement de l'impôt qui doit être perçu, au profit des communes, sur les chiens, ne peuvent comprendre que deux taxes, dans les limites de l'art. 2 de la loi du 2 mai 1855.

La taxe la plus élevée porte sur les chiens d'agrément ou servant à la chasse.

La taxe la moins élevée porte sur les chiens de garde, comprenant ceux qui servent à guider les aveugles, à garder les troupeaux, les habitations, magasins, ateliers, etc., et, en général, tous ceux qui ne sont pas compris dans la catégorie précédente.

Les chiens qui peuvent être classés dans la première ou dans la seconde catégorie sont rangés dans celle dont la taxe est la plus élevée.

ART. 2. — La taxe est due pour les chiens possédés au 1er janvier, à l'exception de ceux qui, à cette époque, sont encore nourris par la mère.

La taxe est due pour l'année entière.

ART. 3. — Lorsque le contribuable décède dans le courant de l'année, ses héritiers sont redevables de la portion de taxe non encore acquittée.

ART. 4. — En cas de déménagement du contribuable hors du ressort de la perception, la taxe est immédiatement exigible pour la totalité de l'année courante.

ART. 5. — Du 1er octobre de chaque année au 15 janvier de l'année suivante, les possesseurs de chiens devront faire à la mairie une déclaration indiquant le nombre de leurs chiens et les usages auxquels ils sont destinés, en se conformant aux distinctions établies en l'art. 1er du présent décret.

Ceux qui auront fait cette déclaration avant le 1er janvier devront la rectifier s'il est survenu quelque changement dans le nombre ou la destination de leurs chiens.

ART. 6. — Les déclarations prescrites par l'article précédent sont inscrites sur un registre spécial. Il en est donné reçu aux déclarants ; les récépissés font mention des nom et prénoms du déclarant, de la date de la déclaration, du nombre et de l'usage des chiens déclarés.

ART. 10. — Sont passibles d'un accroissement de taxe : 1° celui qui, possédant un ou plusieurs chiens, n'a pas fait de déclaration ; 2° celui qui a fait une déclaration incomplète ou inexacte.

Dans le premier cas, la taxe sera triplée, et dans le second, elle sera doublée pour les chiens non déclarés ou portés avec une fausse désignation.

Extrait du décret du 3 août 1861.

ARTICLE PREMIER. — Les possesseurs de chiens qui, dans les délais fixés par l'art. 5 du décret réglementaire du 4 août 1855, auront fait à la mairie une déclaration indiquant le nombre de chiens et les usages auxquels ils sont destinés, en se conformant aux distinctions établies par l'art. 1er du même décret, ne seront pas tenus de la renouveler annuellement.

En conséquence, la taxe à laquelle ils auront été soumis continuera à être payée jusqu'à déclaration contraire.

Le changement de résidence du contribuable hors de la commune ou du ressort de la perception, ainsi que toute modification dans le nombre et la destination des chiens entraînant une aggravation de taxe, rendra une nouvelle déclaration obligatoire.

Extrait du décret du 22 décembre 1886.

ARTICLE PREMIER. — ... Les imposés acquitteront d'ailleurs leurs taxes, par portions égales, en autant de termes qu'il restera de mois à courir à dater de la publication des rôles, ainsi que cela est prescrit pour les patentes par l'art. 29 de la loi du 15 juillet 1880.

Extrait de la loi du 29 décembre 1884.

ART. 4. — Dans le cas où, par suite de faux ou double emploi, des cotes seraient indûment imposées dans les rôles des contributions directes ou des taxes y assimilées, le délai pour la présentation des réclamations ne prendra fin que trois mois après que le contribuable aura eu connaissance officielle des poursuites dirigées contre lui par le percepteur pour le recouvrement de la cotisation indûment imposée.

Les demandes en décharge ou réduction doivent, comme en matière de contributions directes, être accompagnées de la quittance des termes échus et de l'avertissement ou d'un extrait du rôle; elles ne sont pas assujetties au droit de timbre, quand elles ont pour objet une cote de moins de trente francs.

Nourriture. — Dès qu'un jeune chien commence à manger seul on lui donne de la pâtée composée de pain trempé dans de l'eau, coupé d'un peu de lait, le lait pur étant trop fort pour lui et provoquant un échauffement qui souvent le fait mourir. Il faut bien se garder d'ajouter de la viande à cette pâtée et de lui donner des os à sucer. Ce n'est guère qu'à l'âge de six à sept mois que l'on peut, sans rien craindre, commencer à lui faire manger un peu de tout.

Pour les chiens d'appartement, on a l'habitude de les nourrir avec les restes de la table : cela est un grand tort, car il faut, à ces petits animaux, une nourriture régulière, presque un régime, si on veut conserver leur santé et éviter de les voir devenir galeux et infects.

Une bonne pâtée préparée avec du pain, un peu d'eau et de bouillon, un grain de sel, très peu de viande cuite, donnée tous les jours à la même heure, constitue le meilleur régime que l'on puisse faire suivre aux chiens. On peut y ajouter de temps à autre soit une carotte, soit une pomme de terre; mais jamais il ne faut leur donner d'os à ronger.

Maladie. — Malgré toutes ces précautions, il est certaines natures de chiens plus sujettes les unes que les autres à contracter des maladies, bien que tous y soient exposés.

On s'aperçoit qu'un chien est malade lorsqu'il devient triste, refuse la nourriture qu'on lui présente, et semble se complaire dans un coin isolé. Son poil se ressent de cet état, et, de brillant qu'il est, étant en bonne santé, il devient terne aussitôt malade.

Constater qu'un animal est malade est chose facile, mais découvrir le siège de sa maladie est tout autre : il faut des études particulières, une pratique de longues années pour arriver à déterminer le mal, c'est là la science du vétérinaire.

A part quelques petits bobos, quelques petites indispositions passagères, que l'on peut soigner soi-même, nous conseillons de consulter le vétérinaire qui prescrira de suite les remèdes nécessaires pour tirer le sujet d'embarras.

Le premier tribut que les jeunes chiens payent à leur entrée dans la vie c'est la *maladie* : elle se manifeste chez eux dans leur première année ; elle consiste en une inflammation de l'estomac et des bronches.

Outre les caractères généraux que nous venons d'énumérer ci-dessus et qui en sont les premiers symptômes, la langue devient rouge, il se dégage de la bouche une grande chaleur provoquant une soif ardente, des éternuments, de la toux et des vomissements fréquents : il sort en même temps des matières purulentes du nez et des paupières.

En présence de ces caractères décisifs de la maladie, il faut de suite appeler le vétérinaire, qui, suivant la force du mal, prescrira les remèdes nécessaires ; mais gardez-vous bien d'écouter, et de faire tout ce que vous indiqueront une foule de gens n'ayant aucune qualité pour cela, qui ne feront, par les drogues qu'ils vous conseilleront, qu'aggraver le mal et les souffrances de l'animal au lieu de le soulager et le guérir. On peut atténuer les effets de *la maladie* sans pouvoir l'éviter, par une hygiène préventive, en purgeant de temps en temps les jeunes chiens avec de la manne fondue dans du lait : environ 10 à 15 grammes pour les rafraîchir. Le sirop de nerprun, à la dose de 30 grammes également, mêlé à du lait, est encore un purgatif excellent.

Les *coliques*, la *gale*, l'*otite* ou *catarrhe auriculaire*, le *chancre à l'oreille*, etc., sont des maladies que seul le vétérinaire peut traiter en toute connaissance de cause.

La *rage*, le pire de tous les maux, qui, contrairement à ce que bien des personnes croient, n'empêche pas toujours le chien de boire, se manifeste d'abord par une grande tristesse de l'animal, par un besoin de solitude, une démarche incertaine et fantasque (1) : il se laisse tomber au lieu de se coucher, fait entendre un grognement continuel, refuse toute nourriture. A ces premiers symptômes succède un autre état : les yeux deviennent hagards, la tête basse, la gueule béante se couvre d'écume, la langue devient noire et pendante. Le seul remède est alors de le faire abattre sans hésiter pour éviter de grands et irréparables malheurs qu'entraînerait une coupable imprévoyance.

L'hygiène est le seul préservatif contre la rage : aussi doit-on bien soigner les animaux en leur donnant régulièrement leurs repas, une nourriture saine, de l'eau à discrétion et éviter de les fatiguer outre mesure. Il ne faut pas non plus les priver, de parti pris, de certains besoins que la nature réclame impérieusement.

CHAT.

Si l'amitié du chien se porte sur l'homme, le chat aime surtout le lieu où il mange et vit bien. Flatteur de sa nature, il rend caresse pour caresse, mais nerveux et irritable, il montre ses griffes et s'en sert pour la moindre chose.

---

(1) Dès ce moment il est prudent d'attacher solidement le chien et de le tenir le plus possible dans un lieu écarté, et d'en interdire l'approche à tout son personnel.

Les désagréments qu'occasionnent les chats ne nous feront jamais les considérer comme des animaux d'intérieur.

S'ils ont de précieuses qualités qui les font rechercher, ils ont aussi une foule de défauts rendant leur présence désagréable : introduits dans les appartements ils grimpent sur tous les meubles, les couvrent de poils à l'époque de leur mue, lacèrent les étoffes des sièges avec leurs griffes. Essentiellement chasseurs, ils pourchassent les papillons ou les mouches, en sautant sur les meubles pour les attraper, et, gare à la casse !.... Ils sont également le désespoir des cuisinières négligentes en leur enlevant le plus beau bifteck du déjeuner.

Indispensable dans une grande maison, pour la destruction des rongeurs, il ne faut pas croire qu'il soit besoin de le priver de nourriture pour l'exciter à la chasse : c'est dans son tempérament et ses goûts ; il le fait par plaisir et par passion ; il mange rarement sa proie à moins d'être affamé. Chaque fois qu'il attrape un gibier, il joue avec lui avant de le tuer ; lorsqu'il lui a donné le coup de grâce, il est fier de vous l'apporter : c'est alors, qu'au lieu de le rudoyer à cause de la répulsion instinctive s'attachant à ce qu'il tient entre les dents, qu'il faut au contraire le récompenser en lui offrant une douceur pour l'encourager.

Un chat qui reçoit comme nourriture tout ce qui lui est nécessaire est rarement voleur.

Les chats sont peu sujets à la maladie et s'élèvent sans aucun soin particulier. Parmi les différentes espèces il y a le *chat sauvage*, le chat commun ou *chat de gouttière*, le *chat d'Angora* et le *chat d'Espagne* dont les mœurs sont à peu près les mêmes que celles du chat commun.

CHAPITRE XXXIII

TRAVAUX D'AGRÉMENT.

TRAVAUX MANUELS. — TRAVAUX ARTISTIQUES.

Avant de parler des travaux d'agrément, il eût été peut-être préférable de dire quelques mots sur les travaux utiles, tels que la couture, le tricot, le crochet, la frivolité, la guipure, la broderie, etc... Mais c'eût été, mesdames, faire injure à vos connaissances pratiques.

Il n'y a pas une femme, parmi celles qui me liront, qui ne sache tenir une aiguille, recoudre un bouton, faire un surjet, ourler un mouchoir, une serviette, etc.; repriser un accroc, marquer le linge, tricoter un fichu, broder un col, tenir un crochet, etc., toutes choses que la femme apprend dès son plus jeune âge, guidée dans l'exécution de ces travaux par les précieux conseils et l'enseignement mutuel que seul peut donner l'amour maternel.

Eussions-nous voulu le faire, que, pour traiter d'une manière utile et complète cette importante question, il nous eût fallu y consacrer un volume tout entier. N'en dire que quelques mots c'eût été peu... Y consacrer un chapitre entier eût été insuffisant, mieux vaut donc nous abstenir.

Après le travail utile vient tout naturellement le travail d'agrément, celui qui, tout en reposant le corps, délasse l'esprit et le prépare à affronter de nouvelles fatigues.

Travaux usuels. — En tête de l'énumération qui va suivre nous ferons marcher *la dorure*, genre de travail ne nécessitant aucun apprentissage et rendant cependant bien des services dans l'entretien d'une maison et dans l'ornementation des appartements.

Avoir un parquet bien ciré, des meubles reluisants de propreté, des draperies exemptes de poussière, des carreaux d'une transparence irréprochable, tout cela doit être et est fort bien; mais voir au milieu de tout cet ensemble des cadres délabrés, suspendus aux tentures, produit un singulier contraste. A l'un c'est une partie du coin qui est enlevée; sur l'autre se laisse voir à nu le rouge de l'assiette (1), dont l'or a disparu, enlevé par suite des frottements réitérés que lui a fait subir le nettoyage. Ici, sur la cheminée, c'est l'or du cadre de la glace qui a éprouvé des avaries; le filet de dorure rehaussant une porte ou un panneau qui est complètement effacé; là, le pied d'une chaise, le dos d'un fauteuil, veuf en certaines parties de l'or qui les agrémente et qui a besoin d'une réparation : autant d'accidents multiples et variés se présentant journellement auxquels il est facile de remédier au moyen de la dorure au pinceau. On se sert pour ces diverses restaurations de l'*or adhésif*, se vendant en petits flacons chez tous les marchands de couleurs. Délayé dans une espèce de vernis lui servant de base, il s'étend au pinceau sur la partie privée d'or et rend à l'objet

Fig. 284.

Fig. 285.

(1) En terme de dorure on donne le nom d'assiette à la couche de sanguine mise préalablement sur le bois d'un cadre pour y appliquer la dorure et lui servir de support et de fond.

sa première apparence, l'or nouveau ne le cédant en rien comme éclat à l'or ancien. S'il est par trop brillant, on l'atténue en passant dessus une couche de sépia très claire délayée à l'eau, ou de vermillon, se servant des petites couleurs en tablettes semblables à celles qu'on emploie pour enluminer les cartes de géographie : voilà pour les objets utiles.

Passons maintenant à la décoration des objets d'agrément, tels que paniers, corbeilles, hottes, chevalets, etc., servant de porte-bouquets, ou se plaçant sur les tables de salon ou de salle à manger. Les formes de ces petits objets de parade varient à l'infini et produisent, lorsqu'ils sont agrémentés de fleurs naturelles, le plus gracieux et le plus merveilleux ensemble.

Rien de plus facile que la dorure de ces paniers, dont la série des modèles se multiplie chaque jour à l'infini chez les vanniers : il suffit simplement de passer dessus, à l'aide du pinceau, une couche d'or adhésif et le panier se trouve recouvert de dorure. Quatre bâtons recourbés, posés avec art, suivant la forme, lui donnent l'apparence d'une jardinière, qu'achèvent de métamorphoser complètement les fleurs qui en font la parure.

Fig. 286.

Pour pouvoir aisément grouper ces fleurs on place dans l'intérieur du panier une feuille de papier en suivant exactement tous les contours, puis on y verse du sable légèrement humide. C'est dans ce sable que s'entassent les queues des fleurs, puis on recouvre la surface d'un peu de mousse pour conserver la fraîcheur intérieure. Rien, comme on le voit, n'est plus facile à exécuter pour obtenir à peu de frais un ravissant petit chef-d'œuvre d'élégance et de grâce.

Lorsqu'une petite statuette, en plâtre ordinaire ou en plâtre stéariné, est complètement perdue par la poussière et la saleté, qu'elle est en un mot hors d'état de figurer dignement sur un meuble, il suffit de l'enduire d'une couche d'or adhésif, pour la transformer en une belle statuette dorée, qui, longtemps encore, sera digne de prendre place sur l'étagère ou la commode.

Abat-jour. — Depuis quelque temps la mode est aux abat-jour que l'on fabrique de toutes sortes de façons et de

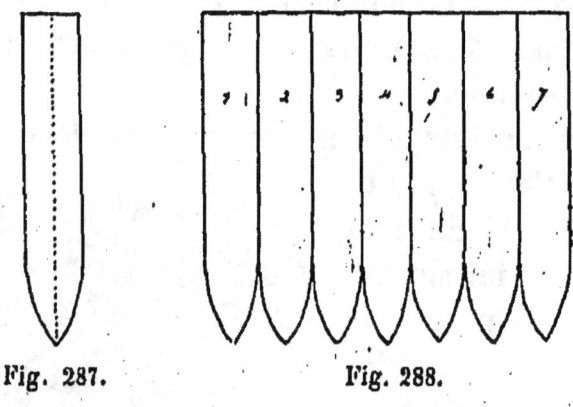

Fig. 287.   Fig. 288.

couleurs variées. On les orne de dentelles, de rubans, et je vous assure qu'il y en a réellement de beaux et coquets.

Nous ne parlerons que de ceux le plus en vogue aujourd'hui, c'est-à-dire l'abat-jour en papier plissé ou chiffonné, remplaçant avantageusement cet affreux entonnoir renversé dont on affublait autrefois les lampes.

Voici la manière de procéder : prenant une feuille de papier, celui dont on se sert pour faire les fleurs artificielles, on commence à la plier en deux sur sa largeur, puis on répète cette même opération en 4 et en 6. A l'aide des ciseaux on coupe une des extrémités en forme de langue arrondie (fig. 287), ce qui, étant déplié, représente la figure 288.

Ceci fait, il n'y a plus qu'à replier le papier en accordéon, c'est-à-dire en éventail, sans se préoccuper des dents ou festons; une fois plissé ainsi, on fait passer alternativement le papier entre la jointure du pouce et de l'index pour le chiffonner dans le sens de sa longueur. Après avoir répété ce manège une dizaine de fois, on le retend un peu pour dégager les plis les uns des autres, puis on recommence la même opération, ce qui donne un plissé excessivement fin et régulier : de la finesse des plis dépend toute la beauté de l'abat-jour (fig. 289).

On prépare de la même manière une seconde feuille du même papier en variant la couleur; si la première est rose, la seconde sera verte. Si l'abat-jour est grand il faut, bien entendu, coller les unes aux autres plusieurs feuilles de papier

Fig. 289.

Fig. 290.

plissé et en réunir les deux extrémités de manière à former un cylindre.

L'abat-jour est pour ainsi dire terminé; il ne reste plus qu'à effectuer sa mise en place. On le monte soit sur une carcasse en fil de fer, soit sur un globe de suspension, ce qui est toujours la même chose. On pose l'un sur l'autre ces deux cylindres, en ayant soin de faire tomber une dent verte entre les deux dents roses pour alterner les couleurs.

On passe ce cylindre, comme on le ferait d'une chemise, puis le faisant dépasser de dix à douze centimètres du col de l'abat-jour, on le serre fortement avec un ou plusieurs rubans de couleur, rabattant la partie qui dépasse le col, pour en former une espèce de ruche. On obtient l'abat-jour ci-contre (fig. 290) très élégant le jour, d'un effet ravissant le soir. L'épaisseur accumulée des plis, le mariage des deux couleurs entre elles, lui communique, par la transparence, une foule de tons orangés et irisés qu'il serait impossible de décrire.

Il ne faut, on le voit, aucun outillage spécial pour confectionner ces abat-jour : rien que du papier et quelques bouts de rubans, un peu de colle liquide, des ciseaux et voilà tout : j'allais oublier le principal, beaucoup de goût et d'adresse.

FLEURS ARTIFICIELLES.

Les fleurs artificielles, comme bien des choses, hélas ! ont eu leurs beaux jours : elles ont occupé pendant de longues soirées d'hiver une foule de jeunes filles aux mains blanches et délicates : leur confection devint même pour quelques-unes une véritable passion : il faut dire que père et mère s'y prêtaient de bonne grâce en taillant une corolle, découpant et façonnant un calice, que les plus habiles, parmi les jeunes filles, assemblaient et montaient avec un goût réellement artistique. Qui de vous, mesdames, ne se rappelle ces petits rosiers nains, ces touffes de pavots sortant chaque soir de ces ateliers improvisés ? Eh bien, tout cela a disparu, emporté par la mode.

Comment, en conscience, ces mignonnes fleurs d'un autre âge auraient-elles pu résister en présence de la perfection, du fini et du bon marché de notre industrie moderne ? La fabrication des fleurs est poussée de nos jours à un tel point qu'il n'est pas rare de prendre pour des fleurs artificielles de véritables fleurs naturelles : c'est à s'y perdre, en vérité, avec l'art de l'imitation.

Cache-pots. — Pour les personnes adroites des mains, pour celles qui aiment à découper du papier, elles trouvent à satisfaire leur goût dans la fabrication des cache-pots, futilités très décoratives servant à dissimuler dans les appartements ces vilains pots en terre rouge si peu gracieux par eux-mêmes.

Il nous serait difficile de choisir parmi les nombreux modèles de cache-pots un qui sût plaire plus particulièrement à toutes nos lectrices, ils sont tous très coquets dans leur genre. Il nous suffira de leur avoir signalé ce nouvel élément récréatif pour qu'elles trouvent dans leurs journaux de modes les mille manières de plier, tailler, broder le papier, pour le transformer en cache-pots de toutes nuances.

Pour ne pas dépasser outre mesure les bornes qui nous sont assignées dans ce vaste champ des conceptions intelligentes du génie inventif essentiellement féminin, dans la description de cette infinité de petits riens, transformés en merveilles, mais qui vivent, hélas !

> ... Ce que vivent les roses,

force nous est d'abréger ce chapitre qui, utile au moment où nous l'écrivons, serait un hors-d'œuvre après son impression, tant la confection de tous ces petits objets est une affaire de mode et du moment.

Photographie. — Il y a quelques années, la photographie formait encore le domaine exclusif de quelques praticiens habiles. Ils se livraient à cette industrie avec un acharnement d'autant plus grand, qu'elle présentait pour eux une source de bénéfices rémunérateurs. Aujourd'hui, grâce à la découverte et au perfectionnement apporté dans les manipulations, elle est entrée dans le domaine public et tout le monde, hommes et femmes, s'adonne en amateurs à la photographie.

La cause de cette extension si rapide est due à l'apparition des plaques sèches albuminées, des papiers sensibilisés, des bains tout préparés, de la perfection et de la facilité de transport des appareils ; découverte qui, supprimant toute cette ennuyante cuisine préparatoire, dont on portait longtemps les traces aux doigts, a permis à chacun, sans connaissances spéciales, de s'improviser tout de suite photographe.

Fig. 291.

Quel attrait pour tout le monde de pouvoir reproduire instantanément les traits de la personne aimée, des amis, les scènes si joyeuses et si animées des réunions intimes dans lesquelles on se trouve, les sites pittoresques que l'on rencontre, les plages ensoleillées sur lesquelles on prend ses ébats, et tout cela sans fatigue et sans peine ; en l'espace d'une seconde, rien qu'en pressant un simple bouton, pour obtenir plus tard, une fois la plaque développée, une foule d'exemplaires dont la vue gravera pour toujours, d'une manière ineffaçable, le souvenir de ces heureux moments de la vie.

Comment résister à une telle tentation !... La photographie est donc devenue pour les dames et les jeunes filles un passe-temps des plus agréables, une distraction de tous les instants pour celles qui habitent la campagne, car on se lasse vite d'être toujours en promenade.

Quelle joie pour une jeune mère de reproduire les traits

chéris de son bébé : de saisir sur le fait, dans toute leur naïveté enfantine, ces groupes de bambins jacassant entre eux, se querellant, et finalement cimentant leur réconciliation par un gros baiser.

La jeune fille y trouve un charme tout particulier : écrit-elle à une amie pour lui raconter les impressions d'un voyage, lui parler d'une nouvelle acquisition, de la maison de campagne qu'elle habite, des curiosités et des monuments de l'endroit? elle peut illustrer sa lettre d'une suite de petites photographies que l'amie est enchantée de recevoir.

Quelle joie elle éprouve à reproduire une foule de petits tableaux vivants, scènes d'intérieur et de plaisir, en groupant avec art ses compagnes, diversement costumées, devant son appareil. Tout le monde se prête à ces travestissements égayant les spectateurs qui, bientôt, eux-mêmes, ne tardent pas à prendre part à l'action...

C'est un premier pas vers l'art !...

Que faut-il faire pour cela, allez-vous me demander ? Une minime dépense de 80 à 100 francs, pour l'achat de l'appareil et de quelques plaques... vous répondrai-je, pour vous procurer pendant toute une saison, pendant des années, un plaisir sans cesse nouveau et toujours renaissant, car la reproduction de la nature est une source inépuisable.

La manière de vous servir de l'appareil et d'en tirer tout de suite toute la perfection désirable vous sera enseignée en une ou deux leçons par la personne vous vendant l'instrument, et vous n'aurez qu'à vous mettre à l'œuvre.

Un gracieux sourire, une caresse, un gros baiser au papa, mesdemoiselles, et la bourse desserrant ses cordons s'ouvrira toute grande pour satisfaire votre désir.

TRAVAUX ARTISTIQUES.

Dans la catégorie des récréations artistiques se rangent la peinture et la musique, grâce auxquelles les heures de loisir se passent remplies de charme et d'agrément.

Musique. — Le piano et le chant suffiraient à eux seuls pour occuper amplement les instants de repos laissés libres par les exigences de la société et les soins du ménage, s'ils pouvaient répondre à tous les goûts, à tous les tempéraments ; mais dame Nature, dans la répartition des arts libéraux, ne l'a pas entendu ainsi. Elle s'est plu à doter les uns d'aptitudes essentiellement musicales, pour réserver aux autres un goût marqué pour l'art de la peinture et du dessin : réunissant quelquefois, dans un élan de générosité, les deux ensemble chez certains sujets, pour les faire marcher de front avec un égal succès.

Nos lectrices comprendront que nous ne pouvons entrer dans la question de méthode pour cet enseignement, cela regarde le professeur ; mais ce en quoi nous pouvons leur rendre service, c'est, pour la musique, en leur indiquant les précieuses qualités qu'elles doivent rechercher dans l'acquisition de l'instrument pour qu'il réponde au sacrifice qu'elles s'imposent.

Un piano, pour être bon, présentera une parfaite égalité de son dans toute l'étendue du clavier ; la force des basses sera donc proportionnée à la puissance des notes du médium, c'est-à-dire qu'elles seront pleines, vibrantes et sonores, de même que ces notes seront en rapport avec les sons aigus. Les marteaux, aussitôt retombés, doivent complètement étouffer le son pour laisser aux autres notes qui se produisent toute leur valeur et leur netteté. Les notes aiguës seront l'objet d'une minutieuse observation ; ce sont généralement les plus défectueuses dans les pianos; il faut faire bien attention qu'elles ne rendent pas un son sec et criard; qu'elles soient au contraire douces, flûtées et sonores tout à la fois.

La fabrication de l'instrument lui-même est à examiner : toutes les touches présenteront une élasticité et une souplesse leur permettant de faire parler la note, autrement dit, vibrer les cordes au plus léger contact des doigts, et ce, avec promptitude et netteté, les pédales seront très sensibles. L'instrument doit encore présenter une qualité essentielle, celle de bien tenir l'accord; mais on ne peut se rendre compte de cette dernière que par l'usage; aussi faut-il, dans l'achat d'un piano, ne s'adresser qu'à une maison dont la réputation soit bien établie.

Accord. — On ne saurait faire trop attention au choix d'un accordeur, car c'est de lui que dépend la durée d'un piano. D'un bon instrument, il peut en faire un mauvais, s'il n'est pas capable : pour qu'un piano tienne son accord, il faut que celui à qui vous le confiez soit sûr de lui-même, qu'il ne serre et desserre pas alternativement les vis tendant les cordes, mais qu'il arrive au diapason par une tension progressive, afin de ne pas user le pas de vis, ce qui ferait céder les cordes sous les coups réitérés des marteaux.

Le piano doit aussi être tenu à l'abri de l'humidité et le couvercle du clavier le plus souvent ouvert, pour que l'ivoire des touches ne jaunisse pas.

Nous parlions tout à l'heure de professeur; qu'il nous soit permis de donner ici un conseil, en engageant fortement les parents à ne confier les premiers débuts de leur enfant qu'à un maître habile, reconnu tel par les gens du métier, car c'est toujours des principes puisés dans les premières leçons que dépend l'avenir d'un artiste. Il est certains défauts que l'on contracte, dont il devient plus tard difficile de se débarrasser. La même recommandation peut s'appliquer pour le chant; car la méthode, dans ces deux arts, est la base fondamentale.

DESSIN ET PEINTURE

Si notre profession de peintre nous fait un devoir de garder pour nous notre opinion à ce sujet; comme écrivain, il nous est permis de dire que la peinture est la reine de tous les arts d'agréments. La peinture et le dessin ne peuvent exister l'un sans l'autre, ils doivent marcher côte à côte, en tête de tous les arts, car ils conduisent à tout, et font impérieusement sentir leur supériorité en maintes circonstances.

Bâtit-on une maison, trace-t-on un jardin, confectionne-t-on une draperie, fabrique-t-on un meuble, pave-t-on un corridor, etc.? C'est toujours aux inépuisables ressources du dessin que l'on a recours. Dans un autre ordre de choses, survient-il une contestation, a-t-on besoin d'un appareil spécial pour la chirurgie, veut-on conserver le souvenir d'une chose faite, rassortir une étoffe à ramages, un objet brisé, etc.? C'est encore et toujours au dessin qu'il faut recourir.

Dans les heures de tristesse, la musique, par ses accords bruyants, ne saurait procurer le relèvement moral que l'on trouve dans l'art de la peinture : avec elle plus de désœuvrés sur terre, car son charme irrésistible captive et séduit tout à la fois.

Passionné pour mon art, je vous vois sourire en m'entendant parler ainsi : Mais, me direz-vous, il faut être né pour cela !... la peinture, le dessin, sont *des dons naturels*. Vous avez raison, je suis parfaitement de votre avis ! Mais, qui dit que vous ne les possédez pas, ces dons naturels ; qu'il n'y a pas en vous l'étoffe nécessaire pour les faire germer et naître? Les débuts seront peut-être longs et pénibles, ennuyeux même, nous l'avouons, mais la persévérance triomphera tôt ou tard en venant couronner vos efforts.

Vous tous qui aujourd'hui savez lire et écrire, avez-vous reculé en présence des difficultés sans nombre qui se présentaient devant vous ?

Le dessin n'est-il pas la langue universelle de tous les peuples traduite par l'écriture?...

Il ne faut donc que vouloir pour savoir...

Le dessin s'apprend à tout âge, car si la pratique réside dans le tour de main, c'est l'intelligence et le raisonnement qui la conduisent; quelque peu d'exercice en apprennent le mécanisme : l'intelligence et le goût font le reste.

Tout le monde ne devient pas artiste, n'atteint pas les sommets de l'art : mais, en revanche, chacun peut tirer de cet art la distraction la plus agréable et la plus récréative.

PEINTURE AUX ORS DE COULEUR SUR ÉTOFFE

Ce genre de peinture qui, pour bien dire, n'en est réellement pas un, mais un procédé purement mécanique, s'adresse aux personnes de goût ne sachant pas encore dessiner, qui, tout en cherchant à acquérir ce talent, veulent à tout prix produire quelque chose de satisfaisant et d'utile.

Il permet, sans se préoccuper du dessin, d'exécuter toute une série d'objets sur velours, peluche, soie, tels que tabliers, bonnets, pantoufles, tapis de table, écrans, coussins, etc., etc., dont la disposition et l'ornementation ne sont qu'une affaire de choix, de disposition et d'assemblage.

Ce genre de décoration nous vient d'Angleterre.

Depuis quelques années on trouve maintenant chez nos marchands de couleurs tout ce qui est nécessaire pour ce travail, c'est-à-dire de la poudre d'or de différentes nuances, du médium, des dessins et modèles tout faits, prêts à décalquer, tels que : papillons, oiseaux, insectes, fleurs, fruits, festons, branches de feuilles, fougères, liserons, nénuphars, rinceaux et fleurs ornementales, dessinés par un trait rouge, légèrement en relief sur un papier de soie, que l'on n'a qu'à décalquer pour obtenir un résultat.

Retendant bien son tissu, velours ou peluche, on commence, si c'est un paysage aquatique que l'on désire faire, par découper, dans les dessins, un cygne ou un héron, avec l'eau qui l'accompagne ; puis on le pose sur l'étoffe, le côté du dessin embrassant l'endroit de l'étoffe à peindre : il faut que cette découpure soit faite largement, qu'il y ait le plus possible de papier blanc autour de chaque trait. On prend alors un fer à repasser que l'on a préalablement mis au feu ; et, recouvrant l'envers du dessin d'une feuille de papier blanc, pour éviter de salir l'étoffe, on le passe deux ou trois fois sur le dessin ; il ne faut pas que le fer soit trop chaud ; puis, soulevant un coin, on s'assure si le trait s'est bien reproduit en rouge sur l'étoffe : si oui, on enlève le tout, le dessin se trouve alors entièrement décalqué : dans le cas contraire, c'est que le fer n'aurait pas été assez chaud ; il faut alors recommencer l'opération, sans trop appuyer pour ne pas froisser le velours.

Aussitôt le papier enlevé on prend à sec, avec le pinceau, un peu d'argent en poudre, que l'on passe sur le cygne ou le héron ; puis, avec un autre pinceau, également à sec, on passe sur les eaux du bronze bleu clair, le trait n'étant autre qu'une mixtion, elle fixe à elle ce bronze et donne un dessin métallique argenté et bleuté.

A l'aide de la partie supérieure d'une plume d'oie servant d'époussettoir, on enlève l'excédent de poudre devenu inutile ; puis on continue la même opération, plaçant d'un côté le roseau découpé, qu'une fois décalqué on recouvre d'or vert pour les feuilles et d'or rouge pour la tige et la fleur, puis, comme pendant, une touffe de plantes aquatiques. Place-t-on plusieurs roseaux les uns à côté des autres et certaines feuilles passant l'une sur l'autre, on varie la couleur des ors verts, réservant la nuance la plus claire pour les feuilles du premier plan (1).

Le ciel ne peut rester entièrement nu : on y décalque quelque charmant petit oiseau des îles, avec plumage multicolore, poursuivant soit une mouche, soit un papillon. Un martin-pêcheur se mirant dans la profondeur de l'onde, y guettant le passage de sa proie, constitue une ravissante petite composition pouvant servir de motif de décoration soit pour un coussin de canapé, soit pour un écran de feu.

Ce genre de dorure est excessivement solide, surtout quand les ors employés sont de bonne qualité, aussi se conserve-t-elle indéfiniment. Nous engageons fortement les jeunes filles ne connaissant pas le dessin à se livrer sans retard à ce genre de décoration ; elles y trouveront un attrait inconnu pour elles jusqu'à ce jour.

Dans les mains d'un artiste, cette dorure unie à la peinture à l'huile produit des effets merveilleux.

Photominiature. — Voici encore un genre de peinture qui n'exige aucune connaissance du dessin : il suffit simplement d'un peu de goût et d'adresse pour reproduire, d'après des photographies, de ravissants portraits imitant les miniatures sur ivoire.

(1) Lorsqu'une feuille passe sur une autre il faut avoir soin d'enlever le bronze de celle qui a été décalquée la première, et par conséquent qui se trouve en dessous, avec un petit bâton taillé en pointe : ce nettoyage, lorsque la mixtion est encore fraîche, se fait facilement : c'est ainsi que se font les hachures dans les parties pleines, qui, sans ce procédé, présenterait un placard uni et lourd.

Ce procédé repose sur la transparence : elle s'obtient facilement en collant la photographie sur un verre préparé pour la recevoir, et une fois collée et séchée, à enlever l'excédent du papier, à l'aide de papier de verre, pour ne laisser qu'une pellicule imperceptible permettant de voir la photographie presqu'aussi distinctement à l'envers qu'à l'endroit (1). Pour ne pas pousser trop loin cette opération, après avoir débarrassé avec un pinceau sec la poussière du papier poncé, on étend sur l'épreuve une couche légère de vernis dit transparent, qui, pénétrant dans le papier, lui donne une grande translucidité. On renouvelle deux ou trois fois cette opération, jusqu'à ce que toutes les parties restées opaques deviennent comme les premières. On essuie bien le tout avec un linge de flanelle, et on laisse sécher trois ou quatre heures ; au bout de ce laps de temps on passe sur le transparent une couche de préservatif qu'on laisse sécher pendant un ou deux jours, puis on procède à la mise des teintes plates sur ce vernis en commençant par les lèvres, les yeux, les narines, les joues, les cheveux, les sourcils, les bijoux, le costume ; tout cela avec une teinte extrêmement légère et peu corsée. Sur un second verre que l'on superpose momentanément sur le premier, on pose à plat toutes les couleurs de chair, le fond des cheveux, le ton des vêtements, une fois cela obtenu, on place ensuite ce verre au dessous du premier. Les détails apparaissent alors avec une grande finesse et l'on obtient ainsi les plus splendides effets.

Les couleurs à l'huile étant celles employées, tout le matériel, pinceaux, couleurs, palette, couteaux, etc., peuvent donc être utilisés pour ce genre de travail.

---

(1) Dans les premiers essais il ne faut pas pousser trop loin le ponçage de la photographie, car on s'exposerait, pour vouloir la rendre trop transparente, à la détériorer complètement, la trouant par places, accident auquel il serait alors impossible de remédier.

Peinture sur faïence. — Est-il rien de plus attrayant pour une jeune fille que la *peinture sur faïence* (1), qu'elle peut entreprendre pourvu qu'elle sache un peu dessiner? Quel plaisir de pouvoir offrir à ses amis le produit de ses œuvres, de voir s'étaler sur les murs de la salle à manger ces imitations de faïences anciennes dont rien ne peut égaler l'effet décoratif. Quel charme on éprouve dans la confection de ces camaïeux bleus, roses, violets ou verts, puisant leur suave douceur dans le principe même de leur monochromie.

Quelle joie pour les amis, quelle satisfaction pour les parents, quel légitime contentement pour l'artiste, de voir s'étaler sur la table, au moment du dessert, le service qu'à l'aide de son art il s'est complu à parsemer de fleurs, de fruits, d'insectes, d'oiseaux, ou de délicieux et ravissants paysages.

Comme les heures s'envolent lorsqu'on se livre à ces travaux.

Le fusain offre encore pour les jeunes filles un élément des plus récréatifs. Facile dans son exécution, demandant une grande légèreté de main, il leur convient parfaitement. La douceur de tons s'harmonise fort bien avec leur tempérament sans exclure pour cela une certaine ampleur, une certaine crânerie dans son exécution.

La peinture à la gouache, l'enluminure des missels, trouvent encore de nombreux disciples parmi les jeunes filles. Elles peuvent donner un libre cours à leur penchant décoratif en exerçant leur talent à peindre des images de première communion, des écrans, des éventails, etc., enfin, en se livrant à l'enluminure des canons d'autels, des pages de missels, pour pouvoir se confectionner un

---

(1) Consulter notre *Traité pratique de Peinture sur faïence et porcelaine*, à l'usage des débutants, 4ᵉ édit. 4 planches hors texte en couleurs et 11 vignettes, 1 vol., gr. in-8, prix 2 francs. Librairie H. LAURENS, éditeur, 6, rue de Tournon, Paris.

jour, de toutes pièces, c'est-à-dire, un livre de mariage réellement artistique.

Pour les fonds d'or à la gouache, on peut se servir de l'or adhésif sur lequel cette couleur prend facilement.

Pour les fonds d'or sur vélin, sur parchemin, sur simili-ivoire, sur papier ordinaire, on se sert du *brillant d'or* qu'il suffit d'appliquer au pinceau.

On donne les reliefs d'or et les ors brillants aux enluminures en se servant d'une pâte ou mixtion dite *pâte de reliefs*, qui, une fois couverte d'une couche d'or, se brunit parfaitement avec une agate.

On peut également peindre en bois les objets du genre de ceux exécutés à Spa.

L'aquarelle permettant d'obtenir rapidement des impressions de voyages, sera encore un attrait pour celles qui aiment à manier la couleur, à reproduire les prairies couvertes de verdure, leurs arbres chargés de feuilles, mirant dans l'onde pure et tranquille leur ramure touffue : le tout émaillé çà et là des tons gris et perlé des toits d'ardoise ou du rouge vif de la tuile éclairée par les derniers rayons du soleil couchant.

Citons encore la peinture *sur émail*, qui fait partie maintenant des arts d'agrément, car une femme peut aujourd'hui l'exécuter sans crainte de compromettre la fraîcheur de ses élégantes toilettes, ni d'altérer la blancheur de ses mains dans des manipulations répugnantes et malpropres, toutes les couleurs étant broyées et mélangées à l'avance, comme le sont celles pour la porcelaine. Dans ce genre encore, les jeunes filles pourront se créer une foule de fantaisies élégantes de peintures sur émail qui, une fois montées, formeront des bijoux réellement artistiques tels que bagues, broches, médaillons, montres, bracelets, boucles, agrafes, boutons, etc.

La peinture sur émail rentre du reste parfaitement dans les aptitudes de la femme; elle convient à son tempérament. La simplicité de son outillage, les soins minutieux qu'elle réclame dans son exécution manuelle sont bien en rapport avec sa nature frêle et délicate. La légèreté de touche qu'elle exige ne peut trouver de plus habiles interprètes? L'originalité, le savoir recherché pour l'émail s'harmonisent parfaitement avec l'esprit inventif.

Croyez-moi, mesdames, si vous savez parfaitement dessiner, abordez sans crainte la peinture sur émail; vous trouverez dans sa pratique une agréable récréation.

Eau-forte. — Ce genre de gravure, qui exige une grande science du dessin, rencontre aujourd'hui chez les femmes de nombreux praticiens.

L'eau-forte est en quelque sorte la traduction de l'impression ressentie; elle exige de la décision, de la sureté de main, une connaissance approfondie du jeu de la lumière et des ombres.

Dans l'eau-forte, le travail est personnel; on ne doit point viser au fini du crayon, mais bien à l'effet, rien qu'à l'effet. C'est la façon de sentir reproduite sur la plaque de cuivre, enduite de cire, au moyen de hachures faites avec des pointes de différentes grosseurs : c'est, en un mot, le talent personnel de l'artiste, sa manière de penser et de sentir révélée et traduite par son œuvre.

Des traités spéciaux sur cet art initieront les personnes désirant s'y livrer, et leur indiqueront les secrets permettant de l'exécuter avec succès (1).

Vernis Martin. — Ce genre de peinture a depuis quelques

---

(1) Nous recommandons spécialement les traités très clairs et très précis de M. Karl Robert, publiés chez H. Laurens, à Paris. Un volume séparé est consacré à chaque genre : *aquarelle, huile, fusain, enluminure*, etc.

années pris une grande extension parmi les jeunes filles. D'une exécution facile, les personnes qui le pratiquent y trouvent une véritable source de distractions artistiques.

La peinture des fonds s'exécute comme ceux que font les peintres de voiture, c'est-à-dire, par fonds unis que l'on ponce et polit pour les rendre excessivement lisses. On exécute alors le sujet qui doit les orner ; puis, le tout une fois sec, un vernis final donne à toute cette peinture l'aspect si caractéristique du vernis Martin. On peut, de cette manière, pour peu que l'on soit habile, décorer toutes sortes de meubles, et se créer le plus ravissant mobilier. Pour les personnes qui ne veulent pas s'astreindre à préparer elles-mêmes les fonds (et cela est préférable), elles trouveront chez les peintres carrossiers de précieux auxiliaires qui s'acquitteront fort bien de cette besogne longue et pénible tout à la fois ; de cette manière elles n'auront plus qu'à s'occuper de la partie artistique.

Peinture à l'huile (1). — En abordant la peinture à l'huile, c'est au grand art que l'on s'attaque ; et, nous l'avouons franchement, les femmes qui s'y adonnent depuis quelques années ont marché à grands pas dans la voie du progrès ; chacune de leurs étapes y sont marquées par une nouvelle évolution en avant, couronnées par de nombreux succès, tant dans les expositions de Paris que dans celles des grandes villes de province.

C'est avec une véritable joie que nous saluons cette émancipation artistique ; avec orgueil que nous acclamons

---

(1) C'est avec intention que nous omettons de parler du pastel, non point que nous soyons ennemi de ce genre qui est par lui-même si vaporeux et si doux, à l'aide duquel on obtient de ravissants portraits, mais parce que l'emploi du pastel, par l'absorption des poudres qui s'en dégagent, influe souvent sur la santé des jeunes filles qui se livrent à cette spécialité.

ces succès, fier de voir s'augmenter notre glorieuse légion qui fait l'honneur de la France, et dont mesdames Rosa Bonheur, Puirroche Vannier, Élise de Coll, et tant d'autres, sont les plus connues.

La peinture à l'huile aborde indistinctement tous les genres, depuis le tableau d'histoire jusqu'à la reproduction de la nature morte, en passant par le tableau religieux, le portrait, le tableau de genre, le paysage, les fleurs, les fruits, les volailles, le gibier et les attributs ; car rien de ce qui existe dans la nature n'échappe à son interprétation.

Pour les jeunes filles nous conseillons de choisir de préférence le tableau de genre, les fleurs et les fruits, ou les natures mortes ; elles peuvent encore s'adonner à la peinture des petits animaux domestiques tels que chien, chat, volailles, chevaux, etc. Pour tous ces genres il n'y a point de ces déplacements toujours difficiles pour une jeune fille, les études pouvant se faire dans l'atelier, les modèles étant constamment disponibles et sous la main, sans être obligé de les demander ou de les aller chercher au loin.

Nos lectrices n'attendent pas de nous des détails particuliers relativement à cet art : elles les puiseront auprès d'un maître expérimenté, ou dans des traités spéciaux : ce que nous leur recommanderons seulement, c'est de ne pas toucher un pinceau, une couleur, avant de savoir parfaitement dessiner, car, pour les commençants, c'est toujours là qu'est la pierre d'achoppement.

SCULPTURE

Modelage. — Quelques femmes seulement se livrent avec succès au maniement de l'ébauchoir et exécutent, soit avec la terre, soit avec de la cire, une foule de petits sujets parfaitement modelés et bien proportionnés. Il faut, pour se livrer à ce genre de travail, avoir le sentiment de la forme très prononcé, une connaissance parfaite de l'anatomie, étude rentrant peu dans le goût de la femme, aussi l'art de modeler trouve-t-il parmi elles peu d'adeptes.

Le maniement de la terre est encore désagréable et salissant par lui-même, il faut consacrer à ce travail un atelier destiné tout spécialement à cet usage.

Imitation de barbotine. — Sous le nom d'imitation de barbotine il s'est créé depuis quelques années un nouveau genre de modelage que toutes les jeunes filles, qui s'occupent d'art, ont accueilli avec une véritable satisfaction. Nous pouvons ajouter même qu'un grand nombre d'entre elles ont acquis un réel talent dans ce genre de travail ; mais sa fragilité est si grande que, quelques mois après l'exécution, il ne reste souvent plus rien de ces belles guirlandes serpentant ou se balançant si artistement autour des vases décorés par ce procédé. La cause en est due souvent au retrait de la pâte, à l'humidité qui s'empare de la colle la composant ; à la sécheresse qui la fendille en maint endroit et la fait tomber, au grand désespoir de l'artiste voyant périr sous ses yeux, sans pouvoir y porter remède, le fruit de longues heures de patience et de travail. Ajoutez à cela le terrible plumeau du domestique venant à son tour enlever un pétale par-ci, briser une tige par-là, supprimer une feuille ou toute autre partie, et vous verrez que ce genre de modelage est irrévocablement condamné à mort, au seuil même de son berceau.

QUATRIÈME PARTIE

DE L'ENFANCE ET MÉDECINE DOMESTIQUE

CHAPITRE XXXIV

DE L'ENFANCE. — SOINS PARTICULIERS A LUI DONNER

Nourrice. — Tous les soins doivent se porter sur le choix de la nourrice; l'âge le plus favorable est de vingt à trente ans; passé cet âge, sauf de rares exceptions, le lait n'est plus assez substantiel : les nourrices brunes sont préférables aux blondes pour les enfants des villes.

Le lait de la nourrice doit être à peu près égal à l'âge du nourrisson, plus vieux, il serait trop fort pour lui. Une visite du médecin pour le choix d'une nourrice s'impose, car certaines maladies telle que la phtisie, les dartres, la scrofule, le scorbut, la pierre, la gravelle, la goutte et autres maladies se transmettent avec le lait. Vous voilà prévenues, lectrices... *Attention pour l'avenir de vos enfants.*

Nourrice sur lieux. — Avoir chez soi la nourrice est le meilleur mode à suivre; on peut ainsi la surveiller. Une nourriture peu épicée lui est nécessaire : les salaisons, les viandes fumées, lui sont formellement interdites. Les farineux lui vont bien; mais il faut, autant que possible, lui donner une alimentation semblable à celle qu'elle avait auparavant, pour éviter qu'elle ne tombe malade par l'excès ou la richesse des aliments.

Il faut savoir endurer quelques caprices de leur part pour éviter toute contrariété pouvant troubler leur lait.

À Paris, les gages d'une nourrice varient de 40 à 60 et même 80 francs par mois, nourrie, blanchie, habillée, et quelques cadeaux de temps à autre. L'administration générale de l'assistance publique tient un bureau de nourrices dont elle connaît les antécédents et dont elle surveille avec soin la santé et la moralité. Outre ce bureau, il en existe d'autres, dits bureaux de nourrices, qui ne dépendent que de la préfecture de police.

Aussitôt la naissance d'un enfant, la loi veut que, dans le délai de trois jours, elle soit déclarée par le père, par le médecin, etc., sous peine d'un emprisonnement de cinq jours à six mois, et d'une amende de 16 à 300 francs (Code civil, art. 55 et 56 ; code pénal, art. 546).

Nous ne nous occuperons pas ici des soins à donner au nouveau-né ; le docteur est là pour les prescrire et au besoin pour les diriger.

Nous allons prendre l'enfant à son berceau et donner quelques conseils pratiques sur la manière de l'élever.

Le berceau des jeunes enfants doit toujours se placer en face du jour, pour qu'ils reçoivent directement la lumière, ce qui les empêche de contracter l'habitude de loucher.

On doit également, lorsqu'on enveloppe les enfants dans leur maillot, éviter de placer un tampon d'étoffe, serviette ou lange entre leurs jambes, car, outre que cette toile entretient l'humidité, elle échauffe les cuisses, et le tampon qu'elle forme finit par arquer les jambes et les déformer.

Il en est de même lorsqu'on veut les faire marcher trop tôt, ou qu'on les laisse séjourner longtemps sur leurs pieds ; le poids du corps finit par faire infléchir les jambes.

La *dentition* est un moment difficile pour les enfants : elle s'effectue à l'âge de six mois pour ne se terminer qu'à deux ou trois ans. Les enfants d'une constitution faible sont sujets aux *feux de dents*, aux aphtes, à la toux, aux flux

DE L'ENFANCE.

de ventre, à la fièvre, à l'insomnie et aux convulsions.

C'est par une hygiène raisonnée que l'on prévient les accidents de la dentition. Il faut se garder de donner de la viande à manger aux enfants, fût-ce même de la viande hachée menu : n'ayant pas encore de dents, ce genre de nourriture ne convient pas à leur petit estomac; ce n'est guère que vers quatre ou cinq ans qu'ils peuvent la supporter sans inconvénient. Jusqu'à cet âge, leur alimentation se composera d'œufs, de potages et de beaucoup de laitage.

Lorsqu'un enfant est couvert de *feux de dents* lui donnant la fièvre et des démangeaisons par tout le corps, on lui fait prendre un bain d'eau tiède dans laquelle on a fait cuire une fraise de veau; c'est un calmant souverain.

Si un jeune enfant est fortement pris du cerveau par un rhume, il faut lui placer dans le nez une petite cigarette de beurre frais, *sans sel*.

Pour les convulsions, la première chose à faire consiste à empêcher les dents de se serrer ; pour cela on place dans la bouche soit un morceau de réglisse de bois, soit une cuiller ou tout autre objet que l'on trouve sous la main.

Le doigt est excellent pour cet usage ; mais il arrive souvent que, par la pression, la chair se trouve quelquefois coupée jusqu'à l'os ; il faut donc s'en abstenir. Les bains sont les meilleurs remèdes pour les convulsions.

La *constipation* est également à redouter pour les enfants.

Si un enfant se donnant un coup à la tête, ne s'évanouit pas, il n'y a aucun danger ; dans le cas contraire, il y a le contre-coup à redouter ou des convulsions dans les neuf jours.

Les enfants ne doivent manger qu'avec leur bonne, et n'être admis à la table que lorsqu'ils sont en état de manger proprement les mêmes mets que les grandes personnes.

Lorsqu'ils commencent à travailler, on doit leur donner un pupitre, de façon que leur livre soit plus rapproché des yeux que la feuille de papier sur laquelle ils écrivent, afin d'éviter qu'ils ne deviennent myopes. Il faut veiller à ce qu'ils conservent une bonne position, qu'ils ne se courbent pas sur eux-mêmes, ce qui fatigue l'estomac. L'éclairage doit venir de gauche à droite car le jour qui vient de face est très défectueux pour la vue.

Le meilleur remède contre les engelures consiste à faire manger aux jeunes enfants des tartines de beurre très salées (du gros sel de cuisine pilé); ce sel, qui renferme beaucoup d'iode, est excellent pour la santé.

On évite les engelures aux pieds des enfants travaillant assis, en les enveloppant, jusqu'à mi-corps, dans un sac en peau de mouton recouvert de drap, la chaleur du feu étant détestable pour les engelures. Si une engelure au pied vient à s'ouvrir on doit tenir l'enfant au lit pendant deux ou trois jours : la chaleur du lit suffit pour la fermer, lorsqu'on n'a pas laissé la suppuration s'établir; ce qui est très mauvais ; car alors ce ne sont plus des jours qu'il faut compter dans le repos le plus absolu, mais des mois entiers.

Les engelures aux mains sont moins dangereuses, mais elles ont l'inconvénient de les grossir énormément et de laisser longtemps la marque de leur présence, ce qui est toujours défectueux pour une jeune fille.

Les chaussures à lacets et sans talons, maintiennent bien le pied sans le serrer. Les talons déplacent l'aplomb du pied, et font dévier les genoux.

Un matelas de fougère est très sain pour les jeunes enfants et leur évite bien des maladies. On doit aussi les faire se coucher sur le dos, ce qui le maintient plat ainsi que le ventre et prévient le dos arrondi si fréquent de nos jours.

Les bains de tilleul sont recommandés pour les enfants nerveux à cause de leurs propriétés calmantes. Lorsque la croissance se fait trop vite, ce qui affaiblit beaucoup, on se procure de la sciure d'os chez le boucher ; on en met dans le bouillon, cela remplace les sirops de chaux d'une digestion toujours difficile.

Les dents de lait doivent tomber d'elles-mêmes, laissant ainsi à celles du dessous le temps de se développer, de se faire place elles-mêmes, pour ne pas hâter leur croissance et leur faire prendre une place qu'elle n'aurait pas occupé autrement : l'élargissement de la mâchoire n'ayant pas eu le temps de se produire.

Dans le jeune âge les dents doivent se nettoyer avec une brosse douce et du savon de Marseille, car toutes les poudres dentifrices et les élixirs leur sont contraires ; ils détériorent la couche d'émail qui, à cet âge, est très tendre. Les sucreries gâtent les dents.

Lorsqu'un enfant débute au piano et qu'il a des engelures, il est bon de lui faire étudier ses gammes et exercices les mains gantées. Il y a bien une difficulté plus grande, mais cela donne de l'agilité dans les doigts : du reste, les grands maîtres recommandent souvent cet exercice.

L'enfant grandissant se transforme de jour en jour et dès ce moment les soins à lui prodiguer rentrent dans le domaine de l'hygiène ordinaire. Étant connus de tout le monde, nos conseils deviennent alors superflus. Nous terminerons cependant en recommandant la plus grande attention dans le choix des jouets que les enfants ne peuvent s'empêcher de porter à la bouche, et dont certaines couleurs contiennent des sels d'arsenic, de chrome, de cuivre et de mercure souvent pernicieux pour leur santé. Il en est de même de certains bonbons colorés.

Éducation des enfants. — Dès le plus jeune âge, une mère doit apprendre à son enfant à ne pas présenter son front aux femmes pour être embrassé, mais bien lui inculquer qu'il doit seulement baiser les mains des femmes au lieu de se faire embrasser; ces caresses étant réservées exclusivement pour la famille. En grandissant, ils cessent d'embrasser les mains, mais inclinent seulement la tête vers la main de la dame.

USAGES ET COUTUMES.

Visite à l'accouchée (1). — Lorsqu'une femme est en couche, on met chez le concierge un bulletin donné par le médecin, indiquant l'état de la malade : on y joint une liste sur laquelle les personnes qui viennent prendre des nouvelles inscrivent leur nom.

La carte de naissance est ordinairement ainsi conçue :

Monsieur et Madame. . . . . (les noms. . . . . . .) ont l'honneur de vous faire part de la naissance de leur (fils ou fille) Le nom . . . .

(Nom de la ville ou du pays) le. . . . . (Adresse)

La plus grande fantaisie est admise dans la rédaction de ces lettres; il y en a de très artistiques et spirituelles.

Parrain et marraine. — Au premier enfant il est d'usage de prendre pour parrain et marraine le grand-père paternel et la grand'mère maternelle. Aussitôt le choix fait, on doit une visite ou une lettre de remerciement au père.

Pour le choix des noms, il est de bon goût de les laisser choisir aux parents et de ne donner le sien que si on vous en fait la proposition.

Le parrain doit également faire une visite à sa commère. Lorsque la marraine ne veut pas entrer en relation avec son compère, elle lui fait savoir qu'elle n'acceptera de lui que des dragées et un bouquet.

---

(1) Voir chap. XXIII, p. 253.

CHAPITRE XXXV

MÉDECINE DOMESTIQUE

Médecin. — Le choix d'un médecin est une affaire plus sérieuse que bien des personnes ne le pensent, aussi ne faut-il pas attendre que la maladie survienne pour le choisir. Il faut, étant en bonne santé, songer à l'avenir, étudier le caractère, la manière d'être de celui que l'on désire s'attacher, savoir s'il vous sera sympathique, car le médecin n'est pas un homme vulgaire que l'on prend et quitte à propos d'un rien.

Une fois entré dans une maison, le médecin en devient presque toujours l'ami, le confident intime, le dépositaire même de bien des secrets que sa profession lui fait un devoir de connaître, que son honneur et le devoir professionnel lui laissent toujours ignorer comme homme privé.

Par sa longue fréquentation dans une famille il s'intéresse aux enfants qu'il a vus naître et auxquels il prodigue ses soins.

Tout le monde lui doit le plus grand respect ; il a droit à toute votre estime : encore plus que cela, à la reconnaissance, ce qui fait que, même l'ayant rétribué de ses soins, on lui est toujours redevable.

Sous le titre de médecine domestique, que nos lectrices ne s'attendent pas à trouver ici autre chose que quelques simples conseils, tout à fait pratiques, destinés uniquement à leur enseigner les premiers soins à donner à un malade en attendant la venue du docteur. Aller plus avant serait intervertir les rôles, et, le voudrions-nous, qu'il nous manquerait l'essentiel, la science médicale. L'eussions-nous, cette science, que nous n'aurions pas qualité pour le faire.

A chacun son domaine ! Au docteur les soins de votre corps... A nous, celui de votre intelligence. Vous le comprenez trop bien, lectrices, pour que je m'y arrête. Laissons donc au médecin, toujours rempli d'abnégation et de dévouement, le soin de régler et de prescrire ce qui est nécessaire au maintien de votre santé, nous contentant de vous donner simplement quelques conseils préventifs utiles et bons à employer en attendant sa venue.

EMPOISONNEMENTS

Commençons d'abord par les cas les plus graves, et indiquons les premiers secours à donner aux personnes empoisonnées en attendant la venue du médecin, que l'on doit appeler immédiatement et sans aucun retard.

Il y a trois sortes d'empoisonnements : les empoisonnements accidentels, les empoisonnements volontaires et les empoisonnements criminels.

Les premiers, ceux accidentels, proviennent soit de l'alimentation, soit du mauvais entretien des ustensiles de cuisine.

Dans cette catégorie se rangent les empoisonnements occasionnés par les *champignons*, les *moules*, les *huîtres*, le *vert-de-gris* (*casseroles mal entretenues*), la *litharge* servant à la falsification des *vins*, tous ces empoisonnements se rattachent à l'alimentation proprement dite.

POISONS.	LEUR NATURE.	CONTREPOISONS.
Acides............	Corps qui, combiné à un oxyde, forme un sel......	Magnésie délayée dans l'eau. Si l'on n'a pas de pharmacien sous la main, faire boire de l'eau de savon.
Alcalis............	Minéraux et végétaux......	Pour les alcalis minéraux, eau fortement vinaigrée.. Pour les alcalis végétaux, décoction de quinquina ou de noix de galle étendue d'eau.
Arsenic...........	Acide............	Magnésie délayé dans l'eau; ou de l'eau de chaux (30 grammes de chaux dans 4 litres d'eau).
Champignons......	Végétaux..........	Éther sulfurique { 8 gr. éther sulfurique. 125 gr. fleur d'oranger.. } L'eau ordinaire acidulée de jus de citron ou de vinaigre peut remplacer l'éther.
Vert-de-gris.......	Sels de cuivre......	Eau albumineuse; lait; décoction de noix de galle.
Eau de Javel......		Albumine formée par des blancs d'œufs battus et un peu d'eau.
Étain.............	Sels..............	Lait; bicarbonate de soude; décoction de noix de galle.
Moules, poissons et viandes corrompues.		Quelques gouttes d'éther sur un morceau de sucre. Le camphre est encore bon ou de la limonade.
Narcotiques.......	Opium, morphine, belladone.	Le café noir très fort.
Phosphore........	Corps simple non métallique.	Le charbon en poudre (piler de le braise pour en boire la poudre dans un peu d'eau).
Plomb (Sels de)...	Céruse, litharge, extrait de saturne, peinture blanche absorbéo par la respiration.	Limonade sulfurique; sulfate de soude ou de potasse; eau de Sedlitz; eau albumineuse; lait.
Zinc (Sel de).....	Provenant des ustensiles de cuisine.............	Lait; solution de bicarbonate de soude.

Viennent ensuite ceux occasionnés par les *papiers de tenture*, dont les couleurs sont à base de plomb, de chrome et d'arsenic.

Les empoisonnements volontaires ou criminels, administrés sous le voile de l'hypocrisie, sont d'autant plus redoutables qu'ils sont souvent préparés de longue main, avec une foule de substances dont, au début, on ignore la nature, *arsenic, phosphore, nicotine, morphine,* etc.

Les poisons végétaux sont les plus redoutables pour la science et la justice, car ils se décomposent dans les voies digestives, et ne laissent aucune trace de leur passage dans les analyses chimiques. La nature du poison étant connue, nous indiquons page 421 les contrepoisons à administrer en attendant la venue du médecin.

Asthme. — On soulage les personnes asthmatiques en faisant brûler de temps à autre, dans l'appartement qu'elles occupent, du papier préalablement enduit d'une solution de sel de nitre (20 grammes de sel de nitre pour un verre à liqueur d'eau), puis séché à l'air.

On leur procure encore un certain soulagement en leur faisant fumer des cigarettes de tussilage.

Les pharmaciens vendent ces cigarettes toutes préparées.

Insomnies. — Les personnes souffrant d'insomnies dues à un état nerveux, occasionné par un grand chagrin ou toute autre cause, peuvent ramener le sommeil en prenant un grand bain dans lequel on met de la moutarde. Il se produit alors une irritation de la peau qui débarrasse le cerveau et calme les nerfs.

Engelures. — Un bon moyen pour se préserver des engelures consiste, à l'approche des froids, à se laver les mains deux fois par jour dans de l'eau de potasse, ou dans de l'eau contenant une ou deux gouttes de vitriol. Les peintres en voiture et en bâtiment ayant toujours les mains à l'eau, en toute saison, n'ont jamais d'engelures, par la raison qu'ils se lavent constamment les mains dans cette eau.

Pour les personnes qui ont déjà des engelures, nous conseillons l'emploi de la pommade de graisse d'oie : on la prépare en retirant les fibres et autres saletés ; on la lave bien à l'eau tiède, puis après l'avoir égouttée, on la fait fondre dans une casserole pleine d'eau en faisant bouillir jusqu'à ce que la graisse soit entièrement fondue. On la passe alors à travers un linge bien propre et on la laisse se figer avec l'eau.

Une fois figée, on enlève cette graisse et l'excès d'eau qui peut y adhérer pour la mettre dans un vase, on la fouette bien (comme pour faire une mayonnaise). Ceci fait il n'y a plus qu'à la mettre en pot, et couvrir avec un papier de plomb : on a, non pas une pommade, mais une crème blanche comme du lait servant à guérir les engelures, les brûlures, les plaies, les petits bobos. Le soir, en se couchant, on s'enduit les mains de cette crème, puis on les met dans des gants de peau pour ne point salir les draps. Ce remède est excellent : nous l'avons fait expérimenter bien des fois avec succès.

Brûlures. — Rien de plus douloureux que les brûlures : qu'elles proviennent du feu, d'un fer rouge ou de l'eau bouillante. La première chose à faire en présence d'une brûlure c'est, s'il s'y forme des *cloches* ou *cloques*, de les percer délicatement avec la pointe des ciseaux et d'en faire sortir le liquide séreux, sans surtout enlever cette peau ; puis, aussitôt, de plonger la partie brûlée dans l'eau froide que l'on peut rendre plus froide encore en ajoutant de la glace, lorsqu'on peut s'en procurer. Si la partie brûlée ne permet pas cette ablution, on verse constamment dessus de l'eau froide. Une fois la brûlure apaisée, on la panse avec de la pomme de terre crue, râpée, que l'on remplace par d'autre, une fois que celle-ci s'échauffe. On peut, par-dessus mettre une compresse d'huile d'olive ou d'huile d'amande douce et de laudanum pour calmer la douleur. On cicatrise la plaie avec du cérat ou, de préférence, avec la graisse d'oie dont nous venons d'indiquer la préparation.

Le *baume du Commandeur*, uni à l'eau (dix gouttes pour une cuillerée d'eau) en compresse, ou la teinture d'arnica, sont encore d'excellents calmants pour les brûlures.

Rhumes de cerveau. — On arrête un commencement de rhume de cerveau en respirant un peu d'ammoniaque. Un autre moyen, lorsqu'on se sent la tête prise, consiste à faire rougir une pelle et à jeter dessus du vinaigre ou du sucre en poudre et d'aspirer fortement par le nez, la fumée qui s'en dégage ; en fermant la bouche, le rhume de cerveau disparaît sans aucun danger, parce que ce remède fait pleurer et moucher beaucoup, ce qui évite que le rhume ne retombe sur la poitrine.

Rhumes de poitrine. — Lorsque l'on n'a pas à se décolleter, voici un excellent remède pour se débarrasser promptement de ce terrible ennemi le rhume de poitrine ; il consiste à se badigeonner la poitrine et le dos avec de l'iode, et à recouvrir ce badigeonnage d'une ouate non gommée que l'on conserve jusqu'à la fin du rhume. On prend également le soir une cuillerée de lin cru, que l'on avale avec un peu d'eau, cela produit un cataplasme intérieur très adoucissant.

Maux de gorge. — Le citron est souverain pour les maux de gorge. On fait un pinceau de charpie qu'on imbibe de ce jus et on en badigeonne la gorge.

Pour les irritations de gorge, on coupe un citron en deux ; on le couvre de sucre en poudre et on prend de quart d'heure en quart d'heure une petite gorgée de ce sucre imbibé de jus de citron.

Pour les affections des bronches il faut se gargariser avec une solution de vinaigre, d'eau et sucre.

Angine ordinaire. — En attendant le médecin, badigeonner la gorge avec un pinceau de charpie enduit de jus de citron, par ce moyen, les peaux se détachent avec le pinceau; mais, nous le répétons, la présence du docteur est indispensable.

Clous, furoncles, etc. — Pour les clous, il faut employer les cataplasmes faits avec de la mie de pain; mais on remplace l'eau servant à les détremper par de la graisse de mouton. Ce cataplasme, très émollient, est également raffermissant, il resserre les tissus et empêche d'autres clous de se former, ce qui a lieu avec les cataplasmes à l'eau ordinaire.

Maux de doigts. — Lorsqu'on sent une douleur à un doigt et qu'on en ignore la cause, il est bon de le tremper dans l'eau bouillante, et de s'y reprendre jusqu'à ce que la douleur se passe; on évite ainsi les panaris.

Si l'on suppose avoir soit une épine, soit une écharde ou un peu de verre, il faut enduire le doigt de savon vert, le conservant ainsi de douze à vingt-quatre heures dans un doigtier, c'est-à-dire jusqu'à ce que le corps étranger en soit sorti.

Les plus mauvaises piqûres sont celles des arêtes de poisson.

Les piqûres d'aiguille, d'épingle, de poinçon, d'épine, de clou, etc., exigent qu'on les fasse saigner un peu pour éviter que le sang ne s'extravase sous la peau. Si le sang ne vient pas, il faut provoquer sa venue en plongeant le doigt dans l'eau aussi chaude que possible; mais il ne faut pas frapper sur le doigt ce qui peut déterminer un abcès ou un panaris.

S'il y a inflammation, un cataplasme de mie de pain

trempé dans du lait la fera disparaître et apaisera la douleur.

Les piqûres d'insectes, cousins, moustiques, etc., se calment en appliquant dessus une compresse d'alcali volatil (ammoniaque liquide étendu d'eau). Du persil haché est encore très bon.

Les piqûres d'abeille sont très douloureuses : il faut d'abord enlever l'aiguillon. Si l'on n'y parvient, on doit recourir tout de suite aux lotions à l'eau très froide, de l'eau blanche (extrait de Saturne), voire même de l'urine.

Les piqûres d'araignée se pansent avec de l'eau salée ou des compresses d'eau vinaigrée.

Nous nous sommes étendu un peu longuement sur ces différents genres de piqûres, car elles sont très fréquentes aussi bien à la ville qu'à la campagne.

Anthrax ou tumeur. — Rien n'est souverain et aussi efficace qu'une compresse trempée dans la solution suivante : gros sel, gros miel, vinaigre et eau ; le tout mélangé en parties égales.

TISANES

Les personnes habitant la campagne peuvent, dans leurs moments de loisir, récolter toute une série de plantes servant à la préparation des tisanes. Voici les propriétés des diverses tisanes.

Tisane astringente : le riz, 25 à 30 grammes pour un demi-litre d'eau.

Tisane diurétique : La queue de cerises, la bourrache, le chiendent ; deux pincées de l'une ou de l'autre pour un litre et demi d'eau.

Tisane pectorale : Les dattes, les figues, les quatre fleurs ou le lichen, 15 grammes par litre d'eau.

Tisane rafraîchissante : Le chiendent et l'orge; 35 grammes dans un litre et demi d'eau.

Tisane pour purifier le sang : Mêler ensemble une poignée d'orge mondé, même quantité de racine de patience et de lentilles ainsi que des pruneaux : faire bouillir le tout dans deux à trois litres d'eau, jusqu'à réduction d'un litre.

En prendre à jeun un verre tous les matins jusqu'à épuisement : ne manger qu'environ deux heures après.

Tisane tonique : La racine de gentiane incisée, 6 grammes pour un litre et demi d'eau.

Tisane sudorifique : La salseparcille, la bourrache, 60 grammes pour un litre et demi d'eau.

Tisane pour la toux : Les fleurs de guimauve, les fleurs de mauves, de coquelicots, 6 grammes de chacun pour un litre et demi d'eau.

Tisane pour la gorge. — Les feuilles de ronces sucrées avec du miel.

L'Arnica. — S'emploie en compresse sur des bosses ou douleurs provenant de coups. On le prend aussi pour éviter les contre-coups. Vingt gouttes dans un demi-verre d'eau sucrée, soir et matin, et n'en boire qu'une cuillerée à café toutes les cinq minutes. Si la douleur ne se passe pas augmenter un peu la dose le troisième jour.

Purges. — Parmi les purgatifs les plus communément employés, se rangent : la *manne*, le *séné*, la *rhubarbe*, le *sel de Sedlitz*, la *limonade Rogé* (citrate de magnésie), l'*huile de ricin*, etc.

On ne doit prendre une purge que sur l'ordre du médecin et après l'avoir consulté sur la nature du médicament à employer, car il est toujours très dangereux de se purger sans en avoir un besoin réel; le purgatif n'étant autre qu'un empoisonnement passager déterminant sur la surface des intestins une irritation générale ou locale.

Huile de ricin. — S'il est un purgatif doux et efficace, c'est assurément l'huile de ricin : mais quel goût désagréable, grand Dieu !

Cette huile fade et écœurante est maintenant fort bien préparée, très limpide, pour ainsi dire exempte de goût ; cependant elle répugne toujours.

La cause provient, on nous permettra de le dire, non seulement de la nature même du médicament, mais encore de la manière défectueuse sous laquelle on le présente au malade.

Que l'on lui offre dans du café noir ou dans du bouillon à l'oseille, on se contente généralement de verser dedans l'huile de ricin et de battre le tout quelques instants ; cela ne suffit pas, car l'huile revient tout de suite à la surface du liquide et révolte l'odorat et le goût du malade.

Il faut, rappelez-vous bien ceci, pour assimiler le tout ensemble, battre café ou bouillon contenant l'huile, tout comme on le ferait si l'on avait à préparer des œufs à la neige, c'est-à-dire battre en mousse, et ne cesser de battre que juste au moment où on est prêt à absorber cette purge. Aussitôt avalé, on présente au malade une tasse de café ou bouillon pur qui fait passer le goût fade de l'huile. Voilà la seule manière de bien prendre cette purge sans trop de dégoût. On se lave ensuite immédiatement les lèvres avec de l'eau chaude aromatisée et un peu de savon, puis on passe un peu d'eau de Cologne pour faire disparaître les dernières traces d'odeur de cette huile répugnante.

CHAPITRE XXXVI

RENSEIGNEMENTS RELATIFS AUX DÉCÈS

Il nous reste, pour terminer cet ouvrage, une mission peu gaie à remplir, celle de vous initier, chères lectrices, sur les obligations et les coutumes qu'exigent la loi et les convenances en matière de décès et de deuil.

La mort d'une personne malade (nous ne parlons pas d'un accident) se reconnaît par l'immobilité, la lividité, le froid et la fixité des yeux; mais ce ne sont pas toujours des signes certains, il faut encore que la rigidité cadavérique se soit emparée du corps. Dans le doute, on doit attendre le commencement de la décomposition avant de procéder à l'inhumation pour ne point s'exposer à enterrer une personne vivante. Ceci dit pour les habitants des campagnes, privées souvent de la visite des médecins nommés pour constater les décès.

Aussitôt qu'une personne vient à décéder, il est fait une déclaration à la mairie (état civil), par deux personnes, autant que possible proches parents ou voisins, ou, si la personne est décédée hors de son domicile, par la personne chez laquelle le décès aura eu lieu, un parent ou toute autre personne.

Elles ne peuvent être faites que par des hommes majeurs.

Cette déclaration consiste à fournir les renseignements suivants :

1° Nom et prénoms du défunt; 2° son âge; 3° le lieu de sa naissance; 4° sa profession, ses titres ou qualités (si c'est une femme, celle du mari, si c'est un enfant, celle du père); 5° sa demeure; 6° le jour, l'heure et le lieu du décès; 7° l'endroit où l'inhumation aura lieu.

En attendant la venue du médecin qui doit constater le décès, il faut s'occuper de faire prévenir les pompes funèbres, si le décès a lieu à Paris. Cette administration se charge d'une grande partie des fournitures dont les prix sont établis d'après un tarif accepté et approuvé par la ville de Paris.

En province, dans quelques grandes villes exceptées, les choses se passent autrement : on est obligé de faire prévenir le menuisier pour le cercueil, l'entrepreneur de tentures, les porteurs de billets, de s'occuper de la rédaction et de l'impression des lettres de faire part.

Si le corps doit être embaumé ou mis dans un cercueil en plomb, il faut prévenir le pharmacien, le médecin, le plombier, qui lui aussi s'entend avec le menuisier pour les dimensions à donner au cercueil.

On doit aussi prévenir le fossoyeur et le médecin de la famille, si c'est un monument dans lequel il y a un caveau à ouvrir; prévenir le clergé et s'entendre pour le service, dont il n'y aura plus à déterminer l'heure et le jour que d'après le certificat de décès du médecin et l'autorisation d'inhumer délivré par l'officier de l'état civil (code civil, art. 77).

A partir du moment du décès, le corps ne doit plus être déplacé. Il faut éviter de l'exposer sur un sommier de paille ou de crin et à un air trop froid, s'abstenir de recouvrir la face avec le drap.

On ne procède à la mise en bière qu'après la constatation du décès et *vingt-quatre heures seulement après la mort*. Aucun moulage, aucune autopsie ou embaumement, ne doivent se faire avant ce délai révolu.

Si le corps doit être transporté au dehors, il faut, après le décès constaté par le médecin, et la déclaration à l'état civil, contre lequel est remis un permis d'inhumer, aller tout de suite, muni de ce bulletin, à la préfecture ou à la sous-préfecture demander l'autorisation de transporter le corps. Cette autorisation délivrée par écrit, on se rend *tout de suite* au bureau central de police pour s'entendre sur l'heure et les mesures à prendre pour la mise en bière, *qui ne doit jamais avoir lieu sans un agent délégué par ce magistrat*, qui scelle la bière et le constate sur l'autorisation. (Il est dû une somme de six francs pour cette vacation.)

L'autorisation écrite doit suivre le corps et être représentée à toute réquisition des agents de l'autorité publique; puis elle est remise au commissaire ou au maire de l'endroit où a lieu l'inhumation, qui a été prévenu à l'avance et qui doit recevoir le corps. (Il leur est dû six francs pour cette vacation.)

Nous ne parlerons pas des autres formalités à remplir; elles suivent les usages et coutumes du pays.

A Paris, les deuils sont très courts, mais ils sont rigoureusement observés.

Pour *père et mère* ils sont d'un an. Les dames portent pendant six semaines une robe de laine noire, avec un long crêpe flottant au chapeau. Six semaines après on peut y joindre de la soie noire, les trois derniers mois on peut ajouter du blanc ou du violet.

Pour *grand-père et grand'mère* le deuil se porte quatre mois et demi, un mois de grand deuil, six semaines en soie noire; les deux derniers mois en demi-deuil.

Pour *un mari*, un an et six semaines, les trois premiers mois en grand deuil avec crêpe flottant, les six autres en soie noire, les autres mois en demi-deuil.

Pour *frère et sœur*, deux mois : les premiers quinze jours

en grand deuil, les quinze jours suivants en soie noire et le reste en demi-deuil.

Il est bien entendu que, pendant ce temps, on ne porte que des bijoux de deuil, en jais mat pour le grand deuil, et brillant pour le demi-deuil.

DEUILS ORDINAIRES

Pendant le deuil ordinaire les femmes peuvent porter des diamants. Ces deuils sont : le deuil d'un *oncle*, d'une *tante*, qui se portent environ six semaines : les premiers quinze jours en soie noire, le reste en petit deuil.

Pour *cousin germain*, trois semaines, les premiers huit jours en soie noire, le reste en petit deuil. Passé le degré de cousin germain, le deuil se porte dix jours.

Les parents portent le deuil de leurs enfants, mais ne mettent pas les gens de leur maison en deuil.

Les cochers et autres domestiques, hommes et femmes, ne sont mis en deuil que pour un père, une mère ou de grands-parents, ou bien pour un deuil de veuf ou de veuve. L'usage veut qu'ils ne portent pas de crêpe.

Le jour de l'enterrement la voiture du mort suit le deuil, vide, les lanternes allumées et enveloppées d'un crêpe noir.

A Paris, dans le grand monde, il n'est pas d'usage que le nom de la veuve paraisse sur les billets de faire-part. Elle ne doit renvoyer de cartes qu'un an et six semaines après la mort de son mari.

ASSAINISSEMENT DES APPARTEMENTS AYANT ÉTÉ OCCUPÉS PAR DES MALADES

Une fois les derniers honneurs rendus à celui qui n'est plus, on doit procéder sans retard à la désinfection des appartements qui ont été occupés pendant la maladie.

Lorsque la maladie ne présentait aucun caractère épidémique on assainit la chambre au moyen de fumigations de chlore ou de chlorure en y plaçant, pendant quelques jours, dans un vase à large ouverture, une solution de chlorure de soude ou de chaux dissous dans un peu d'eau, auquel on ajoute un peu de vinaigre très fort pour activer le dégagement des vapeurs de chlore.

On peut encore se servir de la solution suivante, qui est plus puissante : Mettre dans une terrine vernissée 200 grammes de sel, 65 grammes de bioxyde de manganèse, 150 grammes d'acide sulfurique, et 150 grammes d'eau : agiter le tout avec un bâton pour favoriser le dégagement des vapeurs de chlore. Toutes les ouvertures sont naturellement hermétiquement fermées, et on laisse ainsi environ une heure ou deux, puis on ventile abondamment l'appartement. Les vêtements se désinfectent de la même manière, en les plaçant dans un placard bien fermé contenant une assiette avec la première solution indiquée.

Si la maladie présentait un caractère épidémique, il faudrait, et c'est de la plus haute importance, désinfecter toutes les déjections du malade, matières fécales et autres, avec du chlorure de zinc, du sulfate de cuivre, ou du sulfate de zinc, dissous dans l'eau, en parties égales et verser à l'avance environ un verre d'une de ces solutions dans les vases. On lavera également avec ces solutions les cabinets et les endroits où ces déjections auraient été répandues.

On allumera un grand feu dans la cheminée de la chambre et on y brûlera tous les papiers, vieux linges, et autres objets de valeur ayant pu être atteints par les déjections ; puis on fermera la cheminée, les fenêtres et les autres ouvertures.

Au milieu de la chambre, aucun meuble n'en étant sorti, matelas, literie, couvertures, etc., on posera sur un marbre ou sur des briques une terrine contenant quelques charbons allumés sur lesquels on jettera encore 25 à 30 grammes de fleur de soufre en poudre; puis on fermera bien la porte en ne se retirant qu'après s'être assuré que le soufre est allumé. Il faut laisser ainsi la chambre hermétiquement close pendant vingt-quatre heures sans y pénétrer; puis, ce temps écoulé, l'aérer fortement en ouvrant les fenêtres.

Au bout de huit jours on la fera laver à la potasse ainsi que les boiseries, puis repeindre et tapisser entièrement. Elle sera alors habitable sans présenter aucun danger.

Il va sans dire que le linge et les effets ayant appartenu au malade seront également désinfectés de la même manière.

Les matelas seront alors défaits; la laine et les toiles seront soumis aux traitements ci-dessus avant d'être remis de nouveau en usage.

Pour le linge, les vêtements et la literie, après une première désinfection chez soi, il est prudent de les confier à un des établissements de désinfection existant à Paris dans certains arrondissements.

Nos lectrices nous pardonneront d'être entré dans de si pénibles détails; mais lorsque le malheur s'appesantit sur nous à l'improviste, il est bon d'être prémuni à l'avance, pour l'envisager face à face avec calme et résignation.

Avons-nous, dans ce travail, atteint le but désiré?... Avons-nous été constamment à la hauteur du sujet si délicat que vous nous avez demandé de traiter, et mérité la confiance que vous avez eue en nous?...

C'est à vous seules, mesdames, qu'il appartient de nous le faire savoir en vulgarisant parmi vous notre livre.

TABLE ANALYTIQUE

A

Abat-jour, 392.
Ablutions, 269.
Accord des pianos, 399.
Adolescence (Hygiène de l'), 265.
Aigue-marine, 251.
Alambic et filtres, 69, 111.
Améthyste, 250.
Anisette, 107.
Antichambre, 318.
Anthrax et tumeurs, 426.
Appareils de chauffage, 53.
Appartements (Assainissement), 432.
Approvisionnements, 50.
Aquarelle, 406.
Aquarium, 370.
Argenterie, 77.
Asperges (Boîte), 74. — Conservation, 88.
Asthme, 422.

B

Bains et ablutions, 267.
Bains de mer, 267; — chauds, 267.
Bains de pieds, 268.
Bals et soirées, 149. — Invitations, 150.
Barbotine, 410.
Baromètre, 313.
Bas, 233.
Basques, 190.
Batterie de cuisine (Entretien), 75. — Hygiène, 79.
Bijoux, 247.
Blancs d'œufs (Utilisation des), 104.
Bleu (Mise au), 261.

Boissons, 110; — glacées, 111.
Bonnets, 206, 210.
Bouche (Soins à lui donner), 271.
Bouche-bouteilles, 118, 119.
Boucherie à la campagne, 122.
Bouchons, 117.
Bouteilles, 117.
Brillant, 249.
Brûloirs à café, 68.
Brûlures, 423.

C

Cabinet d'aisances, 324.
Cabinet de toilette, 294.
Cache-corset, 203.
Café, 110.
Carafes (Nettoyage des), 126.
Cassis, 107.
Cave (Soins à lui donner), 114.
Chambre à coucher, 292; — d'ami, 295.
Chapeaux, 228. — Nettoyage, 231.
Charbon de bois, 60.
Chartreuse, 106.
Chat, 387.
Chauffage, 60.
Chaufferettes, 273.
Chaussures, 232.
Chemise, 200.
Cheval, 257.
Cheveux, 268.
Chiens, 380. — Leur nourriture, 385.
 — Leurs maladies, 385. — Lois les concernant, 383.
Chignons frisés, 101.
Chute, 337.
Clous et furoncles, 425.

Cols, 194, 206.
Confitures, Framboises, 104. — Carottes, 105. — Groseilles, 105.
Conseils pour s'habiller, 210.
Corsage, patrons, 190. — Petits côtés, 191. — Décolletés, 195.
Corsets, 227, 266.
Costume (Histoire du), 161.
Côtelettes, 95.
Coupe de l'étoffe, 196.
Coupons d'hôtels, 279.
Couvert (Mise du), 139.
Crèmes, 103.
Crème moka, 102.
Cuisines, 7. — Chef de cuisine, 26.
Cuisinières ; appareils de chauffage, 53.
Curaçao, 106.

D

Daubière, 74.
Décès, 429.
Décoration des plats, 93.
Déjeuner, 137.
Dentelles, 242. — Malines, 243. — Valenciennes, 243. — Alençon, 244. — Chantilly, 245. — Blonde, 245. — Réparation, blanchissage, 245.
Dépense et comptes, 47.
Dépilatoires, 273.
Dessin et peinture, 400.
Deuil, 431.
Diamant, 249. — Nettoyage, 252.
Digestion, 112.
Dîner, 140. — Invitation, 151.
Domestiques, 17. — Hommes, 18. — Femmes, 24. — Choix, 29. — Gages, 32. — Services, 35. — Égards, 36. — Mise, 39. — Lois les concernant, 42. — Repas, 149. — Recommandations à faire, 157.
Dorure, 390.
Draperies, 335, 339, 344.

E

Eau, 111.
Eau-forte, 407.
Eaux de toilette, 274.
Écharpes, 342.
Économie, 3.
Émeraude, 250.

Empois, 262.
Empoisonnements, 420.
Enfants (Soins à leur donner), 413.
Engelures, 422.
Entremets, 100.
Entretien des appareils de chauffage 61.
Épices, 90.
Essayage, 196.
Étoffe, coupe, 196. — Choix et qualité, 216.
Éventails, 236.

F

Fard, 276.
Festons et draperies, 339.
Filtres à café, 69. — à eau, 111.
Fleurs artificielles, 394.
Fourneaux, fonte, 55. — Portatif, 56. — A demeure, 57. — A gaz, 57. — A pétrole, 59.
Fourrures (Conservation des), 224.
Fromage, 110.
Fruitier, 123.
Fruits (Conservation des), 89.
Fumage des viandes, 121.
Fusain, 405.

G

Gants (Nettoyage des), 225.
Garde-feu, 333.
Gâteaux, 103, 104.
Gaufrettes, 105.
Gaufriers, 67.
Gelée de pommes, 105.
Gilets de flanelle, 202.
Grenat, 250.
Grils, 67.
Guides de voyage, 281.
Gymnastique, 257.

H

Hachoirs, 74.
Haleine, 272.
Haricots, 109.
Hôtels, 279, 281.
Huile, 91.
Hygiène des aliments, 108.

I, J, K

Insomnies, 422.

Invitations, 151.
Jupes, 197.
Kalouga, 106.

L

Lainages, 210.
Lait, 72, 84, 110.
Lait virginal, 275.
Lapins, 129.
Lapis-lazuli, 251.
Légumes, 109.
Lessive, 258, 260.
Lessiveuse, 260.
Lingerie, 200, 321.
Liqueurs, 106.
Loi concernant les domestiques, 42.
— les chiens, 383.
Lustre, 317.

M

Madeleines, 101.
Maison (Intérieur de), 291.
Malachite, 251.
Maladies des chiens, 385; — des oiseaux, 377, 379.
Manches des vêtements, 187, 193, 194.
Mariages, 256.
Matinée, 202.
Maux de doigts, 425.
Médecine, 419.
Menus, 146.
Menthe, 112, 272.
Mesures (Prise des), 184.
Mioki, 103.
Mode (de la), 179.
Modelage, 409.
Mousse au chocolat, 103.
Musique, 398.

N

Nerfs (Crise de), 266.
Nettoyage : Appartements, 328. — Pendules, 331. — Lampes, 333.
Nourrice, 413.

O

Oiseaux, 372.
Ombrelles, 235.
Omnibus, 280.
Orfèvrerie, 247.
Oseille, 88.

P

Pain, 123.
Paniers, 126.
Pantalon, 204.
Parapluies, 235.
Parfumerie, 274.
Parrain et marraine, 418.
Passe-bouillon, 75.
Passe-sauce, 75.
Pâte d'amandes, 276.
Peinture, en décor, 300. — Huile, 408. — Velours, peluche, soie, 401. — Faïence, 405. — Aquarelle, 406.
Perroquets et perruches, 378, 379.
Persillaire, 125.
Petits pois, 88.
Pets de nonne, 101.
Photographie, 395.
Photominiature, 403.
Plantes et fleurs, 364, 368.
Plis et draperies, 335.
Plumcake, 100.
Plumes (Frisure, restauration), 225.
Poisson, 86, 108.
Poissonnière, 75.
Poivre, 90.
Porc frais, 86, 108.
Porte-bouteilles, 115, 116, 117.
Pose des rideaux, 346.
Préparation et conservation des mets, 82, 91.
Pressoirs pour purées, 73.
Pudding, 100, 101.
Punch, 150.
Purges, 427.

R

Remontage des pendules, 332.
Repas, 137, 140, 148.
Repassage, 262, 323.
Réunions intimes, 150.
Rhumes, 424.
Robes, 206, 209, 212.
Roses, 249.
Rôtissoires, 65.

S

Salle à manger, 131. — Décoration, 296. — Ameublement, 303 à 313.
Salon, 314.

Sel, 90.
Serins, 374.
Service de table, 143.
Serviettes (Pliage des), 134 à 137.
Soie, 222.
Soins du corps, 265.
Sorbets, 103.
Soufflé de chocolat, 102.
Souper, 112, 142.

T

Table de toilette, 346.
Taches sur la laine, 221; — sur la soie, 222; — sur le velours, 223.
Taches de rousseur, 273.
Taille-légumes, 75.
Tapisseries, 357. — Imitation, 361. — Haute et basse lisse, 350 à 358.
Tête (Soins à lui donner), 270.
Têtes flamandes, 343.
Thé, 110.
Tisanes, 426.
Tissus, 218.

Toile, 218. — Qualité, etc., 219.
Toilettes, 212.
Topaze, 250.
Tourelles de marrons, 102.
Tournebroche, 63, 64.
Travaux manuels, 389.
Turbotières, 75.
Turquoise, 251.

V

Velours, 223.
Véranda, 318.
Vernis Martin, 408.
Vestibule, 318.
Viandes, 85, 108.
Vinaigre, 91, 112.
Vins, 111, 147. — Conservation, 114. Falsification, 120.
Visites, 253. — Officielles, 253. — Noces, etc., etc., 254, 255.
Voitures, 256.
Volailles, 127.
Voyages, 277, 281.

TABLE DES MATIÈRES

Pages.
INTRODUCTION V

PREMIÈRE PARTIE

Alimentation. — Entretien.

Chap.
1. Économie.. 3
2. Cuisines. — Ce qu'elles étaient autrefois. — Ce qu'elles sont aujourd'hui.. 7
3. Domestiques. — Personnel. — Fonctions...................... 17
4. Du choix des domestiques. — Gages.......................... 29
5. Services à exiger des domestiques. — Des égards qu'on leur doit. — De leur mise.. 35
6. Lois concernant les maîtres et les domestiques............... 42
7. De la dépense et des comptes................................ 46
8. De l'approvisionnement à la ville et à la campagne........... 50
9. Appareils de chauffage. — Entretien. — Combustible........... 53
10. Batterie de cuisine. — Entretien............................ 63
11. Préparation et conservation des aliments. — Décoration...... 82
12. Entremets. — Desserts. — Liqueurs.......................... 100
13. Hygiène des aliments....................................... 108
14. De la cave. — Soins à y apporter. — Conservation des vins... 114
15. Choses diverses relatives au ménage. — Fumage des viandes. — Fruitier. — Volailles, etc..................................... 121
16. Salle à manger. — Déjeuners. — Dîners. — Soupers. — Bals, etc... 131
17. Usages et coutumes. — Invitations, etc..................... 151

DEUXIÈME PARTIE

Couture. — Habillement.

18. Histoire du costume. — Coup d'œil rétrospectif............. 161
19. Des vêtements et de la lingerie............................ 184
20. Des différentes toilettes. — Choix et qualités des étoffes. — Fourrures, etc.. 212
21. Accessoires de la toilette : corsets, chapeaux, chaussures, etc.... 227

TABLE DES MATIÈRES.

Chap.
- 22. Dentelles et bijoux.. 242
- 23. Devoirs de la femme envers la société...................... 253
- 24. Lessive du linge.. 258
- 25. Soins et hygiène. — Bains, etc.............................. 265
- 26. Voyages.. 277

TROISIÈME PARTIE

Ménage et intérieur de la maison.

- 27. Mobilier des différentes pièces............................. 291
- 28. Entretien des meubles...................................... 327
- 29. Tentures et draperies. — Rideaux. — Portières, etc......... 335
- 30. Tapisseries.. 349
- 31. Plantes et fleurs des appartements......................... 364
- 32. Animaux d'agrément... 370
- 33. Travaux d'agrément. — Travaux manuels. — Travaux artistiques... 389

QUATRIÈME PARTIE

De l'enfance. — Médecine domestique.

- 34. Soins particuliers à donner à l'enfance..................... 413
- 35. Médecine domestique.. 419
- 36. Renseignements relatifs aux décès. — Assainissement des appartements ayant été occupés par des malades.................. 429

9170-01. — Corbeil. Imprimerie Crété.

H. LAURENS, ÉDITEUR, 6, RUE DE TOURNON, PARIS.

Les Fleuves de France

Par Louis BARRON

Six cents gravures de A. CHAPON

Ouvrage complet en 4 vol. in-8. Brochés, 40 fr. Toile, 52 fr. Amateur, 60 fr.

ON VEND SÉPARÉMENT

Le Rhône
1 VOLUME.
Cent soixante-huit gravures

La Garonne
1 VOLUME.
Cent cinquante et une gravures

La Loire
1 VOLUME.
Cent trente-cinq gravures

La Seine
1 VOLUME.
Cent soixante gravures

Chaque volume se vend séparément :
Broché 10 fr. Toile 13 fr. Amateur 15 fr.

Collection honorée de souscriptions du Ministère de l'Instruction publique, de la Ville de Paris, etc., etc.

Cette collection aujourd'hui achevée — et qui a obtenu pendant le cours de sa publication de si vifs encouragements — présente un voyage en France aussi pittoresque qu'instructif. L'auteur et le dessinateur démontrent, la plume et le crayon à la main, que notre pays est aussi riche que tout autre en beaux sites, en monuments remarquables et en souvenirs historiques.

ENVOI FRANCO CONTRE MANDAT-POSTE.

H. LAURENS, ÉDITEUR, 6, RUE DE TOURNON, PARIS.

RECUEILS DE MODÈLES

Croquis d'après les Maîtres

POUR SERVIR DE MODÈLES AUX TRAVAUX ARTISTIQUES
DESSINÉS ET CLASSÉS
Par L. LIBONIS

Ire Série. — Figure. — Sujets religieux. — Scènes de genre. — Types, etc.
IIe Série. — Ornement. — Style. — Décoration.
IIIe Série. — Paysage. — Animaux. — Fleurs. — Marine. — Nature morte.

Chaque série forme un album contenant plus de 100 sujets tirés en teintes.
Chaque album .... 6 fr.

Ces albums sont une source inépuisable d'idées inspirées par les meilleurs et les plus grands maîtres.

Les amateurs y trouveront des éléments précieux pour leur faciliter l'exécution de leurs travaux. La scène qui égaiera un paysage, le sujet Watteau à placer sur un éventail, le lansquenet à mettre sur une plaque de faïence ou d'émail, etc., tout s'y trouve.

Modèles en couleurs

MODÈLES
DE PEINTURE SUR FAÏENCE
ET PORCELAINE

1 album de 16 planches en couleurs. 3 fr.

Dans cet album, on trouvera des modèles en couleurs de faïences de Rouen, Moustiers, Italie, Chine, Japon, etc., représentant des ensembles ou des détails de pièces comme marlis, fonds, panses de vases, etc.

MODÈLES
DE BRODERIES ET APPLICATIONS

1 album de 16 planches en couleurs. 3 fr.

Tous les genres de broderies sont ici représentés : broderies religieuses, baldaquins, bandes, etc., et cela dans différents genres et styles. Tous ces documents trouvent leur application dans des travaux de céramique, décoration de panneaux, etc.

MODÈLES D'ENLUMINURE
APPLIQUÉE AUX OBJETS USUELS
Par Mme L. ROUSSEAU

1 album de 16 planches en couleurs. 3 fr.

Les personnes qui s'adonnent à l'enluminure seront heureuses de trouver des modèles leur permettant d'appliquer leur talent à des objets d'un usage journalier tels que papier à lettre, cadre à photographie, etc., etc.

L'ORNEMENTATION DES MANUSCRITS
AU MOYEN AGE
RECUEIL DE DOCUMENTS POUR L'ENLUMINURE
Par Ernest GUILLOT

XIIIe siècle. 1 album, 16 pl. en coul. 3 fr.
XIVe siècle. — — — 3 fr.
XVe siècle. — — — 3 fr.

Chaque album est composé de documents de l'époque puisés aux meilleures sources.

Fusains, par KARL-ROBERT. Suite de 16 planches-modèles gr. in-4, 34 cent. sur 26, sous élégant cartonnage.. 6 fr.

On trouve dans ces modèles de charmants sujets de panneaux.

Alphabets de style composés par E. GUILLOT. 1 album contenant une pl. en couleurs et 16 en noir. 2 fr. 50

Ces alphabets peuvent servir aussi bien à des travaux d'art comme l'enluminure qu'à des travaux de couture et de lingerie.

ENVOI FRANCO CONTRE MANDAT-POSTE.

H. LAURENS, ÉDITEUR, 6, RUE DE TOURNON, PARIS.

ENSEIGNEMENT PRATIQUE DES BEAUX-ARTS

ALLONGÉ.
FUSAIN. 1 vol. in-8............ 1 fr. 50

CARDON (E.).
ART AU FOYER DOMESTIQUE, la décoration de l'appartement. 1 vol. in-8 Jésus, grav............ 2 fr.

CHAMPEAUX (A. DE).
HISTOIRE DE LA PEINTURE DÉCORATIVE. 1 vol. in-8 orné de 70 gravures par L. LIBONIS............ 15 fr.

DESTREMAU (A.).
MANUEL D'HISTOIRE DE L'ART. — Architecture, sculpture, peinture, avec un appendice sur la musique. 1 vol. in-18 orné de 40 grav............ 2 fr.

ETEX (A.).
COURS ÉLÉMENTAIRE DE DESSIN, appliqué à l'architecture, à la sculpture et à la peinture, ainsi qu'à tous les arts industriels : Géométrie. — Perspective. — Dessin. — Sculpture — Architecture. — Peinture. 1 vol. in-8, orné de figures, avec un atlas in-4 de 59 pl............ 10 fr.
L'atlas séparément............ 7 fr.

FRAIPONT (G.).
ART DE PRENDRE UN CROQUIS et de l'utiliser dans une œuvre. 1 vol. in-8, avec nombreuses gravures............ 3 fr.

GABORIAUX (A.).
PEINTURE (LA) réduite à des principes simples et naturels, ou Guide des amateurs de beaux-arts. 1 vol. in-18. 3 fr.

GILLET (F.).
ENSEIGNEMENT COLLECTIF DU DESSIN PAR DÉMONSTRATIONS ORALES ET GRAPHIQUES. 1 vol. petit in-folio, orné de 40 planches............ 10 fr.

GIRARDON.
COURS ÉLÉMENTAIRE DE PERSPECTIVE LINÉAIRE, à l'usage des écoles des Beaux-Arts, de dessin, des artistes architectes, etc. 1 vol. in-8, avec 28 planches............ 6 fr.

HENRIET (F.).
LES CAMPAGNES D'UN PAYSAGISTE, préface du marquis PH. DE CHENNEVIÈRES, beau volume in-8, renfermant 115 gravures de l'auteur............ 10 fr.
Sur papier teinté............ 15 fr.

HORSIN-DÉON.
HISTOIRE DE L'ART EN FRANCE depuis les temps les plus reculés jusqu'au XIVe siècle. 1 vol. in-8 orné de 100 gravures............ 3 fr. 50

JOUIN (H.).
ESTHÉTIQUE DU SCULPTEUR. 1 vol. in-8. Prix............ 6 fr.

RÉGNIER (J.-D.)
DE LA LUMIÈRE et de la couleur chez les grands maîtres anciens. In-8...... 3 fr.

RIS-PAQUOT.
TRAITÉ PRATIQUE DE PEINTURE SUR FAIENCE ET PORCELAINE, à l'usage des débutants. Ouvrage orné de 4 planches hors texte en couleurs et de 11 vignettes. 1 vol. in-8............ 2 fr.

— PEINTRE (LE) céramiste amateur, ou l'art d'imiter les faïences anciennes de Rouen, Sinceny, Nevers, Moustiers, Marseille, Delft, l'Italie, l'Espagne, etc., etc. 1 vol. gr. in-8 orné de 70 sujets en couleurs, 134 fig. et modèles servant d'exemples. Ouvrage traitant du choix des formes, de l'exécution du décor, de l'emploi des couleurs, etc............ 25 fr.

— GUIDE PRATIQUE DU PEINTRE ÉMAILLEUR AMATEUR, ou l'art d'imiter les émaux anciens et d'exécuter les émaux modernes, 22 planches en couleurs et nombreuses figures dans le texte. 1 vol. in-12............ 12 fr.

ROCHET (CH.).
TRAITÉ D'ANATOMIE, D'ANTHROPOLOGIE ET D'ETHNOGRAPHIE, appliquée aux Beaux-Arts. 1 vol. in-8 cavalier avec 64 figures dans le texte............ 6 fr.
Avec 12 planches en couleurs...... 8 fr.

RUDHARDT (CH.).
L'ART DE LA PEINTURE, science de la couleur, ses lois, sa perspective s'appliquant à tous les genres : le métier, la pratique, la peinture à l'huile, la peinture à la cire. 1 vol. in-18............ 3 fr.

— LA PEINTURE. Vernis Martin. La décoration des poteries et objets en bois de Spa. Guide pratique. in-8............ 1 fr.

— LA PEINTURE-TAPISSERIE. Guide pratique contenant aussi la peinture des stores d'appartements, éventails, et écrans. In-8............ 1 fr.

ENVOI FRANCO CONTRE MANDAT-POSTE.

BREWER & MOIGNO

La Clef de la Science

EXPLICATION DES PHÉNOMÈNES DE TOUS LES JOURS

NOUVELLE ÉDITION, REFONDUE ET MISE AU COURANT

Par HENRI DE PARVILLE

Beau vol. in-8 jésus, orné de **250 GRAVURES**, terminé par une table analytique

Broché, 10 fr. — Relié toilé, 14 fr.

L'éloge de ce livre, dont plus de 200,000 exemplaires ont été répandus en France, n'est plus à faire... C'est, comme on sait, un livre éminemment pratique donnant, des phénomènes qui se passent sous nos yeux, une explication courte et précise... Indispensable aux jeunes gens dont l'esprit curieux est toujours hanté de « pourquoi », souvent difficiles à satisfaire, il ne sera pas moins utile aux parents qui ont oublié ou... qui n'ont jamais su ».

BOUGIE JABLOCHKOF.

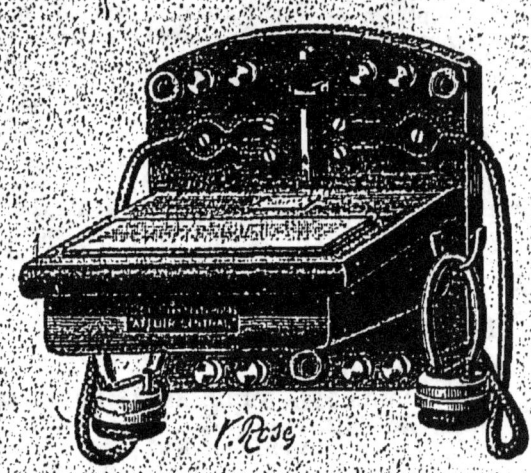

APPAREIL DU TÉLÉPHONE.

BIBLIOTHÈQUE DES JEUX

Jeu d'Échecs. In-8	» 60	
Jeu de Tric-trac et de Jacquet. In-8	» 60	
Jeu de Dames. In-8	» 60	
Jeu d'Écarté, Rams et Polignac. In-8	» 60	
Jeu de Piquet. In-8	» 60	
Jeux de Bézigue et Grabuge. In-8	» 60	
Jeu de Baccarat. In-8	» 60	
Jeu de Whist. In-8	» 60	
Jeu de Poker. In-8	» 60	
Jeu de Manille. In-8	» 60	
Le Domino et ses patiences. In-8	1 »	
Patience aux cartes, 1re série (Le Passe-Temps). In-8	1 »	
Patience aux cartes, 2e série (Heures de loisir). In-8	1 »	

ENVOI FRANCO CONTRE MANDAT-POSTE.

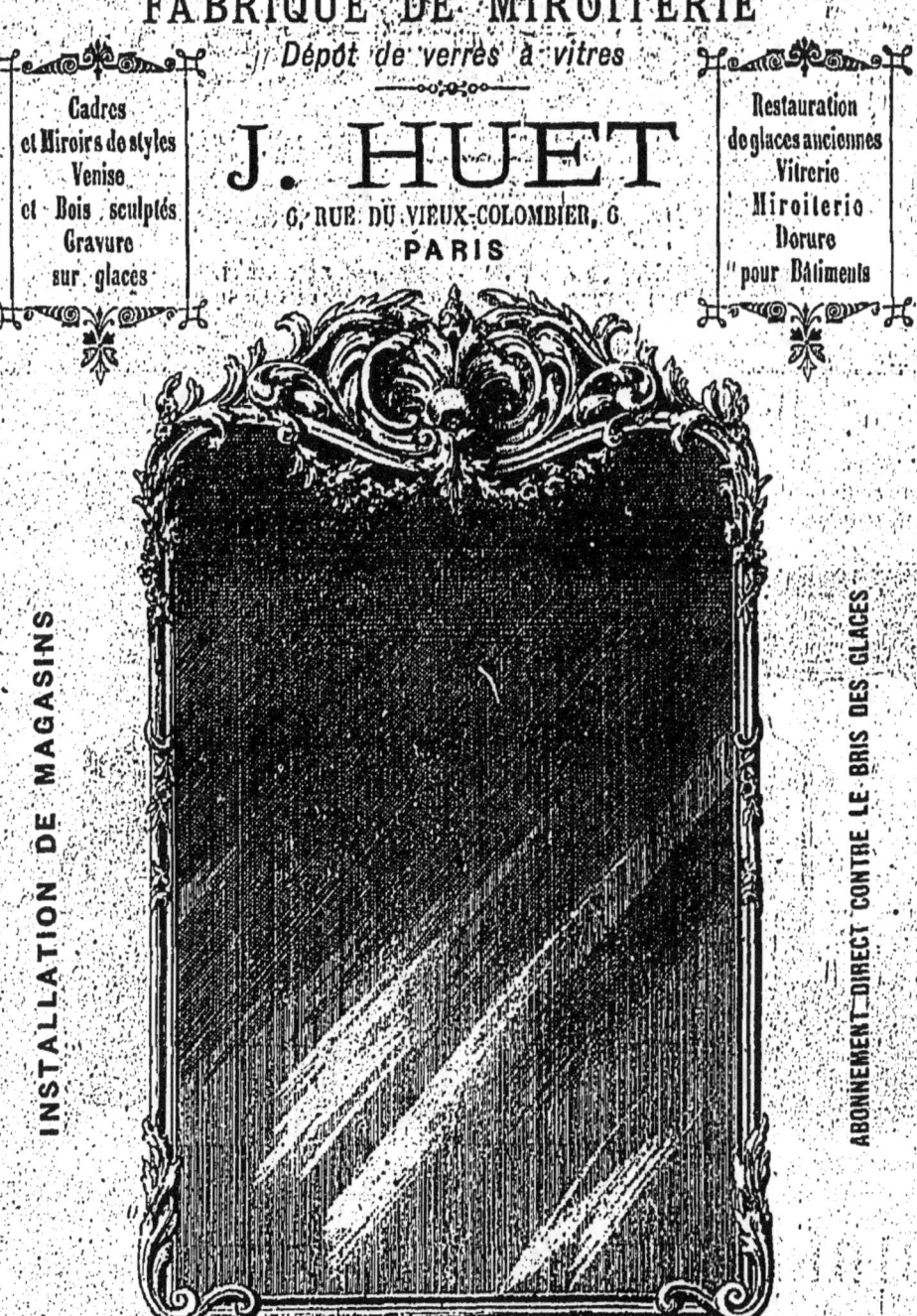

| Rapport favorable de l'Académie de Médecine |
VINAIGRE PENNÈS
Antiseptique, Cicatrisant, Hygiénique
Purifie l'air chargé de miasmes.
Préserve des maladies épidémiques et contagieuses
Précieux pour les soins intimes du corps
Exiger Timbre de l'Etat. — TOUTES PHARMACIES.

BAIN DE PENNÈS
Hygiénique, Reconstituant, Stimulant.
Remplace *Bains alcalins, ferrugineux, sulfureux*, surtout les *Bains de mer*.
Exiger Timbre de l'Etat. — PHARMACIES, BAINS

AÉRIFILTRE "MALLIÉ"
BREVETÉ S. G. D. G.

LE SEUL
DONNANT UNE EAU PURE, SAINE ET AÉRÉE
La plus complète application des théories PASTEUR

LES PLUS HAUTES RÉCOMPENSES
(Exiger les analyses de la Préfecture de 1885 à 1889)

Maison MALLIÉ
155, rue du F^g-Poissonnière, PARIS
Fournisseur de l'Armée, des Ministères, Lycées, etc.
ENVOI GRATIS DE LA NOTICE

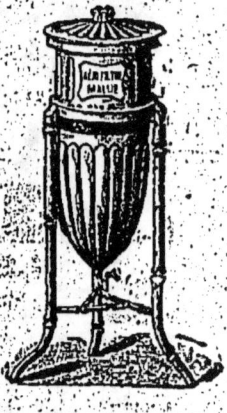

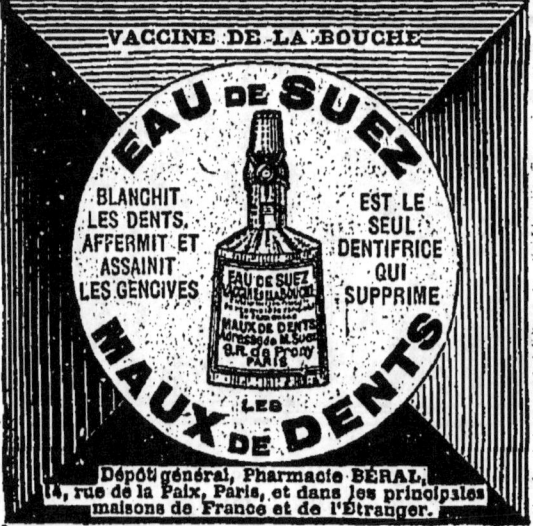

Extrait concentré de **VINAIGRE LACTÉ DE SUEZ** POUR LA TOILETTE

VACCINE DE LA BOUCHE

EAU DE SUEZ
BLANCHIT LES DENTS, AFFERMIT ET ASSAINIT LES GENCIVES
EST LE SEUL DENTIFRICE QUI SUPPRIME LES **MAUX DE DENTS**

Dépôt général, Pharmacie BÉRAL, 14, rue de la Paix, Paris, et dans les principales maisons de France et de l'Étranger.

Pâte et Poudre dentifrice SUEZ — LIRE LA BROCHURE

Grande Teinturerie
9 Médailles et Diplômes d'honneur
THUILLIER & VIRARD
Fournisseurs de plusieurs Cours, brevetés en France et à l'Étranger

USINE A DARNÉTAL, PRÈS ROUEN
Établissement le plus vaste de l'Europe dans ce genre

TEINTURES DE ROBES DE SOIE, DE LAINE ET D'AMEUBLEMENTS, NETTOYAGES, MOIRAGES ET APPRÊTS, BLANCHISSERIE, IMPRESSIONS SUR TOUS TISSUS

Siège de la Société : à l'Usine, à DARNÉTAL (près Rouen)

SUCCURSALES DE PARIS
Rue de Rivoli, 30. — Rue Monge, 46. — Rue du Four-Saint-Germain, 55. — Rue de Châteaudun, 14. — Boulevard de Strasbourg, 23. — Rue de Turbigo, 52. — Boulevard Haussmann, 113. — Avenue de l'Opéra, 27. — Rue du Roi-de-Sicile, 23. — Rue de Passy, 53. — Rue Jean-de-Bologne, 23. — Avenue de Clichy, 23. — Boulevard Voltaire, 22.

PROVINCE
Lyon, Havre, Bruxelles, Dieppe, Evreux, Eu, Lille, Bernay, Rouen, Orléans, Amiens, Caen, Elbeuf, Fécamp, Lisieux, Neuchatel, Darnétal, Trouville ; Etretat, Saint-Quentin.

Bureau Central : **PARIS, 23, Boulevard de Strasbourg**
Y ADRESSER CORRESPONDANCE ET RÉCLAMATIONS

VIVILLE — **PRIME EXCEPTIONNELLE** — **VIVILLE**

LESSIVE 30 cent le PAQUET — UNE LESSIVEUSE VIVILLE — 3 fr. 50 — 24, Avenue de l'Opéra PARIS — Contenant 14 Litres — FABRICATION TRÈS SOIGNÉE

LESSIVEUSE VIVILLE

Admise par le Ministère de la Guerre. Ne brûle pas le linge, n'altère pas ses fibres, le laisse souple, supprime le savon et les cristaux. Prix sans foyer, de 10 à 234 francs ; avec foyer, de 27 à 280 francs. Diamètre de haut, de 32 cent. à 1m,20.

ROTISSOIRE-ARROSEUSE VIVILLE

S'adapte à tous les tournebroches, est vendue avec garantie de fonctionnement. La simplicité de ce système évite de s'occuper de la pièce à rôtir. L'arrosement se fait automatiquement. Longueur de 35 à 60 cent. Prix de 20 à 45 francs.

H. LAURENS, ÉDITEUR, 6, RUE DE TOURNON, PARIS.

L'ART DANS LA PARURE
ET DANS LE VÊTEMENT

Par Charles BLANC
DE L'ACADÉMIE FRANÇAISE ET DE L'ACADÉMIE DES BEAUX-ARTS

Ouvrage orné de 233 gravures
Nouvelle édition (Cinquième)

MARIE LECZINZKA

1 vol. grand in-8, couverture-aquarelle de G. FRAIPONT
Broché : 10 fr. — Relié, avec fers : 14 fr.

Toutes les dames voudront lire : « *L'Art dans la Parure* ». En suivant les conseils si finement donnés par l'auteur, elles n'entendront plus répéter souvent ainsi que le leur dit M. Charles Blanc dans l'ouvrage : « Nous avons vu à la promenade de jolies toilettes », mais bien « Nous avons vu à la promenade de jolies femmes ». C'est la parure bien choisie qui produit la beauté et le goût fait plus que l'argent.

Les 233 vignettes — en même temps qu'elles augmentent le charme du volume et font de cette nouvelle édition un ouvrage hors ligne — donnent une véritable histoire de la mode en images.

L'ouvrage comprend trois grandes divisions : la coiffure, le vêtement, les bijoux.

HISTOIRE DES ÉVENTAILS
Par SPIRE BLONDEL. 1 vol. in-8, 50 grav.
Broché.......... 10 fr. — Relié.......... 12 fr.

ENVOI FRANCO CONTRE MANDAT-POSTE

www.ingramcontent.com/pod-product-compliance
Lightning Source LLC
Chambersburg PA
CBHW051819230426
43671CB00008B/763